ZHONGXUEKECHENGGAIGE

BEIJINGXIADE

XUEKERONGHE

中学课程改革背景下的
学科融合

李晨松 主编

中国文史出版社

本书编委会

主编：李晨松

编委：(按姓氏笔画为序)

王占军　王红梅　王　雷　田小华

孙宝英　纪艳苹　宋久峰　李晓波

郑小兰　侯志宏　曾苗苗　魏海楠

目　录

第 一 章

潞河初中部课程建设的现状与未来

北京市通州区潞河中学创办于 1867 年，是一所百年老校，是北京市最早的重点学校。2007 年，潞河中学初中部实行就近划片、免试入学政策。随着招生政策的变化，潞河中学经历了怎样的挑战？潞河中学又是如何迎战以维护百年盛誉？

　　随着北京城市副中心的建设，对潞河中学的发展提出了更高的要求，潞河中学又将何去何从？请走近潞河初中部课程建设的现状与未来！

第一节　潞河中学的教育理念与办学方略

北京市通州区潞河中学是北京市全日制完全中学，创办于 1867 年，是一所百年老校，是北京市最早的重点学校、首批高中示范学校、高中新课程自主排课与会考学校、北京市高中课程改革先进学校及可持续发展教育实验学校。作为高中特色发展实验学校（34 所之一）、北京市遨游实验学校，如何贯彻《国家中长期教育改革和发展规划纲要》精神，走以课程建设为核心的内涵式发展道路，自主探索，自主发展，办出特色，适应社会对人才培养高质量和多样化的教育需求，是潞河教育发展面临的目标和方向性的选择问题。

潞河中学初中部于 1999 年停办，创办了体制改革校潞河实验中学。当时招生方式是全市（区）选拔优秀学生，学生来源多样化且学生质量比较高。针对这样的学生群体，积累形成了有效的教育教学方法、措施和途径，取得了非常突出的成绩。然而，2007 年，潞河实验中学停止招生，恢复潞河初中部，实行就近划片、免试入学政策。学生来源单一且生源层次差异很大。面对学习基础、学习态度、学习习惯、学习能力等基本素质差异巨大的学生群体，当时的老师们没有经验可言且缺少高效可行的参照模式。作为百年老校，要成为通州区义务教育阶段的品牌，引领通州基础教育的发展，就要依托潞河中学的资源，通过全体师生的共同努力，把潞河中学初中部建设成课程丰富、有特色、教育教学质量高的部门。在全体初中部干部、教师的共同努力下，经过十几年的教育教学的试验、摸索和实践，取得了一系列成绩和成果，目前十几届毕业生中考各项成绩在全区名列前茅，产生了积极的社会影响和社会效益。

随着北京城市副中心的建设，对潞河中学的发展提出了更高的要求，面对人民群众对高质量教育的需求，潞河中学不忘初心，牢记使命，坚持教育以学生为本，强化人人成才观念，让学校成为每个学生幸福成长的乐园；坚持办学以教师为本，尊重教师的创造性劳动，让学校成为教师幸福工作的精神家园；坚持"三个面向"，注重内涵发展，让学校成为各类人才成长的摇篮；坚持先进文化引领，提升教育品位，让学校成为师生成长的首善之地。

一、办学理念——培养具有健全人格的潞河人

潞河中学始终坚持"人本位"与"社会本位"相统一的教育观，坚持"一切为了学生发展"的办学宗旨，培养具有健全人格的"潞河人"。

（一）"健全人格"概念界定

"人格"一词，在英文中通常译为 Personality，与"个性"同义，而我们提出的"人格教育"则具有更为广泛的内涵与外延，和独特的学校历史元素。在潞河中学五届一次教代会通过的《潞河中学 1999—2010 发展规划》中，从 3 个方面共 18 个要素对具有健全人格的潞河人给予了如下界定：

道德情感。秉承"一切为了祖国"的校训，潞河人拥有崇高的人生价值观、强烈的爱国情感；有责任心，富义务感；尊重他人，关心他人；善良仁爱，诚实守信；讲文明，懂礼貌；辨善恶，知荣耻；乐群善交，遵纪守法；具有热爱劳动的美德和追求真善美的高尚情操。

主体精神。具有自我选择、自我发展、"在多样变幻的社会风浪中把握自己命运，保持自己追求"的精神力量和鲜明的个性特长。坚定，自信，勇于迎接挑战；坚韧顽强，勇于承受挫折、战胜危机；能承受繁重的学习、工作压力，适应各种复杂恶劣的环境，始终保持坚定的社会主义信念和对人生目标的追求。

创新能力。具有扎实的文化知识基础和学习能力，善于捕捉、组织、判断各种新信息的能力，自我反思、自我调控的能力，立体、多视角地在动态中把握事物的思维能力，"崇尚卓越，追求完善"的人生理想和追求；勇于探索，勇攀高峰，开拓进取，不断创新，有所作为。

（二）"健全人格"教育，是潞河教育的重要标志，也是学校文化的精髓

"健全人格"的培养目标继承了潞河人格教育的优良传统，又赋予了时代精神及当今社会对人才需要的新内容。其本质特征可概括为：

道德情感是对潞河中学校风"爱国、乐群、自律、修身"的继承发扬，是对中华民族追求真、善、美，历经五千年历史所积淀的道德、情感的继承

发扬，在多元文化的冲击面前，我们的孩子保持对本民族语言文化的热爱，这是教育"永恒性"的体现。

主体精神是教育时代性的体现。基于对时代的认识，要使我们的学生能在多险、多变的社会风浪中，不随波逐流，而是学会选择，把握命运，坚定信念，保持对人生目标的追求，最根本的就是培养主体精神。

创新意识是指基础教育要培养学生终身学习的习惯和能力，鼓励学生完善自我，超越现实，有所作为，为促进明天的社会进步服务，这是教育"未来性"的体现。

（三）塑造学生健全人格的途径

继承潞河中学"人格教育"的基本内涵，结合时代和社会发展对人才特质的需求，以课程建设为载体，以"良好的道德情感、鲜明的主体精神、突出的创新意识"为内涵，以"自主选择、主动发展、完善个性、追求卓越"为重点，从"德、智、体、美、劳"五个维度，以学习能力、科学态度、人文素养、主体精神、现代意识、国际视野和创新与实践能力为目标，建立学生健全人格细化指标和评价指标，培养学生健全人格，促进学生主动发展、完善个性，具体内容如下：

1. 提高学生学习能力

培养学生浓厚的学习兴趣、科学的学习方法、良好的学习习惯、较强的思维能力和实践能力，使学生具有扎实的文化知识基础和自主获取知识的学习能力，为终身学习奠定基础。

2. 培育学生科学态度

注重探究教学、研究性学习和科技教育，引导学生树立"问题意识"，注重学生"发现与提出问题的能力"和"分析与解决问题的能力"的提高，体悟科学研究的思想和方法，培养学生崇尚真理、实事求是的"求真"科学态度和精神。

3. 提升学生人文素养

引导学生确立"一切为了祖国"的崇高人生价值观，培养强烈的爱国情感、责任心和义务感，追求尊重他人、关心他人、善良仁爱、诚实守信、文明礼貌、遵纪守法、热爱劳动的美德和"至善""至美"的高尚情操。

4. 培养学生主体精神

培养学生自主选择、主动发展、追求卓越的主体精神和鲜明的个性特长，坚定自信、不惧任何挑战的勇气，坚韧顽强、勇于承受压力、不怕困难、战胜挫折的毅力；适应各种复杂环境，始终保持坚定的信念和对崇高人生目标的追求。

5. 增强学生现代意识

培养学生适应时代和社会发展趋势的现代意识，提高学生"学会生存"的能力，特别是社会责任心、公民素养、合作意识、交往能力和团队精神，既敢于竞争，又善于合作，以适应开放和竞争的现代社会发展趋势。

6. 拓展学生国际视野

增进学生与世界各国文化交流，了解世界各国文化，理解和广泛吸收世界各国优秀文化，继承和弘扬祖国优秀的传统文化，勇于面对世界的挑战，增强爱国主义精神，树立"振兴中华"之志。

7. 提高学生创新与实践能力

提高学生善于捕捉、组织、判断各种新信息和自我反思、自我调控的能力，从多层次、多视角，在发展中发现问题、分析问题和解决问题的意识和思维能力；锻炼学生勤于实践、勇于探索、开拓进取、不断创新和有所作为的精神和实践能力。

二、办学方略

在学校办学过程中，我们把课程建设与学生、教师和学校的发展紧密结合起来，以"科学发展观"和"三个面向"为指导，坚持"人本位"与"社会本位"相统一的教育观，坚持"一切为了学生发展"的办学宗旨，坚持"全面育人，办有特色"的办学方针并作为校本课程建设指导思想，牢牢把握学校课程改革的方向，高举学校办学旗帜。

（一）坚持"人本位"与"社会本位"相统一的教育观

教育最基本的功能是满足社会发展的需求，同时促进人的发展，在实现"生物人"成长的同时向"社会人"转变。而课程是实现教育功能的重要载体。坚持"人本位"与"社会本位"相统一的教育观，要求校本课程建设一定要立足于"面向现代化、面向世界、面向未来"，达到通过校本课程建设切实促进学生发展和提高教师专业化水平的根本目的。

（二）坚持"一切为了学生发展"的办学宗旨

校本课程建设要把培养学生全面健康发展作为出发点和归宿，必须尊重学生的主体地位，增进学生的主体精神，激发学生主体发展的能动性，满足"学生多层次、多方面的发展需要"，为学生的"潜在才能"向"现实存在"的转化服务，使学生的个性和特长最大限度地得到发展，让每个学生都能抬起头来走路，让每个学生在潞河校园都能享受到成功的喜悦。

（三）坚持"全面育人，办有特色"的办学方针

"全面育人"要求校本课程建设必须面向全体学生，尊重学生差异，因材施教，促使学生都能得到生动、活泼、全面的发展，学有特色，为学生踏上成才之路奠定良好的素质基础。"办有特色"则要求在一定时代和社会历史背景下，依据国家教育方针的共性要求，结合本校长期历史发展、积淀形成的优良传统和现实条件，形成稳定的、独特的、社会公认的优质校本课程体系。

第二节 国内外视野中学科融合课程的
研究进展概述

　　2012 年中国科协学术建设发布会上，中国科协副主席、中国科学院院士李静海发布了 2011—2012 年度学科发展报告，介绍中国空间科学等 23 个学科的发展状况和未来趋势，并指出学科与学科之间、科学与技术之间、自然科学与人文社会科学之间的交叉、渗透、融合，已成为学科发展的必然趋势。与此同时，在教学中我们已普遍发现分科课程存在一定的弊端：如分科过细导致内容割裂，使学生缺乏对事物的整体感知；各学科互不相通，教学内容重复，导致学生负担增加；课程评价单一、片面，不利于学生全面发展（屈文霞，2015）。于是，学科融合课程应运而生，助力学生的融合发展。

　　国内部分学者专注于融合课程的理论研究。杨道宇（2021）指出学科融合的关键是形成"可迁移的大知识、大能力与大价值观"，从而使支撑一科发展的大知识、大能力与大价值观可迁移到其他各科的发展之中，进而使一科发展带动其他各科发展或者使各科在大知识、大能力、大价值观所塑造的公共结构中得到协同发展。而以迁移性为旨归的融合设计方式主要有以下三种：基于概念的融合设计，即借助大概念而实现多学科的有机融合；基于方法的融合设计，即通过同一方法解决不同问题与不同方法解决同一问题相结合的融合方式将方法学习分散于不同学科中，达到方法的迁移；基于价值的融合设计，即实现探究精神在学科间的迁移。但是孙晓女、严运锦（2020）为了把艺术更好地融入其他科目的学习过程中，特采用以下四种模式：从属式融合模式，强调艺术的辅助作用；平等式认知融合模式，突出艺术作为平等的合作科目；情感式融合模式，强调艺术本身的创造性与自我表达理念；社会式融合模式，把艺术融入学校、家庭及社会活动中。虽然可以改变目前艺术边缘化的现状，但须警惕张婧婧等（2019）提出的融合课程体系建立易出现的问题——不同学科在建设本学科跨学科体系中应综合考虑多个维度的评价指标，避免出现"一家独大"的跨学科课程体系的"假"象与"复而不合"的局面。

与此同时，也有部分学者专注于实践研究。庞君芳（2021）在实践中建构涵盖整合型课程、拓展性课程及综合实践类课程的三维课程体系，并引导学生开展主题式学习、场馆式学习及项目式学习，满足学生的个性化发展，充分发挥学生的主观能动性。张鹏（2011）借助项目学习推动跨领域学习，从而促进多学科融合以改善课程。但大部分研究都聚焦于如何借助多学科助力一科的发展，如周建立（2013）借助多学科促进初中书法教育，陈振华（2014）为了促进批判性思维培养而开展融合课程最终提出"独立课程"和"融合课程"的综合化，唐烨伟等（2021）为了保证劳动教育而建构劳动教育跨界融合途径，陆雪华（2011）探索了思想政治的跨学科教学。

总之，学科融合是教育的必然，但是真正要做到"融合"还需要更多的思考。首先，融合课程的设计方式除概念、方法及价值迁移外，是否还有更多的方式？其次，融合课程的实施方式除了主题式、场馆式及项目式之外，是否还可以引入其他的方式？最后，目前的研究多集中于案例探索，缺乏系统呈现，融合课程应是系统化助力学生更好地学习各学科的有效途径，因此，课程体系的建构及系列化课程的实施是本课题的重点。

与国内融合课程不同的是，国外的融合课程因不同的目标而产生不同的融合方式。李海峰、徐辉（2021）指出德国的"融合课程"不仅是德育语言教育和德国国情教育，更是全球化时代的国家认同教育，有效地维护国家统一，促进移民融合，保障了德国民族性。张馨尹（2021）探索苏格兰"人格与社会教育"（PSE）课程，发现此课程聚焦儿童与青少年的心理与生理健康、人际关系与社会技能，打造多学科融合课程，被苏格兰地区当作学校开展心理健康教育的重要途径。而我国的心理健康教育虽然也有融合型课程，但是融合的方式仅限在基础学科的课堂氛围中呈现，表现为轻松的课堂氛围、教师的情感鼓励等，然而具体学科知识与心理健康知识的融合没有得到充分体现，使得心理健康教育在融合过程中被弱化和淡化。而吕君、韩大东（2019）发现自2015年9月23日韩国教育部发布新的课程修订标准，提出"提升学生核心素养，培养创新融合型人才"的课程改革方向以来，韩国新一轮基础教育课程改革增设"自由课程"与"融合课程"，旨在培养学生的"融合型思考力"，实现"创新融合型人才"的培养目标，即培养兼具人文学的想象力、科学技术的创造力、良好的品格，并能在融合人文、社会、科学知识的同时创造新价值的人才。总之，只要明晰融合课程的目标，再加以设计执行，就能取得预想的收获。因此，在我校的课程设计过程中，也需弄清楚我校融合课程的目标。

此外，与国内众多研究一致的是国外也有借多科力量来促进学生一项能力提升的融合课程。徐恩芹（2020）发现美国、英国融合课程的思维教学提倡把思维能力的培养融入课程教学中，让思维能力的发展与学科知识的学习融为一体，这样的思维教学允许学生在知识获得的过程中应用思维能力，学生思维能力提升之后，更好地迁移至其他学科领域，并终身受用。国外典型的融合课程的思维教学项目有马扎诺（Robert. J. Marzano）整合学科内容的思维教学、安迪和西尔基于融合的认知加速项目及麦吉尼斯和斯瓦茨等人的融入式思维教学，这些项目皆把解决问题作为思维教学的核心，在教学方式上采用教师指导下的学生自主探究，课堂上提倡积极的对话和交流并强调对学科教师的支持与帮助。这同时也为本校所要建设的融合课程提出启示，即我们需要开展问题设计的研究、探究式学习中的支架设计及技术支持下的教学研究。

最后，国外也有学者对融合课程进行系统研究。美国学者法斯（Vars G. F.）根据综合课程所依据的理论基础，把综合课程分为两大类：一类为"多学科课程"，其中包括"相关课程"（数门以上学科在同一主题下进行并列教学）、"融合或整合课程"（在某一主题下，融合或重新整合数门以上学科的内容后进行教学）两种。另一类为"核心课程"，以解决学生所关心的问题为目标，其内容则根据解决问题所必需学习的内容进行编制和教学，这类课程又包含两种课程，即"结构化核心课程"和"非结构化核心课程"，前者是以教师为中心开发的课程，后者则是以学生为中心或师生共同创建的课程。此种界定虽然提出了综合课程开发的方式并对它们进行界定，但当时概念依旧比较模糊。日本学者加藤幸次则根据综合学习的不同出发点，把综合学习分为"学科式综合"和"生活式综合"两大类。学科式综合分为以下三类：一、学科综合——以一门学科的概念或体系为中心，在单元中加入一门或数门其他学科的部分内容进行综合性教学；二、合科综合——综合两门学科内容进行教学；三、跨学科综合——从多门学科出发探究某一课程的不同侧面。而生活式综合又可分为以下二类：一、主题综合——从学习者的兴趣或生活出发，选择超越学科范围的学习课题，例如探究和平、人口、资源、城市等现实问题；二、兴趣综合——学习者完全根据自己的兴趣，自由选择学习课题，自主展开学习活动。总之，这样的系统研究也指引我们在进行融合课程构建时从知识本位、学生本位及社会本位出发，促进学习者的综合发展。

第 二 章

学科融合课程的结构设计

2007年开始，随着招生方式的改变，潞河中学初中部教育教学面临一系列问题，所以初中部全体教师开展了"初中整体改革实验"，实验涉及教育教学的方方面面，取得一系列的成果，同时也面临着突出的问题，例如授课方式仍是学科本位，班级授课，人数多，评价标准单一。这些传统的方式一定程度上限制了学生的发展，甚至限制了学生的成长。学校如何更有效地进行"人"的教育，需要打破学科间的壁垒，通过必要整合，以活动和阅读为主线，达到学生在学习过程中的融合，以促成学生精神成长的融合。

同时，随着九年义务教育新课程标准的修订，在课程设置、授课模式、教学内容、教学理念和学生评价考核方面都发生了非常大的变化。潞河中学作为一所百年老校，如何满足学生将来发展的需要，适应融合时代的需要，为社会培养合格的接班人和建设者？学校理应有所思考，有所作为。融合课程应运而生，启蒙思想，培养素养，引导学生有创造性见解，多角度看问题，为学生未来的发展奠定多学科、多视角的能力基础。"开展初中多学科融合的行动研究"是践行十八大精神、贯彻社会主义核心价值观教育、落实北京市学科指导意见的具体要求。

第一节　学科融合的意义与价值

一、学科融合课程的开发实施是
对党和国家教育方针落实的具体体现

教育部关于"2013 年深化教育领域综合改革的意见"（教改〔2013〕1号）中指出"深化课程内容改革，坚持立德树人，加强小学、中学、大学语文和历史课程的整体设计和基本建设，完成大中小学相衔接的德育课程体系建设，探索语文、历史等学科渗透思想品德教育的方式方法，挖掘各门课程蕴含的德育资源，整合法制教育内容，增强德育工作针对性和实效性。深化中小学课程改革，加强课标制定、教材使用与考试评价的衔接"。

中共中央办公厅印发的《关于培育和践行社会主义核心价值观的意见》明确提出：培育和践行社会主义核心价值观要从小抓起、从学校抓起。甘肃教育厅厅长王嘉毅在《培育和践行社会主义核心价值观要从学校抓起》一文中指出，立德树人即是教育的天职。培育和践行社会主义核心价值观，学校教育必须深化改革创新，不断丰富活动载体，以学科融合为背景，开发和整合课程，以课堂教学为主渠道，提升学生的综合素养；积极推进校风建设，培育校园文化，形成一种精神、一种氛围、一种导向，在潜移默化中塑造学生的人格、提升学生的道德、形成学生的信念。

2016 年教育部发布《中国学生发展核心素养》，2017 年修订了高中课程标准，义务教育的课程标准修订也即将出台，核心素养是课程改革的关键词。中国学生发展核心素养是党的教育方针的具体化、细化。为建立核心素养与课程教学的内在联系，需要充分挖掘各学科课程教学对全面贯彻党的教育方针、落实立德树人的根本任务、发展素质教育的独特育人价值，基于学科本质凝练本学科的核心素养。2018 年 9 月 10 日，中共中央总书记习近平首次提出，培养德智体美劳全面发展的社会主义建设者和接班人。

如何落实学生发展核心素养？新课标会带来怎样的新教学？学校教育在设计时要注重教育的整体性，突出育人，新修订的义务教育课程方案非常明确，新教学将深化教学改革，首先，我们必须坚持素养导向；其次，素养目标不是靠上一节课，也不是靠听就能听出来的，要强化学科实践；第三，推进综合学习。要非常关注综合学习，加强学科内知识整合，推进跨学科学习，建设综合课程。课程标准中明确要求，每一门课标国家都要花 10%的时间来开发跨学科主题，在教材层面必须要保证将 10%的跨学科内容设计出来。融合课程的开发和实施是践行德智体美劳教育的具体形式。

二、学科融合课程的价值

开展学科融合的研究，有利于把社会主义核心价值观的基本内容有机融入中小学的课程体系之中，有利于全面落实义务教育阶段课程标准的要求，进一步构建和完善多元开放的有鲜明特色的潞河中学初中部课程体系。开展多学科之间的融合，渗透其他学科内容的学习，有利于引导学生学会发现、探究、解决问题，使学生真正获得探究能力和解决问题的能力。

加大多样化开发课程资源的力度，完善学校课程实施的有效途径和方法，着力提高学校课程研发、实施、管理和评价的课程建设能力，建立课程开发、管理和共享课程资源的有效机制，有利于弥补学科自身的不足，使之与其他学科之间架起一座桥梁，充分发挥学科教育在素质教育中的作用。

通过学科融合的教与学的研究，开展"小组合作、分层指导、项目引领、资源共享"为原则的教学组织行为改革，有利于提高课堂教育教学质量，积极探索促进教师授课方式和学生学习方式变革的有效方法，有利于学生适应未来社会发展对人才培养的要求。

建立符合素质教育要求和新课程理念的教育教学质量监控体系和评价体系，建立学生学业考试成绩与综合素质评价相结合的评价制度，注重过程评价和发展性评价，形成促进教师和学生不断健康成长的评价机制。

建立和完善干部、教师关于新课程的培训和学习制度，积极开展多渠道、多方式的新课程的校本培训，促进教师专业发展，全面提高学校教师队伍的整体素质。聘请专家培训教师，建立起咨询、研究和实践指导的专家队伍，对学科交叉融合、促进立德树人起到了积极作用。

第二节　学科融合课程的课程目标

一、我国综合实践课程的目标

（一）总目标

引导学生在实践学习中获得积极体验和丰富经验，形成对自然、社会和自我之内在联系的整体认识；体验并初步学会解决问题的科学方法，培养问题意识和良好的科学态度、创新精神、实践能力；形成强烈的社会责任感，具有良好的个性品质。

（二）学生发展目标

培养三种意识：主体意识（责任感、自信心）、合作意识（交往、分享、协作）、创新意识（质疑能力、探究意识）。形成三种能力：自我管理能力（自省、自律）、服务社会能力（关注社会、乐于助人）、问题解决能力（学会运用知识、动手操作）。

（三）教师发展目标

转变教学理念，改变教学策略；强化课程意识，提高课程开发能力；形成一种民主平等的师生关系；形成教师之间的协作教学；拓宽知识面。

二、我校融合课程的课程目标

我校实施的融合课程是一类综合课程，落实综合课程的课程目标是：

（一）学生发展目标

通过开展多学科之间的融合课程的教学和实践，渗透、综合多学科内容的学习，引导学生走入社会现实，主动探究社会问题，积极参与力所能及的社区活动，服务社会。

了解与认识现代生产和劳动技术，端正劳动态度，形成良好的劳动习惯。帮助学生学会与人交往，学会组织，学会合作，从而提高实践能力、动手能力、组织和自我管理能力。

学生通过亲身参与学科融合主题内容的活动，对感兴趣的自然问题、社会问题和自我问题进行深度探究，养成主动探究的习惯，形成问题意识，引导学生学会发现并提出问题，通过探究、解决问题，发展探究能力和创新精神。提高学生综合能力，提升学生素养，内外兼修培植学生健全人格。

通过我校的融合课程实践，培养学生知潞河、爱潞河，知家乡、爱家乡，知国家、爱国家的家国情怀。

(二) 潞河中学教师发展目标

转变教师观念，提高教师的专业能力，增强教师科研能力，提高教师的课程设计能力，形成教师课程开发和实施团队，形成一种平等民主的师生关系，促使教师不断完善自我，做创新型教师。

第三节　学科融合课程的课程内容设计

融合课程是潞河中学课程体系中的一个小分支，课程的设计和实施纳入整个课程体系之中，如图 1 所示，依托潞河中学的学校课程的设计，融合课程区别于学科基础课程，主要定位在综合实践活动课程、科技拓展课程、人文拓展课程等几个方面，属于丰富性的补充课程。同时，也有部分学科基础的拓展和延伸。

融合课程的具体设计如下表：

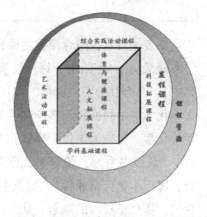

图 1　潞河中学学校课程三维结构图

表 1　融合课程具体设计

序号	课程名称	课程内容		实施年级
1	综合社会实践课程	潞河溯源系列活动	潞河溯源之漫游潞园，畅想明天	初一
			潞河溯源之五河交汇处	初一
			潞河溯源之走进古镇张家湾	初二
			潞河溯源之走进什刹海	初三
		游学活动	"运河行"采风游学课程	初二
			"长城行"西部采风课程	初三
2	科学实践活动	科学课程进课堂	科学课	初一
		开放性科学实践活动	生物学科的绿植栽培活动	
			动手操作初识 3D 打印	
		竞赛课程	学生科技竞赛活动	初二、初三
		走进系列活动	走进朝阳循环经济产业园	初一
			走进北京科技大学	
			走进北京理工大学	
			走进科技馆	
		科学探案	探讨血液的奥秘，感悟科学的魅力	初二

序号	课程名称	课程内容	实施年级
3	潞园书香远，悦读思无限	每周一次"阅读"课	初一
		每周一晨检开设"读书时间"	初一
		阅读笔记、阅读分享、文学巨作讲座	初二、初三
		"潞园读书社""潞园话剧社""吟诵社"等学生社团	初一、初二、初三
4	职业生涯规划，点亮美好人生	职业生涯课程	初一 初二 初三

如表 1 所示，融合课程主要分为四大类课程："综合社会实践课程""科学实践活动""潞园书香远，悦读思无限""职业生涯规划，点亮美好人生"。其中，"综合社会实践课程"以历史、地理、数学等学科为主，穿插物理、语文、化学等学科，属于多学科主题类的大融合课程。"科学实践活动"以物理、化学、生物为主体，穿插信息技术等工程类学科，也属于大融合型的课程。"潞园书香远，悦读思无限"以语文学科为主体，主要体现学科内的融合，属于小融合型课程。"职业生涯规划，点亮美好人生"以道德与法治学科为主，体现学科内的融合，属于小融合型课程。不同的课程在不同的年级实施，体现必修与选修的结合，课内与课外的融合，最终实现学生综合能力的有效提升。

第四节 学科融合课程开发的基本原则

课程是学校教育教学中的载体，在学校课程建设过程中，认真思考课程的自身定位、实施理念、目标指向、完善机制等问题，确立起学校课程研发的基本原则，保证学校课程建设的质量，实现"个性发展与动态开放"相结合。

一、基础性原则

义务教育要为学生进一步接受教育打基础，为学生具备面对社会就业所需要的生存能力、实践能力和创造能力打基础。既进一步提升所有学生的共同基础，同时更为每一位学生的发展奠定不同的学力基础——知识基础和人格基础。

二、系统最优化原则

学校课程的开发与实施，要着眼于由国家课程、地方课程和校本课程构成的基础教育课程系统的优化，注重增强学科的全面性，以学生发展需要为前提进行开发；要强调学科的交叉渗透，强调科学精神和人文精神的有机结合，强调动手实践能力和创新精神的形成，强调与社会发展、学生生活的结合，强调与学生经验和兴趣的结合，努力体现潞河中学的优良办学传统和高效培养优秀人才的特征。

三、学生主体性原则

学校课程的开发与实施，要充分发挥学生学习的主体作用，强调学生形成积极主动的学习态度和树立正确的价值观，强调学生的主动参与和探究发现，强调学生的信息收集处理能力、获取知识的能力、与人合作能力的形成和发展，强调建立指标多元、方式多样、着眼于学生发展的评价方式和教师与学生共同制定并参与的评价方式；切实落实"学生是学习主体"的教育理念。

四、个性发展原则

学校课程的开发与实施，要注重开发那些能够培养民族自信心和自豪感、培养社会责任心、培养国际交流的意识和能力、培养科学精神和人文素养、培养自理自立习惯、培养创新精神的课程，使学生在学习中，能够选择到适合自己个性发展的内容；要注重因材施教，尽可能地适应每个学生的认知特点和发展规律，要深入观察和认识每个学生的发展特点，并采用适当的教学方法，使学生都得到成长，获得坚实的基本知识和基本技能，同时获得充分的个性发展。

五、服务性原则

学校课程的开发与实施，要尽可能多地满足"学生生命整合体"的成长，使他们日常生活愉快、文化娱乐丰富多彩、生理心理发展健康、学习兴趣浓厚、学习能力不断增强、特长不断发展、实践能力和创新意识不断提高、人格品质不断完善、人的社会价值越来越高。进而使校本课程真正成为高效实用并富有高度潜能的信息源。

六、动态开放原则

学校课程的开发与实施，要不断顺应社会发展要求，适应学生个性成长需求，反映学校文化和学科基本特点、发展规律，成为动态发展和开放的过程。一方面，学校课程建设是一个从无到有、由少及多、去粗取精的逐步发展的过程，最终要建立起学校的特色课程、重点课程，并不断丰富、完善。另一方面，学校课程建设要面向丰富的社会生活，充分吸收社会、家庭的教育资源，随时了解社会、关注社会的发展和变革。要面向全体学生，不断接受学生对课程内容、质量的检验和认可，不断根据学生的需求调整课程计划、内容和形式。学校课程的内容需要根据学科的变化和发展不断丰富和完善。承担学校课程建设的人员也不仅仅局限于学科教师，也可以是社会各方面的专家、名人、家长，应该与学校教师有机结合，达到最佳效果。

第五节　学科融合课程的开发流程

一、以素养为导向的新课程标准是融合课程开发的纲领

新课程标准以核心素养为导向，核心素养是育人价值的集中体现，是学生通过学习而逐步形成的正确价值观念、必备品格和关键能力，新课标对融合课程开发具有指导意义。首先，素养本位的学校课程开发和实施不能是单一的设计，需要以单元整体的设计，让学生对事物有一个整体的认识，融合课程的开发要遵循整体设计和实施的要求；其次，融合课程的开发，要以真实情境为依托，加强学生的深度学习，新课程改革不仅要改内容，不仅是换教材，更要变革学习方式；再次，问题解决的评价体系要实行进阶测评，一定要从真实问题解决进行评价；最后，充分利用线上线下的智能系统。融合课程的开发和实施可以充分利用资源的广度和深度，充分发挥线上、线下的优势，以适应未来学习的需要。

二、融合课程的开发研究流程及设计理念

融合课程的开发流程如图 2 所示，主要分为 7 大步骤，建立课程组织，课程组织成员包含初中部所有教师、课程专家以及家长委员会。建立课程组织后，评估内外的情境，确定课程开发的可能性。拟定课程目标后再探讨设计课程方案，选择合适的主题内容进行课程相关案例的设计研究。走进社会大课堂，进行融合课程的具体实施。经过实施后的课程，对其进行评价，总结归纳其中开展的策略，以期对课程的目标、实施等进行重新的修订。

融合课程的设计理念框架如图 3 所示：

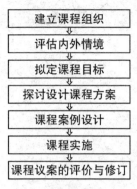

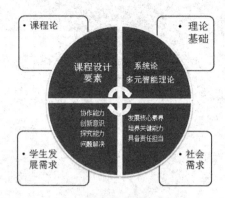

图2 融合课程开发流程　　　　　　图3 融合课程理念框架

　　融合课程的设计源于两种基础和两种需求。融合课程也属于课程的一种，设计过程中需要遵循课程设计要求，从课程的目标、课程内容、课程实施、课程评价等角度进行设计。而融合课程又具有自己的特殊性，在于融合，因此设计过程中要以系统论和多元智能理论作为课程设计的基础。综合课程的设计，是为了更好地满足社会需求和学生发展需求，要发展核心素养，培养关键能力，具备责任担当。最终学生要提升协作能力、创新意识、探究能力、问题解决能力。

第 三 章

学科融合课程中的评价研究

课程评价是课程开发过程中重要的环节。课程评价应注重课程的整体性，实现从课程开发的准备阶段到课程设计、课程实施和课程评价的一个完整的闭环。

　　课程评价，指的是依据一定的评价标准，通过系统地收集有关信息，采用各种定性、定量的方法，对课程的目标、实施、结果等有关问题做出价值判断并寻求改进途径的一种方法。

　　评价的类型多种多样，融合课程的评价主体是教师、学生以及专家，参与性和科学性兼具，保证融合课程的评价能够顺利有效实施。评价的方式包括定性评价和定量评价。有针对不同群体的不同阶段的调查问卷研究，有实施后的感受与反思。评价的方法兼顾结果与过程，利用档案袋评价，积累了丰富的学习过程材料。

　　对教师来说，对课程方案进行修订和完善，可以进行教学反思，改进课堂教学，完善课程结构，提高教学质量，帮助学生提升核心素养。对学生来说，诊断学生的学习态度和学习能力以及学习效果的达成，能够反馈学生的真实学习情况，从而依据学生个人的兴趣爱好、发展需求，实现个性化的发展。

第一节　评价设计

课程评价是一个价值判断的过程。由于评价的目的、对象不同等原因，评价具有多种形式。根据评价对象不同，广义的课程评价又可以分为学生评价、教师评价、学校评价、狭义的课程评价等。而根据评价方式和手段的不同，又可以分为定量评价和定性评价。此外，依据评价目的的不同，又可以将评价分为诊断性评价、形成性评价和总结性评价。

由于教师是融合课程开发中课程方案的设计者与实施者，对融合课程的认识是影响课程质量的关键因素，因此，对教师增权赋能，发挥教师在融合课程开发中的主体权力。教师是当之无愧的课程评价者和修订者。融合课程开发的出发点和最终归宿都是为了学生的发展，要培养学生的健全人格。学生的需求和感受就显得尤为重要，因此融合课程评价的第二大主体就是学生。融合课程评价促进师生的不断反思，实现对融合课程开发方案的不断改进与提升。此外，还有第三大评价主体，就是专家。专家评价通过专家观摩教师的教学活动、工作情况，听取学生对教师的教学意见等，从不同的角度进行评价，评价结果更加客观、公正。专家评价结果不但具有较高的可靠性，同时还是同行之间相互学习交流的一种手段。课程评价的过程不是直线型的，而是循环型的。

对于融合课程的评价，集中在两个方面，一是对课程方案的评价，一是对学生的学业水平评价。学校应完善由学生评价、教师个人自评、教师互评、处室考评的教师评价制度，坚持问题告诫制度和优秀奖励制度，通过召开学生座谈会、学生问卷调查、学生全员评教、家长问卷调查、举行各类课程公开观摩和研讨活动、资助出版校本课程成果等方式，坚持多元评价，注重发展性评价和过程评价。

一、建立健全相应的评价、奖励、流动机制

不断完善课程的质量考评方法，其一，针对学生的多元组成和对外开放办学，不断改进和完善学业质量检测的课程评价方法，同时，研究建立多元评价的手段和方式，能够比较科学地评价教师的授课质量和学生的学习质量，不断完善课程的质量考评方法。其二，建立教师评价机制，除承担国家课程外，把能够独立承担一门校本课程，作为对潞河教师任职的一项基本要求，建立教师的师德档案和业务档案，完善由学生评教、教师个人自评、教师互评、处室考评的教师评价制度。其三，建立对优秀教师评选、优先学习、培训、带薪创作和晋级的奖励机制。学校在评选优秀教师、评选市区骨干教师、教研室主任选聘和教师晋级等一系列问题上，将有关教师在课程建设方面的投入、能力、水平和业绩作为重要的必需的条件。其四，为提高课程建设质量，建立教师工作问题告诫制度和教师流动机制。

二、对课程的评价采取多元评价方式

由学生评价、家长评价、教师评价和专家评价四部分组成课程的评价。其一，学生评价采用抽样问卷、座谈的方式，由教学处负责，时间安排在每学期期中考试前后，向学生发放期中课程评价调查问卷，征求学生对选择的课程的感受和建议，并同时将结果反馈给教师。其二，家长评价采用问卷调查的方式，由教学处负责，时间安排在每学期期末。其三，教师评价采取总结方式，由任课教师自己对课程开设情况做评价，包括课程目标实现情况，学生对课程内容、教学方式反映情况，取得的课程成果，存在的问题，今后改进的方向和设想等。其四，专家评价则由教学处负责，组织课程专家，从课程内容、教学过程、学习效果三个方面进行评价。

三、加强课程建设的过程评价

建立教学日志，记录课程授课的时间、地点、内容、参加人数和对课程的评价和建议，教学处做好教学日志的汇总和反馈工作。教研室主任每学期要听每位任课教师1—2节课，课程领导小组成员要经常进课堂听课，及时了

解课程开设情况，提出改进措施。学校不定期地适时举行各类课程的公开观摩和研讨活动。对已经成熟的校本课程，学校出资整理出版有关优秀校本课程成果。教学处组则建立学校课程档案，包括课题方案（申请表）、调查问卷、座谈会记录等。

四、做好学生成绩评定工作

其中，融合课程学生的学业水平测试，鼓励教师采取学习心得、研究报告、实际操作、成果作品等多种形式进行。学期结束，教师要根据课程本身特点，结合学生上课出勤率、课业完成情况和课程结业成绩最终评定，得出学生课程成绩。

第二节 评价实施

融合课程的评价方式多样，主体也是多样的。研究中选取了一些典型的主体评价，如以学生为主体的调查问卷、访谈、档案袋评价，以学生、教师、专家为主体的学科融合课程方案的评价。

一、学生为主体的评价

（一）调查问卷研究

在融合课程开发之前为了了解学生的需求，进行了调查研究。融合课程实施之后再次对学生进行了调查研究。具体情况如下：

学科融合调查问卷（前测）

亲爱的同学：你好！为了了解大家对学科融合的认识程度，从而设置和调整我们的活动内容和活动安排，更好地开展融合课程的研究，特进行本次问卷调查。本调查完全匿名，请根据自己的真实情况如实填写，谢谢配合！

以下题目中，请在你认为符合情况的选项上打"√"

1. 你的性别：（单选题）

○	男
○	女

2. 你的年龄：（单选题）

11	12	13	14	15	16
○	○	○	○	○	○

3. 你所在的班级：（单选题）

1班	2班	3班	4班	5班	6班	7班	8班	9班	10班
○	○	○	○	○	○	○	○	○	○

4. 完成下面的选择题（不定项选择）

(1) 你听说过"学科融合"吗？

    A. 听过　　B. 没听过

(2) 你对哪些方面的知识比较感兴趣？（可多选）

    A. 数学　　B. 文学　　C. 语言　　D. 生物

    E. 科普　　F. 运动　　G. 艺术

(3) 如果开展学科融合课程，你希望融合哪些学科的内容？（可多选）

    A. 数学　　B. 文学　　C. 语言　　D. 生物

    E. 科普　　F. 运动　　G. 艺术

(4) 学科融合课程的活动过程中你希望？

    A. 以个人为单位　　　　B. 以小组为单位

    C. 以班级为单位　　　　D. 以年级为单位

(5) 你遇到不会的问题时，喜欢和同学讨论，积极发表自己的看法，并听取别人的意见。

    A. 总是能　B. 经常能　C. 有时能　D. 偶尔能　E. 基本不能

(6) 你在参加集体活动时，能遵守实验室规则，规范地进行操作。

    A. 总是能　B. 经常能　C. 有时能　D. 偶尔能　E. 基本不能

(7) 你能运用表格、符号等方式分析问题，通常你会先理清思路再解决问题。

    A. 总是能　B. 经常能　C. 有时能　D. 偶尔能　E. 基本不能

(8) 在课堂上你能主动提出问题，并通过学习思考，去求证并解决这个问题。

    A. 总是能　B. 经常能　C. 有时能　D. 偶尔能　E. 基本不能

(9) 你能对一些证据材料进行分析推理，证实有关假设或推翻有关假设。

    A. 总是能　B. 经常能　C. 有时能　D. 偶尔能　E. 基本不能

(10) 你能发现探究过程中未解决的问题，或发现新的问题。

    A. 总是能B. 经常能C. 有时能D. 偶尔能　E. 基本不能

(11) 你喜欢怎样的一种课堂教学方法？

A. 老师讲授　　B. 讨论交流　　C. 学生动手实践　　D. 自学

（12）你认为你欠缺哪方面的核心素养？（可多选）

A. 人文底蕴　　　　B. 科学精神　　　　C. 学会学习

D. 健康生活　　　　E. 责任担当　　　　F. 实践创新

（13）你认为你现在具备哪些好的学习习惯和方法？（可多选）

A. 每天预习新课　　B. 独立思考解决问题　　C. 及时复习总结

D. 认真听讲　　　　E. 独立按时完成作业　　F. 整理错题本

G. 爱提问题　　　　H. 合理规划时间

谢谢你的参与！祝你学习愉快！

此次调查问卷，主要调查学生对融合课程的初步认识，对融合课程的兴趣以及感兴趣的课题等。此外还调查了学生平时的课堂习惯、处理问题的方式以及自己对课上教学方式的喜好。以便于我们根据学生的需求和实际情况对我们的融合课程进行设置、调整和设计，更好地激发学生的学习兴趣，培养学生综合学习实践能力，提高学生的学习效果，有效地落实培养学生的学习素养。

学科融合调查问卷（后测）

亲爱的同学：你好！为了更好地了解融合课程对同学们的影响，更深入地对融合课题进行研究，特进行本次问卷调查。本调查完全匿名，请根据自己的真实情况如实填写，谢谢配合！

以下题目中，请在你认为符合情况的选项上打"√"

1. 你的性别：（单选题）

○	男
○	女

2. 你的年龄：（单选题）

11	12	13	14	15	16
○	○	○	○	○	○

3. 你所在的班级：（单选题）

1班	2班	3班	4班	5班	6班	7班	8班	9班	10班
○	○	○	○	○	○	○	○	○	○

4. 完成下面的选择题（不定项选择）

(1) 学科融合的学习对你有帮助吗？

    A. 有　　　　　　B. 没有

(2) 你对学科融合的课题比较感兴趣的是哪个探究活动？（可多选）

    A. 测量河宽　　B. 测试萧太后河的水质　C. 走近文学大师

    D. 漫游潞园　　E. 参观张家湾博物馆　　　F. 绘制五河交汇图

    G. 诗歌吟诵

(3) 如果继续开展学科融合课程，你希望在哪些学科的内容上继续参与学习？（可多选）

    A. 数学　　B. 文学　　C. 语言　　D. 生物

    E. 科普　　F. 运动　　G. 艺术

(4) 学科融合课程的活动过程中你更喜欢哪种形式？

    A. 以个人为单位　　　　B. 以小组为单位

    C. 以班级为单位　　　　D. 以年级为单位

(5) 你在学科融合课程的学习过程中，遇到不会的问题时，喜欢和同学讨论，积极发表自己的看法，并听取别人的意见。

    A. 总是能　B. 经常能　C. 有时能　D. 偶尔能　E. 基本不能

(6) 你在参加集体活动时，能遵守实验室规则，规范地进行操作。

    A. 总是能　B. 经常能　C. 有时能　D. 偶尔能　E. 基本不能

(7) 你能运用表格、符号等方式分析问题，通常你会先理清思路再解决问题。

    A. 总是能　B. 经常能　C. 有时能　D. 偶尔能　E. 基本不能

(8) 在学习过程中你能主动提出问题，并通过学习思考，去求证并解决这个问题。

    A. 总是能　B. 经常能　C. 有时能　D. 偶尔能　E. 基本不能

(9) 你能对一些证据材料进行分析推理，证实有关假设或推翻有关假设。

    A. 总是能　B. 经常能　C. 有时能　D. 偶尔能　E. 基本不能

(10) 你能发现探究过程中未解决的问题，或发现新的问题。

A. 总是能 B. 经常能 C. 有时能 D. 偶尔能 E. 基本不能

(11) 你更喜欢学科融合课程中怎样的一种课堂教学方法？

A. 老师讲授 B. 讨论交流 C. 学生动手实践 D. 自学

(12) 你认为你欠缺哪方面的核心素养？（可多选）

A. 人文底蕴 B. 科学精神 C. 学会学习

D. 健康生活 E. 责任担当 F. 实践创新

(13) 你认为你现在具备哪些好的学习习惯和方法？（可多选）

A. 每天预习新课 B. 独立思考解决问题 C. 及时复习总结

D. 认真听讲 E. 独立按时完成作业 F. 整理错题本

G. 爱提问题 H. 合理规划时间

(14) 你认为通过学科融合课程的学习，你在哪方面的能力有了明显提升？
（可多选）

A. 对问题的分析和理解能力 B. 合作探究的能力

C. 语言表达和文字总结能力 D. 大胆质疑，独立思考的能力

E. 动手操作的能力

(15) 如果融合课程继续深化研究，你想加入哪些融合课程的学习。请写
下你的建议：

_____

谢谢你的参与！祝你学习愉快！

　　此次调查问卷，主要调查学生对融合课程的认识及收获，还有就是了解学生参与学科融合课程的学习后还有哪些新的建议和想法，让学科融合课程的研究继续向纵深发展。此外还调查了学生在参与融合课程学习的过程中课堂习惯、处理问题的方式以及自己对课上教学方式的喜好和收获。以便于我们根据学生的需求和实际情况对我们的融合课程进行调整和再设计，更好地激发学生的学习兴趣，培养学生综合学习实践能力，提高学生的学习效果，有效地落实培养学生的核心素养。

（二）档案袋评价

在评价过程中，收集了很多学生的过程性材料，作为档案袋评价。

二、融合课程方案评价

对于融合课程方案的评价，可以从融合课程开发的意义、融合课程目标的确定、融合课程内容的选择、融合课程的实施这四个方面进行评价，每一大部分又可以相应地分成几小部分，给每一部分赋予相应的分值，根据实际的情况给出评分。

表 1　融合课程方案评价标准

		各项分数	实得分数	总分
融合课程开发的意义和价值（10%）	满足社会的需求	5		
	满足学生以及创新意识培养的意义	5		
融合课程目标的确定（30%）	课程目标体现学生各种关键能力的培养	10		
	课程目标能体现学科融合	10		
	课程目标体现学校办学特色，关注学生健全人格的培养	10		
融合课程内容的选择（40%）	课程内容的选择符合课程目标，具有学科融合性	10		
	课程内容的选择具有本地特色，涉及本地	10		
	课程内容具有典型性、趣味性	10		
	课程内容主体化、系列化	10		
融合课程的实施（20%）	教学活动有利于提高学生的自学能力及创新能力	10		
	教学设施、教学时间有保障	5		
	充分利用了各种教育资源	5		

将融合课程方案评价标准分发给初中部的所有教师和每一届参与的学生进行打分，发现每一届的学生评价得分均在 96 分及以上，而教师的评价得分几乎接近满分。说明这样的融合课程的开发是符合学生的发展需求的，是得到教师们的肯定的，开发是有效的。

三、专家评价

对于融合课程的评价，有很多的教育专家也参与其中，对融合课程的开发和设计提出了中肯的意见与评价。

(一) 北京教科院基础教育课程教材发展研究中心何连芳副主任的评价

在课程创新的过程中，潞河中学特别注意到和我们的城乡学生生活紧密相关的生活资源的链接。今天我听的这几堂课，都和我们潞河中学学生所熟悉的潞河文化紧密相关。还有这样一些课程我没有时间去看，比如说在趣味游戏中认识不定式方程式，厨房中的化学之趣味面筋，我们可以看到在学生所熟悉的生活中发掘生活资源，把它和学科生活联系在一起，是我们创新课程的一个非常重要的手段。综合表现在我们课堂上的资源和课外的资源。在这里，它打的是学生非常熟悉的生活资源的牌，使学生在亲历的、体验的情境中，走入了问题，走进了情境，去探究。所以说资源这第一张牌打得非常好，生活资源和创新课程、创生课程联系在一起，这是第一点。

第二点是关于我们在课程整合的过程中如何整合。我想顶层设计中，主题的设立是非常有价值的、有意义的、有挑战性的、有创新性的。在这种情况下，我们在主题的统领之下，进行的课程和学科之间的整合才是有意义的。我今天看到的这几门课，我很感兴趣，如数学七桥问题与一笔画，英语主题式融合学习课程之莎士比亚戏剧《威尼斯商人》。融合的点在哪里？融合的原点就在于我们主题的设立，我们不能为了融合而融合。

第三个问题，我们创生课程、创新课程，应该使我们的课程具有强烈的实践性。在这样一个背景下讲，特别强调课程的实践性，学生的综合能力表现为能够利用跨学科的知识综合地解决社会问题，所以说创新课程应该具有强烈的实践性。这样几门课程，比如说，天文望远镜的安装与使用，物理揭秘多挡位用电器，这门课程，做得非常好。自制精油、纯露和环保酵素，有强烈的实践性，明显是把化学这个学科和其他学科融合在一起，使学生在动手动脑的过程中，创生出来了。所以说创新课程第三点是指什么呢？是我们讲到的强烈的实践性。这和我们刚才讲到的核心素养，中高考制度改革方案，和学科综合实践活动是一脉相承的。

第四点，我们注意到，无论是徐华校长，还是李校长，还是他们的教研主任，真心地在探究教育的真谛。一门课程在创生的过程中，要有发起者、实践者。徐华校长带着学生上长城，我们李校长带着学生去积水潭，到什刹海，到运河去。我们看到一个现象是什么呢？课程的创生谁是主体。其中一个重要的主体是来自我们的教师、我们的管理者。课程在创生的过程中学生的重要作用，我今天在这个课程上，在这个问题上，我没有看到更多。希望徐华校长和李校长，带领我们的团队，在创新和创生课程的过程当中，充分发挥学生的资源，把这种隐性的资源开掘出来，这是第四点。

（二）北京师范大学课程研究院副院长胡定荣教授的评价

潞河中学的综合实践活动课程，克服了课程的盲目性、随意性，井然有序地在实施综合实践活动。通过活动的结果，学生获得了丰富的课程体验，在情感态度价值观、综合运用实践知识的能力方面都有了很大程度的提高。

第一个是课程到底该怎么做。通过课题引领，探索创新。过去都没做过，在查不到任何资料的情况下，潞河中学知难而进。从教育的情怀入手，怎么样才能让学生飞得更高走得更远，积极想办法，不断通过行动反思，不断地去完善我们的课程。这个课程它不是一步完成的，是一个不断研发、持续改进的过程。

第二个是定向规划，有序进行。现在很多学校，把课程交给老师之后，你们怎么干？你们爱怎么干怎么干，预先没有个规划，没有个设计。这样一操作起来，老师感觉很吃力，学生感觉收获不大。在这个过程当中，潞河中学的课程，为什么实施起来这么有序啊？是因为有一个操作学习手册。学生去了之后，你要看什么，怎么看，最后要形成什么样的作品，它都是预先有设想的，都是规划好的。就像我们上课一样，上课要有教学设计方案，同样实践活动也要有可操作性的方案。

第三点，团队协作，群策群力。现在我们很多学校搞课程，都是孤立地搞、零散地搞，没有形成一个组织机制。在这个组织机制当中，谁来研发课程？谁来实施课程？谁来评价课程？多学科之间怎么去融通、汇通？潞河中学在这个方面做出了很好的范例。各个学科在努力地去面对实际问题，去综合运用知识解决问题。

第四点，着眼过程，完善机制。对于融合课程，他们有一个明确的操作过程，课前让学生去实际考察、体验，课堂展示老师点拨，课后再拓展延续。这是一个学生活动的机制，从课程的准备到实施到反思评价，这是一套研发的机制，有了这个可操作性的程序，他们使课程操作起来忙而不乱，达到一个高品质的效果。

第 四 章
学科融合课程实施中的主题活动案例

2014 年开始，"融合课题组"开展主题为"潞河溯源"的主题实践活动。这是《以立德树人为目标构建初中多学科融合的实验研究》课题下的一个子课题。本课题旨在积极推进学科教学改进意见中指出的将 10% 的课时用于实践活动。我们与校外教育资源单位"北运河管理处"合作，开展多学科融合实践活动。

　　身为潞河学子，我们一起到潞河（北运河）源头，溯地理之源，溯历史之源，溯文化之源，溯精神之源。培养学生将课堂上学到的地理、历史、语文、数学等学科知识逐步融合应用到实践中的能力。

主题活动一　潞河溯源

活动案例（一）　潞河溯源之五河交汇处

活动主题：潞河溯源——五河交汇处

活动目标：1. 学生通过对大运河源头、千年步道的实地考察，从地理、历史等角度了解潞河与运河的关系及北运河的源头概况。了解保护大运河环境的重要意义，树立可持续发展观。2. 通过野外考察，让学生明白做学问不能仅在学校里、课堂上，更要走进大自然，走进社会。培养学生将课堂上学到的地理、历史、语文、数学等学科知识逐步融合应用到实践中的能力。3. 通过野外考察，让学生体会到野外考察的艰辛、团队合作的力量。学会与人交往，学会组织，学会合作，从而培养学生的实践能力、动手能力、组织和自我管理能力。4. 通过本次实践和综合学习为主的活动，让学生进一步了解家乡的地理环境，增强学生爱祖国、爱家乡的情感。

活动地点：1. 大运河源头、五河交汇处；2. 通州运河文化广场上的千年步道。

活动方式：野外实地考察。

活动负责人：李晨松、魏海楠、宋久峰、王红梅、孙宝英。

活动主讲人：王红梅、张海林、杨连翠。

前期准备：1. 分组准备：（1）学生本着自愿的原则，结成5—6人小组，推选出小组长；（2）在小组长的带领下，制定组规，组长根据本次活动的需要，进行合理分工。

2. 知识准备：（1）完成《潞河溯源——五河交汇处》前测题；（2）学习测量河宽的方法；（3）考察前通过多种方式了解大运河的相关知识；（4）听

自己的父辈或祖辈讲解他们知道的大运河。

3. 安全准备：（1）乘车时不要将头和胳膊伸出车窗，在车内不打闹，不随意走动，不大声喧哗；（2）在活动过程中，不倚靠桥上栏杆，严禁到没有栏杆的河边玩耍，严禁打闹；（3）在活动过程中，遵规守时，听从组长和老师的指挥，遵守公共秩序，不随地吐痰，不乱扔废弃物，争做文明潞河人。

4. 物品准备：活动手册、签字笔、铅笔、橡皮、尺子、照相机、有时针分针秒针的手表、大盒尺、罗盘等。

活动一：听讲解，了解大光楼的由来、北运河枢纽情况（历史学科）

知识链接——大光楼（略）

知识链接——北运河枢纽（略）

活动二：有感而发，学写倡议书（语文学科）

知识链接——倡议书

倡议书一般由标题、称呼、正文、结尾、落款五部分组成。

一、标题

倡议书标题一般由文种名单独组成，即在第一行正中用较大的字体写"倡议书"三个字。另外，标题还可以由倡议内容和文种名共同组成，如"把遗体交给医学界利用的倡议书"。

二、称呼

一般顶格写在第二行开头。倡议书的称呼可依据倡议的对象而选用适当的称呼，如"广大的青少年朋友们""广大的妇女同胞们""全国的叔叔阿姨"等。有的倡议书也可不用称呼，而在正文中指出。

三、正文

一般在第三行空两格写正文。倡议书的内容需包括以下一些方面：（一）写倡议书的背景、原因和目的。倡议书的发出贵在引起广泛的响应，只有交代清楚倡议活动的原因，以及当时的各种背景事实，并申明发布倡议的目的，人们才会理解和信服，才会自觉地行动。这些因素交代不清就会使人觉得莫名其妙，难以响应。（二）写明倡议的具体内容和要求，这是正文的重点部分。倡议的内容一定要具体化。开展怎样的活动，都做哪些事情，具体要求是什么，它的价值和意义都有哪些，均需一一写明。倡议的具体内容一般是分条开列的，这样写往往清晰明确，一目了然。

四、结尾

结尾要表示倡议者的决心和希望或者写出某种建议。倡议书一般不在结尾写表示敬意或祝愿的话。

五、落款

落款即在右下方写明倡议者的单位、集体或个人的名称或姓名，署上发倡议的日期。

倡议书在写法上有如下要求：在正文部分要写清发倡议的根据、原因和目的，否则响应者无所适从，会造成盲目的行动。在结尾要写上倡议者的希望和建议，最后是署名和日期。

小组合作学习——依据倡议书的基本格式，编写本组保护大运河的倡议书（最好图文并茂）。

活动三：颂运河诗歌，感受大运河的辉煌与繁荣（语文学科）

知识链接——关于运河的诗歌（略）

知识链接——如何赏析诗歌

一、先弄清写了什么

（一）写了什么内容

这里内容可以是作者的某种感情，如乡情、伤离、怀古、吟边、忧思；也可以是作者对生命、社会、生活的某种见解。

（二）如何确定写了什么内容

1. 注意诗歌的题目

诗歌的题目往往告诉我们诗歌的内容，如《望洞庭》说明诗的内容是洞庭湖，《题李凝幽居》说明诗的内容是描写李凝的僻静居处。确定了诗的内容可以帮助我们理解诗的主题以及作者的情感。

2. 注意诗歌的关键词句

关键词句往往透露着作者对生命的感悟、对社会的认识以及作者的情感在诗歌中的走向，如"漠漠帆来重"句中的"重"，表面上是讲帆因湿而重，其实是讲朋友要离去，自己心情沉重。

诗的首联、颔联、颈联都是整体。在理解三联时不能忘了这个整体，要注意诗歌中的典故、神话传说也是部分，是为整体服务的。

3. 注意词语的隐含信息

诗歌表达一个比较大的特点是含蓄，往往表面是一个意思，而实际讲的是另一个意思。如"知否？知否？应是绿肥红瘦"一句，表面上是讲雨后叶子茂盛了花儿凋零了，实际上表达的是作者对春光的留恋和惜别。

4. 注意典故神话

典故神话一般有比较固定的含义，了解这些内容对我们整体把握全诗是大有裨益的。高考题中有关于舜妃湘君姐妹的神话传说。

二、弄清是怎样写的

（一）典型细节的理解

在细节描写中往往透露着诗歌主人公的感悟、情感等内容，在分析时要特别注意。如"闲敲棋子落灯花"中的"闲敲"这一细节，表现了诗歌主人公因约客不来夜过半的烦躁。在分析细节时要注意前后联系，如果不注意上文的"有约不来过夜半"和下文的"落灯花"，很可能把"闲敲"理解为表现诗歌主人公闲适恬淡的心情。

（二）注意全诗的结构

结构的安排总是为了突出主题和作者的情感。结构有总分式、层进式、对照式等。

（三）注意部分与整体之间的关系

（四）注意表达的角度

从多个角度分析，从远景、近景等角度所表达出的诗人的感情细节。

（五）注意分析诗歌的意境

要特别注意诗歌中的景物描写，弄清作者是通过哪些景物来构成一个什么样的意境。如用"湖光秋月两相和""白银盘里一青螺"来勾画出秋夜洞庭湖水和明月清光辉映成趣、水天一色的融合画面。

（六）注意环境的渲染

在诗歌中作者往往通过环境描写来调动读者的情绪，使读者在情不自禁中受到作者的影响，接受作者的观点或情绪。如用了草径、荒园、鸟宿树等物象，为我们描绘了一幅静谧的图画，使我们情不自禁地赞美作者居处的僻静。

（七）注意语句表达

从整体上说我们要分析作者是直抒胸臆还是一波三折，其他如动静结合、远近结合等都要注意。从句子的角度我们要注意一些修辞方法。修辞方法总是为了更好地说明主题、强化情感表达。常见的如比喻（白银盘里一青螺）、象征（表面上讲"蝉"，其实是讲人）、衬托（以动来衬托静）、双关（表面上讲自己为什么偏爱菊，其实是对菊的品质的赞美，而赞美菊，其实又是赞美人）。其他还有比拟、夸张、通感等都要注意。

从词语的角度分析，要注意欣赏用词的明确、精当，此外还有生造词语，如"独在异乡为异客"中的"异客"，本无"异客"一词，但承"异乡"而来又很自然，强调了"异"；词性开拓，如"应是绿肥红瘦"，绿不能肥，红也不能瘦，肥、瘦本无茂盛、凋零之意，但用在这里别具新意，形象、贴切；谓语迷失，如"浮云游子意，落日故人情"，"浮云""落日"后本还有谓语，但如果加上"像"一类的动词，上下文之间的联系就太紧密了，原诗本要表达一种飘荡的感觉，一加动词就失去了这样的感觉；系词两边不对称，如"细看来，不是杨花，点点是离人泪"，明明是杨花，作者却说成是飘飞的离人泪，既拓展了内容，更强化了感情；倒错的因果关系，如"昔时人已没，今日水犹寒"，易水给人一种悲壮的感觉，不是从过去一直到现在，而是作者心中郁结的情感，换句话说，是因为作者心中的情感，才有一种"水寒"的感觉。

三、表达

（一）表达的过程要完整

一种感悟、一份情感，它的表达，一定有一个过程。我们在表达这种感悟、情感时，一定要把过程讲清楚。

（二）按要求回答，重点明确题目要求你回答什么，你就回答什么，要求你分析意境、环境描写、语言特点、修辞运用，等等，一定要看清，看清了，表达才能有的放矢，重点明确。

（三）表达流畅

表达流畅，一是指文句通畅，二是指先后有序，三是指用语准确、表达到位。只要真正地理解了，表达流畅应该是能做到的。

小组合作学习——搜集一首关于运河的诗歌，并对其进行赏析。

活动四：观运河源头，绘五河交汇示意图（地理学科）

小组合作学习——依据实测，绘制五河交汇示意图。

活动五：观千年步道，领略大运河的辉煌历史（历史学科）

知识链接——千年步道

在通州区东关大桥北侧的运河文化广场的主路上有一编年式的"千年步道"地雕。这步道有 226 米长，宽 4 米。步道以历史年代为主线，记录了自公元前 690 年始到 2006 年的历史长河中，关于大运河的 14 件大事。它跨越千年时空，呈现的人物造型和当年开凿挖掘大运河的人物雕塑，幅幅画面都形象逼真，记载先人们操着不同工具，有挖，有扛，有挑，还有搬大石头的……当时没有机械，全是人工开凿。看到地雕后，不得不赞叹雕塑家的精心设计和精湛技艺。14 幅花岗岩塑像还记载了当时的决策人——历代皇帝——如何号召人们开凿修建、维护这条古运河。画面上还展现出运河通航后，如何起到南北漕运通济的重要作用。

小组合作学习——整理出关于大运河的 14 件大事，从这 14 件大事中找到与通州相关的两件大事，并做详细的介绍。

活动六：小试牛刀，在东关大桥附近测河宽（数学学科）

小组合作学习——

1. 说说你测河宽的原理。

2. 你的实测数据。

3. 进行相关计算。

4. 你测得的结果是？

5. 对你所测得的结果做简要分析。

活动成果展示：

1. 照片欣赏，看"我镜头中的大运河"。

（1）大运河的景观照片；（2）这是我的小伙伴们；（3）看看我们组的同学。

2. 活动后的感受。

活动案例（二）　潞河溯源之走进古镇张家湾

活动主题：潞河溯源——游古镇张家湾

活动目标：1. 通过对张家湾博物馆、通运桥和皇木厂村的实地考察，从地理、历史等角度了解古镇张家湾与大运河的关系，认识张家湾为北京的繁荣做出的重大贡献，从中感受到我们的家乡拥有深厚的历史底蕴和文化积淀。2. 通过本次综合实地考察和讲解，将课堂上所学的地理、历史、物理、化学等学科知识融合应用到实践中。知识来源于生活，服务于生活。3. 在综合实践中学会与人交往，学会组织，学会合作，提高实践能力、动手能力、组织和自我管理能力。

活动地点：1. 张家湾博物馆；2. 通运桥（萧太后桥）；3. 皇木厂村。

活动方式：参观讲解、野外实地考察、水质监测、模拟实验。

活动负责人：李晨松、魏海楠、宋久峰、王红梅、孙宝英、李小波。

活动主讲人：王维、赵晶、蔺江、纪艳苹、王亚静、李小波。

物品准备：活动手册、签字笔、铅笔、天平、照相机等。

活动一：张家湾博物馆初体会（历史学科、语文学科、物理学科）

1. 记录讲解要点，感受运河文化。

2. 知识链接——《挽曹雪芹》（爱新觉罗·敦诚）

> 四十萧然太瘦生，晓风昨日拂铭旌。
>
> 肠回故垄孤儿泣，泪迸荒天寡妇声。
>
> 牛鬼遗文悲李贺，鹿车荷锸葬刘伶。
>
> 故人欲有生刍吊，何处招魂赋楚蘅？
>
> 开箧犹存冰雪文，故交零落散如云。
>
> 三年下第曾怜我，一病无医竟负君。
>
> 邺下才人应有恨，山阳残笛不堪闻。
>
> 他时瘦马西州路，宿草寒烟对落曛。

3. 张家湾博物馆的镇馆之宝是什么？并抄录其上的文字。

4. 抄录一首关于张家湾的古诗。

5. 二层的实物展厅中有一杆大杆秤，见证着当年张家湾的繁荣。请画出这杆秤的简图，并运用物理课所学知识说明为什么它有两个提手？

活动二：通运桥与张家湾古镇遗址野外考察（历史学科）

1. 在《清代张家湾运河及码头全图》中标注出张家湾古城和通运桥的位置。

2. 知识链接——张家湾段运河大事年表

1004 年　辽·统和二十二年　澶渊之盟，之后开凿萧太后运粮河

1285 年　元·至元二十二年　张瑄通过海运漕粮入潞河，停靠张家湾

1293 年　元·至元三十年　郭守敬开通通惠河，通惠河由张家湾入潞河
　　　　　　　　　　　　　　　（即北运河，当时称白河）

1528 年　明·嘉靖七年　改建的通惠河竣工，漕运码头北移至通州城东
　　　　　　　　　　　　北，张家湾仍为客运、商运、皇家码头

1564 年　明·嘉靖四十三年　抢筑张家湾城

1605 年　明·万历三十三年　萧太后桥改为石桥，神宗赐名通运桥

1808 年　清·嘉庆十三年　北运河改道，张家湾码头、厂库废弃，形成
　　　　　　　　　　　　居住点

1901 年　清·光绪二十七年　京津铁路通车，北运河停运

3. 回想当年桥头车水马龙的繁盛，面对现在的通运桥，你有何感想？
（100—200 字）

活动三：萧太后河水质检测（化学学科）

1. 将软绳一端固定在采水瓶口；选择好采水地点后，左手抓软绳，右手将采水瓶慢慢放入水中；每组选择一个采水点收集 3 瓶水样，做好标记。

2. 水样的初步检测：

取样地段	颜色	气味	透明度	温度	pH 值

注：pH 试纸的使用方法：

取一小块试纸放在表面皿或玻璃片上；用沾有待测液的玻璃棒点于试纸的中部；观察颜色的变化，与标准比色卡进行比较，读出溶液的 pH 值。

3. 水样的进一步检测：

取样地段	溶解氧（DO）	五日生化需氧量（BOD5）	电导率（S/m）

资料：地表水环境质量标准部分项目标准极限（mg/L）

序号	分类项目	I 类	II 类	III 类	IV 类	V 类
1	溶解氧（DO）≥	饱和率 90%（或 7.5）	6	5	3	2
2	五日生化需氧量（BOD5）≤	3	3	4	6	10

4. 结论及原因分析：

通过实验测定水样的情况和分析可能的原因。

活动四：皇木厂村的古今变迁（历史学科、物理学科、地理学科）

1. 皇木厂村名的来历是什么？附近还有哪些与大运河有关的村名？

2. 明清张家湾运河两岸商贾云集，其中往来的一项重要的物资就是食盐。大量的食盐在此卸船转运，思考：

（1）当时人们用什么工具来称量这么多食盐的质量呢？

（2）请同学们回忆一下杠杆原理是什么？

（3）请你设计一个杠杆帮助盐商们很快地称量食盐。（在设计过程中要考虑的问题：食盐量很多，需要一个什么样的杆秤？）

3. 知识链接——"舳舻千里"

词源出处：《汉书·武帝纪》"舳舻千里，薄枞阳而出，作《盛唐枞阳之歌》。"

宋·苏轼在《前赤壁赋》曾引用道："方其破荆州，下江陵，顺流而东也，舳舻千里，旌旗蔽空。"

（1）"舳舻千里"的读音和含义是什么？皇木厂村的这个景观是什么遗址？

（2）历史上的北运河多次改道，看前面《清代张家湾运河及码头全图》观察：古代北运河和现在北运河的流向有何变化？说明什么问题？现在的北运河距离皇木厂村已经有一段距离了，上图中没有比例尺不能量算两地之间的距离，你能否想办法量算出皇木厂村到现在北运河的最短距离？

活动五：我为新张家湾出谋划策（道法学科）

通过今天的游学，我们知道了古镇张家湾有着厚重的历史积淀，而今天张家湾镇面临着一个重要的历史契机——环球影视城的建设。规划中的环球影视城位于通州梨园镇、张家湾镇、台湖镇三镇的交会处，总占地达120公顷，投资将超过200亿元，项目占地一大半都在张家湾镇，预计2019年建成营业。你觉得张家湾镇怎样去做才能发挥出自身的优势，抓住这个历史机遇呢？写出你的规划和理由，为张家湾、为通州出谋划策！

活动成果展示：

1. 照片欣赏，看"我镜头中的张家湾"。
2. 在这次外出考察中，我的感受与收获及需要改进的地方。

活动案例（三）　潞河溯源之走进什刹海

活动主题： 潞河溯源——走进什刹海

活动目标： 1. 通过对什刹海及周边胡同的实地考察，从地理、历史等角度了解什刹海与大运河的关系，认识到什刹海对古代皇城的发展与繁荣起到的重要作用。2. 通过本次综合实地考察和讲解，将课堂上所学的地理、历史、物理、化学、语文等学科知识融合应用到实践中。知识来源于生活，服务于生活。3. 在综合实践中学会与人交往，学会组织，学会合作，提高实践能力、动手能力、组织和自我管理能力。

活动地点：1. 荷花市场；2. 后海；3. 典型胡同。

活动方式：参观讲解、实地考察、水质监测。

活动负责人：李晨松、魏海楠、宋久峰、王红梅。

活动主讲人：杨莲翠、陆畅、赵晶、孟梨雨、纪艳苹、王雷、丁雷、张雾明、王红梅、李小波。

物品准备：活动手册、签字笔、铅笔、照相机等。

活动一：历史上的通惠河（历史部分）

知识链接——历史上的通惠河

在元代，通惠河疏通后，解决了大运河的最后结症，使漕运的粮食和各种货物直接运到大都城里的积水潭。漕运顶盛时，一年可运粮达二百万石。但到明初，战乱频仍，大将徐达修建北京城时，将北京城的南城墙向南移，从万宁桥到崇文门外的河道已不便漕运，漕运只能到东便门外的大通桥下，因此通惠河当时又叫大通河。明永乐年间修建的紫禁城、社稷坛、太庙、天坛等皇家古建，所用的大木、神木等，只能运到崇文门外，故在崇文门外建立了"神木厂"（今花市大街处）。以后通惠河又遭淤塞，虽有几次疏通，但因各种原因都失败了。到嘉靖七年，因大量皇家坛庙占建等的需要，在巡仓御史吴仲的主持下，又一次疏通通惠河。吴仲是按照郭守敬的引水路线加以疏通，并取得成功。据《通惠河志》载："寻元人故迹，以凿以疏，导神仙、马眼二泉，决榆、沙二河之脉，汇一亩众泉而为七里泊（瓮山泊），东贯都城。由大通桥下直至通州高丽庄与白河通，凡一百六十里，为闸二十有四。"因吴仲疏通通惠河有功，人们在通州为他建祠纪念。

到清光绪二十六年，通惠河的漕运停运，但通惠河的历史功绩却永存，尤其是北京的很多古建，木料大多是产自南方的云、贵、川、鄂等省，是通过大运河和通惠河运到京城的。在元明清三代，京城人民吃的粮食也大多来自南方。如在明嘉靖年间吴仲疏通通惠河后，一年从南方运粮可达四五百万石。还如明正统年间，土木之变后，瓦剌部入侵北京。兵部尚书于谦为防止瓦剌部到通州抢粮，就从通州向外运粮，用了五百辆大车，日夜抢运，一直运了半个月。后瓦剌部果然去通州抢粮，结果落空。从这一事件，可见大运河运粮之多。

由于清末实行"停漕改折"政策和20世纪以来铁路、公路交通发展，货物转为陆运，加之水源不足，航道失修，至 50 年代初期，仅有少量船只作间歇性通航。该河主要用作北京市排水河道，已不能通航。

小组合作学习——

1. 在图中用彩笔描绘出元代通惠河和北运河，并标出此次活动的路线图。

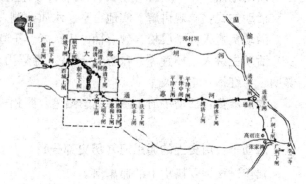

2. 阅读材料，了解通惠河的历史并在图中用不同颜色的彩笔标出明通惠河的变化。

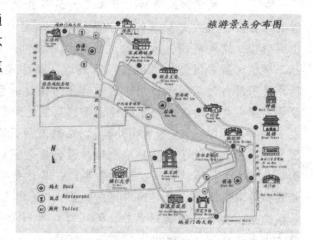

3. 2014 年在卡塔尔首都多哈举行的联合国教科文组织第 38 届世界遗产大会上，中国大运河被列入世界遗产名录，成为我国第 46 项世界遗产和第 32 项世界文化遗产。大运河流经中国八省市 33 个城市，大运河及其支流长度达到 3000 公里，是世界上由国家修建的最广阔的、最古老的内河水道系统。在大运河畔留下了很多历史遗存，请同学们搜集资料，并介绍一处大运河历史遗存。

活动二：通惠河上的船闸（物理部分）

知识链接——船闸

中国是建造船闸最早的国家。秦始皇三十三年（前 214）凿灵渠，设置陡门，又称斗门（今名闸门），用以调整斗门前后的水位差，使船舶能在有水

52

位落差的航道上通行。这种陡门构成单门船闸，简称单闸，又称半船闸。南朝宋景平年间（423—424），在扬子津（今江苏省扬州市扬子桥）河段上建造了两座陡门，顺序启闭这两座陡门，控制两陡门间河段的水位，船舶就能克服水位落差上驶或下行。宋朝雍熙年间（984—987）在西河（今江苏省淮安至淮阴的运河）建造两个陡门，间距50步（约合76米），陡门上设有输水设备，这就是中国历史上有名的西河闸，是现代船闸的雏形。在欧洲，单闸在12世纪首次出现于荷兰。1481年意大利开始建造船闸。

　　20世纪后，在美国、苏联和西欧各国，由于河流的开发和航运的发展，船闸的数量逐渐增多，技术上也不断改进。目前最大的内河船闸长360米，宽34.5米，坎上水深5米，可通过2万吨级的顶推船队。世界上最大的船闸——三峡船闸修建于三峡大坝左侧的山体中。船闸总长6442米，其中上游引航道2113米，下游引航道2708米，船闸主体段1621米。船闸主体段闸首和闸室分南北两线，都是在山体岩石中开挖出来的。每线船闸主体段由6个闸首和5个闸室组成，每个闸室长280米，宽34米，闸室坎上最小水深5米。三峡船闸可通过万吨级船队，设计单向年通过能力5000万吨。在2003年6月16日试通航的三峡工程双线5级船闸，是目前世界上规模最大的船闸。

知识链接——郭守敬

　　郭守敬（1231—1316），字若思，汉族，顺德府邢台县（今河北邢台市邢台县）人。元朝著名的天文学家、数学家、水利工程专家。早年师从刘秉忠、张文谦，官至太史令、昭文馆大学士、知太史院事，世称"郭太史"。元仁宗延祐三年（1316），郭守敬逝世，享年八十六岁。著有《推步》《立成》等十四种天文历法著作。至元元年（1264），郭守敬奉命修浚西夏境内的古渠，更立闸堰，使当地农田得到灌溉。至元二十八年（1291），郭守敬任都水监，负责修治元大都至通州的运河，耗时一年，完成了全部工程，定名通惠河，发展了南北交通和漕运事业。至元二十八年（1291），有人建议利用滦河和浑河溯流而上，作为向上都运粮的渠道。忽必烈不能决断，派郭守敬去实地勘查。

郭守敬探测到中途，就已发现这些建议不切实际。他乘着报告调查结果的机会，提出了许多新建议，其中包括大都运河新方案。忽必烈览奏后，非常高兴，特别重置都水监，由郭守敬任领都水监事一职。

至元二十九年（1292）春，运河工程动工，开工之日忽必烈命丞相以下官员一律到工地劳动，听郭守敬指挥。此举虽然只是个象征，但却反映了忽必烈对这条运河的重视程度和郭守敬在水利方面的权威。郭守敬领导并开辟了大都（今北京市市区）的白浮堰，开凿了由通州到大都积水潭（今北京什刹海）大运河最北的一段——通惠河。他不仅根据大都的地形地貌解决了通惠河的水源问题，而且按地形地貌变化及水位落差，在运河中设闸坝、斗门，解决了河水的水量和水位。

至元三十年（1293）七月，通惠河成。忽必烈从上都（今内蒙古正蓝旗东）回到大都，路过积水潭，见其上"舳舻敝（蔽）水"，大悦，亲赐名为通惠河，并赐郭守敬钞一万二千五百贯，命他仍以太史令职兼提调通惠河漕运事。

小组合作学习——

1. 当河流上游的船要到河流下游或下游的船要向上游行驶时，由于落差的缘故，需要修建什么样的工程供船只安全通过？它利用了我们学习过的什么知识？

2. 请你将我们学习过的船闸用简图的方法画下来，并说明它的工作过程。

3. 今天我们在什刹海看到的船闸与我们学习过的有什么不同？它又是怎么工作的？这样做的目的是什么？

活动三：什刹海的地理位置（地理部分）

知识链接——大运河的起点：什刹海

什刹海，是北京市历史文化旅游风景区、北京市历史文化保护区，位于市中心城区西城区，毗邻北京城中轴线，水域面积33.6万平方米，与中南海水域一脉相连，是北京内城唯一一处具有开阔水面的开放型景区，也是北京城内面积最大、风貌保存最完整的一片历史街区，在北京城规划建设史上占有独特的地位。2000 年批准的北京 25 片历史文化保护区中，什刹海地区面积是最大的。

什刹海风景区位于北京市西城区西北部，由什刹海（又名前海）、后海和西海（积水潭）三个相连的湖泊组成。什刹海历史文化底蕴深厚，历史上这里是寺庙林立的地方，素有"九庵一庙"之说，故得名"什刹海"。

元代，这里曾是南北大运河北段的起点，水域宽阔，景色优美。大运河上的船只，可以经过通惠河直达积水潭。当时船运业繁盛的景象，史载"盛况空前"。南北大运河船运业的繁盛，带动了鼓楼大街一带成为繁华的商业区。从元代起这里就是大都城的繁华商业区，它当时是漕运的终点，被称为"北京古海港"，那时沿岸处处是酒楼歌台、商肆作坊。现仍有以地安门百货商场为首的一大批各类零售商店和以烤肉季、马凯餐厅为代表的数十家新老餐馆。东部银锭桥横跨湖上，架于前海和后海的交界处，站立桥头北望后海，可见水天一色，亦可饱览西山胜景，故有燕京小八景"银锭观山"之美称。什刹海地区是北京城内保留了原有民俗文化的富于老北京特色的传统风景区。什刹海公园也已经成为夏日泛舟、冬季溜冰的游乐场所。

什刹海地区历史文化积淀深厚，有文物保护单位 40 余处，占西城区的三分之一以上。历史上本地区曾建有王府、寺庙多达 30 余座，现代保存比较完好的有恭王府及花园、醇亲王府、广化寺等十多处。什刹海地区的民俗资源十分丰富，具有北京传统建筑的典型特征。本地区居住着 10000 多户居民，少则住了十几年、几十年，多则数代居住于此，形成了老北京淳朴的邻里生活环境。同时，什刹海地区还拥有大量典型的胡同、四合院，如金丝套地区的大小金丝胡同，南、北官方胡同和鸦儿胡同、白米斜街、烟袋斜街等。

美景需有美食相伴，才显得生活惬意。正巧，烤肉季、竹园宾馆、厉家菜等名吃，就是在什刹海畔。

清代起就成为游乐消夏之所，为燕京胜景之一。什刹海景区的不少古建筑在北京城市建设发展史上及政治文化史上占有重要地位，主要代表有恭王府及花园、宋庆龄故居及醇王府、郭沫若纪念馆、钟鼓楼、德胜门箭楼、广化寺、汇通祠、会贤堂。

什刹海是京城水文化的核心区域，虽然随着时间的流逝其作为漕运码头的作用已经消失殆尽，然而当我们漫步在荷花市场，驻足于银锭桥头，不禁会思考，这水从何处而来，又要向哪儿去？

小组合作学习——

1. 请以什刹海前海为中心水区，根据"北京市地形图"标注河流的流动方向，从地形角度简单阐述原因。

2. 结合北京地区气温曲线和降水量柱状图，说说为什么什刹海地区的船闸需要进行如此设计？

活动四：什刹海的水（化学部分）

知识链接——触目惊心的水污染

全国十大水系水质一半污染；国控重点湖泊水质四成污染；31个大型淡水湖泊水质17个污染；9个重要海湾中，辽东湾、渤海湾和胶州湾水质差，长江口、杭州湾、闽江口和珠江口水质极差……水安全问题，正在构成中华民族的"心腹之患"。水污染主要会造成三方面危害：一、对环境的危害，导致生物的减少或灭绝，造成各类环境资源的价值降低，破坏生态平衡。二、对生产的危害，被污染的水由于达不到工业生产或农业灌溉的要求，而导致减产。三、对人的危害，人如果饮用了污染水，会引起急性和慢性中毒、癌变、传染病及其他一些奇异病症，污染的水引起的感官恶化，会给人的生活造成不便，情绪受到不良影响等。

知识链接——水质检测知多少

水温：水的物理化学性质与水温有着密切的关联性。水中溶解性气体的溶解度，水中生长的生物和微生物活动，以及其他溶质都受水温变化的影响。

溶解氧（DO）指标是指溶解于水中的氧的含量，溶解氧是水体净化的重要影响因素之一，高的溶解氧指标有利于对水体中各类污染物的降解，从而使水体较快地得以净化。

pH值表征水体酸碱性的指标，pH值为7时表示为中性，小于7为酸性，大于7为碱性。

天然地表水的pH值一般为6~9之间，水体中藻类生长时由于光合作用吸收二氧化碳，会造成表层 pH 值升高。

高锰酸盐指数（CODMn）：以高锰酸钾为氧化剂，处理地表水样时所消耗的量，以氧的 mg/L 来表示。在此条件下，水中的还原性无机物（亚铁盐、硫化物等）和有机污染物均可消耗高锰酸钾，常被作为地表水受有机污染物污染程度的综合指标，也称为化学需氧量浊度：浊度指标是由水中含有泥沙、黏土、有机物、无机物以及浮游生物和微生物等悬浮物质所造成的，不仅沉积速度非常慢而且很难得到沉积。

小组合作学习——

1. 水样的采集：

选择好采水地点后，左手抓软绳，右手将采水瓶慢慢放入水中；

每组选择一个采水点收集 1 瓶水样，做好标记。

2. 水样的初步检测：

取样地段	颜色	气味	温度

3. 传感器进一步检测：

取样地段	溶解氧（DO）	浊度（NTU）	pH 值

4. 结论及原因分析：

通过实验测定，水样的情况：＿＿＿＿＿＿＿＿＿＿＿＿＿＿＿＿＿＿。

（1）期待你完成的任务：选择一种水质检测方法对协和湖水或你身边的水进行检验，与同学分享你的经验。

（2）如果水质受到了污染，采取哪些方法能使水质得到净化？

资料 1 地表水环境质量评价

依据《地表水环境质量标准》（GB 3838-2002），根据地表水水域环境功能和保护目标，按功能高低依次划分为五类：

类别	功 能
Ⅰ类	主要适用于源头水、国家自然保护区
Ⅱ类	主要适用于集中式生活饮用水地表水源地一级保护区、珍稀水生生物栖息地、鱼虾类产卵场、仔稚幼鱼的索饵场等
Ⅲ类	主要适用于集中式生活饮用水地表水源地二级保护区、鱼虾类越冬场、洄游通道、水产养殖区等渔业水域及游泳区
Ⅳ类	主要适用于一般工业用水区及人体非直接接触的娱乐用水区
Ⅴ类	主要适用于农业用水区及一般景观要求水域

资料2　地表水环境质量标准部分项目标准极限（mg/L）

序号	分类项目	Ⅰ类	Ⅱ类	Ⅲ类	Ⅳ类	Ⅴ类
1	溶解氧≥	饱和率90%（或7.5）	6	5	3	2
2	五日生化需氧量（BOD5）≤	3	3	4	6	10

《生活饮用水卫生规范》中规定：作为生活饮用水水源的水质，应符合下列要求（只列出部分实验指标，其他略）。

项目		标准
感官性状和一般化学指标	浑浊度 臭和味 pH 溶解性总固体（DS）	不超过3度，特殊情况不超过5度 不得有异臭、异味 6.5~8.5 1000 mg/L
细菌学指标	细菌总数	100 个/mL

活动五：什刹海的镇海神兽（地理部分）

知识链接——蚣蝮

蚣蝮是中国古代神话传说中龙生的九子之一，因其好水，又名避水兽。头部有点像龙，不过比龙头扁平些，头顶有一对特角，身体、四条腿和尾巴上都有龙鳞。

相传很久以前蚣蝮的祖先因为触犯天条，被贬下凡，被压在巨大沉重的龟壳下看守运河 1000 年。千年后，避水兽的祖先终于获得自由，脱离了龟壳。人们为了纪念、表彰其家族护河有功，按其模样雕成石像放在河边的石礅上，并说这样就能镇住河水，防止洪水侵袭。

现在凡有蚣蝮所在，寓意四方平安之意，修桥之时，放于桥头或桥身，由于其本身嘴大，肚子里能盛非常多的水，所以多用于作为建筑物的排水口。也有传说能吞江吐雨，负责排去雨水之职。

活动六：什刹海的饮食文化（语文部分）

什刹海，作为京城内老北京风貌保存最完好的地方，除了有许多的王府和花园之外，这一带也是原老北京主要的商业活动区。四季之中可以领略到"西湖春，秦淮夏，洞庭秋"的神韵。

在秀美的风光中，一定少不了美食，尤其是什刹海的老字号——

一、皇家冰窖小院　冰窖小院餐厅的招牌菜是"秘制烤羊腿""冰窖凉浸带鱼"。

二、老北京涮羊肉　老北京的铜火锅，锅底有久涮不淡、羊肉有久涮不老不散的特点。

三、190 年历史的同和居。

四、150 多年店史的烤肉季。

五、"九门小吃"　坐落于北京著名的风景区什刹海北沿，囊括了京城传统的 12 家老字号小吃：小肠陈、褡裢火烧、爆肚冯、奶酪魏、茶汤李、月盛斋、馅饼周、德顺斋、年糕钱、羊头马、豆腐脑白、恩元居。

小组合作学习——你发现了什刹海的哪些现代美食？

活动七：什刹海的胡同文化（语文部分）

知识链接——胡同

一、胡同的由来（阅读汪曾祺先生的《胡同文化》）

二、什刹海的胡同

什刹海胡同共分为 15 条胡同，它们分别是：大金丝、小金丝、前井、后小井、刘海、大石碑、小石碑、银锭桥、铜铁厂、前海东沿、前海南沿、前海北沿、后海南沿、南官房、北官房。这只是它们现在的名字,曾经的名字有的还有证可考,有的已然随着逝去的历史不复存焉。

什刹海的魅力,在于酒吧街上喧嚣和安静的碰撞,更在于周边那些纵横交错的胡同里,历史与现实的碰撞⋯⋯

(一)鸦儿胡同:曾是正黄旗地界。元代因位于什刹海河沿儿故称沿儿胡同,清代取谐音改称鸭儿胡同,为八旗正黄旗地界,1949年以后改称鸦儿胡同。

(二)白米斜街:形状奇特的胡同。自东北至西南,略呈"S"形。据《燕都丛考》记载,胡同早年有座"白米寺",白米斜街因此得名。

(三)大金丝胡同:织染所不见影。大金丝胡同北,有小金丝胡同,明代大、小金丝胡同设有织染所,供应宫廷用的色绢。到了清代,改称金银色绦胡同。"绦"是过去用来装饰衣物的花边,无论平民小户还是大富人家,女人们都离不开它,1965年改成现在的名字。

(四)三不老胡同:郑和留的遗迹。明朝著名航海家郑和的府第就在三不老胡同,因民间对郑和尊称"三保老爹",于是有了"三保老爹"这个胡同名字,清代根据谐音传为"三不老胡同"。

(五)棉花胡同:演绎浪漫知音。明末著名女将军秦良玉率兵北上勤王,棉花胡同就是她驻兵的地方。国库空虚,秦良玉和她的军队为筹集军饷,彻夜不息纺织棉布。棉花胡同的名字,寄托着人们对这位巾帼英豪的怀念。

(六)花枝胡同:勾起红楼旧梦。花枝胡同位于恭王府西侧,在《红楼梦》中有条贾琏偷娶尤二姐后金屋藏娇的"小花枝巷"。很多人考证认为恭王府就是"大观园"的原型,从而也把花枝胡同和《红楼梦》联系到了一起。

花枝胡同勾起红楼旧梦,那么尤二姐是否真的暂住过这里呢?《红楼梦》第六十四回写道:"不过几日,早将诸事办妥,已于宁荣街后二里远近小花枝巷内买定一所房子,共二十余间。"红学家周汝昌认为,《红楼梦》中的小花枝巷指的就是花枝胡同。

小组合作学习——

1. 你找到了哪条胡同?描述下胡同的位置以及你见到的样子。

2. 这些胡同给你留下了哪些深刻的印象?

3. 除此以外你还想了解点关于胡同的什么知识呢?

活动八：什刹海的门楼文化（语文部分）

知识链接——门楼大门形式

一、王府大门是中国古代建筑的一种屋宇式宅门，王府大门位于住宅院的中轴线上，而不是像普合院那样开在东南角，通常有三间一启门和五间三启门两个等级，门上有门钉；普通门楼不能多于一间。王府大门是屋宇式大门中的最高等级。

二、广亮大门的房梁暴露在外，因此又称"广梁大门"，等级上仅次于王府大门，高于金柱大门，门扉立于两根中柱之间，前檐枋檩装饰苏式彩绘，下有雀替，门由抱框、余塞、走马板、抱鼓石、板门等组成，是具有相当品级的官宦人家采用的宅门形式。

三、金柱大门的等级低于广亮大门，因门扉立于前檐金柱间而得名，其余构造与广亮大门相同，只是规模不及后者，一般应用在品阶稍低的官员宅邸。区分广亮大门与金柱大门就是看门扉的安装位置，前者安在中柱间，门内外的空间相同；而后者安在金柱之间，门外的空间就比前者小一个柱间的距离。

四、蛮子门的门扉安在前檐柱之间，梁枋结构与门成一体，没有彩绘和雀替的位置，因此一般无过多装饰，仅留四颗门簪，这是一般高商富户常用的宅门形式。蛮子门的名称来源虽无确据可考，但有一种说法是说这些商户多来自南方，也是他们把这种南方民居的特色带到北方来，而北方人多称他们为"南蛮子"，因此建的宅门也称为"蛮子门"。

五、如意门是屋宇式大门中等级最低的，但也是使用广泛的，大部分百姓人家的院门均采用这种形制。如意门的门扉同样安在前檐柱之间，但与蛮子门不同的是大门正面全用砖墙遮挡，仅留一个尺寸适中的门洞来安装抱框和门板。

小组合作学习——门楼样式和装饰的寓意。

活动成果展示：

1. 照片欣赏，看"我镜头中的什刹海"。

2. 在这次考察中，我的感受与收获及需要改进的地方。

活动案例（四）　潞河溯源之漫游潞园

活动主题：漫游潞园——畅想明天

活动目标：1. 学生通过参观校史馆和游览潞园，进一步了解潞河中学这所百年老校的历史，感受潞园文化的深厚底蕴，增强对潞园的认同感和归属感。激发学生的爱校之情，牢记一切为了祖国的校训，践行爱国、乐群、自律、修身的校风。主动发展，追求卓越，立志做有健全人格的潞河人。2. 明白学习不能仅在课堂上，在游览潞园的过程中也能学到很多知识。将课堂上学到的地理、历史、政治、数学等学科知识融合应用到实践中。3. 学会与人交往，学会组织，学会合作，从而提高实践能力、动手能力、组织和自我管理能力。

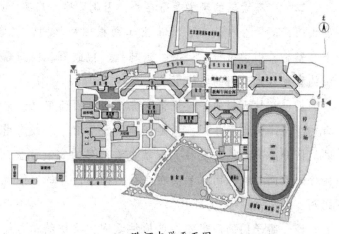

潞河中学平面图

活动地点：潞河中学校园。

参与班级：初一年级 8 个班。

活动方式：在校园内参观游览。

活动负责人：王红梅、孙宝英、李小波。

活动参与教师：初中文科教研室、初中数学教研室、初中理科教研室全体教师。

活动物品准备：活动手册、签字笔、照相机等。

潞园的门：入德之门

说起潞园的门我想同学们再熟悉不过了吧？有我们每天出入的东门和北门，还有不常开的西门，但是有一个门很少有人知道，那就是——入德之门。

1935 年入德之门

抗战时期被日军炸毁的入德之门

　　《1935 年潞河中学校年刊》刊登的入德之门，让你见识一下当年的潞河中学大门。历史悠久由此可见一斑。这里一直是莘莘学子心中的读书圣地。

原址复建的入德之门

　　在抗日战争期间，入德之门被日军炸毁，这也见证了潞河光辉的革命历史。

　　潞河中学有 155 年的光辉历史，入德之门见证了历史的变迁。它外形形似城堡，古朴大方，透出庄严和神圣，中西结合的建筑特色，蕴含了它的历史渊源，在绿树掩映之下，更加凸显了旺盛的生命之光。入德之门，明确告诉广大潞河学子要做具有健全人格的潞河人，德永远在首位。

潞园的山：德辰山

　　进入入德之门我们就进入了潞园，沿小路北行就可以看见一座人工堆砌起来的小土山，它有一个很响亮的名字——德辰山。德辰山是以爱国烈士蔡德辰的名字命名的，山上有潞河中学第一任国人校长——陈昌祐校长的墓碑。

德辰山

蔡德辰

蔡德辰（1893—1912），又名振民，湖北省蕲春人，爱国志士。1908年转入通州华北协和书院（今潞河中学前身）读书，并从事秘密革命活动。是年，他主持在校内建立通州共和会支部，且任部长。1911年12月，清政府命陆军大臣荫昌率军南下，企图扑灭武昌革命，蔡德辰与陈雄计划刺杀荫昌未成功。1912年1月2日，同盟会发动了滦州起义，蔡德辰计划联合京、通、保革命力量于1月12日在通州起义相应。滦州起义失败，北京计划也遭破坏，起义时间推迟。1月15日，清军包围张家湾同盟会分会通州支部，蔡德辰等七人被捕，分别于17日、19日在通州东门外就义，时年蔡德辰仅19岁。

为纪念革命志士蔡德辰等烈士，潞河中学校园内至今矗立着革命烈士纪念碑。在校史馆，也仍悬挂着烈士蔡德辰的遗像。沿着石级上走，就来到了潞河中学的第一任国人校长陈昌祐先生的墓地。

德辰山上老校长陈昌祐先生的墓地　　　　　陈昌祐先生

陈昌祐先生（1892—1981）是潞河中学第一任国人校长，著名教育家，通州人。1915年，他毕业于通州协和大学（今潞河中学前身），1923年，赴美国哈德福特大学留学。1927年，学成归国，以第一位中国人身份任美国教会学校——潞河中学校长，他办学有方，积极倡导"智、德、体三育全备"，确定了"人格教育"校训和"爱国、乐群、自律、修身"的校风。这一时期成为潞河人格教育的重要发展期。1935年，在校生达321名，比初任校长时增加一倍。除西藏外，22省皆有学生至潞河中学读书，甚至海外侨子也慕名而至，使学校闻名中外。

1941年12月，日军侵占潞河中学。次年，陈昌祐怀愤辗转至西安，再办潞河中学。1946年，他返回通州，复任潞河中学校长。1951年，人民政府接管潞河中学，陈昌祐离校任夜校教员，并从事英文翻译工作。1981年，他被聘为政协北京市西城区第五届委员会委员。是年6月12日病逝，享年89岁。

如今，老校长就长眠在这里，永远地守望着他为之奉献了一生的潞园。

陈校长掌校长达 23 年，其始终坚守的"爱国、爱校"的精神深深感染着每一个潞河学子。陈校长的儿子，潞河中学 1946 届校友陈大光先生，作为校友会第二任会长始终关注潞河教育的改革和事业发展。他时常来校给学生们开设讲座，并捐资设立了"陈昌祐校长奖学金"，以鼓励学业优秀、家境贫寒的学生立志向学、报效祖国。

潞园的湖：协和湖

协和湖紧邻德辰山，湖光山色，曲径通幽，形成潞园内一道亮丽的风景。厚重的历史文化底蕴与浓郁的现代学府氛围使潞河中学成为闻名遐迩的花园式学校。

潞河中学始建于 1867 年，由美国基督教公理会创建，始称潞河男塾，后改称潞河书院。1901 年更名为协和书院，

协和湖

设有大学和中斋二部，1912 年更名为华北协和大学，这也是协和湖名字的由来。

2016 年 3 月至 7 月潞河中学协和湖完成了安全整治工程，建成了全市最大的雨水泵站调蓄池。建成后的潞河中学雨水泵站，收集利用雨水，设计巧妙，不仅能给协和湖补水，还能收集协和湖溢流的雨水，满足周边的绿地灌溉。

潞园的亭：博唐亭

博唐亭是博雅格先生为纪念唐·欧德夫人的建校功绩于 1925 年而建。中

博唐亭

式凉亭，八角攒尖带宝瓶，井口天花，倒挂木楣子，苏式彩画，如意石阶，典雅别致又不失美观大方。解放后更名为"凯旋亭"，2007 年 140 周年校庆时改回原名"博唐亭"。

博雅格先生，美国人，燕京大学哲学系主任博晨光博士的叔父，燕京大学之前身潞河书院教师。北大的博雅塔，也是博雅格博士当年为解决学校师生用水问题捐助建成的，是仿北京通州燃灯佛舍利塔、取辽代密檐砖塔样式建造的供水水塔。博雅格先生不仅为燕大的发展做出了重要贡献，在中美文化交流上的贡献也不容抹杀。他一方面不遗余力地将西方基督教、哲学和科学传播给中国青年，另一方面，又致力于向美国人译介中国哲学。

潞园的碑：革命烈士纪念碑

潞河中学革命烈士纪念碑建于 1984 年，为纪念为革命捐躯的众多潞河学子，教育学生继承先烈遗志，建此纪念碑。2012 年重新进行修缮，让周文彬、王立功、齐礼英、蔡德辰、刘玉林等烈士魂归母校。

2014 年 8 月，第十二届全国人民代表大会常务委员会第十次会议通过决定，将 9 月 30 日设立为"烈士纪念日"，2015 年 9 月 30 日，通州区的第二个烈士公祭活动在潞河中学烈士纪念碑前举行。

潞河中学革命烈士纪念碑作为北京市 33 个爱国主义教育基地之一，其他中小学也到此开展爱国主义教育活动，如后南仓小学、官园小学、潞河附属学校等。每逢清明，我校都会组织学生们在纪念碑前祭奠，让他们到这里接受爱国主义传统教育，年复一年，一批批学生从这里毕业，都记得他们的校友周文彬。作为当代的潞河学子，都应倍加珍惜现在拥有的非常好的学习条

革命烈士纪念碑

件，努力攀登学业高峰，继承和弘扬先辈留下的民族精神，去实现中华民族的伟大复兴！

潞园的路

潞园内有很多条路，其中最著名的有三条，都是以我们的校友名字命名的，本着南北为道、东西为路的命名原则，它们是：文彬路、绍棠路、洛宾道。

1. 文彬路

烈士周文彬

晨曦中的文彬路

文彬路以烈士周文彬的名字命名，是潞河中学校园内的主干路。文彬路两旁绿草葱葱，古木成荫，四季景色各不相同，是潞河中学最亮丽的风景之一。

周文彬，1926 年参加中国共产党。1927 年秋任中共潞河中学支部书记。1928 年 7 月从潞河中学毕业，奉派到辽宁省抚顺煤矿从事地下工作。1936 年夏中共河北省委派其任中共唐山市工委书记。1939 年底，任冀察热区党委冀东分委委员，参与开辟冀东抗日根据地。1942 年在晋察冀军区工业部帮助下，主持建立军工厂，制造武器弹药，为冀东部队提供装备。1943 年夏，任中共冀热边特委组织部部长。1944 年 10 月 16 日在河北丰润县杨家铺主持召开冀热边特委扩大会议，不幸被日伪军包围，在突围时头部中弹壮烈牺牲，时年 36 岁。烈士周文彬为国捐躯的大无畏精神也如这参天古树一样永垂不朽，万古长青！

2. 绍棠路

绍棠路以作家刘绍棠的名字命名，它西起校史馆，东与洛宾道相接，是校园内和文彬路平行的又一条东西向道路。

刘绍棠（1936—1997）1954 年毕业于潞河中学。"荷花淀派"代表作家之一。13 岁开始发表作品。16 岁（1952 年 9 月）发表成名作《青枝绿叶》，

17 岁（1953 年 5 月）在潞河中学加入中国共产党，20 岁成为中国作家协会最年轻的会员。1991 年获国务院颁发的"为我国文化艺术事业做出突出贡献"的专家证书。曾任北京市人大常委会委员、北京作家协会副主席、中国文联全国委员会委员、中国作家协会副主席。长期致力于"中国气派，民族风格，地方特色，乡土题材"的创作，是当代乡土文学的举旗人。著有

刘绍棠

《刘绍棠文集大运河乡土文学体系》12 卷。长篇小说《京门脸子》获北京优秀长篇小说奖，《敬柳亭说书》获首届中国大众文学奖，《蒲柳人家》获全国优秀中篇小说奖，《蛾眉》获全国短篇小说奖，《黄花闺女池塘》获 90 年代优秀小说奖。

3. 洛宾道

洛宾道是潞河中学的主干道之一，它由北门向南延伸，与文彬路、绍棠路相交，洛宾道是以我校杰出校友王洛宾的名字命名的。它诉说着一段西部歌王王洛宾校友的音乐传奇。

王洛宾，1927 年到 1931 年就读于潞河中学，之后被保送到北师大音乐系学习，毕业后参军成为一名文艺兵。他一生创作歌剧七部，搜集、整理、创作歌曲 1000 余首，从而成为中国 20 世纪最负盛名的民族音乐家之一，有"西部歌王"美誉。代表作品有《在那遥远的地方》《半个月亮爬上来》《达坂城的姑娘》《掀起你的盖头来》《可爱的一朵玫瑰花》《在银色的月光下》《阿拉木汗》《青春舞曲》等等。

夕阳下的洛宾道

达坂城王洛宾雕像

"多福洛宾"——成长历程：他1913年12月28日生于北京东城油画匠家庭，爷爷是颇有影响的民间艺术家，在京城雕梁画栋，颇有名气，还非常喜欢音乐，组成家庭乐队。父亲王德桢和他在家庭的影响下，吹拉弹唱样样都行。1927年来到潞河中学读书，当年参加了基督教堂唱诗班，很快成了唱诗班的佼佼者。后来考入了北师大音乐系，毕业后去了西北（兰州），参加了"西北抗战剧团"，进行抗日救亡宣传。

　　"多才洛宾"——达坂城情缘：在新疆天山中部，乌鲁木齐和吐鲁番之间有一个极其普通的村庄，因一曲《达坂城的姑娘》而驰名中外。新疆一支车队运送苏联援助中国抗战的物资途经兰州，王洛宾所在的西北抗战剧团举办慰问车队的联欢会。在欢迎会上，车队一位维吾尔族司机为表示答谢，即兴唱了几句新疆民歌。那特殊的曲调和韵律，一下子震惊了音乐家王洛宾。他如获至宝，欢迎会后专门去向那位司机求教。那天晚上，他兴奋得不能入睡，连夜加工整理，一遍又一遍地填词、改曲，几易其稿，最终成形。《达坂城的姑娘》最初是由南来北往的旅人口头传播的，从兰州传向了全国。

　　"多情洛宾"——情结三毛：王洛宾一生相恋过四个姑娘，其中最知名的就是台湾著名作家三毛。三毛从小就爱唱《在那遥远的地方》《达坂城的姑娘》。一次三毛参加一个旅行团，赴敦煌、吐鲁番游览。当到乌鲁木齐时，她离队按地址找到王洛宾。王洛宾对三毛一无所知，只听说她是台湾名作家，两个人一见钟情。后来二人见面很少，大部分时候靠书信来往，1990年三毛从台湾来信，王洛宾没想到这却是一封绝笔书。王洛宾从收音机听到的三毛自杀身亡的消息，恍如晴天霹雳，令他悲痛不已。在王洛宾家门厅的前台上，摆放着一张三毛的大像，还有用白绢包起来的三毛的一缕秀发，那是三毛前次到王洛宾家时，临走前剪下来留存在乐谱本内的遗物。为了永远纪念这段情谊，王洛宾写下了《等待——寄给死者的恋歌》。

　　潞园的楼

　　掩映在古树中的潞园的楼大都是欧式的风格，灰墙红瓦，气势恢宏。

　　1. 红楼（谢氏楼）

　　红楼，原名"谢氏楼"，始建于1903年，1951年更名为"红楼"，2003年恢复原名。据潞河中学1928年年刊记载"华北协和大学及附属中学校长Devello Z. Sheffield Hall（谢卫楼）博士竭尽心力，经营教育事业，本校现所享有之一般权利与之有密切关系，今取其姓氏名此楼以致纪念"。谢氏楼属近

解放前的红楼　　　　　　　　　　　　今天的红楼

代美国折中主义建筑风格，是潞河中学标志性建筑，属于全国重点文物保护建筑。现为校领导的办公楼。

2. 解放楼（文氏楼）

文氏楼，建于1922年，1923年6月2日举行竣工典礼，冯玉祥将军到会祝贺并发表演讲。解放后更名为"解放楼"，2007年140周年校庆时改回原名"文氏楼"。

敦厚结实的外表使文氏楼显得古朴淡定，墙壁上布满了春夏翠绿宜人、秋日红叶生色的爬山虎，更衬托出它气宇轩昂的博大胸襟。文氏楼内部是高大的礼堂，从建成之日起就成为了潞河人文化生活的聚集地。很多毕业会都请社会名流为学生演讲，1932年喜庆的毕业大典在文氏楼举行，请的是大名鼎鼎的胡适博士。

1933年日寇进犯华北，宋哲元将军率二十九军将士奋起抗日，前敌总指挥部就设在通县，文氏楼成为当时的"伤兵医院"，西侧的大房间作为手术

解放前的文氏楼

室，礼堂内放满了整洁的病床。很多潞河学子有幸成为伤兵的"看护员"，能替抗日流血负伤的英雄们做事，同学们心里有说不出的高兴，全力以赴。

现在的解放楼

1935 年潞河中学成立了叫"叮叮剧社"的学生话剧团体，后来成为北京人民艺术剧院话剧泰斗的刁光覃和著名导演夏淳都是在"叮叮剧社"坐的科，他俩的话剧开蒙戏是在文氏楼排练而成的。

现在文氏楼成为学校举办小型演出与会议的场所，已被建成为现代化的多功能厅。

3. 人民楼（卫氏楼）

William Hall，解放后改名叫"人民楼"，140 周年校庆时改回原名"卫氏楼"。卫氏楼建于 20 世纪初的 1902 年。现为教师办公室和教研室。据潞河中学1928 年年刊记载："此楼之所以取名卫氏楼，因纪念 *Williams Dictionary*（《韦氏大辞典》）之著作主人 Wells Williams 也，博士长于文学且于外交，更热心教育，将所著之字典捐本校发卖，今纪念之，以期同学取以为模范。"

它是一幢半扇形的砖体建筑，上下两层，磨砖对缝，清幽俊秀，东西长一百多米。整个扇形建筑中间的正门是半弧形的凸面，顶部镶砌的倒立圆锥护角饰物，风姿多彩，亭亭玉立。凸面的上层是券形门洞下对开的大门，两边各一镂空的券洞。在雕饰的阳台之下，是一层的长方形门窗，整个凸形立面设计得精巧富有诗意，显得大方古朴，优雅别致。半弧形凸面的东西两边，是弯曲幽静的砖券通廊，通廊南侧是半人高的砖体护栏，透过拱形的扇扇券

人民楼

洞，呈现出 20 世纪初校园教室固有的特色。楼顶的前沿为城堡垛口结构，青砖叠砌的花边形式。卫氏楼正门与谢氏楼北门对脸相视，它东西两边长长的通廊，好像伸出的两个臂膀，拱卫着谢氏楼。难怪在潞河园留存的众多老照片中，能多次见到它靓丽的身影。从这些老照片中，我们还能看到它当时奠基和竣工时的盛况。

4. 文昭楼（高一楼）

文昭楼，建成于 1987 年，建成时为初中教学楼，后改为高一年级教学楼，建筑面积 3100 平方米，设计方为机械工业部设计研究总院，建筑方为通县工程队。这栋楼以潞河 1905 届校友、中科院院士马文昭先生的名字命名。

马文昭（1886—1965），组织学家，医学教育家，籍贯河北保定。他是1905 年从协和书院毕业的。因为家人信仰基督教，而且很穷，所以他能在教会学校半工半读，课余时间在当地外国教士和教员家中做些浇花除草等勤杂工作，得些报酬以补助生活。之后在北京协和医学堂学习，这是北京协和医学院的前身。他毕业后先后担任山西汾阳医院和河北通县潞河医院的医师。这两所医院都是教会创办的，主要为当地外国教士和教员以及他们的家属提供保健服务。医院规模很小，只有两位医师，一个是美国人，另一个是中国人。他们担任各科患者的治疗工作，无论大小手术，内科、外科、妇科、儿科等的疾病都要亲手处理，独立解决。马文昭从中锻炼了脚踏实地、不怕困难、独立思考的工作作风。在汾阳医院工作时，曾在出诊时独自抢救了一位剖腹自杀的铁匠。马文昭以简单的工具和细心大胆的操作，使患者恢复了健康。

潞河中学文昭楼

马文昭

他以坚韧不拔的精神，刻苦钻研，付出加倍的努力获得了工作上的成就。在掌握组织学技术时，他勤学苦练，精益求精，能做出厚度只有 $3\mu m$ 的石蜡切片，为同事们所称赞。在检查标本方面无论是给学生示范，还是为专家解决疑难问题，他都显示出丰富的经验。在教学方面他以身作则，以实事求是的精神感染学生。

　　他在医学教育事业上为国家培育了大批人才，在组织学、细胞学的研究上做出了许多贡献。他数十年如一日孜孜不倦勤奋地工作，是一位在医学教育和科学研究领域中杰出的科学家。

　5. 叔和楼（高二楼）

　　叔和楼以我校 1934 届校友、中科院院士宋叔和先生的名字命名，建成于 1987 年，现为高二年级教学楼，楼内设涉台教育基地。

　　宋叔和（1915—2008），区域岩石及有色金属矿学家，1980 年当选为中国科学院学部委员（院士）。著名地质学家、岩石学家和矿床地质学家。九三学社优秀社员，第二届至第七届全国政协委员，中国地

叔和楼

质科学院矿产资源研究所名誉所长，从事区域岩石和有色金属矿床的成岩成矿研究。

　　宋叔和 1915 年 7 月 14 日生于河北省迁安县。1932 年转学至北平通州潞河中学读高中。1934 年毕业于北京市通州区潞河中学，立志找矿勘查，遂考入清华大学地质地理气象学系。当时的清华大学很重视学生素质的培养，第一年地学系只开一门普通地质学，其他课程都是外系的课。宋叔和就利用大量时间勤奋读书，尤其读了许多有关矿业方面的中外书籍。此外，他还读小说、打网球、游泳、踢足球，大学生活丰富多彩。那时的宋叔和求知若渴，博览群书，找到了人生最大的乐趣。大学二年级他写了《中国的玉石》一文，发表于《清华大学学报》，并转载于《北京晨报》。1938 年毕业于清华大学地学系，曾任西南联合大学助教。

宋叔和院士

1949 年起曾先后任地质部地质勘查队长、省地质局总工程师与地质部西北和北京地质矿床研究所副所长及领导小组组长，以及中国地质学会矿床专业委员会主任等。1980 年当选为中国科学院学部委员（现资深院士）。

20 世纪 40 年代进行过滇、黔、新区域地质矿床的调查研究，划分出新疆八道湾煤田早、中侏罗世沉积层序，肯定了天山一些断陷盆地是聚煤有利的地质环境。

50 年代前后在祁连、秦岭古活动褶皱山系中的海相火山岩套中发现赋存有金属矿化体，从成岩成矿的地质环境分析，较早地确定其矿床类型，经地质部门和矿山部门勘探开采证明，甘肃白银厂黄铁矿型铜多金属矿床、陕西金堆城浸梁状钼矿床和甘肃镜铁山沉积型铁矿床均属于经济价值较高的大型矿床。

结合褶皱山系的区域地质构造，岩浆演化和成矿作用，对海相火山岩提出三分法，即分成碱性岩、偏碱性岩（细碧岩-石英角斑岩）和钙碱性岩，较早地指出海相火山岩型铜多金属矿床密切形成于偏碱性火山活运过程中。鉴于矿层出现于早期酸性火山喷出沉积环境而为后期中或基性火山岩覆盖，提出含矿偏碱性岩套导源于慢壳混熔作用的观点。

宋叔和地质文集

2008 年 2 月 5 日 19 时 20 分在北京病逝，享年 93 岁。

6. 天钦楼（高三楼）

天钦楼以我校 1937 届校友、中科院院士曹天钦先生的名字命名，建成于 1987 年，建时为高中教学楼，现为高三年级教学楼，建筑面积 3200 平方米。设计方为机械工业部设计研究总院，建筑方为通县工程队。

曹天钦（1920—1995），中科院院士、生物化学家，是肌球蛋白轻链发现者，人工合成胰岛素项目的重要参与者。

曹天钦 1920 年生于北平的一个普通知识分子家庭，1935 年夏入通县潞河中学（初中）学习，中学阶段便逐渐树立了"科学救国"和"工业救国"的

天钦楼

宏伟志向。1946年10月，经李约瑟博士介绍赴英剑桥大学留学；后来被选为剑桥大学院士，这是该院历史上获此殊荣的第一个中国人。之后曹天钦已准备去美国哈佛大学生物化学家陶蒂的实验室工作，但中华人民共和国成立，使曹天钦受到极大的鼓舞。曹天钦为了报效祖国，立即放弃去美的计划，克服各种困难回到祖国。回国之后，他发现了肌球蛋白轻链，这是曹天钦在学术上的重大成就，当时他年仅32岁，后他又被聘为中科院副研究员。"文化大革命"后期，曹天钦虽继续受到不公正待遇，但是他没有放弃自己的科研事业，参加对马王堆古尸的研究，取得了积极成果（提出了古尸得以保存的条件和保存水平的分析）。

曹天钦先生不仅是一位优秀的科学家，也是一位杰出的教育家。他通过培养研究生、办训练班、到大学兼课等种种方式，为国家培养了一大批生物化学人才。曹天钦善于因材施教，鼓励学生们发挥自己的创造性和主观能动

曹天钦

性，使有的人长于研究，有的人长于技术，有的人长于理论，有的人长于实践，而各种人才都是科研队伍所必需的。

我们为有如此杰出的校友而骄傲。我们要学习他对科研事业的执着追求，学习他不遗余力放弃国外优越条件回国、投入新中国建设的爱国情操，学习他在逆境中不屈不挠、永不言弃的精神追求，学习他潜心育人、淡泊名利的道德品格。

7. 馨菱楼（初中楼）

馨菱楼以我校 1933 届校友、中科院院士秦馨菱先生的名字命名。1998 年开始动工盖楼，2001 年投入使用，2002 年初中部从文昭楼搬迁过来，一直使用至今。

秦馨菱（1915—2003），地球物理学家、地震学家、地球物理勘探家、应用电子学家。1980 年当选为中国科学院学部委员（院士），历任中国科学院地球物理研究所副研究员、研究员，国家地震局地球物理研究所室主任。

秦馨菱

秦馨菱原籍山东安邱，出生于山东潍县一个知识分子家庭，父亲秦耀庭是齐鲁大学生物系教授，母亲是潍县小学教员。秦馨菱从小受家庭影响，求知兴趣广泛，动手能力很强。1929 年夏，秦馨菱随父亲到北平，1931 年，他转入通县潞河中学读高中二年级，当时无线电收音机在中国尚不普遍，甚至矿石收音机也还不多，他却把零用钱省下来购买无线电元件，初中时就自己装了一个矿石收音机，高中时进一步装成一台真空管的短波收音机，用于和同学们共同练习无线电电码的接收。1933 年秋考入清华大学物理系，1937 年 6 月毕业，获理学学士学位。

馨菱楼

秦馨菱在潞河中学求学期间，正值九一八事变之时，他深深感到要救国强国、赶走日本侵略者，必须提高广大民众的知识水平和认识能力，因此他全身心地进一步投入到宣传抗日救亡的斗争中去。1933年初，学校组织"救护队"前往支援中国军队时，秦馨菱是第一批队员之一。当他们行进至通县郊外时，由于冰雪初融，许多车辆在泥泞的道路上寸步难行，甚至陷于泥坑之中。秦馨菱参加召集村民修路的工作，两周的抗日救国活动，虽然流了许多汗水，吃了许多苦头，却使他的抗日爱国激情日益高涨。后来不断有伤兵从前线撤回通县，潞河中学的校医务室和大礼堂成为收治伤兵的临时病房，他又积极加入"护士队"护理伤员。秦馨菱回忆这段往事时，欣慰地感叹"当时为抗日做了点实事"，这为他以后的成长和事业上成就卓著奠定了坚实的思想基础。

8. 仁之楼

仁之楼是以1932年毕业于潞河中学的著名校友侯仁之的名字命名。仁之楼现为图书馆、信息教室、会议室、报告厅和天文台所在综合楼。

侯仁之（1911—2013），1911年12月16日生于河北省枣强县，籍贯山东恩县（现山东德州平原县恩城镇）。

中国著名历史地理学家，中国科学院院士。1940年毕业于燕京大学，1949年获英国利物浦大学博士学位。1952年任教于北大地质地理系，曾兼任地质地理系主任和北大副教务长等职。1980年当选为中国科学院地学部院士。曾任北京大学城市与环境学院教授、博士生导师。1984年被英国利物浦大学授予"荣誉科学博士"称号。1999年获何梁何利基金科学与技术成就奖。同年为表彰侯仁之在历史地理学领域的卓越贡献，美国地理学会授予他"乔治·戴维森勋章"，侯仁之成为全世界获此殊荣的第6位科学家。

侯仁之

1950年发表《中国沿革地理课程商榷》，第一次在中国从理论上阐明沿革地理与历史地理的区别及历史地理学的性质和任务，率先为中国现代历史地理学的建立奠定了理论基础。1952年，侯仁之在北京大学正式开设中国第一个"历史地理学"专业。主编有《北京历史地图集》，出版有《侯仁之文集》。1984 年，侯仁之在美国康奈尔大学讲学时接触到《保护世界文化和自然遗产公约》（以下简称《公约》），认为中国加入《公约》刻不容缓。他在归国后立即以全国政协委员的身份起草了一份中国应加入《公约》的提案，为国家所采纳，中国最终成为了"世界遗产公约"缔约国。侯仁之院士则被誉为"中国申遗第一人"。

9. 黄昆楼

黄昆楼以 1936 届著名校友黄昆之名命名。黄昆楼现为理化生实验室、体音美教室等功能性教室的综合楼。

黄昆，世界著名物理学家、中国固体和半导体物理学奠基人、杰出教育家，浙江嘉兴人。北京大学教授，中国科学院半导体研究所研究员、所长、名誉所长，中科院院士。2001 年获国家最高科学技术奖。荣获 2002 年感动中国十大人物。

黄昆治学一个重要特点，"从第一原理出发"，其习惯也许就是在中学开始培养的。

黄昆在潞河中学求学期间，潞河中学的校训为"人格教育"。黄昆是学习上的优等生，除语文课外，他的高中三年学习总成绩始终保持在全年级之首。黄昆兄弟三人都就读于潞河中学。他的大哥黄燕因为休学两年，与他同班，数学成绩只有 30 来分，在黄昆带动下，黄燕的数学成绩也很快就超过了及格线。潞河中学每个礼拜都有全校大会，黄氏三兄弟穿自己家做的布鞋，被校长在全校大会上表扬。

黄昆自己认为，他中学时代的反面教训是中学语文课没有学好。就像大

黄昆

多数中学男生一样，对于老师出的作文题，黄昆觉得，不是一句话就解答了，就是无话好说。后来黄昆回顾自己的生涯，认为其后果影响了自己一辈子。例如，1936 年黄昆从潞河中学毕业，拟学工科。他报考过清华大学和北洋工学院，但都未被录取，原因就是语文成绩太差。黄昆在生平自述中写道：

> 我于 1944 年参加了当时"庚子赔款"留美和留英两项考试。留美考试未录取，后来通过别人查分数才知道我的语文考试只得了 24 分。在留英考试中，我的作文只写了三行就再写不下去了，只好就此交卷。后来得知，我居然被录取。这曾使我大吃一惊。以后有机会看到所有考生的评分，这才知道这位中文考官显然眼界很高，而打分又很讲分寸，很多考生的中文成绩都是 40 分，再没有比这更低的分数，我当时是其中之一。以后虽然没有再考语文，但是语文这个关远没有过去。顺便可以提到，我的语文基础没有打好，多少年来，在各个时期、各种场合都给我带来不小的牵累（从早年的考试到以后的写作，以至讲话发言）。近年来，不少场合要你讲点话或是让你题词，我只能极力推辞，而主持人则很难谅解。这总使我想起中学语文老师出了题我觉得无话可说的窘况。

潞园的馆

1. 校史馆

1935 年 11 月 3 日建成，由潞河中学校友孔祥熙等人捐资兴建。现为校史馆。潞河中学自 1867 年创办至今所跨越的三个世纪，正是人类社会经历沧桑巨变的历史进程，也是中国人民从灾难深重走向扬眉吐气的历史进程，潞河中学就是伴随着这样一段波澜壮阔的背景一路走来。通过对潞河中学历史的回顾，我们可以再一次体会中国近代社会与教育发展的坎坷与沧桑。

在这里展出的每一幅照片、展品，都是潞河人留下的生活印记，它们记述着这里曾经发生的故事。从这一幕幕情景中，我们也可以体味到教育究竟在人的发展中起了怎样的作用。不同的人在品读这段历史之后，都会有不同的理解和感受，但对于有过潞河中学求学经历的人来说，一定会感受到强烈的震撼，因为，这历史就是他们用自己的生活写成的。

潞河中学钟灵毓秀，含英咀华，她的历史厚重深远，155 年的风霜洗礼，155 年的艰辛探索，155 年的经年积淀，155 年的智慧荣光，使潞河这所百年名校，在 21 世纪教育发展中呈现出前所未有的生机与活力。这无疑是历史馈赠给潞河人的教育宝藏。

本展馆共分四部分，第一部分：潞河之光（人物篇）；第二部分：潞河之韵（历史篇）；第三部分：潞河之梦（发展篇）；第四部分：潞河之恋（爱校篇）。

第一部分：潞河之光

第二部分：潞河之韵

潞河的历史就像是一首耐人寻味的交响诗，它是伴随着社会的进步展开的，在这里我们可以感受到"教育·社会·人"相互交织的韵律，也会真实地感受到自己就身处于这幅波澜壮阔的历史画卷中。

潞河之韵展区，主要展示了从 1867 年建校到改革开放前的学校历史。主要反映 1867—1928 年、1928—1951 年、1951—1966 年、1966—1978 年四个历史阶段的学校教育状况。

潞河史话：潞河中学的前身协和书院第一任校长是谢卫楼，也是任职时间最长的美国人，在他任职期间，落成了红楼、卫氏楼、文氏楼等；后来的田和瑞校长为潞河写了校史，也是我校最早的校史。通过潞河中学 20 世纪 30 年代的地图，可以看出那时的校园比我们学校现在的面积要大。博唐亭、早桥、文氏楼（1922 年建）、老餐厅、入德门、德辰山等，这些建筑很多已是国家重点文物。

人才辈出：潞河是个钟灵毓秀、人杰地灵的地方，不但建筑著名，更重要的是人才辈出。潞河早期著名的校友很多，如孔祥熙是中华民国南京国民政府行政院院长，兼财政部部长，1894—1899 年在潞河书院就读，后留学美国，毕业于耶鲁大学，主要政绩有改革中国币制、建设中国银行体系、加大国家对资本市场的控制等。又比如蔡德辰烈士，德辰山就是以烈士的名字命名的。1908 年他由北京豫文中学转到华北协和书院就读。1909 年冬，同盟会在北京成立共和会北京分会，他任通州支部部长。1912 年 1 月 2 日，同盟会发动了滦州起义，他计划联合京、通、保革命力量在通州响应，因滦州起义失败，计划遭破坏，起义推迟。1 月 15 日，清军包围张家湾同盟会通州支部，蔡等七人被捕，后被害，时年仅 19 岁。

革命阵地：从 1926 年到 1927 年，学生在校园可以公开研究社会主义学说，并成立了通州区第一个党支部，反映出了潞河中学的革命传统。周文彬、张树棣等为国捐躯，学校为缅怀先烈，以他们的名字命名道路、建筑等。

国人校长：我们看到的陈昌祐校长，也是第一任中国校长，他就读于华北协和书院，后留学美国哈佛大学，陈校长是一位很有建树的教育家，他倡导"人格教育"，力主"德智体三育全备"。在他掌校期间，废除了必修课圣经，并设文科、理科、农科、教育专业课程，以供学生选择。

潞河体育：潞河的体育传统起源于协和大学时期，当时的博雅格校长就是一个体育爱好者，在潞河早期的毕业生中，陈昌祐等参加过 1910 年的全国第一届运动会，旧中国的三位奥委会委员有两位毕业于潞河，就是孔祥熙、董守义。陈昌祐任校长期间，更是身体力行积极推动潞河体育的发展，使潞河体育得以弘扬，并成为潞河文化的重要组成部分。在这个时期学校成立了篮球队、足球队、冰球队、棒球队、网球队等，参加了很多比赛，获得了很好的成绩。

抗日救亡：1931 年九一八事变爆发，潞河中学师生第一时间表现出了爱国情感和民族责任，自那一刻起，军训就成为学生的必修课程。平津沦陷后，部分师生在靳铁山主任带领下，转移到安徽亳州，并开创了一段弥足珍贵的潞亳之情。1941 年日军占领了学校，经过辗转，师生们在西安会聚，创办西安潞河中学，这是潞河历史上的一段重要而悲壮的历程，是民族危难的历史烙印。

新校剪影：这里还有几个展板，是解放后潞河师生参加的一些活动和经历的一些历史场面，记载了新中国成立后学校的变化。这里必须知道一位校长，他叫方田古，他在任期间，把"一切为了祖国"作为校训，鼓励学生以祖国富强为己任，贯彻党的教育方针，学校成为北京地区办学的一面旗帜。在"文革"期间，他被造反派打断了三根肋骨，是一位有骨气的校长。这里有我们喜爱的作家刘绍棠的一些介绍和作品。

第三部分：潞河之梦

改革开放的潞河发展之迅猛，前程之绚丽，就像是梦。梦蕴含着愿望，圆梦才意味着愿望的实现。回味潞河事业的发展就如同是梦和圆梦的过程，这是一段难忘的历史，更是一段令人激情澎湃的生活。

从改革开放初期到 20 世纪 90 年代，潞河中学开始进入一个稳定的发展时期，在通县政府的关怀和支持下，学校领导带领教职员工进行学校建设。学校的建设日趋完善，师生的生活条件逐渐有所改善。随着潞河中学办学条件的改善，1992 年恢复向全市招生，学校的生源条件明显好转，教育教学质量稳步提高。学校各项事业蓬勃发展，潞河的社会声誉日渐高涨。

校史馆左侧第一展厅

为了提高教育教学质量，老师们自编教材，自己制作教学模型。这一时期优秀的教师代表有全国模范班主任刘淳朴。潞河中学十分重视学生的体育教育工作，1986 年，北京市共有二十名"十佳运动员"，我们学校就有五名之多。

90 年代，潞河中学进入了一个稳定的发展时期，规范的教育教学和教科研工作培养和锻炼了一大批中青年骨干教师，有力地推动了学校事业的发展。同时潞河校园也经历了建国以来最大规模的校园改造工程。新建了初中楼、高中楼、实验楼、学生宿舍等教育设施，办学条件和教职工的居住条件得到根本改善。

校史馆二层左侧第一展厅和
第二展厅的走廊展示

校史馆二层左侧第二展厅

潞河中学新时期课程改革启动于 1999 年，从 2000 年开始，学校多次分批次派出教师赴华东师范大学培训，上外省市进行新课程考察等；同学们也走出校门走进名校体验氛围：同学们走进清华，走进北大等。与此同时，潞河中学承办各种市级活动：举办高中物理研讨会、美术研讨会、高中历史教学研讨会等等。随着学校的发展，潞河中学开始承办国家级的活动：全国新课程改革与校园文学研究论坛在我校研讨召开，基础教育中的可持续发展教育国家实验学校项目启动仪式在我校举行。

潞河中学获北京市示范性普通高中，高中部成为开展特色发展实验项目学校。历经十多年的改革实践新课程实验，校本课程及社团活动，民族课程建设等都取得了丰硕成果。从校领导到老师都有专著出版。这里展示有老师们创作的书籍书稿。

第四部分：潞河之恋

1. 潞河校史馆

潞河校史馆三层为实物展区，下面我为同学们主要介绍三样实物。

潞河书院匾额，这块匾额是清朝光绪十七年（1891）由无锡商人杨宗廉为潞河书院 1889 年重建而捐立的，距今已有 131 年的历史了。关于这块匾

潞河书院匾额　　　　　　　　　　　　古钟

额，还有一个小故事，这块匾额是 2002 年才被我们学校收藏的，在此之前它一直"隐居"于贡院小学值班室，你们猜猜当时它的职能是什么？它被当作床板用了 100 多年。2002 年的时候，贡院小学装修，拆了值班室的床，把床板翻过来一看，还有字，于是就联系到了咱们学校。徐校长和张校长亲自把它拉了回来，我们才能看到这块匾额。

古钟，这口古钟原来是挂在护士学校内的，护士学校所占土地以前也是属于潞河的，后来划给了护士学校。这口钟见证了历史！

2. 体育馆

潞友体育馆：由衣复恩等校友捐建。衣复恩 1933 年毕业于潞河中学，1959 年受命成立中华航空公司，首创国人自营的航空公司。他以其母亲的名义创立了立青文教基金会，我校曾有百余名学生获此殊荣，受其恩泽。1996 年他率先捐款 500 万元人民币资助母校建成潞友体育馆。他热爱祖国，为促进两岸经济、文化、教育的交流与发展做出了卓越的贡献。

衣复恩（1916—2005），1931 年在潞河中学就读高二时，中央航空军官学校恰在北平招生。那一年（1931）又逢九一八事变，东北沦亡，衣复恩因此萌生了投笔从戎、抗日救国之念。高中毕业后，衣复恩秉承父命，考入燕京大学。入学之后，航空学校再次招生，他考试被录取，终于成为中央航校第四期学生。

1937 年"八·一三"上海抗战，衣复恩与战友驾驶 9 架中国战机，奉命轰炸上海虹口的日军海军

衣复恩

陆战队司令部，几乎全部命中目标。1939 年 11 月，任空军九大队副队长，率9 架苏制性能差、航速慢的 SB-2 战机，与敌机恶战在昆仑关上空，击落数倍于我的敌机，受到蒋介石传令嘉奖。

1941 年，衣复恩被选中去美国受训，是第一位获得这个机会的中国军官。从 1943 年起至 1952 年，任蒋介石和宋美龄座机"美龄号""中美号"座机长。当时，蒋介石、宋美龄夫妇身边，有两个亲信人物。一个是励志社总干事黄仁霖，人称蒋宋的皮包；另一个是"美龄号"与"中美号"的座机长衣复恩，时人称他为蒋宋的手杖。前者管钱物，后者管出行。1952 至 1955 年去美国任"大使馆武官"三年半；回台后，任"空军总部情报署"署长。直接掌管 U-2 高空侦察机，担任"空军总司令部"的副参谋长。后军衔逐级攀升，由中校、上校、少将，一直升到中将，并奉命创办"中华航空"。衣复恩与蒋氏父子关系深厚，尤其与蒋经国几乎每周见面，蒋经国儿子也拜衣夫人为干妈，衣复恩与蒋经国保持整整 23 年（1943—1966）的亲密友谊。

他 1971 年担任亚洲化学公司董事长，经过 20 年的努力，扩展了十多家企业，并在广东佛山、惠州，陕西咸阳，上海等地投资办厂。同时热衷文教事业，在北大、清华设奖学金，并以母亲之名在山东大学成立了"立青文教基金"。在潍河中学建体育馆，在山东平度县高戈庄办希望小学。

3. 黄昆楼生命地学馆

第一部分：北侧古生物化石、动物浸制标本展柜

这些古生物化石，可以让我们看到古代动植物的样子，从而推断出它们的生活情况和生活环境；还可以从埋藏化石的地层形成年代和经历变化，看到生物从古到今的变化；可以从化石中动植物的种类，推断出地理环境的变迁。（如这里展出的龙鱼化石，龙鱼本是一种重新回到海洋的爬行动物，它的化石在喜马拉雅南坡海拔 4800 米处被发现了，这就有力地证明了青藏高原在1.64 亿年前是一片无垠的海洋。）

对于现存的一些动植物，我们也可以制成标本，便于观察生物体的外部形态和内部构造，还能长期保持生物体的原本色泽。这里收集了大家比较熟悉的蜘蛛、蟋蟀、蜻蜓、金龟子、蝴蝶等动物，还有像鳄蜥、马粪海胆、枪乌贼等不太常见的动物标本。

第二部分：不同的生态系统

在今天的地球上，生活着种类繁多的动植物，它们与周边的无机环境相

互作用而形成了统一整体——我们称之为生态系统。在生物圈这个最大的生态系统中，还可以分出很多个生态系统，例如森林生态系统、草原生态系统、海洋生态系统、湿地生态系统、农田生态系统等。

（1）极地生态系统

这是个模拟的极地生态系统。大家可以观察它的环境特点，地表冰雪覆盖，终年严寒，植物种类稀少，动物种类也很少，如大家看到的北极熊和南极企鹅，除此之外还有像驯鹿、北极兔、北极狐和狼等，在这里几乎没有爬行动物和两栖动物，昆虫的种类也很少。

（2）沙漠生态系统

沙漠生态系统主要分布在亚热带和温带极端干燥少雨的地区，我国的荒漠分布于西北和内蒙古地区。荒漠地区为极端大陆性气候，年降水量大多在250毫米以下，蒸发量大于降水量许多倍。严酷的自然条件，限制了许多植物的生存，植物种类贫乏，结构简单，覆盖率低，有些地面完全裸露，只有为数不多的半乔木、半灌木、小灌木和肉质的仙人掌类植物稀疏地分布，由于食物资源比较单调和贫乏，动物的种类也不多，常见的有爬虫、昆虫、鸟类和哺乳动物等，如大家看到的鸵鸟、眼镜蛇和变色蜥蜴。

（3）森林生态系统

在陆地上，森林生态系统是最大的生态系统，它主要分布在湿润、较湿润的地区，其主要特点是动植物种类繁多，群落的结构复杂，种群的密度和群落的结构能够长期处于稳定的状态。不同的植物类型，也决定着森林的种类，主要分为亚寒带针叶林、温带落叶阔叶林、热带常绿阔叶林和热带常绿硬木林。

（4）湿地生态系统

我国的湿地种类众多，沼泽地、泥炭地、河流、湖泊、红树林、沿海滩涂等，甚至在低潮时水深不超过六米的浅海水域，都属于湿地。此外还有大量的人工湿地，如水库、池塘和稻田等。湿地常常作为生活用水和工农业用水的水源，被人们直接利用。湿地还能补充地下水，在多雨或河流涨水的季节，湿地就成为巨大的蓄水库，起到调节流量和控制洪水的作用，而到了干旱的季节，湿地中储存的水，又可以补充地表径流和地下水，从而缓解旱情。因此湿地又被称为"地球之肾"。湿地中有着十分丰富的动植物资源。

（5）海洋生态系统

海洋占地球面积的71%，整个地球的海洋是连成一体的，可以看成是一个巨大的生态系统。海洋在调节全球气候方面起着重要作用，同时海洋中还蕴藏着丰富的资源。海洋中的植物，绝大部分是微小的浮游植物，它们个体很小，但是数量极多，是植食性动物的主要饵料，在浅海区还有许多大型藻类，如海带、裙带菜等。海洋中的动物种类很多，从单细胞的原生动物到动物中个体最大的蓝鲸，大都能够在水中游动。

4. 潞园的实验室

潞园内的实验室有很多，有物理实验室、化学实验室、生物实验室等，主要在黄昆楼内。同学们怀着浓厚的兴趣，在这里探索到了许多科学的奥秘。

小组合作学习——

1. 参观校史馆时给你留下最深刻印象的是什么？

2. 参观校史馆后你有什么感受？请用一句话进行表述。

3. 我眼中潞园最美的景色，请以照片的形式记录下来并给你的照片配上文字。

4. 大显身手设计路线：

（1）若乌丹一中的老师来我校访问，请你帮忙设计一条参观路线图。

（2）你认为，从学校东门到馨菱楼景色最美的路线是哪条？

（3）潞河中学占地三百余亩，是北京市校园面积最大的中学。为了节约时间，请你设计一条从东门到馨菱楼最短的路线。

主题活动二　走近科学

　　初中科学学科的教育教学在提高学生综合素质方面具有重要的作用。初中科学学科涵盖了生命科学，物质科学，地球、宇宙等空间科学，科学技术与社会关系等内容。这样一个涉及多学科、多层次的综合性学科，能让初中生在他们有自己的理解能力之前，很好地了解客观世界运转、人类社会关系以及当今社会的主要科学技术，从而使他们增长相关的科学知识，提高他们的综合素质。另外，初中阶段正是人生重要的观念形成阶段，通过科学学科的学习，可以让初中生在最重要的人生阶段就接触到科学知识，从而有利于培养他们正确的科学态度。通过学习、感受和体验，让他们明白任何科学成果的取得，都需要付出艰辛的努力和坚定的信念。

　　基于此，学校对科学学科的教育教学工作高度重视，分空间、分阶段地进行了课程的设计：

　　一、坚持以学生为主体的原则，一切为了学生的发展。只有将学生的主体性真正发挥出来，才能在学生的心目中从小种下科学的种子，将科学的影响深深烙在学生的心中，并激发和保持学生主动学习的兴趣与热情。

　　二、坚持教学内容与方式多样化，从学校小课堂到社会大课堂。初中科学学科知识内容十分丰富，几乎涉及了人类常见的科技知识，这些对于学生来说非常具有吸引力。结合初中生的特点，坚持多样化原则，不仅有学校的小课堂学习，更多地应该开展社会大课堂的学习。有了亲身体验和感受，科学知识才能变得更加鲜活，而在这些"接地气儿"的课程体验过程中，很自然地实现了学生综合素质提升和科学精神与态度养成的目标。

　　三、努力提高科学教师的科学素养与教学水平，做好学生的领路人。教师在课堂内外的表现都会成为学生们学习的榜样。因此，提高教师的科学素养和教学水平，为提高学生的学习效果奠定了基础。在我校课程设计进程中，教师们的专业知识可能不能满足活动的需要和学生的需求，这就要求教师们必须通过自身学习和团队学习来充实完善自己的知识体系，在课程实施中做好学生的领路人。

近些年，秉承着学校的课程发展目标和教学理念，初中不同年级在不同学科领域都进行了大胆创新和尝试，并取得了非常好的效果。例如，初一年级生物教师开发了"潞园植物识别"的户外课程。在春暖花开的季节里，教师带领着学生们行走在校园的湖畔边、楼宇间，辨别着"连翘与迎春"，细嗅着玉兰花的香气，环拥着粗壮的古树。再例如，初一年级开设的科学课程，学生们分组制作水火箭并进行班级挑战赛；学生们走进学校的星象馆感受四季星空；学生们走进学校黄昆楼的物理实验室，体验"无尽头灯廊"和"锥体上滚"的奥秘。

除了走出教室、走向潞园的户外课程，学校还设计研发了一系列走出学校、走向社会大课堂的课程，下面就将"走进"系列活动课程，介绍给大家。

活动案例（一）　走进朝阳循环经济产业园

北京市朝阳循环经济产业园位于朝阳区金盏乡南部，园区总面积 309 公顷，合 4636 亩，是北京市第一批循环经济园区类试点单位，并已成为清华大学环境学院、北京大学环境科学与工程学院、中国农业大学、中科院研究生院实习基地。园区于 2002 年开始建设，已建成并投入运营的项目有：卫生填埋场及配套设施、医疗垃圾处理厂、生活垃圾焚烧厂和餐厨垃圾处理厂；其他规划项目正在筹备建设中。

同学们在科普展厅认真听取讲解

2015 年 6 月 23 日上午，初一年级部分学生在姜小梅、杨杨、刘杉、纪艳苹、武瑶珉几位老师的带领下来到了朝阳循环经济产业园开展环保课程的社会实践学习。

同学们一进入园区就被美丽的景色所吸引，这里鸟语花香，绿意盎然，丝毫没有身在垃圾处理厂的感觉。为什么会这样呢？带着疑问，同学们在园区讲解员的带领下，分两批深入科普展厅、垃圾填埋场、焚烧厂、餐厨厂，体验如何运用先进科学的手段处理垃圾，实现变废为宝。

纪艳苹老师给同学们进行实验演示

为进一步向同学们展示垃圾处理的科学原理，纪艳苹老师结合园区特点设计了渗沥液净化和烟气处理小实验，大大激发了同学们对化学学科的兴趣，认识到了科学技术对于实际生活的积极影响。室内外的参观结束后同学们来到园区示范园，开展垃圾搬运工游戏。通过模拟垃圾分类和不分类两种垃圾投放方式，向同学们传达了垃圾分类的积极作用。同学们在游戏的同时轻松学到了垃圾分类小知识。游戏现场同学们个个笑容满面，气氛异常热烈。

此次活动使同学们树立了环保意识，体会了创意的快乐，更重要的是体会到了高科技的神奇力量和垃圾分类的巨大作用。同学们都说回去后要动员更多的亲戚朋友做好垃圾分类工作，绿色出行，低碳生活，为环保做贡献，做生态文明建设的推动者和实践者。

本次活动也是我校和产业园区对于学生参观教育的一次尝试，从学习内容上来看，其中涉及了生物、化学、地理和物理等多学科的知识，对学生来讲是一次综合性的学习，对于教师来说也是多学科融合教学的又一次尝试。希望后期经过再次的改进和完善能够让学生有更大的收获，能产生更深远的影响。

学生参与"垃圾搬运工"游戏

活动案例（二） 走进北京科技大学

2015 年 11 月 7 日，我校初一年级学生在副校长李晨松、主任魏海楠、理科教研室主任李小波、年级主任王雷等相关老师的带领下，分两个批次到北京科技大学参加第一次开放性科学实践集体团课活动。

在北科大的实验室中，同学们进行了"神奇的溶液表面张力""用示波器画画""自组显微镜""空气导热系数的测量""奇妙的光环"等实践活动。两个小时的学习，有北科大教师的讲解，其中三分之二的时间是学生动手实践。有趣的动手实验为学生搭建了科学探索的平台，精彩的演示实验也带给了他们强烈的视觉冲击。北科大老师们的热情接待、精心授课、耐心指导给同学们带来了冬日的温暖。学生的科学素养、科学精神从动手实践、动脑思考中得到培养。同学们全身心的投入、积极的探索也得到了北科大老师们的高度赞扬。

北科大的老师兴奋地说："希望几年后在北科大大一见到你们！""潞河的孩子们好棒！"

本次活动是初一年级参加的第一次开放性科学实践活动，也是资源单位接待的第一批集体团课的学生。实践活动的圆满顺利完成为接下来的活动奠定了良好的基础。另外，此次活动也得到了参加活动的部分学生家长的高度肯定。我们不虚此行，借此机会给学生们揭开了大学实验室的神秘面纱，更让学生们感受到大学校园学习生活的美好，让他们有了点梦想，追梦在潞园。

活动案例（三） 走进北京理工大学

2015 年 6 月 23 日上午，在年级主任宋久峰老师和李小波、尹晓琦、李玉萍几位老师的带领下，初二 60 余名同学去往北京理工大学良乡校区物理系实验室进行参观、实验。在助教老师的引领下，同学们分成三组观看并参与了非常有意思的演示实验，同时上了一节凸透镜焦距测量的实验课。同学们积极参与其中，体会到了科学知识在社会生活和生产中的价值，感受到了科学研究的严谨。通过本次活动，同学们学习物理知识的兴趣和热情也被进一步激发。

演示实验：LED"双层魔球"

演示实验：磁悬浮原理

体验角动量守恒

体验电磁炮的威力

探索"锥体上滚"的原理

实验课：凸透镜焦距的测量

　　加强与社会教育机构的合作，丰富科学类学科教学的实施形式，鼓励和引导学生走出课堂，在实践中学习科学知识是北京市科学学科改进意见当中的重要内容。本次活动是我校初中学生和大学实验室的首次对接，活动也得到了市委相关部门和大学相关院系的大力支持，同时对北京市其他中学进入北京理工大学物理实验室的参观学习活动起到了重要的借鉴作用。

活动案例（四） 走进中国科技馆

中国科技馆是我国唯一的国家级综合性科技馆，是实施科教兴国战略、人才强国战略和创新驱动发展战略，提高全民科学素质的大型科普基础设施。中国科技馆以科学教育为主要功能，通过科学性、知识性、互动性相结合的展览展品和参与体验式的教育活动，反映科学原理及技术应用，鼓励公众探索实践，不仅普及科学知识，而且注重传播科学思想、科学方法和科学精神。再结合北京中考试题中科技馆素材的增加，近些年来，中国科技馆成为了北京地区最热门的社会课堂活动基地。

我校从2015年开始由物理组的教师集体开发设计初三年级学生科技馆的参观体验课程。课程的设计由前期准备工作、活动计划制订、课程实施和活动总结等几个重要环节组成：

在前期准备工作中，老师们几次参观科技馆，熟悉科技馆的展品以及相关展品的讲解时间，寻找科技馆展品与学科知识的契合点，为后面环节的实施奠定了基础。

在活动计划的制订环节中，老师们组织整理素材，编写了《科技馆活动手册》（见附件2），统筹安排各班级的参观时间和地点，确保安全有效。

在实施环节中，学生们分组一边参观体验，一边完成活动手册，在活动体验中感受学习科学的快乐。

回到学校，教师还会在班级或年级不同层面进行活动总结，交流分享。有的老师还将科技馆内容和教学内容有机整合，设计呈现出形式新颖的拓展类课程。

这些针对不同年级、不同层次的学生科学课程活动案例，有些是在开放性科学实践课程实施的背景下完成的，有些是学校专门设计的，会在每年特定的时间开展实施，已经成为初中部的特色课程。在每次活动的基础上，课程的内容和形式都在不断地完善和创新。希望能通过这些"走进"系列课程的实施，给学生带来不一样的体验，进一步激发学生爱科学、学科学的兴趣和愿望，做好初高中的有效衔接，拓展学生的学习视野。

附件1 "生活垃圾 科学处理"活动手册（主要内容）

活动主题：生活垃圾 科学处理

活动目标：1. 通过对北京市朝阳循环经济产业园的参观考察，了解生活垃圾处理的几种办法，认识到将垃圾进行科学处理的重大意义，增强垃圾减量、垃圾分类的意识。2. 明白做学问不能仅在学校里、课堂上，更要走进大自然，走进社会，将课堂上学到的生物、化学、地理、物理等学科知识融合应用到实践中。3. 学会与人交往，学会组织，学会合作，从而提高实践能力、动手能力、组织和自我管理能力。4. 通过本次实践和综合学习为主的活动，进一步培养自身的环保意识，增强社会责任感。

活动地点：北京市朝阳循环经济产业园。

活动方式：实地参观、小组游戏竞赛、观察演示实验。

准备工作：1. 分组准备

（1）学生本着自愿的原则，结成5—6人小组，推选出小组长，四个小组合并成一个参观组，按照不同路线进行参观。（2）在小组长的带领下，制定组规。组长根据本次活动的需要，进行合理分工。

2. 前期准备

（1）设计本次活动的logo和主题口号。（2）通过书籍、网络了解国内外垃圾科学处理的一般办法；查阅垃圾处理的"3R"原则。（3）测量自己家庭一天产生垃圾的总质量。（4）观察自己家庭、所居住小区有没有将垃圾进行分类收集、回收。

3. 安全准备

（1）乘车时不要将头和胳膊伸出车窗，在车内不打闹，不随意走动，不大声喧哗。（2）在参观活动过程中，安静倾听，礼貌提问，严禁打闹。（3）在活动过程中，遵规守时，听从组长和老师的指挥。遵守公共秩序，不随地吐痰，不乱扔废弃物，争做文明潞河人。

4. 物品准备：活动手册、文具袋、照相机、可粘贴便签等。

活动路线：（数字1—5代表不同的参观地点）

一组参观路线：1—2—3—4—5　　　二组参观路线：2—3—4—5—1

三组参观路线：3—4—5—1—2　　　四组参观路线：5—1—2—3—4

在去往参观地的路途中：请各位同学想象一下，你们印象中的垃圾处理场会是什么样子的？到了之后，看看和你想象的一样吗？

参观地点 1——产业园的科普展厅

请大家认真倾听讲解员的讲解，并以小组为单位，共同完成以下问题：

1. 常见生活垃圾的几种处理办法有＿＿＿＿＿、＿＿＿＿＿、＿＿＿＿＿等。

2. 现有以下生活垃圾：塑料袋、过期药品、矿泉水瓶、菜叶、易拉罐、废旧电池、报纸、瓜皮果壳、旧衣物、碎玻璃片、剩饭菜、油漆桶。

（1）属于可回收垃圾的有＿＿＿＿＿＿＿＿＿＿＿＿＿＿＿＿＿＿＿；

（2）属于不可回收垃圾的有＿＿＿＿＿＿＿＿＿＿＿＿＿＿＿＿＿；

（3）属于厨余垃圾的有＿＿＿＿＿＿＿＿＿＿＿＿＿＿＿＿＿＿＿；

（4）属于有害垃圾的有＿＿＿＿＿＿＿＿＿＿＿＿＿＿＿＿＿＿＿＿。

通过参观了解到，将垃圾进行科学的处理对于环保事业是多么的重要，请你在便签上将自己的感悟和体会写下来。

参观地点 2——生活垃圾焚烧发电厂

请大家认真倾听讲解员的讲解，并以小组为单位，共同完成以下问题：

1. 整个产业园区生产、办公所需要的电能是从焚烧部分生活垃圾产生的＿＿＿＿＿能转化而来的。

2. 发电厂采用＿＿＿＿＿作为循环冷却水，每年节省 160 万吨市政供水资源，有效实现资源综合利用。

3. 人们采用自己操作将部分生活垃圾焚烧处理的办法行不行？请列举你的理由。（至少三条）

参观地点 3——卫生填埋场

请大家认真倾听讲解员的讲解，并以小组为单位，共同完成以下问题：

1. 现在我们看到的"垃圾山"高约_____米，地下还有_____米。

2. 垃圾填埋会产生_____气和_____液。

3. 渗沥液处理之后成_____水，可用来养鱼、绿化、道路降尘等；填埋气的主要成分叫_____，若不经燃烧排放到空气中，也会造成空气污染，填埋气可用来_____。可见，垃圾进行了科学处理也可变为可利用的资源，从而"变废为宝"！

参观地点 4——渗沥液处理车间

仔细观察老师实验，记录实验现象以及污水处理的一般方法。

参观地点 5——餐厨垃圾处理厂

请大家认真倾听讲解员的讲解，并以小组为单位，共同完成以下问题：

1. 本园区餐厨垃圾处理方法是采用了高温_____（填写"好氧发酵"

或"厌氧发酵")生化处理技术制成微生物菌剂，用于有机农业。

2. 有机化肥比普通无机化肥好在哪儿？请列举至少三条。

小组竞赛：游戏——垃圾搬运工

附件2 "探索科学奥秘　开启神奇之旅"——走进科技馆活动手册
（主要内容）

活动地点

1. 科技馆一层　华夏之光展厅　　2. 科技馆二层　探索与发现 A 厅

3. 科技馆二层　探索与发现 B 厅　　4. 科技馆三层　科技与生活展厅

5. 科技馆四层　挑战与生活展厅

活动形式（参观顺序）

1、2 班：1—2—3—4—5　　　3、4 班：2—3—4—5—1

5、6 班：3—4—5—1—2　　　7、8 班：4—5—1—2—3

9、10 班：5—1—2—3—4

活动内容简介：　　科技馆任务单

任务	名称（相关实验）	位　置	完成情况
任务一	体验中国古代物理（倒灌壶）	一层　华夏之光	
任务二	1. 球吸现象 2. 马格努斯效应 3. 物体上滚 4. 独轮车走钢丝	二层　探索与发现（A 厅）	
任务三	1. 静电小球 2. 可伸缩的弹簧 3. 声音之韵 4. 光影之绚	二层　探索与发现（A/B 厅）	
任务四	1. 排水法测体积 2. 深海机器人 3. 汽车发动机 4. 家用马桶	三层　科技与生活	
任务五	1. 哪个更节能 2. 双向记忆金属 3. 碳纳米管 4. 超导磁悬浮	四层　挑战与生活	

任务一：体验中国古代物理（倒灌壶）（位置：一层——"华夏之光"展厅）

在陕西铜川市耀州窑博物馆门前广场上，有一只我国迄今体量最大的壶：壶体高达 5.8 米，腹径 3.9 米。你知道这只壶的名字吗？

倒灌壶雕塑

中国科技馆倒灌壶展品

探索与思考：

一、仔细观察，然后说一说倒灌壶与普通的壶有什么区别？倒灌壶怎么向壶中灌酒呢？

二、阅读展品说明牌、操作展品后请回答：我国古代工匠利用了_____的原理设计了倒灌壶。倒灌壶的内部设计了两个通心管，中心通心管底部连接壶底梅花形小孔，上端则高于壶中的酒面，这样倒灌壶正置时壶底的小孔不会漏酒；另一个通心管在壶嘴处，确保向壶中注酒时酒不会从壶嘴溢出。你可以画出倒灌壶的结构示意图吗？

三、影响液体蒸发快慢的三个因素有：_____、_____、_____，由于倒灌壶没有可以打开的盖，所以比我们日常生活中常用的壶密封得更加严实，酒也不容易蒸发，灰尘也不能落入壶内，因此更加卫生。

任务二：一、流体压强（位置：二层 A 厅——"运动之律"展厅）

（一）球吸现象

1. 现象：当有气流从两球中通过时，两球会_____。

2. 分析：根据流体压强与流速的关系可知：流速大的地方压强_____，当气流从两球中流过时，两球中间的流速变_____，压强变_____，所以两球会_____，这被称作"伯努利原理"。

3. 生活中类似的现象举例：_____。

（二）马格努斯效应（气流中旋转物体的受力情况）

1. 操作及现象：

（1）由于伯努利原理，气流中旋转的物体会受到力的作用。请观察"马格努斯效应"展项。

调节"旋转体转速调整"旋钮，使旋转体往顺时针方向转动，此时旋转体往_____（填左/右）偏离，说明左边的压强_____（填大于/小于）右边的压强。

（2）通过"风速加/风速减"按钮改变风速，观察并记录：旋转体转速一定时，风速越大，偏离程度越_____（填大/小）。

（3）在风速一定的情况下，调节"旋转体转速调整"旋钮，观察并记录：旋转体转速越快，偏离程度越_____（填大/小）。

（4）使旋转体往逆时针方向转动，此时旋转体往_____（填左/右），调节风速和转速，看看旋转体偏离程度如何变化。

2. 分析：实验结果说明，旋转体转动方向和风速方向一致的一侧，气体流速_____（填大/小），压强_____（填大/小）；旋转体转动方向和风速方向相反的一侧，气体流速_____（填大/小），压强_____（填大/小）。

3. 画出示意图（标注小球的轨迹、运动方向、旋转方向和受力方向）。

4. 生活中类似的现象举例：_____。

二、重心的秘密（位置：二层 A 厅——"运动之律"展厅）

探索与思考：你知道明代的航海家郑和为什么要在帆船的底仓里放砂石吗？

（一）物体上滚

1. 在这件展品中，轨道为____（A. 斜面　B. 两根轨道），轨道排列方式为____（A. 八字排列　B. 平行排列），滚动的物体形状为____（A. 圆柱体　B. 双圆锥体）。

2. 高端轨道之间距离大，物体在两根轨道之间时，重心____（A. 高　B. 低）；低端轨道之间距离小，物体在低端时，重心的高度比它在高端时要____（A. 高　B. 低）。因此，在没有动力的情况下，物体会在轨道上____（A. 由高向低　B. 由低向高）滚动，此时，物体的重心向____（A. 上　B. 下）移动。

（二）独轮车走钢丝

1. 操作及现象：按照如下步骤进行操作，观察机器人能否正常行驶。

（1）将机器人扶正，将一片配重放在调节杆的中间位置，释放，发现机器人_____（填能/不能）正常行驶。

（2）将机器人扶正，将两片配重放在调节杆的中间位置，释放，发现机器人_____（填能/不能）正常行驶。

（3）将机器人扶正，将一片配重放在调节杆的最低端，释放，发现机器人_____（填能/不能）正常行驶。

（4）将机器人扶正，将两片配重放在调节杆的最低端，释放，发现机器人_____（填能/不能）正常行驶。

2. 分析：实验结果表明，配重越_____（填多/少），配重放在调节杆的位置越_____（填高/低），机器人越稳定。稳度是物体的稳定程度，稳度越大，物体越不易翻倒。由前面的观察和操作可知，_____（A. 降低　B. 提高）物体的重心是提高稳度的一种方法。

3. 亲自体验：空中自行车。

4. 生活中类似的现象举例：_____。

任务三：一、电与磁（位置：二层 A 厅——"电磁之奥"展厅）

（一）静电小球

观察：转动手柄，你发现小球做什么运动了？

当转动手柄时，使中心电极带_____电，此时由于静电感应，金属小球内原本无序的电荷会重新排布，靠近电极一侧带负电荷，远离电极的一侧带等量的正电荷。中心电极对负电荷有_____力，对正电荷有_____力。由于负电荷离中心电极距离更近，所以_____力大于_____力，金属小球就会滚向中心电极。

102

当金属小球与中心电极碰撞时，负电荷被中和，此时金属小球带____电，由于同种电荷互相_____，金属小球远离中心电极。当金属小球与接地的金属板碰撞时，正电荷被导入地下，此时小球又恢复电中性。

(二) 可伸缩的线圈

丹麦物理学家奥斯特于 1820 年发现电流具有_____效应，法国物理学家安培重复了奥斯特的实验，并确定了电流与磁场方向之间的关系，提出了"_____定则"，即"用右手握住通电螺线管，使四指弯曲与电流方向一致，那么大拇指所指的那一端是通电螺线管的 N 极"。

观察：1. 在刚性螺线管前按动"正向"按钮给螺线管通电，观察周围消磁针的 N 极指向与你判断的是否相同？按动"反向"按钮，改变螺线管内电流的方向，再试一次吧！

2. 在软螺线管前按下按钮为螺线管通电，螺线管会_____（填"收缩"或"拉伸"）。松开按钮，它又会_____。

你能解释这是为什么吗？

二、声音之韵（位置：二层 B 厅——"声音之韵"展厅）

(一) 传声筒

1. 试试看：（两位同学合作）

（1）观察管子的走向，找到管子的另一端。

（2）甲同学在一端对着管子大声说话，乙同学在另一端听，乙同学听到的声音比较_____（填大/小）。

（3）甲同学在一端对着管子小声说话，使乙同学在另一端能听到，然后甲同学用同样的音量对着空气说，乙同学_____（填能/不能）听到声音。

（4）甲同学在一端不说话，乙同学在另一端听，乙同学_____（填能/

不能）听到声音。

（5）甲同学在一端敲一下管子，乙同学在另一端听，乙同学_____
（填能/不能）听到声音。

（6）甲同学在一端说一个字并同时敲一下管子，乙同学在另一端听，乙同学先听到_____的声音。

（二）多普勒效应

1. 一切发声的物体都在_____，音调的高低取决于声源振动的频率。频率越高，音调越_____，频率越低，音调越_____。

2. 声音的多普勒效应是指声波的波长因为声源和观测者的相对运动而产生变化，在运动的声源前面，声波被压缩，波长变得较短，频率变得较_____。在运动的声源后面，产生相反的效应，波长变得较长，频率变得较_____，声源的速度越高，所产生的效应越大。

3. 动手体验：通过转动调节轮直观地看出水流的速度变化，同时水槽中的测速设备可以在上方的显示屏显示检测的数据。

4. 你能举出实际生活中多普勒效应的例子吗？

三、光影之绚（位置：二层 A 厅——"光影之绚"展厅）

（一）光的色散

1. 请你参观体验展品"分光实验"，回答下面问题：

（1）白光是由_____等各种色光组成的。

（2）由于各种单色光的波长不同，通过三棱镜时产生的折射角度也不相同，因此三棱镜能把各种单色光分解出来，这种现象叫_____。

2. 生活中光的色散的实例有哪些？

（二）空中成像

1. 视觉暂留：人眼在观察景物时，光信号传入大脑神经，需要经过一段短暂的时间，光的作用结束后，视觉形象并不立即消失，这种残留的视觉称为"后像"，视觉的这一现象被称为"视觉暂留"。

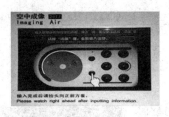 

2. 动手体验一下。

3. 地铁在高速行驶过程中你见过车窗外的 LED 广告吗？生活中还有其他类似的例子吗？

任务四：科技与生活（位置：三层——"科技与生活"展厅）

一、动手体验

1. 排水法测体积

2. 近距离感受深海机器人

3. 汽车发动机

（1）深海机器人下潜到水下 7000 米时的液体压强约_____。

（2）热机是将_____能转化为_____能的装置。

（3）汽油机工作时可分为四个冲程：_____冲程、_____冲程、_____冲程和_____冲程。

其中，_____冲程是将内能转化为机械能。

二、虹吸式马桶

1. 介绍：马桶按冲水方式可分为直冲式和虹吸式，虹吸式马桶内有一个呈倒 S 形的管道，虹吸式马桶的排污能力强，能够冲走粘在马桶表面的脏东西，而且噪声小，所以很多马桶都采用的是虹吸式。

2. 虹吸式马桶原理

供水前，倒 S 管道底部连通器部分相当于一个_____；供水时，水会充满倒 S 管道，利用水位差产生虹吸现象，如图：

你能解释为什么上面杯子里的水会被吸到高处吗？

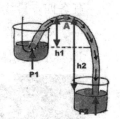

任务五：挑战与未来（位置：四层——"挑战与生活"展厅）

一、新能源

1. 了解能源世界

按获取方式	按开发早晚	按是否再生	实　　例
一次能源	常规能源	可再生能源	水能、生物质能
		不可再生能源	煤、石油、天然气
	新能源	可再生能源	太阳能、风能、地热能、潮汐能
		不可再生能源	核能
二次能源			电能、汽油、沼气

2. 近距离感受清洁能源

太阳能热塔式发电系统

水能

氢能   风能

3. 哪个更节能？

观察并分析，若白炽灯、卤钨灯、荧光灯和LED灯的发光功率相同，＿＿＿＿＿＿灯的亮度大；＿＿＿＿＿＿灯转化的热功率大。

请查阅：卤钨灯和荧光灯的发光原理是什么？

二、新材料

1. 双向记忆合金   2. 碳纳米管

（1）双向记忆合金的形状还会随着＿＿＿＿＿的变化进行循环往复的变化。

（2）纳米材料是指由颗粒尺寸在1—100nm之间的超微颗粒组成的材料。1nm＝＿＿＿＿＿m。碳纳米管具有＿＿＿＿＿、＿＿＿＿＿等特性。

3. 超导磁悬浮

（1）生活中一些电器设备使用时间过长就会发热，就会产生电流的＿＿＿＿＿效应，这主要是因为线路当中有电阻。这是阻碍电流流过的一种现象，而当电器中的电阻消失，就会形成＿＿＿＿＿现象。

（2）磁悬浮是利用磁极间相互作用的＿＿＿＿＿力或＿＿＿＿＿力将列车脱离轨道行驶，没有了列车与轨道间的＿＿＿＿＿力，从而能大大提高速度。

4. 磁制冷

某些磁性材料磁化时会_____热量，退磁时会_____热量，这个过程称为磁热效应，如果让这种效应持续进行，就能得到理想的低温，利用这种方式制冷称为磁制冷技术。

动手体验一下温度的变化吧。

你还研究了哪些你感兴趣的展品？

1. _____

2. _____

3. _____

主题活动三 书香潞园

书是有香气的，因为它承载的每一个字，都是世界文明的精髓；爱读书的人是有香气的，因为书籍的濡养，让我们看到生命成长的美好；潞园是有香气的，因为知书达理，追求卓越，是培养健全人格潞河人永远的方向。

书香是沉静的。馨菱楼的课堂上，老师带我们经历唐僧师徒的八十一难，在生动有趣的学习中打开探索经典的大门；仁之楼的报告厅里，老宋用一张变化的地图带领我们体察诸葛亮的智谋与艰难，在茅塞顿开的领悟中开启古典小说解读之旅；老北京的胡同里，我们用脚丈量文化的历史与变迁，文字与现实碰撞，探究出主题学习的广博与深邃……老师用自己对经典的解读，用自己精心的教学活动设计，带领孩子们一步一步理解儒家的理想与追求，理解文人的审美与风格，理解生活的艰难与乐观。深沉的思考与扎实的探究，潞园书香散发出沉静的优雅。

书香是立体的。楼道里、宣传栏的诗词警句，涵养着少年做谦谦君子。"写好方块字，做个方正人"，一笔一画的书写中，古诗文的神韵凝聚着孩子们的精气神。"书海无界，墨香有声"，我们用稚拙的声音解读经典：周一广播的读书时间，一篇篇经典美文被推介；"我用残损的手掌……"磁性的声音抚摸过潞河学子颤颤的心间，经典诵读，诗词大会拉开帷幕；鲜艳的红旗下，林道静的"青春之歌"在一代一代传响；舞台上，《四世同堂》的话剧表演，小羊圈胡同的遽变撞击着少年爱国的激情；礼乐射御书数，潞河少年用六艺致敬先贤……当书声和校园文化契合，潞园书香弥漫，立体可感，底蕴弥深。

书香是悠远的。我们选书送书，与大凉山的孩子共读一本书，感受生命拔节成长的馨香；我们用笔记下厚厚的心得，记录少年的迷惘与追寻；我们邀请作家进校园，与大作家对话，奋力接续文学的梦想……

在潞园，这浓浓的书卷之香，镌刻于潞河学子内心，化为坦坦荡荡的浩然之气，香远益清。

活动案例（一）　经典阅读指导，独特视角亲近作品

老宋说书——水浒里的三国像

在《水浒传》里，我们可以看到《三国演义》里某些人物的影子，比如小温侯吕方，不但名字和温侯吕布接近，连打扮和兵器都模仿吕布。不过武艺就那么回事了，只能算个模仿秀。

前面簇拥着一个骑马的年少壮士。怎生打扮？但见：

> 头上三叉冠，金圈玉钿；身上百花袍，锦织团花。甲披千道火龙鳞，带束一条红玛瑙。骑一匹胭脂抹就如龙马，使一条朱红画杆方天戟。背后小校，尽是红衣红甲。

> 见吕布出阵：头戴三叉束发紫金冠，体挂西川红锦百花袍，身披兽面吞头连环铠，腰系勒甲玲珑狮蛮带；弓箭随身，手持画戟，坐下嘶风赤兔马：果然是"人中吕布，马中赤兔"！

还有一个，病关索杨雄，《三国演义》中关索是关羽的三儿子，在七擒孟获那段出场过几次，基本就是个龙套，比起大哥二哥关平关兴毫无存在感，这有点奇怪了，难道关索过于平庸吗？既然平庸杨雄为什么用他的名来做绰号呢？这是因为在史书《三国志》里关羽只有两个儿子关兴关平，关索根本就不存在。但他又很有名，因为他来自民间传说——《花关索·三国志平话》

水浒里的张飞——

如果问水浒里谁最像张飞，大多数人会说是李逵。

看看，导演也是这样想的。新版更别提了，干脆就是同一个演员。其实这两人真的不像，《三国演义》里的张飞外貌是这样的——你看看这里有一个词是相似的吗？

张飞——

> 玄德回视其人，身长八尺，豹头环眼，燕颔虎须，声若巨雷，

势如奔马。

李逵是这样的——

　　宋江看见了吃一惊。看那人生得如何？但见：

　　黑熊般一身粗肉，铁牛似遍体顽皮。交加一字赤黄眉，双眼赤丝乱系。怒发浑如铁刷，狰狞好似猱猊。天蓬恶煞下云梯。李逵真勇悍，人号铁牛儿。

你看看这里有一个词是相似的吗？
那谁的外貌和张飞类似呢？就是这个人：

　　那官人生的豹头环眼，燕颔虎须，八尺长短身材。

　　外貌一样，身高一样，还有一件兵器也一样，蛇矛。因为豹头环眼，所以此人绰号豹子头，这就是林冲。
　　林冲是张飞的分身，但在大家的意识中，林冲不应该长这样，他应该是个英武小生。所以我们到现在也没见过哪部影视剧把林冲化装成张飞的，这就有点意思了，居然所有读者都对原著人物的外貌不认可！林冲不可能长那模样！这太神奇了。在我读过的文学作品里，这种事好像仅此一例。
　　原因呢，我想这大概是林冲的性格、经历和这副相貌反差太大了，你让一个张飞模样的人当着公务员，在家守着一个俊俏的媳妇，忍气吞声受着高衙内和董超、薛霸之流的欺辱？这绝对不可能！张飞模样的人干的事不能是这样的。
　　所以在《水浒》里谁能这样呢？那就只能是李逵了。
　　如果说《水浒》里的张飞是读者弄错位了的话，那下面这个肯定是作者有意为之了。
　　《水浒》里的关羽——
　　在《水浒》里，谁是关羽的分身呢？我们首先想到大刀关胜，关胜是关羽的后代，不但相貌类似，而且连服装、兵器和坐骑都整得一样，看来为了打造正宗品牌花了很多的心思。

玄德看其人：身长九尺，髯长二尺；面如重枣，唇若涂脂；丹凤眼，卧蚕眉，相貌堂堂，威风凛凛。

此人乃是汉末三分，义勇武安王嫡子派子孙，姓关名胜，生的规模与祖上云长相似。使一口青龙偃月刀，人称为大刀关胜。

蔡京看了关胜，端的好表人材。堂堂八尺五六身躯，细细三柳髭髯，两眉入鬓，凤眼朝天，面如重枣，唇若涂朱。

关胜得知，便唤小校快牵过战马来。那匹马头至尾长一丈，蹄至脊高八尺，浑身上下没一根杂毛，纯是火炭般赤，拴一副皮甲，束三条肚带。关胜全装披挂，绰刀上马，直临阵前。门旗开处，便乃出马。有《西江月》一首为证：

汉国功臣苗裔，三分良将玄孙。绣旗飘挂动天兵，金甲绿袍相称。赤兔马腾腾紫雾，青龙刀凛凛寒冰。蒲东郡内产英雄，义勇大刀关胜。

但关胜只是分到了关羽的形，而下面这个才是分到了关羽的魂。这就是朱仝。

这马兵都头姓朱名仝，身长八尺四五，有一部虎须髯，长一尺五寸，面如重枣，目若朗星，似关云长模样，满县人都称他作美髯公。原是本处富户，只因他仗义疏财，结识江湖上好汉，学得一身好武艺。怎见的朱仝气象？但见：

义胆忠肝豪杰，胸中武艺精通。超群出众果英雄。弯弓能射虎，提剑可诛龙。一表堂堂神鬼怕，形容凛凛威风。面如重枣色通红。云长重出世，人号美髯公。

朱仝相貌与关羽类似，特别是那一尺多的长髯，那是连关胜都不具备的。这长髯可是关羽的骄傲，想当年千里走单骑何等奔忙，关二爷都不忘用须囊把胡子套上，那还是曹丞相亲手送他的礼物。就冲这部长髯，朱仝就已经完胜关胜，夺得了模仿秀的冠军。

其次是绰号，朱仝人称美髯公，关羽呢？也被称为美髯公，而且是皇帝给取的，诸葛亮赞美关羽时也这样称呼他，可见这个称号是关羽的骄傲，朱仝也同样拥有。

最后，关羽由一个普通武将最终成为武圣，靠的是一个义字。朱仝呢，为了义气放过晁盖，放过宋江，特别是甘愿刺配沧州放走了雷横，这种不求回报的自我牺牲精神放眼整个梁山泊也只有鲁智深能和他媲美了。后来朱仝因为为人忠厚深得沧州知府的喜爱，每日哄小衙内玩耍，宋江为了让朱仝落草，教李逵杀了小衙内，朱仝几次和李逵拼命。如果说前面的私放罪犯算是朋友的情义，此时的朱仝坚守的就是世间的道义了。没有因为兄弟情义就忽视了对残暴的憎恶，这一点是很多梁山好汉不具备的，他们恨别人歹毒，但自己也吃人心，他们恨恶霸滥杀无辜，但看到自己兄弟胡乱杀人只是不痛不痒地提醒，绝不像对恶霸那样赶尽杀绝。朱仝最后虽然也是屈从于宋江安排，但与李逵持续的争斗让人看到了他身上善良正义和英勇无畏的印记。

朱仝，闪耀着关羽的真正灵魂。

有人问是不是还应该有吴用呢，他身上应该有诸葛亮的影子吧？抱歉，我没看出来，吴用不但不像诸葛亮，甚至同诸葛亮的形象是完全相反的，孔明如明月般皎洁，吴用如鬼火般猥琐。

(作者　宋久峰)

隐恶扬善渡心猿

——《西游记》整本书阅读的开放性综合实践

阅读是语文教学的重中之重，也是全面提升学生语文核心素养的关键一环。本课题组对学生的阅读现状进行调研后发现，学生普遍缺乏较完善的阅读体验，在经典阅读方面尤为欠缺——课堂上使用的语文教材以单篇文章为主，阅读时间短，阅读目的单一，难以建构文章间的意义关联，散点式阅读的倾向比较明显；日常生活中的阅读常常依托数码产品，微信、微博等阅读形式直接导致阅读的碎片化；校园学习和社会生活中的阅读则带有明显的拼接印记；受阅读习惯和市场导向影响，学生自主选择的课外书籍质量参差，多数作品难称经典，快餐式阅读占很大比例。

《中国学生发展核心素养》提出的"文化基础"，在语文课程中主要表现为"人文底蕴"，指向对人文积淀、人文情怀的关注。基础、底蕴和情怀都需要积淀，积淀需要长时间的稳定状态，散点式、碎片化、拼接型、快餐式的阅读却在不断切割、打断、搅乱学生的阅读。因此，增加整本书阅读在语文课程中的权重是比较合理的策略。整本书阅读应当具备四个方面的教学价值：提供相对完整的文化场域、推动认识过程的逐渐完善、促进阅读策略的综合运用、承载综合能力的进阶发展。为实现上述价值，探索在整本书阅读的过程中提升学生语文核心素养的教学模式，本课题组《西游记》整本书阅读教学设计"隐恶扬善渡心猿"，运用开放式教学的方法，设计具备综合性、层级性和趣味性的学生活动，充分调动学生阅读长篇古典名著的积极性，逐步把握名著的情节、人物、思想内涵与价值取向，促进学生语文核心素养的进阶发展与全面提升。

《西游记》整本书阅读分为四个阶段。

第一阶段——快速阅读《西游记》整本书，绘制"西游取经历难平妖图"。

设计意图在于引导学生掌握快速阅读长篇作品的基本技巧，运用略读、跳读与浏览的方法阅读整本书，整体把握作品内容，借助绘制"西游取经历难平妖图"，梳理整本书的情节脉络。这一任务采用了整本书阅读的"内容重构"策略，以事件为线索，实现对整本书主要内容的重构。

从学生呈现的作品来看，绘图中充满创意，有的依照中国地图来描绘，有的按照西行路线描绘，图文并茂，非常清晰地勾勒出了取经路上遇到的重重艰险。通过绘制路线并加以文字简述，很好地完成了对宏大文本内容的重构过程。通过这种方式，有效地削弱了学生阅读长篇小说的畏难情绪，激发了学生的阅读兴趣，为后续阅读活动的开展做了铺垫。

第二阶段，再读《西游记》，为妖怪评定等级。

重点阅读孙悟空降妖除魔的相关情节，以武力比较为核心，以孙悟空武力水平为基准，为妖怪评定等级，并制作"《西游记》人物/妖怪图鉴"。这一任务引导学生重读文本，以一个人物为核心，从一个新的角度关照其与其他人物的关系。完成这一任务必须深入情节之中进行甄别筛选，将与孙悟空、妖怪有关的故事情节梳理清楚，从而整体把握长篇小说中的人物形象，并在概括梳理的过程中深入理解孙悟空的人物精神，体会作者在塑造人物方面的高超技艺。

阅读任务：分组读原著相关回目，完善妖怪信息，讨论评定妖怪等级，指定图鉴。

妖怪等级评定标准：

S 级——击败孙悟空

A⁺级——能压制但不能击败孙悟空

A 级——实力与悟空相当

A⁻级——被孙悟空压制但未被击败

B 级——可以抵挡孙悟空数十回合

C 级——可以抵挡孙悟空十来回合

D 级——被孙悟空秒杀

妖怪单体作战技能与法器单独定级。如黄风怪，单体 B 级，能战三十多回合，特殊技能 A⁺级，被定风珠克制。

这一任务基于《西游记》中孙悟空降妖情节的反复呈现而设置，采用了"闪回"阅读的策略。为了较为准确地判定不同妖怪的武力等级，学生细致、全面地重读了书中的有关情节，关注到了更多此前不曾留意的细节，进一步体会了作品的艺术魅力，对作品的探究兴趣越发浓厚，对人物的认识也有了进一步提升。

从学生呈现的作品来看，学生通过制作图鉴的形式，饶有兴味地把握了人物的形象特色，并对人物自身体现的基本精神有了初步了解。

第三阶段：制作墙报，提名"武功最强妖怪""最强属性技能""最强法器"和"孙行者第一劲敌"，并附上提名理由。

这一任务需要学生以小组为单位展开合作探究，在阅读和探讨中引发质疑和争论，通过阐释提名理由，提升思维与表达能力，并通过对谁是"武功最强妖怪"、谁拥有"最强属性技能"和"最强法器"，尤其是谁是"孙行者第一劲敌"等问题的讨论，发现孙悟空在降妖除魔过程中多层次的性格表现及性格发展，从而揭示出孙悟空人物形象的复杂性和深刻性。

学生在评选"孙行者第一劲敌"时，通过阅读探究和小组交流，给出了充分的提名理由，如金角、银角大王拥有的法器最多，威力甚大，致使孙悟空第一次因遇敌而委屈落泪；白骨精虽武艺不精，但却是第一位成功离间唐僧悟空师徒的妖怪，导致孙悟空被逐，伤心悲痛；六耳猕猴与孙悟空真假难辨，胜负难分，是孙悟空的"心魔"，为了消灭它，孙悟空上天入地，四处求告，可谓费尽周折；牛魔王曾是孙悟空的结拜兄弟，武力上与之势均力敌，同样能够对抗天兵天将，孙悟空与之斗争，也有与"曾经的自己"作战的意味；独角兕大王用金刚琢收走了金箍棒，迫使孙悟空在天庭前倨后恭，表现出前所未有的卑微；多目怪毒倒唐僧、八戒、沙僧和白龙马，金光险破孙悟空金刚之躯，孙悟空以为师父身死，悲切落泪，近乎绝望；大鹏鸟的阴阳二气瓶险些要了孙悟空性命，孙悟空不得不用去三根救命毫毛，还在佛祖面前痛哭……这一任务激发了学生反复阅读相关情节、发现关键细节的积极性，各小组内部展开了激烈的讨论。可以看出，在完成这一任务的过程中，学生发现了孙悟空的多个性格层面：他不只是神通广大的降妖英雄，而是也像普通人一样会委屈、会软弱、会绝望，他身上自大、爱炫耀、好面子的弱点也很容易被妖怪利用；他忠于师父，被师父错怪、误会总会令他格外伤心、愤怒，从而引来大难；他内心也有"恶"的一面，因此导致师徒之间的争执，会被妖怪乘虚而入……由此加深了对人物形象的理解与认识。

第四阶段，改写歌词（戴荃《悟空》），表达自己的观点和感悟。

戴荃的歌词突出了孙悟空形象的悲剧性，读来有一种虚无感。这一任务要求学生结合前一阶段的阅读探究成果，对这首歌的歌词进行改写，尝试扭转其中的悲剧色彩，刻画孙悟空形象的不同侧面，表达出自己对孙悟空形象的认识理解。

这一任务采用了"跨界"阅读的策略，帮助学生体会不同艺术形式在表现人物、设置情节方面的特点，立体化地品评人物，加深对原著的理解，有助于客观地、多角度地评价分析原著。在欣赏过戴荃的《悟空》后，学生结合此前的阅读感悟与探究成果，谈出了自己的见解。有学生认为，孙悟空被压在五行山下五百年，又跟随唐僧去西天取经，历尽千难万险之后，他已经不是花果山无忧无虑的美猴王，不是大闹天宫的齐天大圣，的确有可悲的一面。更多的学生则表示，孙悟空身上虽有悲剧色彩，但更多的是在取经途中表现出的乐观坚定、积极向上等优秀品质，坚持惩恶扬善，最终被封为"斗战胜佛"，总体来说是一个英雄人物，是正义的化身。

学生作品：

幻世当空　恩怨休怀
舍悟离迷　六尘不改

且怒且悲且狂哉

是人是鬼是妖怪

不过是　心有魔债

叫一声佛祖　回头无岸

跪一人为师　生死无关

善恶浮世真假界

尘缘散聚不分明　难断

我要这铁棒有何用

我有这变化又如何

还是不安　还是氐惆

金箍当头　欲说还休

我要这铁棒醉舞魔

我有这变化乱迷浊

踏碎凌霄　放肆桀骜

世恶道险　终究难逃

这一棒　叫你灰飞烟灭

叫一声佛祖　心魔遁形

跪一人为师　行者归正

善恶有辨佛法通

邪不压正功果成　悟空

我要这铁棒为守僧

我有这变化助西行

降妖除魔　隐恶扬善

如意在手　又有何难

我腾云驾雾上九霄

我翻山越岭平险道

二心寂灭　妖邪尽散

世恶道险　有我齐天

只一念　渡人渡妖渡心猿

在改写歌词的过程中，学生大胆地表达出了自己对人物的理解，很好地凸显了孙悟空这一人物形象的丰富色彩与积极意义，提升了对作品的感悟与鉴赏能力。

上述学生任务设计基于对《西游记》的整本书阅读展开，充分调动了学生的阅读兴趣，使学生自主完成对长篇古典名著逐层深入的阅读；在课上课下引发了探讨和论争，促使学生细读原著、挖掘细节、深入思考，从而形成新的深层次认识，发现人物性格的多个层面及发展演变，体会作品的复杂性和深刻性，加深对作品内涵的理解；引导学生质疑和反思，运用文学化的语言表达自己对作品的理解与感悟，有效促进了学生语文核心素养的进阶发展与全面提升。

（作者 李倩玉）

《论语》整本书阅读探究中的主题划分研究

杜威说："心灵是一个动词、一个积极的动词；一个积极的、寻求的动词；一个积极的、寻求的、自组织的动词。"学生心灵的成长要不断捕捉精神的养料，获得情感的深化，逐步加深对个人与自我、个人与国家、个人与社会、个人与自然关系的思考和认识。语文课程目标更应当侧重人文思想的熏陶感染，着眼于学生健全人格的培养、精神世界的构建、文化品位的提升和全面和谐的发展。《论语》阅读是促进学生学会思考，锻炼思维，充实精神，提升境界的有效途径。

《论语》语录体散文，语言简洁凝练，编排章法无序，主题分散，而且内容多有重复，教学时很突出的一个问题就是课文章节零散，解决的方法就是让"神"不能散，需要有一根主线来引导学生的注意力和思路。这根主线就是主题，用主题串起貌似零碎的章节，不仅能让学生对《论语》有一个整体化的印象，而且这个主题同时是文化的具体化，是达成文化这个主要教学目标的重要途径。将《论语》作为整本书阅读，更有利于学生知识的整合，在整合中学会思考，锻炼思维，充实精神，提升境界。

一、读——搭建阅读阶梯

《论语》所处年代久远，加之零散的特点，结合初中学生思维表面性的特点，要丰富学生原有的知识和经验，清除学生与《论语》之间的隔膜，为学生阅读《论语》搭建阶梯。

老师推荐学生读李长之先生的《孔子的故事》，书中涉及《论语》中孔子的语录约140条，全部以页下注释的形式出现，而正文对应的语录，采用现代汉语的形式，用最简洁易懂的语言，向人们讲述孔子一生的经历。教师可以设计阅读活动：了解孔子的生活时代，了解当时社会中人们对孔子的看法，了解作者眼中的孔子，引导学生走近孔子。

学有余力的学生可阅读《史记·孔子世家》了解孔子本人，读《史记·仲尼弟子列传》了解他的学生，做到知人论世。

之后，教师节选《论语》中一些章节变成校本阅读资料，让学生借助注释和资料从头读到尾。通过圈画批注、读书笔记等形式，留下阅读痕迹。自主泛读很大程度上培养了学生自主学习的能力，一改传统课堂上勤快教师培养懒惰学生的弊端。而且，经过学生自己思维的加工，理解东西要比教师传授更快更准确。这一步学生需在假期完成。

二、研——专题研究学习

要想深入探究《论语》中的精髓，就要明确研究的主题。读《论语》，必先读孔子。《论语》以孔子为主角，主要记录了孔子及其弟子的言行。读古代经典，从读人开始，才能读得鲜活而趣味，深刻而立体。更重要的是，了解孔子的事迹，进入他的生活和精神世界，才能透过《论语》，真切而深入地领悟中华文化的本源。基于初中生的生理、心理发展的原理，在读一本古代文化经典前期，认识其核心人物，对其主要事迹、性格和行事特点，对人类文化的重要贡献方面有具体生动的认识，有助于学生愉快地进入学习状态，并收到良好的学习效果。因此，要深入分析孔子、弟子及隐士的群体形象。

在此基础上，系统梳理和概括孔子复杂深刻的思想内涵，理清各个主题之间的关系，用理性眼光辩证看待这些传统道德概念。因此《论语》整本书阅读可分为：人物篇和思想篇。

新课标指出"阅读教学是学生、教师、教科书编者、文本之间的多重对话，是思想碰撞和心灵交流的动态过程"。在主题阅读的过程中学生对自己和别人的观点进行反思，独立思考，在不断的比较阅读中，逐渐培养学生的"否定之否定"的思辨能力。

（一）人物篇

《论语》短小精悍的语言，富有张力的表现，饱含真情的记录，为人物的分析提供了良好素材。由于《论语》主要记录孔子及其重要弟子的言行、思想和经历，对孔子形象和重要弟子形象的分析就成了重点。

孔子爱憎分明的性格特征也表露得淋漓尽致。如孔子敢骂，看见昼寝的宰予，胸中填满怒气，破口大骂："朽木不可雕也，粪土之墙不可圬也。"（《公冶长》）孔子会哭，得知聪颖好学的颜回不幸离逝，仰天长叹，悲恸万分："噫！天丧予！天丧予！"（《先进》）孔子爱笑："子之武城，闻弦歌之声。夫子莞尔而笑，曰：'割鸡焉用牛刀？'"（《阳货》）孔子也会耍心眼："孺悲欲见孔子，孔子辞以疾。将命者出户，取瑟而歌，使之闻之。"（《阳货》）

教师更可以《论语》中"吾十有五而志于学，三十而立，四十而不惑，五十而知天命，六十而耳顺，七十而从心所欲，不逾矩"为主线，结合鲍鹏山的《孔子是怎样炼成的》和李长之先生的《孔子的故事》，来走进孔子不得志的一生。北大中文系教授李零曾在他的《丧家狗——我读〈论语〉》中说道："任何怀抱理想，在现实世界找不到精神家园的人，都是丧家狗。他很执着，唇焦口燥，颠沛流离，像个无家可归的流浪狗。但他却是一个出身卑贱，'学而不厌''诲人不倦'的人；一个传递古代文化，教人阅读经典的人；一个有道德学问却无权无势，敢于批评当世权贵的人；一个四处游说，替统治者操心，与虎谋皮，拼命劝他们改邪归正的人；一个空怀周公之梦，梦想恢复西周盛世，安定天下百姓的人。"

孔子一些重要弟子的形象也刻画得有棱有角，绘声绘色，活灵活现。如《先进篇》弟子围绕孔子侍坐一章，意境唯美，场景悠然，生动刻画了子路的率真自信，冉有、公西华的谦逊谨慎，曾点的无拘无束、潇洒自然。

而孔子游历途中偶遇的隐士，为整本书增添了不少浪漫甚至梦幻的气息，《微子篇》长沮、桀溺、荷蓧丈人遗世独立、自食其力、不入流俗、孤高自傲的隐士形象，有着与孔子截然不同的思想，集中对他们的形象进行描摹，更能从侧面反映孔子师徒的性格特征。因此，"人物篇"可分为三节：孔子形象、弟子形象和隐士形象。

（二）思想篇

孔子是没落贵族，他认为社会动荡的原因是贵族阶级内在的问题，他们不分尊卑，不守秩序，僭越礼制，争权夺利。因此，孔子认为要实现社会稳定，必须恢复周礼，遵守周礼，从内心深处完全认同"克己复礼"。

怎样才能做到"克己复礼"？就要行"仁"。"仁"是建立在等级森严的周礼之上，为维护封建统治秩序，巩固统治阶级的利益，促进国家长治久安、社会统一稳定而创造性提出的一种道德主张。孙培青主编的《中国教育史》认为"礼是关于贵族君臣、夫子、兄弟、夫妇、朋友之间上下尊卑关系的规定，关于贵族的衣食住行、丧葬婚嫁等一切行为规则，以及政治、军事、法律制度的总称"。孔子在遵循和沿用周礼文化的基础上，将"仁"的核心要义贯穿于"礼"的制度规范之中，使二者水乳交融，密不可分，成为孔子最伟大的思想创造。"礼"与"仁"紧密联系，密不可分，统一于人的内在精神和人性基础。所以说，"孔子创建的儒学主要是一种人学，是反思人性、探讨人的理想、认识人的意义和价值的学问"。

"思想篇"内容的选定，就是基于"礼"与"仁"二者关系做出的判定，这样就可以从孔子烦冗的各种思想中，抽丝剥茧，删繁就简，提纲挈领。

第一，"礼"是孔子思想中最重要的组成部分，他一生都在尊礼、护礼、行礼，对"礼"的理解和认识是正确解读《论语》的基础。

1. "礼"是修养立命的根本。孔子说："不学礼，无以立。"（《季氏》）"礼"是个人安身立命的根本，不懂"礼"就无法立足于社会，不会被他人尊敬。习"礼"必须贯穿于人的一生，渗透于生活的细微之处。"君子无所争，必也射乎！揖让而升，下而饮。其争也君子。"（《八佾》）君子射箭，输赢并不重要，而时刻懂得君子之"礼"才显得难能可贵，升堂、下堂、饮酒都要相互打躬作揖，这正是君子风度的体现。

2. "礼"是慎终追远、凝聚人心的重要手段。"礼"的丰富多彩、灿烂多姿，可以满足不同场合的需要。婚嫁的"礼"隆重热烈，喜庆美好，给人带来幸福温暖的感觉。丧葬的"礼"悲戚惨恻，凝重肃穆，寄托人们对逝者的怀念和追思。"礼就其实质而言，是表达人的情感的重要形式，也是满足情感需要的基本保证。"孔子在死者家属旁吃饭，"未尝饱也"（《述而》），表达了一种悲痛和同情。而通过庄严肃穆的祭天、祭祖仪式，能够增强人们的文化认同，唤醒人们对祖辈先贤的尊敬之情，正如曾子所说："慎终追远，民德归厚矣。"（《学而》）

3. "礼"是治国理政的基础。"礼"不仅指导人民日常生活的行为，而且主导了整个国家的运转，是国家治理的基础。"能以礼让为国乎？何有？不能以礼让为国，如礼何？"（《里仁》）因此，有人问孔子为何不从政时，孔子说："《书》云：'孝乎惟孝，友于兄弟，施于有政。'是亦为政，奚其为为政?"（《为政》）从自身做起，从小家做起，孝顺父母，友爱兄弟，进而把长幼有序的礼仪风气影响到社会国家乃至政治上，这也是参与政治的一种途径。

对"礼"的接纳应有内心深处的认同和支持，真正把"礼"当作指导个人处事和社会运行的标准，不被诱惑干扰，不为私心遗弃。正如李泽厚先生所说："（孔子）把礼的基础直接诉之于心理依靠。这样，既把整套的血缘实质规定为孝悌，又把孝悌建筑在日常亲子之爱上，这就把礼以及仪从外在的规范约束解说成为人心的内在要求，把原来的僵硬的强制规定，提升为生活的自觉理念，把一种宗教性神秘性的东西变而为人情日用之常，从而使伦理规范与心理欲求融为一体。"

第二，"仁"是孔子思想的核心概念，它是一个包罗众多品德的最高德目，是道德修养的最高境界。对"仁"的意义和内涵的把握是深刻领悟《论语》精华的根本。

李零认为，人与民是有区别的，人是上流，民是大众。爱民的境界显然比爱人的境界更高。孔子对子路讲过君子的三个层次："修己以敬，修己以安人，修己以安百姓。"（《宪问》）从这里更能体会到仁爱本质的等级。百姓就是民众，将仁爱之德普及于民众身上，必定是"仁人"之上的"圣人"。

孔子的"仁"从德的最高观念到一般的道德规范范畴，"仁"几乎包含了一切优秀的道德品质。"仁"与传统的孝和德也有关系，孝、德包括在"仁"之中，每一种美德都是"仁"的必要条件，全部美德的总和构成"仁"。

理清了《论语》思想的核心，就可以在大主题下，设置系列小主题，例如：君子修身、为学之道、处世之道、如何交友、为孝以礼等，从不同角度深入探究"礼"与"仁"。

《论语》传承千年，博贯古今，是中华传统经典的代表作。随着主题教学的推进，学生通过《论语》课堂的学习呈现了全新的学习面貌。学生充分施展个人才华，将自主、合作、探究的新型学习方式融入传统教学中，打破了传统教学沉闷的局面。通过学习的深入，学生与《论语》、与孔子隔时空对话，与文本、作者的思想进行交流，获得了更深层次的认识。对学生弘扬礼仪文化、提高个人道德修养起到了积极的作用。孔子为实现理想而终生践行的"三军可夺帅也，匹夫不可夺志也"的坚定信念和其坚强意志，为学生健康人格的形成奠定了基础。

（作者　王雷）

苦难的年代，乐观的回忆

——刘绍棠"苦难文学"专题设计

一、教学背景

（一）教学内容的确定

在当代文学史上，刘绍棠是通州的骄傲。他高中时的作品就被选入中学教材，这让潞河的学生崇拜敬仰。我校高中曾开展课题——《刘绍棠现象与中国校园文学》的研究，对刘绍棠的乡土文化做了深入的探讨。作为初中学生，也可以选取适合他们阅读的作品，让学生在对刘绍棠有较全面了解的基础上，培养并发展其欣赏评价的能力。

《榆钱饭》《打糊饼》是刘绍棠的两篇关于苦涩年代的回忆，它与多姿多彩的人物共同记录下一个个感动、悲伤、凄恻、欢笑的瞬间，经时间沉淀与岁月凝聚不断加深，幻化成比底色更纯美的风物定格。宋学孟的《柳叶儿》于苦涩中却能感受到童真童趣、天地自然的大美以及亲情的美丽。莫言围绕食物的回忆中关联人性的恶与善。饥饿，是一个民族共同的记忆，作者却在那样的苦涩中努力寻求美丽的记忆，他们在积极地寻求一条超越生活困境和生命苦难的救赎之路，以实现真正意义上的人文关怀。所以，把主题定为"苦难的年代，乐观的回忆"。

（二）教学理念的要求

《义务教育语文课程标准（2011年版）》在学生阅读鉴赏能力上要求"欣赏文学作品，能有自己的情感体验，初步领悟作品的内涵，从中获得对自然、社会、人生的有益启示。对作品的思想感情倾向，能联系文化背景做出自己的评价；对作品中感人的情境和形象，能说出自己的体验；品味作品中富于表现力的语言"。引导学生在品味语言、体验情感、领悟内涵、欣赏评价四个方面达成审美、探究、评价的能力，并有所发展。

语文教学需要不断开发新的课程资源，扩大语文学习的领域。善于通过专题学习的方式发掘、整合课内外的学习资源，通过组织相同的主题或相关的问题进行丰富而多方面的学习，可以促进学生用联系的眼光看待所学知识，而且有利于学生从事物的不同方面思考问题，从而促进学生各方面知识、经验和情感的积累与成长。本专题以"苦涩的年代，乐观的回忆"为主题，以那些填补饥荒的食物——榆钱饭、柳叶儿等为线索，开发课程资源，引导学生与文本对话，体验作者的情感态度，从而形成自己的认识。

（三）学情分析

本课程面对的是九年级学生。随着中考压力增大，阅读基本处于应考状态。现代文阅读教学实践中以讲代学、以练代学的现状，使学生在既成的教学模式与单一的考试答案中失去了对文本的阅读兴趣，没有探究问题的激情，专题学习可以使他们在个性化的解读中去发现美、认识美、感悟美，从而对文本对作家有更深刻的、全面的理解。

九年级学生思维正由形象性思维向理性思维过渡，他们在体验作品语言、情感的同时逐渐形成自己独特的思考与评价。潞河中学初中部学生经过三年的广泛阅读和读书笔记写作训练，在相对轻松自由的阅读氛围下，一部分学生能对文章的语言和写法，联系自己的生活体验做出相对正确的评价与分析；但对文章的内容或作者的观点形成独到的解释、提出自己的看法，还只是个别阅读经历丰富、语言表达能力较强的学生所具备的能力。因此，在教学中，可以利用少数学生的个性表达来鼓励基于文本的个性见解，引导其他学生独立思考，提高鉴赏评价能力。

二、教学目标

整个专题教学，从学生的学习方式入手。第一步：自主阅读，了解刘绍棠的经历，学生通过图书馆或网络阅读，寻找自己喜欢的刘绍棠作品自主阅读，为后面深入阅读做好准备。第二步：师生合作阅读散文《榆钱饭》《打糊饼》，重在感受作品中的风物美、人物美。第三步：学生通过小组合作交流，自主展示对同主题文章《柳叶儿》的解读，咀嚼其中的苦与乐。目的是要引入同题材散文，在学生的意识中植入比较。但现在的阅读仍然是单篇阅读，学生的理解还是基于某一篇文章的感悟，因此，第四步：在前三个层次的阅读上，整合《榆钱饭》《柳叶儿》及莫言《捡麦穗》的片段，进行鉴赏比较阅读，希望学生对作品所呈现的内涵、作品的价值取向，有自己的思考与评判，将语言学习、能力训练、情感态度价值观的树立在教学的过程中结合起来。

本节课教学目标：赏析刘绍棠《榆钱饭》、宋学孟《柳叶儿》以及莫言瑞典讲话中关于捡麦穗的几个语言片段，了解作家笔下的苦涩生活，理解作家对那段生活的态度，形成对苦涩生活的正确认识。

教学重点：赏析语言，了解作家笔下的苦涩生活。

教学难点：对作家写作态度有正确的认识。

三、教学过程

（一）创设情境，导入课题

在饥饿的年代里，榆树皮、榆钱儿、柳叶儿甚至泥土、煤块儿都成了人们的食物，那些与食物相连的记忆成了一个时代、一个民族的记忆。今天，我们再次走进刘绍棠、宋学孟、莫言关于那个饥饿的苦涩的年代的记忆，看看他们的记忆中关联着怎样的人和事，有着怎样的苦涩，并思考他们以怎样的态度来记忆那段时光。

（二）咀嚼苦涩的滋味

1. 赏析《榆钱饭》中"丫姑摘榆钱儿"片段，体会作家笔下的苦涩与美丽。

学生找出有表现力的词语、句子做鉴赏、评价，自由表达、交流。

生："文中写"淌口水"而不是"流口水"，一个"淌"字，写得特别馋，特别饿。

生："丫姑在树上也大把大把地揉进嘴里"，我不知道"揉"是怎样的一个动作，他为什么不用"塞"呢？

生："揉"比"塞"更疯狂，动作更大，"塞"还是有一些理智的，而"揉"更体现出一种饥不择食的疯狂状态，饿的程度更深一些。

生："榆钱儿生吃很甜，越嚼越香"，事实上，我们今天尝一下的话，它的味道并不好，有一股青涩味儿，可他却把它写得仿佛人间美味一样，让人特别想吃，也可见饥饿到了不择食的程度。

师：文章一开始还提到，"青黄不接二三月，榆钱儿是我们的救命粮"。所以通过香甜的榆钱儿我们看到的其实是那个时代的饥饿。那么，刘绍棠笔下的饥饿是不是让我们觉得很凄惨呢？

生：生活本来是苦涩的，但他笔下反而写出一种多姿多彩。榆钱儿可以嚼得很香，"丫姑把黑油油的大辫子七缠八绕地盘在脖子上，雪白的牙齿咬着辫梢儿，光了脚丫子""咪溜溜"等写出丫姑很灵巧，童年生活很美好。

生：如果不刻意去寻找苦涩的话，文章给我们的第一感觉是非常美好的。作者很生动地去描写了丫姑的美丽，描写了童真童趣。并不是很好吃的榆钱儿她却越嚼越香，用美丽衬托出了苦涩，同时，丫姑在树上说"先喂饱你"，

125

又写出了一种美好的像母亲一般的情感，又用苦涩衬托出了人情的美丽。

生：文章还写道"丫姑野性，胆子比人的个儿还大"，她身上有一种特别纯真自然的美，一点也没有娇气。

师：这才是运河滩的女儿们身上独有的美丽。她们身上寄托着刘绍棠深深的运河情怀。其实，在这个村子里，每一个人都是刘绍棠的亲人，他们爱他护他，所以，在刘绍棠的笔下，苦涩的生活回想起来也是那样的美丽动人。

2. 赏析宋学孟《柳叶儿》"吃光""清晨抢柳叶儿"片段，咀嚼《柳叶儿》中的苦涩与美丽。

指导学生朗读"吃光"背景时注意沉痛、悲惨的语气，再进行语言品味鉴赏。

生：几个"吃光了"反复，可见饥荒特别严重；连榆树皮都吃光了，饥饿的程度越来越深。人们"又抢柳叶儿"，一个"抢"字，可以看到人们饥饿到疯狂的程度。八岁，关于饥饿的记忆却这样深刻。所以，比较沉重。

师：在这样一个饥饿的大背景下，宋学孟却这样回忆自己抢柳叶儿的经历。

（投影展示，学生读）

生：最后一句，"太阳像一个大樱桃"，让人看到希望。虽然我现在饥饿，但相信将来有一天会好的。

生："我看痴了"，一个"痴"字，可看出我被眼前的自然所征服，感受到自然的壮美，写出了作者乐观的心态和一双善于发现美的眼睛。

师：说得真好，一个八岁的孩子，看到这轮太阳，竟"痴"了！我把"痴"改成"呆"好吗？

生：不好。当阳光照过来，"痴"有一种陶醉，但"呆"却是一种发愣，看不见希望。所以，还是能看出作者的乐观。

（设计意图：让学生发现能表现苦难与美丽的语言，联系语境及自身体验，反复比较品味，进而赏析作品中表现的情感态度。）

3. 走进莫言《捡麦穗》的痛苦回忆，品味苦难生活中的痛与美。

（设计意图：这一段文字表现苦难生活的角度与《榆钱饭》《柳叶儿》完全不同，苦难的年代里，人性的恶与丑被放大，本应善良的人性被扭曲，这与刘绍棠笔下的美形成强烈的反差，冲击着学生的认识。设计引入这段文字，目的是给学生的心理造成一种强烈冲击，灵魂因作品而颤抖，让课堂生成独特的认知。）

学生可能对看麦田人为什么要打母亲这一点不理解。可以让学生自由讨论，不做限制，让学生对那个特殊的年代一些残酷的现实有所认识。

提示学生仔细阅读文段，抓住对看麦田人的描写鉴赏。

生：文段抬头有"集体"两字，那是一个分配的时代，你去捡集体的东西，和偷盗差不多，所以看守人打母亲变得理所应当，母亲只能忍气吞声。

生：从"集体"的地里，其实母亲并不想去捡，但是饥饿让人没有了尊严。那个高大的看守人吹着口哨扬长而去，他不是去告诫，而是扇耳光，让母亲非常绝望。可见由于饥饿，人性中丑陋的部分被放大了。如果他还善的话，他应该不管。母亲如果没有到迫不得已的程度，怎么可能去受这种侮辱？而看守人的扬长而去让人觉得人性中丑陋的东西在饥荒的大背景下被放得很大。

师：饥饿，把人性扭曲。在莫言的文字里，人性的丑与美发生了强烈的碰撞，你发现人性之美了吗？

生：多年之后，"我"在大街上看见那个白发苍苍的看守人，冲上去想打他。母亲拉住了"我"，平静地说"那个打我的人和这个人并不是一个人"。这里有一个动作的对比，"我冲"，可见当年那一幕给我留下的印象很深、很痛，所以想报仇。但是，母亲的"拉住""平静"却让我们看到了母亲人性中的善良与大度，当年那样的屈辱都是可以被宽恕的，母亲想以这样一种方式告诉我，那个时代过去了，就不要再去追究，也可以看出母亲对那个饥荒时代的宽容。

（三）比较作家笔下不同的苦涩生活

问题：面对饥饿的年代，不同作家所呈现的生活有什么不同和相同？

（设计意图：通过比较，希望学生对作家笔下的苦涩生活有新的认识，对作家的写作态度有一定的思考。）

学生小组内思考、讨论、交流。

生：绍棠虽苦，但写出了丫姑爬树非常快乐的童年，纯真的人情；宋的苦涩更深，但看到了一种希望，一种自然带来的启示。

生：充满野性的丫姑叼着辫子就爬上树，我甚至想象得出她一定有着红红的嘴唇和黑红的脸蛋，骑在树上时，尽管大把大把地揉榆钱儿进嘴，脸上一定认真而灿烂地笑着，还有"我"仰着小脸满脸期待的、兴奋的眼光，让苦难变成了童话，平淡却又真实。这是刘绍棠如此爱榆钱饭、爱家乡的原因吧! 这些回忆, 这些温暖, 这些美好, 可以让任何东西变得美味, 可以让任何日子变得美丽。

生: 刘绍棠、宋学孟, 写苦难不见难, 却见乐! 苦是苦了点, 生活也难, 但就是不能让它组合成苦难。可见, 苦难已经麻木了大多数人。作家们这么写, 大概是不愿提起那些让人心痛的画面, 却又希望人们记住那些日子。只好把自己的喜悦生拔了好几个高度, 掩盖悲苦。莫言则把饥饿中的人性放大, 显得更加真实。

(此环节的设计, 让学生的思考由浅层的比较, 逐渐提升到喜爱并理解作家, 甚至提出比较尖锐的质疑, 引起争论, 引导学生思考作家的写作态度。这恰是专题阅读在促使学生鉴赏评价能力逐步提高上的优势。)

生: 刘绍棠想写出苦涩生活中人情的真善美, 这可能与家乡人对这个天才作家的爱护有关。

生: 莫言的真实很残酷, 也更加真实。相对来说, 前两篇在表现那个苦难的年代时显得有一些虚假。当然, 这与他童年时眼睁睁地看着母亲被打这种深切的苦痛经历有关。

(四) 思考作家的写作态度

问题: 作家们面对同样的苦涩生活, 为什么会有不同的表现角度, 呈现出强烈的美与丑的碰撞呢?

(设计意图: 引导学生理解并思考作家的写作情怀。)

生: 苦难的年代本是很苦的, 但苦难过去了, 他们不想让后人知道那种苦涩, 可能沉淀下来的都是一些美好的记忆。写文章是一种发泄。刘绍棠本没有那么多的苦痛, 而且, 故乡对他的呵护, 他对北运河风土人情的热爱, 使他笔下尽是人情的美丽, 苦涩变得很淡很淡; 宋只想把悲苦埋在心里, 不想把它说出来。连太阳都是肉做的, 其实, 吃肉只是幻想。写得最真实的还是莫言。

生: 如果只是呈现苦涩, 完全可以用相机或摄像机去拍一部纪录片。而这几篇文章都写得比较诗意, 它们更像一幕幕的剧。不但写出苦涩, 更融入了自己的情感, 使我们今天的人不但能感受到一种苦涩, 更能给人一种向上的力量, 才能够鼓舞今天的人。

生: 不是刻意掩饰悲苦, 因为多年后回想起来, 在苦难面前的温暖凸显得很重要。但我更欣赏莫言的文字给人的震撼, 他能更直观地让人感受到那个时代的苦涩。而前两篇可能会让一些人觉得有些不太真实。苦难在那时候是看不到头的，苦难中的人情、希望、善良是人们相互扶持、相互支撑的力量，活下去的勇气。所以，乐观的回忆的确是需要给后人一些面对苦难的希望。

（五）课堂总结

（设计意图：引导学生对苦难生活形成自己的认识，对作家、对现实生活的态度形成正确的认识。）

作家想传达什么内容，和他的生活经历息息相关。当苦痛过去，每个人内心沉淀下来的内容不会相同，作家们不同的生活经历，决定了作家在面对同样苦涩的生活时不同的写作视角。运河是绍棠的精神故乡，与之相关联的运河儿女在他的记忆里都是美丽的；宋学孟对自然之美的最初体验源自病态的饥饿；捡麦穗的莫言感受到的是饥饿年代里母亲受辱的痛。但是他们都很乐观地写到了"美"，人情美、自然美、人性美与苦涩紧紧相连，他们都是要在苦涩的生活中积极地寻求一条超越生命苦难的道路，这，是作家的使命，也是我们的使命。

（作者　郑小兰）

活动案例（二）　与大家比肩，小作者对话大作家

阅读《北京小孩》，对话作家

2019 年 6 月 17 日，我校初一年级联合校文学社，有幸请到了著名儿童文学作家周敏老师，为初一年级师生带来了一场以"阅读《北京小孩》，感受内心成长"为主题的文学讲座。

《北京小孩》是周老师创作的一部现实主义题材的儿童成长小说。她用充满感情的笔触，讲述了初一女生晓萱临危受命出任临时班长，通过自己的努力最终带领全班获得红星班荣誉的故事。这部作品细节丰富，语言鲜活贴近现实，既细致入微地状写了少年们的心理情感成长轨迹，更浓墨重彩地揭示了他们追梦不止的红星精神，洋溢着青春生气与昂扬正气。

为使学生更好地理解作品、聆听讲座、不虚此行，初一年级语文组在两

周前就开始有计划地指导学生阅读、批注并制作手抄报。同学们用高昂的阅读兴趣以及精心制作的手抄报表达了对周老师和这部作品的喜爱。

周老师以同学们阅读过的童话故事为切入点，结合自身的创作经历，深入浅出地为大家讲解了儿童文学创作的出发点、着眼点和意义。在周老师的指引下，同学们不仅了解到文学创作要放开想象的翅膀，更要进行广泛、有兴趣的阅读，为创作打下坚实的基础。这也激发了不少同学对文学创作的热情与兴趣。大家认真聆听，将心得体会一一记下，受益匪浅。周老师向同学们介绍了《北京小孩》一书的创作过程。她表示这是一本写给当下孩子的成长小说。经过和不同孩子的聊天接触，同时结合一些校园和社会上的典型案例，她敏锐地察觉到孩子们内心世界充满了敏感、躁动不安。希望用充满感情的笔触将当下学生的真实状态展现出来，书写出有温度的中国故事、有梦想的中国青年，并引导孩子们在面对学习生活中的困难时，能迎难而上，坚韧顽强地健康成长。正因如此，同学们才会被小说中贴近生活、贴近自己的文字和情感所打动。通过阅读这部作品，我们能切身感受到文字背后周敏老师对当代中学生那份关心和爱护。为了更好地激发师生的阅读兴趣，周老师别具匠心地将小说中的部分情节进行了现场还原——和李爽老师、两位班长以提问的形式进行了互动展示，将当下中学生和老师的心理直观表现出来，得到了会场内所有师生的一致好评。

周老师的这次讲座，为处在青春期的中学生们点亮了一盏明灯。《北京小孩》这部作品在经典著作、外国儿童文学作品盛行的今天，填补了一个时代的空白，给当代中学生，尤其是当代城市的中学生以心灵的慰藉。贴近生活实际的取材让孩子读完后更亲切，更有带入感，助力学生身心健康地成长。此次讲座，不仅激发学生对于写作的兴趣，更引领学生正能量的人生态度。

夏舞潞园文韵浓，对话作家王梓夫

2019年6月18日下午五点，著名作家王梓夫老师应邀来到我校，与潞园文学社学生座谈。王老师重点点评了社员史怡然、黄羲和两位同学的小说，同学们受益匪浅。

王老师充分肯定了文学社孩子们的才华与文笔的精彩，然后就史怡然的小说《冷面老太》和黄羲和的小说《忠诚》做了详细的点评与具体的指导。

王老师首先点评小说《冷面老太》，赞扬小说人物形象的鲜明和带有浓郁京味儿特点的语言风格，很有京派小说的味道。然后点评小说《忠诚》，赞扬作者用三千字的篇幅搭起了一部长篇小说的架构，小作者非常了不起。后来结合小说体裁的基本要求，指出两篇小说情节安排上的不足，并提出具体修改建议。两位同学深受启发和鼓舞。

槐柳阴浓，榴花正艳，潞园生机盎然。期待孩子们激情与灵气齐飞，文采与潞园一色，为自己，为潞园，描绘更美丽的风景。

活动案例（三）　诵读活动滋润心田，立体呈现经典大美

写好方块字，做个方正人
——初一经典诵读抄写活动

活动目的：营造"书香潞园"，继承传统文化，积累古诗文，激发学生对祖国语言文字的热爱；弘扬中华书法艺术，整体提升学生的书写水平，引导学生准确区分书法字体，从楷书入门，把汉字写端正、整洁、美观。

活动主题：写方块字，做方正人

活动过程：

一、经典古诗文诵读

综合小学和初中必背古诗文中的经典篇目，梳理成"写景状物""家国情怀""思乡怀人""怀古讽今""边塞壮志"等六个篇章，每周诵读一章。

二、楷书抄写练习

诵读的同时，每日抄写一首（篇）古诗（文）。

楷书形体方正，笔画平直，可做楷模。用楷书抄写，能端正学生坐姿，端正学生心态，沉着冷静，不疾不徐。用钢笔书写，更能让学生感受笔墨馨香，激发对中国优秀传统文化的热爱。

学生们利用语文早读课，认认真真写字。书写时沉着稳健，神情专注，书写姿势端正，运笔技巧娴熟。经过激烈的角逐，一个个端庄、清秀的方块字从笔端倾泻于纸上，一幅幅行款标准、整齐美观的书法作品展现在眼前。

三、活动流程

（一）在班级内，每人抄写一份，做班级内展示。

（二）以班级为单位，推选本班书写佳作 5 篇、书写进步 5 篇，用于年级展示。

（三）年级展示，为期三天。

四、书写要求及评选办法：

用统一下发的专用纸书写，楷书字体。

书写正确，不能有错别字，标点符号使用规范。

为保证评选的公平公正，作者的班级姓名，统一写在作品背面。

在展示区配备可爱的点赞贴纸，由全体同学为自己喜欢的作品点赞（每人每份作品一个赞）。

邀请年级教师，为学生作品点赞（每人每份作品五个赞）。

综合获赞数量，评选出一等奖 3 人，二等奖 8 人，三等奖 15 人，佳作奖若干。

年级表彰，并做现场书写展示。

（设计者　丁雷）

用舞台致敬经典
——《四世同堂》话剧表演

语文课堂不仅是文字语言，也不仅是教与学。我们把目光转向对经典的再现，让讲台遇见舞台。

语文组的老师们经过集体备课、策划方案、钻研表演，先让学生自己改编剧本，于是有了曾令祎的诗歌剧《曹刿论战》，有了课本剧《石壕吏》《变色龙》《范进中举》《孔乙己》等经典作品的立体呈现。在改编过程中，同学们更深刻地了解创作背景，走进人物的内心世界，体会孔乙己的尴尬、看客的冷漠、杜甫的忧虑却无能为力、曹刿的担当与谋略、范进的疯狂与圆滑……

宋久峰老师亲自改编《四世同堂》片段，参加了通州区话剧节。排练中，组织刘浩庭等同学一点点体会人物内心，把握说话的节奏、语气。孩子们在舞台上投入演出，每一个细节都展现出他们对经典的敬意。幕后的同学制作宣传海报、PPT 背景、道具、化妆等，最后成功展演，似乎把我们也带入舞台，感受激情的战斗岁月。

小羊圈里，槐树叶拂拂地摇曳起风了。

一个小胡同里，有着形形色色的人，却足以代表了那个时代全中国人的心态。有年过半百只求享清福的郑老人，有家破人亡，放弃知识而立志报仇的钱老人，也有为了升官发财，虚伪的卖国贼大赤包……老舍先生用朴实无华的手法，展现了这些性格迥异有血有肉的人物形象，表现出民族存亡之际，真善美与假恶丑之间的争斗，崇高的民族气节和苟且偷安、助纣为虐、卖国求荣的鲜明对照。

一朵花，长在树上才有它的美丽，拿到人的手里就完了。北平也是这样，它顶美，若是被侵略了就如那花。

虽然北平城里没有硝烟，没有枪炮，可始终笼罩在被欺凌、被践踏、被扼住喉咙的窒息里。这株古树的儿女在这种环境下挣扎，它却无法保护，枝枝叶叶七零八落，四世同堂成为了幻想。古老的北平，庄严肃穆的天安门城楼、北海、白塔都成了别人的玩物。然而，被压迫百多年的中国，产生了这批青年，他们要从家庭与社会的压迫中冲出来成为自由的人。他们要打碎民族国家的铐镣，成为能挺着胸在世界站着的公民。当国家呼救的时候，没有任何障碍能够阻拦住，他应声而至，像羽毛已成的鸟儿，他会毫无依恋离巢而飞去。

小羊圈胡同是一面镜子，照出了北平乃至全中国在黎明到来之前最痛苦的时光。这里有残缺却坚毅的背影。

——王彦博 观后感

曾经我抱怨生活一成不变的无聊，抱怨作业多，抱怨食物太清淡……现在的我，才知道我抱怨的一切，有可能在某些地方某些人眼中，是一种奢侈。不需要强求些什么，大概能活着本身已然是福。这个世界上有多少人为生命担忧！也许当我有足够能力的那一天，会为更多孩子拥有我现在所有的或者更好的生活而献出一份力。

争斗是人性恶的一面，但正所谓"人性本善"。不管为战争贴上多么冠冕堂皇的理由，也掩饰不了它的罪恶。为了每个人发自内心的笑颜，追求和平。愿我们深爱着的世界更美好！

——侯佳怡　观后感

（设计者　宋久峰　郑小兰）

少年六艺，君子之守
——预科年级"六艺潞河少年"活动设计

"文化自信是一个国家、一个民族发展中更基本、更深沉、更持久的力量。"在党和国家重视传统文化的号召下，学校积极开展传统文化教育活动。"六艺潞河少年"国学课题在李晨松校长的总体策划下陆续开展。我们初三预科班确立了弘扬传统文化、传承"礼"之精粹、践行"射礼"、融于诗书礼乐的活动内容。"六艺"毕现，以期明晓儒家"明德亲民止于至善"之修身之道，把"修身齐家治国平天下"与实现中国梦结合起来，读经典诗书，修君子美德，通"六艺"本领，养浩然正气！

"六艺潞河少年"课题集预科全体老师的智慧，大家各主一方，通力合作。"射礼"由年级主任、体育尹老师引领，学生学习、练习"礼射八法"；书法由物理张继良老师教授，学生根据兴趣选择楷书、隶书学习、练习；舞蹈由道德与法治李春兰老师指导，排练了古典舞《幽兰操》《清明上河图》；音乐由谢丹老师引领，学生系统学习演奏民乐；数术由王立平、韩雪超老师负责……而相关的国学文化基础则由钱朝霞、王晓莹老师系统讲解。

围绕一个"礼"的核心，尹老师的射箭课还原了古人射礼仪式，体现儒家仁爱思想、君子之风。在古典音乐的伴奏下，在古诗的吟诵声中，学生们一板一眼发矢的动作，体现的皆是谦谦之气、礼仪之范。

张老师的书法课经历了从理论到实践循循善诱的过程，有趣的历史故事与自身深厚的书法功底结合；李老师的舞蹈体现了对古琴曲精髓的细心领悟，精研细磨一招一式，把孔子的君子之守、幽兰美德用舞蹈再现……

而我们语文老师则是精选《诗经》《论语》《大学》《古文观止》中最能体现"礼"的篇目，在古诗词的海洋中精挑细选自然美景与礼仪文化、人文精神融于一体的佳作。在传统文化的长河中捕捉一朵浪花，浸润我们的心灵。

以《诗经》为例，有表现宴飨嘉宾之礼的《鹿鸣》，有表现婚礼赞美新娘之礼的《桃夭》，有表现丰收庆典之礼的《丰年》，还有表现祝寿之礼的《天保》等等。我不想面面俱到，只想以人为本，去触碰孔子、韩愈等一颗颗有趣的灵魂，让他们用自己的诗文隔空对话，真实地展现他们自己的心灵，为我们还原一代代仰视的经典！

活动一：跨越千年的对话

一、孔子：隐谷芟兰，不知贤者

背景音乐：古琴曲《幽兰操》　吟诵孔子《幽兰操》

旁白：

孔子历聘诸侯，诸侯莫能任。自卫反鲁，过隐谷之中，见芟兰独茂，喟然叹曰："夫兰为王者香，今乃独茂；与众草为伍，譬犹贤者不逢时，与鄙夫为伦也。"乃止车，援琴鼓之云：

> 习习谷风，以阴以雨。
>
> 之子于归，远送于野。
>
> 何彼苍天，不得其所。
>
> 逍遥九州，无所定处。
>
> 世人暗蔽，不知贤者。
>
> 年纪逝迈，一身将老。
>
> 伤不逢时，寄兰作操。

二、韩愈：君子之伤，君子之守

时间跨越了千年之后。

韩愈左迁潮州，至蓝关时，侄孙韩湘来探望，吟诗送之：

> 一封朝奏九重天，夕贬潮州路八千。
> 欲为圣明除弊事，肯将衰朽惜残年！
> 云横秦岭家何在？雪拥蓝关马不前。
> 知汝远来应有意，好收吾骨瘴江边。

韩愈喃喃自语："知汝远来应有意，好收吾骨瘴江边"，可我不甘哪，湘子，你看——

兰花开时，在远处仍能闻到它的幽幽清香；如果人们不去采摘兰花佩戴在身上，对兰花本身有什么损伤呢？正是因为美好的东西具有感染力啊！今日的变故，并非我的过错。我常年行走四方，看到隆冬严寒时，荠麦却正开始茂盛地生长，一派生机盎然，既然荠麦能无畏寒冬，那么不利的环境对我又有什么影响呢？荠麦在寒冬生长茂盛的特性，是它所特有的；君子在世间所遇到的困难，也是他所可以克服的。一个君子是能处于不利的环境而保持他的志向和德行操守的啊。

男生吟诵韩愈《幽兰操》：

> 兰之猗猗，扬扬其香。不采而佩，于兰何伤。
> 今天之旋，其曷为然。我行四方，以日以年。
> 雪霜贸贸，荠麦之茂。子如不伤，我不尔觏。
> 荠麦之茂，荠麦之有。君子之伤，君子之守。

韩愈：子曰"兰为王者香"，兰花如此高洁，却与杂草为伍，可惜，可惜啊！就如同孔子自己的处境一样啊！"君子之伤，君子之守！"令人仰之！令人叹之啊！为什么您在《论语·先进·侍坐章》中喟然长叹："吾与点也！"那也是您的大同之梦啊！

男女生吟诵：

> 暮春者，春服既成，冠者五六人，童子六七人，浴乎沂，风乎舞雩，咏而归。

韩愈：三月三，上巳节，修禊礼祓福纳祥，用兰草沾春水，驱病除垢，穿上清爽的春装，师生一行相伴踏青，春风拂面，诗意盎然，他们吟咏的是《蹇裳》，是《溱洧》，还是像我和张十八在一个初春小雨中于长安城外郊游时吟的那首诗？

> 天街小雨润如酥，草色遥看近却无。
> 最是一年春好处，绝胜烟柳满皇都。

韩愈：春光易逝，以诗明志——

> 草树知春不久归，百般红紫斗芳菲。
> 杨花榆荚无才思，惟解漫天作雪飞。

时间跨越到宋代——

苏轼：韩文公幽兰之操守，浩然之正气，真乃百世垂范！匹夫而为百世师，一言而为天下法。回望历史有几人至？文起八代之衰，而道济天下之溺；忠犯人主之怒，而勇夺三军之帅：此岂非参天地，关盛衰，浩然而独存者乎？

时间跨越到现代——

梁衡：历朝历代有多少人希望不朽，或刻碑勒石，或建庙建祠，但哪一块碑哪一座庙能大过高山，永如江河呢？我心中也渐渐涌起这样的四句诗：

> 一封朝奏九重天，夕贬潮州路八千，
> 八月为民兴四利，一片江山尽姓韩。

三、君子的理想

集体吟诵《大道之行也》，唱大同歌——

> 大道之行也，天下为公，选贤与能，讲信修睦。故人不独亲其亲，不独子其子，使老有所终，壮有所用，幼有所长，矜、寡、孤、独、废疾者皆有所养，男有分，女有归。货恶其弃于地也，不必藏于己；力恶其不出于身也，不必为己。是故谋闭而不兴，盗窃乱贼

而不作，故外户而不闭，是谓大同。

活动二：曲水流觞，不负春光
一、上巳节之祓除不祥

农历三月三，正是上巳节。传统的上巳节在农历三月的第一个巳日，也是祓禊的日子，即春浴日。

　　是月上巳，官民皆絜（洁）于东流水上，曰洗濯祓除，去宿垢疢（病），为大絜。（《后汉书·礼仪志上》）

祓禊（fú xì）是古时人们去河边沐浴，用兰草洗身，用柳枝沾花瓣水点头身的仪式。所谓"禊"，即"洁"，故"祓禊"就是通过自洁而去灾病的仪式。在周朝时，"祓除衅浴"之礼已成为一种制度，并有专门的女巫掌管此事。每年这一天，上至天子诸侯，下至庶民百姓，都穿上新缝制的春装，倾城邀约而出，或到江河之滨嬉戏沐浴，或至深山幽谷采摘兰草，或去郊野陌上宴饮行乐，认为这样可以祓除不祥。因此，上巳不仅是祛邪求吉的节日，更是自由快活的春游。

"暮春者，春服既成，冠者五六人，童子六七人，浴乎沂，风乎舞雩，咏而归。"这是最早关于上巳节的记载。

短剧表演：三个小组分别表演《论语·侍坐章》短剧。

思考问题：孔子为什么赞同曾皙的观点？

孔子生于乱世，有行道救世的理想，但终身不得志。曾皙用充满诗情画意的语言描绘了孔子心目中的人人安康的理想大同社会、礼序社会，那种逍遥自在、无忧无虑，正与孔子壮志未酬的心态暗合。

上巳日祓禊渭滨应制

〔唐〕刘宪

桃花欲落柳条长，沙头水上足风光。
此时御跸来游处，愿奉年年祓禊觞。

上巳日祓禊渭滨应制

〔唐〕徐彦伯

晴风丽日满芳洲，柳色春筵祓锦流。

皆言侍跸横汾宴，暂似乘槎天汉游。

二、上巳节之自由恋爱

上巳节还是中国三大传统情人节之一。

三千年前，那些手摇木铎的采诗官奔走于阡陌之上，聆听着大自然和人类的声音，记录下了我们最早的爱情故事。在《诗经·郑风·溱洧》中描写了郑国三月上巳日，青年男女在溱水和洧水岸边游春的情景。

女生、男生分别朗读这首诗：

诗经·郑风·溱洧

溱与洧，方涣涣兮。

士与女，方秉蕑兮。

女曰观乎？士曰既且。

且往观乎？

洧之外，洵讦且乐。

维士与女，伊其相谑，

赠之以勺药。

溱与洧，浏其清矣。

士与女，殷其盈矣。

女曰观乎？士曰既且。

且往观乎？

洧之外，洵讦且乐。

维士与女，伊其将谑，

赠之以勺药。

古人用芍药中的"药"（通"约"）字代表相约，芍药也是男女间定情的象征。士与女在"三月三"这春情盎然的日子里，踏青幽会，互定终身。青山碧水，红桃绿柳，阳光明媚，虽然已过千年，我们分明可以看到他们嬉戏追逐的身影，听到他们的呢喃私语，俏皮调笑。从此，在这山水间流淌开来的自由恋爱之日成为中国最古老的情人节。草长莺飞三月三，一个美好而诗意的节日，适合认真去相爱，诗意去生活。

三、上巳节之曲水流觞

上巳节最古老的习俗是临水浮卵，它是将煮熟的鸡蛋放在河水中，任其浮移，谁拾到谁食之。后变为"流杯曲水之饮"，人们在举行祓禊仪式后，大家坐在水渠两旁，在上流放置酒杯，任其顺流而下，杯停在谁的面前，谁即取饮，彼此相乐。到了魏晋时代，上巳节逐渐演化为皇室贵族、公卿大臣、文人雅士们临水宴饮（称曲水宴）的节日，并由此而派生出上巳节的另外一项重要习俗——曲水流觞。

觞是古代的盛酒器具，即酒杯。通常为木制，小而体轻，底部有托，可浮于水中。也有陶制的，两边有耳，又称"羽觞"，因其比木杯重，玩时则放在荷叶上，使其浮水而行。

所谓"流杯"，也称"流觞"，众人坐于环曲的水边，把盛着酒的觞置于流水之上，任其顺流漂下，停在谁面前，谁就要将杯中酒一饮而下，并赋诗一首，否则罚酒三杯。

历史上最著名的一次"曲水流觞"是王羲之与谢安等名士友人在会稽举行兰亭之会。大家饮酒赋诗，论文赏景。

王羲之挥毫作序，乘兴而书，成就了书文俱佳、举世闻名、被后人赞誉为"天下第一行书"的《兰亭集序》。

学生个人朗读、集体朗读节选部分：

兰亭集序（节选）

永和九年，岁在癸丑，暮春之初，会于会稽山阴之兰亭，修禊事也。群贤毕至，少长咸集。此地有崇山峻岭，茂林修竹，又有清流激湍，映带左右，引以为流觞曲水，列坐其次。虽无丝竹管弦之盛，一觞一咏，亦足以畅叙幽情。是日也，天朗气清，惠风和畅，仰观宇宙之大，俯察品类之盛，所以游目骋怀，足以极视听之娱，信可乐也。

对兰亭宴会的记录，表达了魏晋士人高雅的情致、平静闲适的情感。

学生朗诵：

兰亭修禊诗

〔东晋〕王羲之

仰望碧天际，俯瞰渌水滨。
寥朗无涯观，寓目理自陈。
大矣造化工，万殊莫不均。
群籁虽参差，适我无非新。

诗人以一颗纯正之心观察大自然，才能发现大自然的美，才能以自然之美为依托来抒发美、创造美，抒写出陶醉大自然与感悟人生哲理合二为一的优美诗篇。

上巳的渊源，有一种浪漫特质，使得它在流传中被历代文人的诗词歌赋所萦绕，从春秋流传开始，从未少过兰草芬芳，到了盛世大唐，自由绮丽的文学，使得这一古老的节日焕发出更加丰富多姿的面貌。

学生朗读：

上巳日恩赐曲江宴会即事

〔唐〕白居易

赐欢仍许醉，此会兴如何。
翰苑主恩重，曲江春意多。
花低羞艳妓，莺散让清歌。
共道升平乐，元和胜永和。

上巳日曲江有感

〔唐〕司马扎

万花明曲水，车马动秦川。

此日不得意，青春徒少年。

晴沙下鸥鹭，幽渚生兰荃。

向晚积归念，江湖心渺然。

唐代的上巳节已成为全年的三大节日之一，节日的内容除了修禊之外，主要是春游踏青、临水宴饮。宋代以后，理学盛行，礼教渐趋森严，上巳节风俗在汉人文化中渐渐衰微。

三月三这个官民游乐的好日子，成了骚人墨客赋诗的好机会，因而也流传下来数不胜数的诗词歌赋。

学生分组齐读：

丽 人 行

〔唐〕杜甫

三月三日天气新，长安水边多丽人。

态浓意远淑且真，肌理细腻骨肉匀。

绣罗衣裳照暮春，蹙金孔雀银麒麟。

头上何所有？翠微盍叶垂鬓唇。

背后何所见？珠压腰衱稳称身。

就中云幕椒房亲，赐名大国虢与秦。

紫驼之峰出翠釜，水精之盘行素鳞。

犀箸厌饫久未下，鸾刀缕切空纷纶。

黄门飞鞚不动尘，御厨络绎送八珍。

箫鼓哀吟感鬼神，宾从杂遝实要津。

后来鞍马何逡巡，当轩下马入锦茵。

杨花雪落覆白蘋，青鸟飞去衔红巾。
炙手可热势绝伦，慎莫近前丞相嗔。

忆江南

〔宋〕贺铸

九曲池头三月三。柳毵毵。香尘扑马喷金衔。浣春衫。
苦笋鲥鱼乡味美，梦江南。阊门烟水晚风恬。落归帆。

三月三日

〔唐〕白居易

画堂三月初三日，絮扑窗纱燕拂檐。
莲子数杯尝冷酒，柘枝一曲试春衫。
阶临池面胜看镜，户映花丛当下帘。
指点楼南玩新月，玉钩素手两纤纤。

上巳燕至

〔明〕汤显祖

一回憔悴望江南，不记兰亭三月三。
花自无言春自老，却教归燕与呢喃。

酬乐天三月三日见寄

〔唐〕元稹

当年此日花前醉，今日花前病里销。
独倚破帘闲怅望，可怜虚度好春朝。

采桑子·清明上巳西湖好

〔宋〕欧阳修

清明上巳西湖好，满目繁华。争道谁家。绿柳朱轮走钿车。
游人日暮相将去，醒醉喧哗。路转堤斜。直到城头总是花。

水调歌头·上巳日

〔明〕王世贞

三月又三日，上巳复清明。问君几许，高兴儿女队中行。数点洗尘芳雨，一脉养花天气，信马出郊坰。年少五陵子，金弹惹流莺。

过油壁，低粉面，按银筝。管弦丝竹，何限应自胜兰亭。共酌几杯春醑，也插一枝杨柳，归袖任纵横。听取九门钥，隐隐下西清。

上巳执兰

〔明〕邓云霄

水际丛兰碧，香风两岸闻。
褰芳修禊罢，欲荐云中君。

（互赠香草：古人认为，香草有驱邪之功，于身体大有裨益。兰草香气袭人，被用作灵物。古人在重大祭神仪式前，须先期进行兰汤沐浴。）

三月三，上巳节，一个古老而诗意的时节，一个曾被人们遗忘的节日。很多时候，我们需要停下来，想一想我们是谁，想一想我们来自何处。

（设计者　钱朝霞　王晓莹）

读红色经典，做先锋少年

——初二年级"我心向党"系列活动

春光明媚百花绽，正是少年读书时。2021年3月22日潞河中学初二年级召开了"读红色经典，做先锋少年"红色经典读书分享会，拉开了庆祝中国共产党建党100周年"我心向党"系列主题教育活动的序幕。

初二（1）班张瑾楠同学推荐了杨沫的小说《青春之歌》，林道静这位独立自主、不甘平凡、性格刚烈的女战士给同学们留下了深刻的印象。她不拘泥于世俗、自尊自爱、心中有梦、不怕牺牲的精神也激励着同学们做自立自强的少年。

初二（8）班于斯淼同学推荐的是《红星照耀中国》。于斯淼对这本书的解读视角非常独特，她联系了 2020 年暴发的新冠疫情，这次疫情中我们看到了英勇战士们一次次义无反顾的逆行，看到了一个个忠于职守的身躯，看到了一个个平凡却闪光的灵魂。他们是这个时代的红星，我们永远都被红星的光芒照耀着。最后她号召同学们怀着对祖国无限的热爱，脚踏实地，不断奋进，成为祖国未来熠熠闪耀的红星。

初二（10）班张斯语同学分享的是《星火燎原》，这本书荟萃了很多开国将帅和革命前辈的红色记忆，它浓墨重彩地讲述中国故事、中国共产党故事、人民军队故事，系统呈现了我党我军的"红色家谱"。伴随着张斯语的分享，同学们仿佛开启了一扇扇厚重的记忆大门，重温那一幕幕艰难曲折但却让人热血沸腾的画面。

初二（4）班李子彤同学推荐的是《大江大河》，这本书展现了中国改革开放以来经济领域的改革、社会生活的变化以及人们精神面貌的改变等方方面面，被誉为"描写中国改革开放的奇书"。佩剑书生宋运辉站立改革潮头，朝着理想的彼岸，劈风斩浪，为国家建设添砖加瓦，实现自己的人生梦想。他同那个时代一样，同整个国家一样，眼中有光，心中有梦。

初二（2）班张子睿和高骐宇两位同学分享的红色经典是《毛泽东诗词欣赏》。他们选取了两个中国红色革命历史中的重要事件——长征胜利到达陕北和人民解放军占领南京，重点介绍了两首毛主席的诗词《沁园春·雪》和《七律·人民解放军占领南京》。高骐宇同学满怀豪情地朗诵了这两首诗词，让同学们感受到了诗情与战火带来的豪迈与激情。

谢宏春副校长从自己的读书和儿时的记忆谈起，谈到了读书对自己的影响。继而又谈到了前几天的中美双方的高层对话，指出中国共产党领导下的中国如此强大，我们每一位中学生特别是潞河中学的学生更应该传承红色基因，做好红色事业的接班人，把我们的祖国建设得更加美丽、强大。

在伟大的中国共产党建党 100 年之际，同学们共读红色经典，共同谱写青春之歌，红心永向党，脚踏实地，奋发有为，为实现中华民族伟大复兴的中国梦贡献自己的力量！

活动案例（四）　潞园书香行更远，全员共读气自华

以书会友，共同成长
—— "潞河宁南同读一本书"

2019 年教育部启动"凉山教育帮扶行动"，组织"国培计划"中小学名校长领航工程项目学校的教师到凉山支教。我有幸成为潞河中学派出的在宁南县第一中学支教的首批教师。四川省凉山彝族自治州是全国 14 个集中连片特困地区之一，这里的孩子纯朴好学，上课积极主动，一双双充满渴望的眼睛令人感动。我负责宁南中学初一网班的语文教学工作。教学中我发现这里的孩子缺少课外阅读材料，学校图书馆中适合初中生的读物较少。在新课改将阅读提升到前所未有之高度的背景下，我与陈礼旺老师设计、实施了"潞河宁南同读一本书"活动，让宁南的孩子了解到北京同龄人在读些什么，也让北京孩子了解到千里之外，大凉山中，这些宁南孩子的所思所想。

一、"潞河宁南同读一本书"活动过程

（一）伙伴结对

潞河中学陈礼旺老师在宁南中学执教高一（12）班语文，崔启林老师任教初一网班语文。陈礼旺老师执教的 57 名学生与潞河高一两个实验班的孩子一一结对。崔启林老师任教的初一网班 55 名同学与潞河中学初一年级学生结对。潞河中学初一年级的学生都积极响应，迫切希望参加"潞河宁南同读一本书"活动。年级主任姜小梅老师和各班班长商议，最终决定从每个班选取五到六位读书多、文笔好，乐于奉献、喜欢分享的学生参加此活动。这些学生自愿与宁南初一网班的学生一对一结对子。

（二）书目选择

在李晨松副校长的大力支持下，郑小兰、姜小梅老师指导潞河中学初一学生选择适合初中学生阅读的课外书籍。书籍选择权在潞河学生手里，确定好的课外书由潞河学生购买相同的两本，一本留下自己读，一本寄给大凉山的初一同学。高一两个班的同学统一阅读《乡土中国》，同样由潞河学生出资购买。

（三）交流互动

潞河高一实验班及初一年级的孩子们每人在书中附带了一封信，勉励宁

南中学的同学，期待互相交流读书心得，共同进步；宁南中学结对子的同学也写了热情洋溢的回信向潞河的同学表示感谢。"同读一本书"活动不但让宁南的孩子了解到北京同龄人在读什么，开阔了视野；也让北京的孩子了解到千里之外，大凉山中，这些宁南的孩子是多么刻苦。

潞河学生随书寄出的信　　　　　　　宁南学生交流读书心得的回信

二、"潞河宁南同读一本书"活动延伸

潞河中学和宁南中学的孩子们通过"共读一本书"活动，结下了深厚的友谊。以书为纽带，潞河与大凉山连接在一起，一年之中以信件的形式来回交流了四次。两校同学就共同阅读的书籍进行读书心得体会的交流，互相勉励以求共同进步。

每次收到未曾谋面的同龄人的来信，孩子们都会迫不及待地打开，仿佛收到了满载着爱心与问候的礼物。真挚情谊跨越千山万水，来到了大山深处。两个学校的学生在阅读中成长，在交流中提升。与书为伴，成德达才。

多年来潞河中学鼓励学生广泛阅读，建设书香校园。为使更多学生有机会享受阅读的乐趣，潞河中学师生向宁南中学图书馆捐赠了4500册图书。潞河中学与宁南中学结对帮扶。徐华校长表示将从学校层面将此次帮扶行动由政治任务转化为责任担当；在教师层面由教师援教转化为协同发展的共同体建设；学生层面转化为共同交流、共同成长。

徐华校长将我校师生捐赠的4500册图书交给了宁南中学王超校长。宁南中学高一（12）班及初一网班的学生作为"潞河宁南同读一本书"活动的代表，从两位校领导手中接受了赠书。

三、"潞河宁南同读一本书"活动反思

以往的帮扶活动往往重点在于捐赠，本次"潞河宁南同读一本书"活动着眼于使潞河学生与宁南学生都有收获。潞河的学子不仅仅是向贫困地区的同学捐赠了一本书，除了体会到了助人之乐以外，更学会了如何与同龄人分享观点与情感。与远方的同龄人同读一本书会激起两地学生沟通交流的愿望，在文字交流中体会阅读带来的心灵成长。两校同学以文会友，很多同学在活动结束后添加了微信、QQ等联系方式，成为了新时代的笔友。

本次活动设计中仅将表达交流限定在了书信之中，形式较为单一。可以利用现代化技术开展线上视频读书交流会，能跨越山海与"笔友"面对面交流，孩子们的收获将会更加丰富，读书热情也会更加高涨。

（设计者　崔启林）

畅游科幻世界，仰望浩瀚星空

——家长谈《三体》

初一（3）班杨念兮同学的爸爸——多年来在北京高校开设"西方哲学导论""国学经典导读""道家哲学研究""中西科幻文学研究"等课程的哲学博士、文学硕士、大学教师杨老师，为同学们深入解读科幻文学的魅力。

此次活动前，初一年级的同学们已经在语文组老师的引领下，进行了对儒勒·凡尔纳的《海底两万里》和刘慈欣的《三体》三部曲的阅读，完成了形式丰富的整本书阅读任务，对科幻文学产生了浓厚的兴趣。

讲座开始之初，杨老师先提出了"什么是科幻文学？为什么要读科幻？"的问题，引发了同学们的思考和讨论。不少同学踊跃发言，畅谈自己对"科幻"的理解。听完了同学们的回答，杨老师对大家的分析意识和思维能力深表赞扬，进而为同学们深入浅出地讲解了科幻文学的基本定义与丰富内涵。

随后，杨老师以《三体》三部曲为例，为同学们解答"如何阅读科幻文学"的问题。杨老师先从"时间""空间""自我""他者"四个维度，高度

评价了《三体》三部曲的内涵与价值，进而结合对作品时间线的梳理，分别举例说明三部曲中情节的精彩之处、表达的独到见解，以及能够带给读者怎样的启发。这一过程中，同学们也纷纷举手分享自己喜欢的情节和人物，与杨老师和其他同学交流自己的阅读感受。杨老师精彩睿智、含义丰富的讲述和同学们表达独特思考的发言不断碰撞出思维的火花，现场气氛十分热烈。

最后，杨老师热情地鼓励同学们，带着不断发现的眼睛、不断思考的头脑和不断感悟的心灵，去阅读更多经典科幻文学作品，感受科幻文学在科学、文学层面的双重魅力，用一流的科幻文学为自己"开挂"，培养科学思维，张开想象之翼，开拓美好未来。相信初一年级的同学们会继续带着"仰望星空"的不凡信念与"脚踏实地"的坚定态度，在阅读与思考中，积累宝贵的精神财富，成就自身的健全人格。

奇文共欣赏：与家长共读《二战谜团》

读了《二战谜团》这本书，令我们印象最深的是希特勒为何如此仇视犹太人。书中介绍到，希特勒作为一名信奉基督教的孩子，从小就被大人告知，犹太人是邪恶的化身。而后，在学生时代，又受到了民族主义熏陶，成为了一名狂热的日耳曼民族主义者。在他 19—23 岁期间，阅读了大量的反犹书籍，这更增加了他对犹太人的仇恨。

而事实上，这都并不是希特勒仇视犹太人的真正原因，基督教认为是犹太人把耶稣钉死在十字架上更是无稽之谈。其根源在于犹太人不相信耶稣是救世主，只信仰犹太教。而后来便是因为利益上的冲突导致这种仇恨情绪进一步加深。

而希特勒不过是在这种反犹太环境中熏陶出来的恶魔。这便彰显出了一个人从小的生活环境对他的影响，更告诉我们历史错综复杂，我们要有一颗求真的心，不能只听信传言，要更全面、更完整地了解事件的本末，不能妄下定论。

——李楚凡

一个人从小的生活环境的确很重要，甚至可以影响一个人的一生。我们承认独特的生活经历会体现在一个人的言谈举止、所思所想当中，对我们人生观、世界观、价值观都起着至关重要的作用。但是，我们也不要夸大这种作用。

美国有个臭名昭著的罪犯，他有两个双胞胎儿子。一个是律师，一个是罪犯。记者在采访这两个儿子时，这两个儿子不约而同地说，谁让我有一个那样的父亲呢？这种强盗逻辑真的不可取啊！在你不具备判断、独立的能力的时候，我们的确是周遭环境的方方面面的复印件。但是环境和你周围的人只是提供了一种可能性，它并不是制约你的根本因素。如果外在因素真的能够决定命运，那岂不是很多境遇相似的孩子都有一样的人生了吗？那人生未免太过简单、无趣。我们一定要拒绝这样万能的挡箭牌。

无论我们身处何处，我们都是自由的，都有选择自己人生和命运的权利和能力。周遭环境或好或坏，它都不会禁锢我们一辈子。局限我们人生的，只会是我们自己。既然我们都无法选择自己当下的生存环境，我们就努力改变，选择尽量不受影响，未来的环境不就会这样被自己创造出来吗？

哪有完美的人生呢？没有人可以替你幸福，别人的幸福也不会是你的，不管发到我们手里的是什么样的牌，我们都只能接着，而且尽量打好它！努力，未来可期！

PS：多学知识，不轻易相信传言，更不轻易传播传言，多思考，去求证，这样才能不以讹传讹，给真相和真理腾出时间和空间，才能真正地为自己的言语和行为负责！

——李楚凡妈妈

亲子阅读比赛，学生与家长共读一本书，丰富了在家学习期间枯燥的生活，丰富了学生与家长的精神生活，有效地改善了家庭亲子关系。

主题活动四　职业生涯规划

生涯教育旨在帮助学生正确认识自我、探索周围世界，进而做出适合自己的生涯决策。美国学者舒伯的生涯发展理论认为，中学生正处于生涯规划的成长期和探索期，生理和心理迅速走向成熟，对未来的发展方向有憧憬也有迷茫。"我能干什么？我将来要干什么？我怎么干？"这些问题一直萦绕在初中生的身边。初中生需要知己，即充分地了解自己；知彼，即深入地了解当今的社会；决策，即通过知己知彼，探索并明确自己的发展目标，做出决策。

学校将生涯规划教育与教育教学有机结合，根据学生特点开展针对性课程。在初中思想品德课渗透生涯教育，结合课程的理想教育、发现自我、认识自我的教育内容，设计生涯规划主题活动课。为学生自主选择与个性发展提供更广阔的空间，同时也培养学生在学习压力下思考自己、认识自己的能力，做出科学规划和决策。提高人生选择的意识，对学生主体意识的觉醒和自主发展能力的提高，提供帮助。

同时，在德育活动中，侧重于在具体实践中进行生涯规划的探索、尝试，采取主题班会和实践活动相结合的形式，开展系列主题班会。通过生涯人物访谈和实地参观工作场所，协助学生了解社会职业的工作性质，所需具备的能力、经验、学历，探索可以满足自己工作价值观的职业；了解自己的优势、专长、特质、兴趣，发现学生对未来职业的态度和兴趣，提高学生发展自我、完善自我的积极性和主动性。

初中生的身心正在迅速地成长和发展，初中生涯教育可帮助初中生自我探索，有助于引导学生进行自我评价、认知自我。认知自身的优势和劣势，帮助学生对自身优势有明确认识，了解自身价值，正视自己的劣势，改善自身不足。同时促进学生了解社会现状，了解职业发展趋势及对应的工作岗位内容、环境，检验职业与自身兴趣、性格、智力、职业工作价值观是否相吻合，为自己的人生发展提供优化依据，为初中生终身的发展奠定基础。

活动案例（一） 课程案例 实践探究

发现你的优势

贾建儒

学生现状分析：

初中学生平时存在"应试"学习情况，对自我（兴趣、性格、能力）、对学习与未来职业的关系认知不足，有的学生甚至没有这方面的意识，在社团选择、校本课选择，对自己的理想、社会实践选择时处于盲目、随意状态，错失发现和发展自己的资源和机会。由于理想的缺乏，对自己没有规划，学习目的不够明确，学习动力和毅力不足，自主意识和自主学习能力有待提高。

教学设计思想：

在初中思想品德课渗透生涯教育，结合思想品德课程的理想教育、发现自我、认识自我的教育内容，我设计了这节主题活动课。为学生自主选择与个性发展提供更广阔的空间，同时也培养学生在学习压力下思考自己、认识自己的能力，做出科学规划和决策。提高人生选择的意识，对学生主体意识的觉醒和自主发展能力的提高，提供帮助。

教学目标：

1. 帮助学生发现和认识自我：了解自己的兴趣、爱好和特长；了解自己的性格和意志力。帮助学生树立理想和人生目标。

帮助学生认识外部世界：了解社会对人才评价的基本标准，利用现有条件初步了解一些职业类型。

初步具有生涯规划意识及选择、决策的能力，使学生对未来职业的选择方向建立在正确认识自己的兴趣和特长的基础上。

2. 将学习和未来职业相联系，提高学习兴趣和动力，养成主动学习、探索的习惯，增强社会责任感和未来融入社会的适应能力。

教学准备：

1. 课前学生查阅有关理想的资料：理想的重要性。

2. 安排同学排练小品。

3. 教师搜集资料，整合材料，提升认识。

教学过程	设计意图
第一环节：理想篇 　　学生表演：马和驴子的对话 　　小品内容梗概： 　　旁白：唐太宗贞观年间，长安一家磨坊里，有一匹马和一头驴。它们是好朋友，马到外面拉东西，驴在屋里拉磨。贞观三年，马被玄奘大师选中，出发经西域到印度取经。17年后，马驮着经书回到长安。重新回到老朋友驴子身边，老马谈起了这次旅途的经历。 　　老马："……这种神话般的境界，真是让我大开眼界。" 　　驴感叹道："你有多么丰富的见闻啊！那么远的路，我连想都不敢想。" 　　老马说："我们跨过的距离是大体相等的，当我向西域前进的时候，你一步也没停止。不同的是，我有一个遥远的目标，按照始终如一的方向前进，所以看到了一个广阔的世界。而你被蒙着眼睛，只围着磨盘打转，所以永远也走不出这片狭隘的天地。" 　　旁白：他们的故事告诉我们什么？ 　　成功人士和平庸人士的区别，并不在于天赋，而在于有没有人生目标。年轻的容颜可以随岁月老去，但我们的心却不可以丧失希望和渴求上进的勇气。 　　其实许多人和驴子一样，一生忙碌着，却不知道自己要去的方向，几十年转眼过去，才醒悟自己一生太平淡了，好像没留下什么东西，甚至身边的人都没留意他曾经到这个世界上来过。成功人士绝不这样，他们知道自己内心深处需要什么，他们忠于自己的内心，没有办法忍受没有目标的生活。他们知道每个人内心都有座无价的金矿，他们绝不能因为平凡，让那金矿蒙上尘土。只有明确到底追求什么，到底想要什么，才不会在忙碌的生活中掉了自己想要的东西。 　　教师明理：人生没有目标，正如生活没有方向，让人意志消沉，从而碌碌无为。平淡而有规律的生活，使人惬意，让人容易失去方向，坠入平庸。不甘于平庸一生，不愿永远被埋没，就要树立目标，然后向既定方向前进。 **第二环节：发现优势** 　　成功=1%的灵感+99%的汗水，但1%的灵感比99%的汗水更重要。 　　1. 上面这句话是谁说的？ 　　2. 你怎样理解这句话？ 　　3. 1%的灵感，具体到工作中主要指的是什么？ 　　4. 成功的人有没有缺点？失败者有没有优点？ 　　选择发挥自己的优势，在工作中会是什么样的感觉？弥补自己的不足你的感觉如何？结合自己的亲身感受谈一谈。 **我们大脑中的公路图** 　　我们来看看大脑如何工作：人出生60天—开始展出轴突—认识妈妈声音/气味等—未来三年—形成全世界最复杂的公路图—随后外界刺激强的路线很快发达成八车道/高速路—而有一些小路会因无人问津成为死路，16岁时，路线坏掉一半，而另一半更发达，以适应外界的刺激和环境。 　　所以，不同的高速路等于不同的优势。 　　从上面大脑公路图的形成和发展，你有什么想法？ 　　有一道奥数题是每一天手表的分针和时针重合多少次，你怎么解决？	学生表演。 让同学回答，而后总结。 学生讨论这句话。

教学过程	设计意图
为什么不同的同学会有不同方法，甚至用不同的学科知识来处理？ 　　归纳观点：因为同学很自觉地就选择了自己优势的学科和擅长的解决问题的方法，问题解决更方便。所以，一、选择职业时，毫无疑问选择自己的优势，因为选择优势远比弥补弱势更有效。二、成功者总是能找到自己的优势，并能找到一个合适的定位来持续发展它；而平庸者是先寻找一个定位，然后发现自己的弱势，之后耗尽一生来不断苦战。三、优势者在自己的领域气定神闲，因为他们具有天生的优势，让他们快乐自信，路越走越宽，迸发灵感，成功自然来；弱势者苦战自己的小天地，努力者小成，平庸者中成，难以浑然天成，事业如履薄冰，没有人比他们更了解事倍功半的痛苦，他们付出艰辛，自我压抑，成功是幸福的祭坛。 　　教师明理：由于天生和外界影响，每个人脑子里会形成不同的公路网，这种处理信息的方法，就是你的思维方式，这就是对同一事物不同人有不同处理的原因。 **第三环节：寻找职业** 　　活动： 　　首先，请各位发挥你的想象力，开启你的心灵窗口，与我们的小岛联机。在遥远的海上有六座小岛，每个岛上都住着一群个性、职业相近的居民。	听录音《我们大脑中的公路图》思考上面的问题。 　　学生回答，教师根据答案思考的角度不同，询问学生。

Holland 职业分类型	岛名	居民特质	典型职业
艺术型 （A）	艺术岛	富想象力、创造力，热爱自由，追求理想	艺术家、作家、设计师
社会型 （S）	社会岛	温和友善，热心助人，喜欢与人接触	教师、护士、社工人员
企业型 （E）	法商岛	能言善道，冲劲十足，喜欢接受挑战	律师、政治家、企业经理
传统型 （C）	传统岛	个性冷静，一丝不苟，对于处理文字或数字很有耐心	会计师、秘书、图书馆员
实际型 （R）	实际岛	个性老实，做事勤劳，凡事喜欢自己动手做	农夫、机械技师、工程师
研究型 （I）	研究岛	很重视客观事实，擅长观察、思考、分析，喜欢研究各种事物	科学家、医师、哲学家

　　每个同学是一位职业搜寻队员，请各位搜寻队员，在队长的指示之下，到你们喜欢的岛上去，调查那些居民的价值观。好的，现在就请各位想想自己喜欢哪一个岛，当我从一数到三之后，自动行动。

　　1. 分组以及进行活动方式说明

　　A. 请同学带着笔，坐到自己所喜欢的"岛"（组）去，如果已经被别人坐满了，就到其他还有空位的"小岛"（给予1分钟的时间进行分组）。

　　B. 分组完毕后，说明活动进行方式以及时间限制。

　　2. 搜寻任务

　　A. 请各组同学两两配合，一位同学扮演搜寻员，另一位则扮演从事该组职业的人。担任搜寻队的同学，依照事先发下的学习单背面所附的题目访问受访者，问题如下：

教学过程	设计意图
你自己最想从工作中获得的是？或者你会比较重视什么东西？ 　你觉得现在这份工作可不可以帮助你获得这些东西？（请依照目前你所扮演的角色回答）为什么？ 　如果你想获得的或重视的东西，没办法在目前的工作中得到，那么还可以用哪些方式来满足？ 　B. 在回答问题时，受访者可参考各组桌上附的"工作价值观清单"回答。 　C. 搜寻队员必须将受访者的回答，记录在自己的学习单背面。 　D. 访问完毕之后，两两交换角色，进行第二回合的访问。若是小组人数为单数，则其中三人互相交换。总之，小组内每位同学都必须担任过搜寻队员和受访者。 　3. 请各小组推派代表，发表统计整合后的结果 教师针对刚刚各组发表的内容做回馈： 　A. 每个人希望从工作中获得的、想追求的、重视的东西都不同，亦即每个人的工作价值观都不同。 　B. 不同的职业、工作，所能满足的价值观也不同。 　C. 当我们的价值观没办法从工作中满足的时候，可以用其他正当的方式来满足。 　D. 其实每个人的价值观都会随着时间、环境的不同而改变，但只要能够了解自己现在追求的是什么，好好把握这一点，这样就是最好的了。 　小组评价： 针对全班同学，具体地称赞表现良好之处；再特别指出表现最好的小组，予以表扬。 　请同学下课后，填写学习单，收齐交给老师。	请依照自己的想法回答。

课后反思：

通过这次主题活动，学生明白了人生目标的重要性，怎样确定自己的人生目标，在日常的工作和学习中，要寻找自己的兴趣、爱好和特长，发现适合自己的职业，培养规划自己的意识，提高学习兴趣和自主学习的能力。

附件一：工作价值观清单（学生参考用）

1. 声望：受到大家的尊重与礼遇

2. 独立自主：能够自己做决定

3. 助人：能够协助或教导别人

4. 多变化：工作的内容不单调

5. 领导：工作时能够督导他人、分配工作

6. 兴趣：符合自己的喜好

7. 待遇：薪水高、利润多

8. 休闲：自己拥有较长的休闲时间

9. 福利：工作的地方能够提供良好的福利

10. 展望：这个职业将来会有很好的发展

11. 安定：工作收入稳定，不受环境影响

12. 升迁：有明确的升迁制度和机会

附件二：个人学习单

我是＿＿＿＿＿（姓名），在今天的活动中，我选择了到＿＿＿＿＿岛（组名）去出任务。因为＿＿＿＿＿ 在今天的活动当中，我知道了：

我最想从工作当中获得或追求的东西是＿＿＿＿＿＿＿＿＿＿＿＿＿＿＿。

我觉得今天我所扮演的职业角色能够满足（或不能满足）我对于工作的期待与需求，因为＿＿＿＿＿＿＿＿＿＿＿＿＿＿＿＿＿＿＿＿＿＿＿＿＿。

当工作无法完全满足我所想要的，或是想追求的东西时，我会用＿＿＿＿＿的方式来满足它们。

参考文献：吴志兰编著《中学生职业规划》

为自己的未来创造可能性

王亚静

学生现状分析：

初中学生平时忙于应付考试，哪个老师抓得紧，我就多学点；哪个学科要考试，我就多看看。平时缺乏对自己人生的规划，导致学习是为老师学、为家长学、为成绩学，学习活动具有盲目性，这样会导致学习目的不够明确，缺乏学习的真正内驱力，甚至会产生严重的心理问题。而且由于过度关注课堂学习成绩，导致学生没有兴趣爱好，没有发现自己天赋优势，使学生的学习生活缺乏个人幸福感和成就感。

教学设计思想：

中学实施生涯规划教育既是时代发展的要求，也是教育本身的一部分。生涯规划帮助学生找到了人生的方向，清晰了他未来的职业方向。一个有了明确目标的学生他的潜能将会极大地激发出来，可以从根本上提升学生学习的动力和效率。

我是谁？我要做一个什么样的人？我要怎么做？自我认知是生涯规划的前提。自我认知包括我的兴趣是什么，我的天赋优势在哪里，或者说我具备什么样独特的能力，这一步是有效实施生涯教育的前提，本课旨在通过学生身边的榜样、社会上的成功人士，让学生认识到规划人生的重要性，进而反思自己，思考自己的人生。

教学目标：

1. 认识到确立职业发展目标的必要性，澄清职业规划认识存在的误区。
2. 初步理清个人的未来方向与向往职业。
3. 初步拟定自己的学业规划。

教学过程	设计意图
导入： **幻灯片 1《为自己的未来创造可能性》** 教师：我们今天的课题是《为自己的未来创造可能性》，在座的同学们，你们设想过己未来的模样吗？ 　　在你们的眼中，我看到更多的是迷茫，你们一定在想"你在说什么？我每天忙着做题、背书、应付考试，哪里有空去想那些事啊"，下面我们看一则寓言，想想看，你是要做故事里的马还是驴？ **幻灯片 2 寓言《马与驴》** 　　唐太宗贞观年间，长安一家磨坊里，有一匹马和一头驴。它们是好朋友，马到外面拉东西，驴在屋里拉磨。贞观三年，马被玄奘大师选中，出发经西域到印度取经。 　　17 年后，马驮着经书回到长安。重新回到老朋友驴子身边，老马谈起了这次旅途的经历……这种神话般的境界，使驴子听了大为吃惊。 　　驴感叹道："你有多么丰富的见闻啊！那么远的路，我连想都不敢想。"老马说："我们跨过的距离是大体相等的，当我向西域前进的时候，你一步也没停止。不同的是，我有一个遥远的目标，按照始终如一的方向前进，所以看到了一个广阔的世界。而你被蒙着眼睛，只围着磨盘打转，所以永远也走不出这片狭隘的天地。" 　　教师：在现实生活中，我看到的更多的是你们低着头忙于应付考试，哪个老师抓得紧，我就多学点；哪个学科要考试，我就多看看。那你们说说，你们更像什么？ **幻灯片 3《潞河中学女生，敲开哈佛校门》** 　　初中毕业，邵恒以优异的成绩考取了潞河中学。一年之后，邵恒远赴重洋，以交流生的身份在美国俄勒冈州过了人生中重要的一年。因为受到美国教育系统的吸引，邵恒有了想出国念书的念头，但是非常懂事的她知道去美国念书的费用将会非常高昂，所以她给自己定下要拿全奖出去念书的目标。 　　回到潞河后，为了在 SAT（即美国高考）中拿到好成绩，邵恒学习很刻苦，每天十一二点才睡觉，除了完成原有的学习任务，还每天都把考试中的1200 个单词看一遍。 　　邵恒深知，申请美国名校仅仅是学习成绩是不够的，需要有较强的社会活动能力和综合素质。回国后不放过任何一个锻炼自己的机会，每参加一项活动，她都努力做到最好：她是 2008 奥林匹克青年营两名北京营员之一、校学生会主席、中学生模拟联合国"最佳代表"、学校活动的策划主持人、热心公益的志愿者……	让学生认识到要跳出自己现在忙碌的学习生活，审视自己，展望未来。 通过学姐的亲身经历，让学生认识到有规划的人生，更能够使我们有意识地学习和做好准备，是人生的"捷径"。

教学过程	设计意图

2009 年，她收到 9 份美国大学的录取通知书，其中哈佛和普林斯顿还为她提供了全额助学金。最终潞河中学女生邵恒，敲开了哈佛校门。

信息链接：

有报告指出，"现有的正规中等教育的各种模式，……在大多数情况下，青少年们在这些模式中所看到的都是一些~~被肢解成众多学科的知识王国~~"。在这种与劳动世界相脱离的教育模式下，青年人无法获得在 21 世纪中生存必不可少的知识、能力和才智，更无法获得择业、就业的观念和技巧以及融入社会的能力。在 2004 年 9 月联合国教科文组织召开的第 47 届国际教育大会所产生的《大会公报和关于提高所有青年教育质量优先行动事项的建议》中，提出基础教育"是基本权利，也是公共福利，应当满足所有青年的需要，确保他们充分施展个人才华，真正融入劳动世界，以及~~提高他们参与劳动生活与公民义务的能力~~"。为此，"在教育目的和教育内容上除了使学生学会读、写、算和日常生活所需的技能之外，还要培养学生学会解决问题和学会实践（突出生存能力），让学生注意……~~增强寻求就业机会的能力和公民意识~~"。

教师：到了今天，我们不能再做那个简单的为应付父母、老师学习的人，要争取做一个知道下一步要迈向哪儿的人，我们每个人都有不同的特质，将会有不同的人生轨迹，走出属于自己的那一步，才是最有力、最无憾的。

一、精彩的人生，需要哪些准备

活动一：设计我的名片

正面：想象十年后的你，可能会是怎样的一个人呢？人们称呼我什么？我有哪些头衔呢？名片必须有的内容：姓名、职位、单位、联络方式……

反面：写上这个职业（职位），需要哪些必备的条件（学识、能力、性格、人际关系等）。

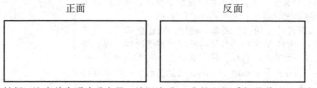

正面　　　　　　　　　　反面

教师：注意首先明确重点是：认识自我（我的兴趣爱好是什么，我想做什么）、认识职业（需要哪些条件）、认识教育与职业的关系（需要哪些准备）、学会规划自己。

材料：《哈佛、法律、数学梦》

上大学前，我的梦想是做一个哈佛人，一是因为可以笼罩着哈佛大学的光环，二是因为我一直把学习法律当作自己的目标，并把学习数学当作"后备"，而哈佛的这两个专业都是全美最好的。1979 年 4 月，一封拒绝信打破了我的这个梦想。至于原因，我估计是因为我的 SAT 英语成绩太差了，只有550 分。在申请大学的时候，我清楚地知道自身条件的不足，不能保证一定能上哪所大学，所以我一共申请了 12 所学校，这样，我觉得才能把主动权掌握在自己手里……

最后，我进入了哥伦比亚大学，这是一所很好的学校，法律系和数学系也很有名……我在大一的时候，大部分时间都在学习美术、历史、音乐、哲学等专业的课程，接触了很多东西，我觉得找到了自己的兴趣……当时我主要学的是"政治科学"，属于"法学博士预科"专业，但发现我毫无兴趣，每天打不起精神来上课，十分苦恼……我向家人提起学习法律的苦恼，他们

（设计意图栏）

结合自己的兴趣、特长和自己特有的资源，畅想未来，让学生有意识地规划自己的人生。

通过榜样的经历使学生认识到未来不是简单的空想，而需要有意识的准备和长期持续的努力。

158

教学过程	设计意图
鼓励我转系……姐姐说："你不是高中时就把大二的数学读完了，还得了全州数学冠军?"随后学校安排我加入了一个"数学天才班"，我不但技不如人，连问问题时都胆怯了……我遗憾地发现，自己既不是数学天才，也不会为了"数学美"而痴迷。因为我不希望我的一生的意义就是为了理解数学之美。就这样，我与我向往的哈佛、选择的法律、自豪的数学一一挥手。 我高中时就对计算机有浓厚的兴趣，高中时我很幸运，学校就有一台古董的 IBM 机器，当时是 1977 年。选择计算机专业，我甚至连将来什么都想不出来，当时也没有软件工程师这种职业，但是，我想得更多的是"人生的意义"和"我的兴趣"，并没有让这些现实的问题影响我。 **思考问题：** 1. 李开复的"哈佛、法律、数学梦"在他的人生中有意义吗? 起到了什么作用? 后来李开复做出的成就，与他之前的"哈佛、法律、数学梦"有什么关系? 2. 李开复大学的经历给我们在职业规划上有哪些积极启发? **教师讲解：** 1. 李开复中学时的"哈佛、法律、数学梦"以及对此梦想的追求，丰富了他的校园生活，丰富了知识和阅历，恰恰给他的人生打下了很好的基础。另一方面让他更清楚地认识自己，通过在实践中探索，找到了自己最想要的职业理想。 2. 职业理想不是空想出来的，是在实践中探索出来的，是在不断努力学习中选择出来的，这个过程就是一个人提高的过程，认清自己的过程。 最后我们要做一件事，就是把刚才我们所做的名片，与现实当中的我们连接在一起。 **二、我的学业规划** **活动二：**每个人都希望能拥有自己想象的生活方式，而具体的生活目标即是完成想象的重要过程，人生的美景就是由这一连串的努力与本钱堆砌而成，请闭上眼睛，想想 1 年后、4 年后、10 年后的你会是怎么样的一个人，会有什么样的生活，想要达到什么样的目标。 注意：请不要简单地写学习、上高中、上大学、工作、努力等词语，请表述具体。	最终回到学生自己的人生规划，让学生理想地思考自己的人生，并给予指导。

	目标（未来方向与向往职业）及要求条件	已达条件（有利条件，如：学习状况、性格倾向、兴趣爱好）	未达条件	为达到这个目标，我的计划
近期目标（1 年后）				
中期目标（4 年后）				
远景目标（10 年后）				

教学过程	设计意图
教师讲解: 　　最后我想要对大家说的是为自己的未来创造可能性,今天的我们具有无数的可能,我们身上的可塑性是巨大的,一上体育课就发愁的你将来可能是一名记者,一看见函数就头疼的你将来可能是一名法官,一听见英语就马上神游的你将来可能是一名物理老师等等,但是这一切的可能都是建立在我要接受更好的教育、更专业的教育的前提之下的,没有深厚的文字功底和灵活的应变是做不成好记者的,不通过司法考试是没资格做法官的,没有教师资格证你也没有办法应聘到学校,所以为自己的未来获得更多更好的选择,就要做充实的准备和规划。	

课后反思:

1. 教学设计从学生的生活实际出发,并努力寻找学生的学习点和成长点。教学内容主要指向同龄人的亲身经历和自己的日常学习生活,可以使学生产生共鸣,在审视自己中不断建构对自己信心、能力的认识。

2. 将教学内容与生涯教育结合,帮助学生树立对未来的信心,以积极的心态面对美好的青春生活。

扬起理想的风帆

张　卓

班会背景:

年级开展"生涯访谈"活动,旨在让同学们树立理想,坚定现阶段学习的信心,能够主动追求,为自己的人生做出初步的规划。初二(6)班于5月份开始动员,依据各自的爱好和选择,将全班分成六个小组,利用课余时间分别外出对理想职业的从业人员进行访谈,历时十天。在这个过程中,同学们见识了社会上的部分职业,开阔了眼界,收获很大,感触很多。

班会目的:

1. 通过小组代表的汇报,大家分享各自的访谈成果与心得。

2. 激励同学们树立理想,追求自己的价值。

班会准备:

1. 在5月20日召开班会,由同学们在黑板上写下自己知道的职业,并标注出自己想从事的理想职业,以此进行分组。

2. 通过家长的帮助,联系能够接受访谈的人员,约定访谈时间。

3. 各组外出访谈，回来后各自撰写访谈记录与感受，各组推选代表，将大家的心得汇总，制作报告内容。

班会流程：

环节1　主持人简要介绍我们近期的活动和班会内容

为期十天的生涯人物访谈活动结束了，同学们收获颇丰。有的人想要成为设计师，有的人想要成为医生，还有的人想要成为主持人。所有人的梦想汇聚成一幅五彩的画卷。这画卷满载着人生的思想与哲理、信念与精神。同学们都在为着自己的理想而拼搏，但是如果大家对自己理想职业丝毫不了解怎么办？不要担心，今天就请一些同学为我们介绍一下他们理想的工作。

环节2　几组同学陆续上场交流

1. "喜欢会让我们全身心地投入"——张凌奕等同学的 BTV 科教频道之行。

（主持人）主持人，生活在聚光灯下的人，这一光鲜亮丽的职业，为千千万万人所向往。主持人具有采、编、播、控等多种业务能力，在一个相对固定的节目里，他们集编辑、记者、播音于一身。下面，让我们一起走进初二（6）班张凌奕同学的 BTV 科教频道之旅吧。

2. "富于创造，讲求诚信，意志坚定，百折不挠"——马嘉宇、刘东琦等同学对自主创业者的访谈。

（主持人）在人群之中，有一类人能对自己拥有的，或通过努力能够拥有的资源进行优化整合，从而创造出更大的经济价值和社会价值。他们讲求诚信，创造财富，意志坚定，百折不回。他们就是创业者。下面，有请初二（6）班的马嘉宇和刘东琦同学，向我们介绍创业者。

3. "仁心仁术"——刘佳卉、贾子璇等同学走近医生这个职业。

（主持人）在我们身边，有一群人，他们时刻为生命负责，为病人着想；他们千方百计为病人解除病痛，救死扶伤；他们将人的健康作为首要顾念的事，仁心仁术。他们就是医生。下面有请初二（6）班贾子璇、刘佳卉为大家介绍她们采访医生的心得。

4. "师者，传道，授业，解惑"——卢姝梦、闫睿等同学对徐校长及两位老师的采访心得。

（主持人）在初二（6）班42名同学中，想成为老师的人最多，有11位同学。他们都想成为师者，传道、授业、解惑，通过培养人才来为社会、国家的发展做出贡献。下面，有请初二（6）班的卢姝梦、闫睿同学为大家介绍她们的采访心得。

5. "向着大学迈进，攀登科技高峰"——陈明子、董燚枫、张冬晨等同学参观北京交通大学实验室的感受。

（主持人）能上一所名校是每一个同学的理想，向着大学迈进，攀登科技高峰更是很多同学的人生理想。在生涯人物访谈活动中，我们年级一些同学去参观了北京交通大学，那里的老师、那里的学长、那里的环境都给同学们留下了深刻的印象，尤其是那一个个神奇的实验室，更令同学们耳目一新。下面有请初二（6）班的陈明子同学、初二（7）班董燚枫同学、初二（1）班张冬晨同学分别为我们介绍一下他们的心得体会。

（董燚枫、张冬晨）前阵子我们初二年级部分同学参与了科技与生活体验活动。有同学进行了职业生涯规划，还有同学参观了北京交通大学。就此，我和董燚枫代表后者，进行总结和报告。我们的主题是：脚踏实地，仰望星空。

（主持人）"不积跬步，无以至千里；不积小流，无以成江海。"理想和现实毕竟有差距。所以我们如果要成就我们的理想，就要付出努力！我相信，只要大家有梦想，并为之奋斗，就一定会成功！

环节3　班主任对大家的期待与寄语

先给大家讲一个故事。

能够到达金字塔顶端的只有两种动物，一是雄鹰，它可以一飞冲天，靠自己的天赋和翅膀飞到塔顶。我们周围或多或少会有雄鹰式的人物，他们不需要怎么学习就可以取得特别优异的成绩。比如说，我在上高中时，我同级的一个同学就极具天赋。我们都上竞赛班，我从未在竞赛中拿过奖，但是这个同学呢？他参加全省数学奥林匹克竞赛，取得一等奖；他参加全省物理奥林匹克竞赛，取得一等奖；他参加全省化学奥林匹克竞赛，取得一等奖，而且是全省第四名，并因此作为我们省的唯一代表入选了国家集训队。他是第四名怎么入选国家队了呢？因为他上学早，比我们都小两岁。他作为替补进了国家队，经过冬令营后，他作为六名正式队员之一去了莫斯科参加世界化学奥林匹克竞赛，以理论和实验总分第一的成绩取得了金奖。回国前，他就被北大提前录取了。在我们还在为高考而奋战时，他就在学校里很闲，我每次看到他都咬牙切齿满怀仇恨。这是我见过的最具天赋的人，有天赋的人就像雄鹰。

另外一种动物也能到达金字塔的顶端，那就是蜗牛。蜗牛肯定只能是爬上去，这可能要一个月、两个月，甚至一年、两年，在金字塔顶端，人们确实找到了蜗牛的痕迹。我想蜗牛绝对不会一帆风顺地爬上去，一定会掉下来、再爬，掉下来、再爬。但是，同学们要知道的是：当蜗牛爬到金字塔顶端时，它眼中所看到的世界，它收获的成就，跟雄鹰是一模一样的。他们只不过是天才和奋斗者的区别。我认为蜗牛比雄鹰更富有，它的坎坷经历就是一大笔财富。而且，蜗牛可以写回忆录，激励一代又一代的蜗牛。

人的一生，不管你愿不愿意，都是奋斗的一生。但是，有的人一生过得很伟大，有的人一生过得很琐碎。如果我们有一个伟大的理想，有一颗善良的心，我们一定能把很多琐碎的日子堆砌起来，变成一个伟大的生命。但是如果你每天庸庸碌碌，没有理想，就此停步不前，那未来你一辈子的日子堆砌起来将永远是一堆琐碎。所以，我希望在座的每一位同学能够怀揣梦想、脚踏实地，把自己每天平凡的日子堆砌成伟大的生命。

班会延伸：

依托自己感兴趣的职业，树立理想，设定近期目标，制订规划，为初三、中考做准备。

提升学习力，遇见更好的自己

李玉萍

班会背景：

1. 理论背景

（1）《中国学生发展核心素养》研究成果中明确以培养"全面发展的人"为核心，指出"学会学习"是六大素养之一。国家教育部颁发的《中小学德育工作指南》（教基〔2017〕8号）指导思想和德育内容中也分别指出要"培养学生健全的人格"，"开展……学会学习……人生规划以及适应社会生活等方面教育"。而"乐观积极、善于学习"是健全人格的体现之一。

（2）潞河中学的培养目标：主动发展，追求卓越，做具有健全人格的潞河人。

2. 实践背景

（1）学校开展"生涯规划"教育，引领每一名学生做好人生规划，学会自我管理，树立理想和目标，不断完善自我。

（2）初一（8）班新生活泼热情，聪明好动，有较强的集体荣誉感。讨论调查显示，学生步入初中后学习时间延长、学习难度增大、节奏加快。很多学生不适应，造成困扰。问卷调查（一）显示：学生都有自己的发展目标，50%的学生的个人发展目标过于笼统，故此在学习和生活中表现为自律不足，做事缺乏毅力，很难做到主动发展、追求卓越。问卷调查（二）显示：全班40人，目前最大的烦恼调查：成绩不理想11人；学习时间长作业多11人；各占27.5%。存在薄弱学科，苦于学习方法的18人，占总人数的45%，其中有5名同学谈到不喜欢某一学科。大家自己能认识到的只是"上课听讲不认真、课后复习不到位、不能抓紧时间"这些笼统认知，但是如何具体做到，还很成问题。

（3）初一学生的心理特点：向上性与盲目性，对初中生活产生美好愿望，在学习和纪律方面会认真努力，但由于他们的知识经验还存在局限性，思维的独立性和批判性还处于萌芽阶段，神经系统调节能力也较差，容易受外界影响。数据表明，学习方法困惑和学习自信心不足是影响初一学生发展最大的原因之一。

（4）初中一年级的学生，正值人生第二个断乳期，这也是他们正确人生观、价值观形成的关键期，他们从此由幼稚走向成熟，一旦遇到不理想的现实，理想的我与现实的我发生冲突，就会对自己产生怀疑，从而陷入自卑与孤独，出现适应不良甚至心理障碍。因此，适时的引导势在必行。由于中小学课程设置不同，期中以后，正是多数学生对学习产生质疑的时候，适时引导学生正确反思，找到方法和措施帮助他们建立自信、提升学习力、遇见更好的自己。

班会目的：

1. 正确认识成长中的困难与不足，科学规划，健康成长。

2. 积极寻找解决办法提升学习力，战胜困难，完善自己，培养健全人格。

班会准备：

1. 问卷调查、采访家长、采访老师、收集资料。

2. 制作视频。

3. 制作课件。

班会流程：

导入：

宣布"_____，遇见更好的自己"主题班会开始。

1. 我们在成长

（1）温馨的回忆：在老师的带领下共同观看视频，回顾升入初中三个月来的成长。学生静静地体会自己时刻在成长、每天都在变化，感受自己美好的成长进步过程，体会成长中的酸甜苦辣。

视频内容包括：

①军训剪影（付出才能有收获）。

②第一次班会（人生有目标）。

③运动会。

④建队仪式的思考。

（2）同学们，大家还记得我们的成长目标吗？（主动发展，追求卓越，遇见更好的自己。）对，为了遇见更好的自己，在开学初每个人都制订了自己的成长计划，有人要发展特长，有人要提升成绩，还有人申请做班干部……大家还记得自己的初心吗？

2. 我们怎么了？

（1）可是最近老师发现不少同学脸上会有"阴云"，这不是我们该有的样子，大家怎么了？我们的烦恼是什么呢？

A. 展示不久前老师在班级群的提问和大家的讨论（大家在烦恼什么）。

B. 出示班级调查问卷和结果。

升入初中后你最大的烦恼是什么？你的烦恼是如何造成的？全班 40 人，目前最大的烦恼调查：

*认为初中学习时间长、学习科目和作业多的为 11 人，占 27.5%。

*学习成果不理想的为 11 人，占 27.5%。

*存在薄弱学科、苦于学习方法的为 18 人，占总人数的 45%。

（其中有 5 名同学谈到不喜欢某一学科。大家自己分析出来的只是"上课听讲不认真、课后复习不到位、不能抓紧时间"这些笼统认知，但是如何具体做到，还很不清楚。）

（2）分析原因（集体讨论，各抒己见）：

①感觉作业多——活动多，写作业慢，没有充分利用时间。

②对自己的学习成果不满意——学习方法有问题。

③出现了自己的困难学科——自己的弱项。

归结起来是学习方法、时间安排和如何面对弱项学科问题。总结为一个词语就是——学习力。升入初中，我们的学习能力迎来了挑战！与小学的学习生活相比，中学课程增多了，每门课的内容扩大和加深了。要学好中学课程，不但要记忆，更要思维；不但要跟着老师学，更要自己主动学。

3. 我们怎么办？

（1）怎么办？是不是只有你才会遇到这些烦恼呢？不，每个人在成长中都会遇到。

①同学说

播放优秀的潞河中学毕业生——张雨键和蔡恒屹两位同学的视频《说给学弟学妹的话》（提前录制）

郭慧心同学（时间安排）

王禹岩同学（体育弱项）

②前辈说（时间安排）

世界著名物理学家、潞河中学校友黄昆先生的学习介绍。

黄昆先生是世界著名物理学家、教育家、中国固体物理学先驱、中国半导体技术奠基人、感动中国人物。黄昆在上海光华小学五年级没读完，随家搬迁回到了北京，转学到通县潞河中学。一天，黄昆的伯父偶然看见黄昆课后很空闲，就询问他原因。黄昆回答说，老师交代的数学作业都已完成。他伯父说，那怎么行，数学课本上的题也要做。自此，黄昆就这样做了。从此他的数学课一直学得很好，对学习产生了浓厚兴趣。这习惯不仅延续下来，并带动了其他学科的学习。黄昆先生后来回顾，这一习惯对他后来的发展有深远影响。

③家长说（怎样面对学习中的困难）（现场说）

尹柯然妈妈（学习经历）、王禹岩妈妈（体育提升和学习计划）

④老师说（如何处理困难学科）

邀请数学、政治、历史老师分别从理科和文科角度指导学习方法。

⑤校长说（如何处理学与玩的关系）（视频）

（2）小组谈论

在如何学习的问题上，你还有疑惑吗？分小组谈论，明确提升自己学习力的方法措施。

（3）制订自己的调整方案

调整方案　　　　姓名：　　　日期：

烦恼类型	时间安排	学习方法问题	薄弱学科	其他（懒惰等）
具体调整内容				
聘请监督人				

（4）实施要求

有计划、有毅力、有监督。

4. 班主任总结

只要你想进步，就会遇到困扰，只要我们肯努力，就一定能用智慧和汗水战胜困难。相信自己，为自己鼓掌助威！

科学方法，提升学习力，遇见更好的自己。做自己成长生涯的主动计划者。

主动发展，追求卓越，做有健全人格的潞河人！

班会延伸：

设定目标，制订规划，实施个人学习能力提升的调整方案，努力行动起来，遇见更好的自己。

活动案例（二）　生涯访谈　心得体会

BTV 科教频道采访心得

初二（6）班　张凌奕

6月2日上午，我们来到了北五环的一个摄影棚内，去采访在那里拍摄宣传片的北京电视台科教频道《直播科考站》节目的"神十"报道团队。

现场的哥哥姐姐都很亲和，也很善谈，对我们没有一点架子，我们的问题他们都会认真回答。通过这次采访，我更深入地了解了媒体人和他们的工作。让我印象最深刻的是，在问到出差是不是和旅游一样时，一个哥哥说，有一个五十多岁的老摄影师，一共去杭州出差过 5 次，人们去杭州不是都想欣赏一下西湖的美景吗，可是他竟然一次也没去过，最近的一次离西湖只有 500 米，但由于工作原因还是没有时间去。为了这个特殊的工作，为了信息的及时传递，作为一个媒体人需要克制住私人的某些欲望，做出一定的牺牲，

167

他们非常值得尊敬。

全程我们听到最多的一个词应该就是"喜欢"。的确，兴趣是选择职业的基础。编导姐姐用三个字形容她的工作——"不靠谱"。首先是时间机动，随时会改变，经常是刚到家就会接到台里的电话需要赶回去继续工作。请来的嘉宾不靠谱更是让她头疼，因为一个嘉宾不到位，会影响整个节目的进程，还会浪费很多的资金。但是她喜欢这个工作，喜欢这样的生活，喜欢每天对着不同的人讲着不同的事，所以即使有困难她也会努力克服，继续坚持下去。

采访完毕，我们有幸见到了宣传片的拍摄过程。原来，电视上几秒钟的镜头，需要演员重复表演很多遍，对语气、表情、动作、站位等都有很高的要求，不断追求完美。白色的场地，五六台聚光灯同时工作，现场因为需要录音也没有开空调，站在旁边的人都会觉得特别热，更别提在场地里面站上一会儿了，那些哥哥姐姐却还带着微笑一遍一遍地重复几乎相同的动作，十分敬业。比起他们的工作，学习还是轻松多了。

一个人的理想决定一个人未来的方向，它像北斗之于迷路的人，它像灯塔之于归航的船。我们要心系理想，为之努力奋斗，不断前行！

附：访谈内容

Q1：什么样的精神或品质对这项工作来说是最重要的？（集体）

A1：要有责任感；有新闻操守；有锲而不舍的精神，在嘉宾不配合的情况下努力想办法用恰当的方法达到自己的目的；有团队精神，这一行都是一个团队在一起工作一起努力，要团结；有奉献精神，为观众传递真正有价值、有帮助的信息。当然最关键的还是要喜欢这个职业。

Q2：您喜欢您的职业吗？有没有什么不喜欢的地方？

A2：喜欢，和你们一样，这是从小的梦想。不喜欢的地方，在想要一个职业之前你会先有一个美好的想象，但是现实和想象是有一定差距的，会有心理落差。但是你足够喜欢的话，你要去尽量地改变或者适应这种差距，尽量完善自己。

Q3：您能给我们介绍一下您成功的经验吗？

A3：应该说还没有成功，也不知道什么叫成功。世界每天都在变化、更新，生活每天都是不同的，不同的生活不同的任务，就又会对你提出新的要求，你永远处在去满足这种需要的过程中，所以不能界定成功与否。不过要是想成功地做好一台节目，是需要感性与理性并存的。偏于理性这个节目就会显得无趣，偏于感性有时会偏激，理性中加入情感，感性需要理性的约束，这样观众才会喜欢，也算是一种成功吧。

Q4：方便透露您的月薪是多少吗？对此您满意吗？

A4：上个月是16800元。我觉得不太满意，工作量和工资有点不成正比。

Q5：导演的真正工作到底是什么呢？

A5：在整个电视制作流程里，导演可以说是最重要也是最基础的一部分。首先要选主题，亲自去做采访，去搜集信息，与拍摄对象聊天，以掌握更多素材。回来以后和工作人员开会，跟大家把所有素材整理一遍，共同商量出一个最佳方案。然后导演要联系专家，进一步对素材进行整理和归类，联系拍摄场地，拍小片，准备录影棚，通知主持人，写脚本，这只是很小的一部分工作量。还要再次核对脚本，包括主持人说的话合不合适，设计的小片是否恰当，表达的主题是否明确，节目的时长和效果如何。与此同时，嘉宾和主持人也会接到脚本着手准备。完成这些之后，再把所有人（导播、摄像、场记等工种）会集到一个大的演播室，把脚本落实成一台电视节目。节目播出时的时长往往比录制时短得多，也会更加精致，这就是导演后期剪辑的成果。经过多方审核，才成为最终我们看到的电视节目。最快的导演需要三四天完成这些，正常的速度在一周左右。

创业者的采访感受

初二（6）班　马嘉宇　刘东琦

我先简单介绍下我们这次的活动大略吧，这是一次年级性的关于我们今后职业生涯的访谈活动。我呢，选择了今后从事自主创业，原因很简单，寄人篱下自然是很不爽的，自己打拼出的天地才是值得去自豪的。

我和另外一位同学去采访了我们班一位同学的父亲，他是从事旅游行业的，大学毕业后就创建了一个属于自己的旅行社，还是值得一访的。闲话少叙，我们去登门造访之后，他父亲就开始侃侃而谈，我们自然也收获巨大。首先带给我们触动的是自主创业和在别的公司做管理层（也就是白领）是完全不同的两个概念。因此，我认为虽然我有着这样一个理想，但是我对于这方面的知识确实是太匮乏了。这也就是大家常说的：要走的路还很长哩。想

169

必人人心里也都清楚，每个行业都会有它的脆弱点，这也就是我们所面临的难题，单就旅游业来讲，这个行业受政治影响、自然环境影响等等，政治影响如前一阵子闹的钓鱼岛事件，从而导致的中日隔阂再到对旅游业的巨大影响，生意不景气起来。自然环境影响如四川的地震带来的巨大灾害，旅游业的路自然难走。如此类推的各种影响，也是阻挠事业前进的重要因素。

工作过程中，有许多知识是我们在学校里学不来的，这就需要我们到社会上自行学习，积累经验，经验十分重要，这就加大了对我们平常生活学习的要求。当然，对于任何一个行业，诚信永远第一，这虽然说起来很容易，可真正遇到大桶大桶的黑心钱时，谁又能真正拒绝诱惑呢？尽管如此，作为新的一代人，我们需要倡导大家真正地把诚信放在首位，这样你的企业才会长久，诚信从一些方面讲也是目光长远的表现，那些依靠昧着良心取得的所谓成功，只不过会兴盛一时，但同时也危害着民众们，之后也不会落得好果子。而诚信的企业通常是经久不衰的。

说了这么多还是要谈一谈我们的人生规划，首先我们要走对人生的第一步，也就是学习，学习好才能有出路，我明白大家一定都会想，学的这些东西长大后又能用多少呢？但是你们要明白，不学习，不把知识学好，你拿什么上高中？拿什么上大学？你是打算两手空空地拿着初中毕业证去创造光辉前途吗？是的，也许有这样的人，莫言确实小学五年级毕业就不念书了，但别忘了，他是个天才。可天才是在大街上随便一抓就一大把的吗？就算这样，我们人人都是天才，那我们又和普通人有什么区别吗？成功没有捷径，踏踏实实地学吧。说到上大学，大家可能会认为大学是个天堂，没错，从不同角度看的话，它确实是个天堂，你若在美丽的大学校园中轻松地享受了四年，那么，当你走到社会上时，社会真的会让你在大街上风流一辈子。那你们可能又想了，上大学不玩，那我们就学呗，那你又错了，一位知名教授说过，你上好的大学不是仅仅为了学习专业知识，更多的，是要开阔我们的眼界。要学会的是如何运用我们那些辛辛苦苦学来的知识，身边工作很久但丝毫没有用到大学知识的大人不胜枚举，说得难听点，学了不会用，这跟没学有不同吗？

最后的最后，给大家一句忠告吧：我们要在帮助他人中，成就自己。

附：访谈内容

Q1：您能给我们描述一下您的主要工作内容吗？

A1：某公司想做生意，没有商铺、场地等，找到我们，我们租给他们场地、商铺、厂房等，最后，我们收取租金。

Q2：您能告诉我您的薪水是怎样吗？你对薪水满意吗？

A2：非常满意，一年300多万吧，可以说是暴利。

Q3：那您给我讲讲您没当老板前的一些经历吧。

A3：从头讲吗？那可多了！记得我刚走出初中校门的时候什么都干过，像什么泥瓦匠、服务员 、卖冰棍、搬砖……那时候在高碑店有个蛋糕店需要好多鸡蛋，我就骑那个二八车从涞县驮着鸡蛋往那边运，这一路上不颠碎能赚上几块钱，如果要是打碎了不但赚不到钱还得倒贴钱。原来在工地搬砖把裤子的裆磨出一个窟窿，弄得跟裙子似的，那也舍不得买个新的，只能凑合穿着……

Q4：那您在工作中有没有遇到过困难？您又是怎么解决的呢？

A4：做生意其实很难的，想法和实际永远不一样。给你说一个我记忆深刻的吧！前几年房地产赚钱，需要建筑材料，我就在怀柔建了一个钢厂，谁知道正巧赶上金融危机，没几个人建房了，钢材、钢筋啥的卖不出去，没人要，只能就地关了。还欠了好几百万。

Q5：这么艰难，后来怎么办的？

A5：艰难又能怎样，不还是照样得活吗？第二年从头干起，有活就接就干，尽自己最大的努力，不要太在意自己的得失，除非你有能力让别人围着你转，要是自己没本事就别有脾气，吃点亏就吃点亏。就这样干，过了几年，我把欠的钱都赚回来了。

Q6：您认为什么样的精神与品质才能成功呢？

A6：你知道，我家没什么背景，没有当官儿的亲戚，也不认识大老板，父母都是农民，他们一个大字都不认识，我从小就是个穷孩子。我这辈子就是要靠自己来挣钱养自己，就是要干不平凡的事，所以就不能抠抠搜搜、优柔寡断。男人就要有自信，办事就应当机立断。

Q7：您也是从初中开始干的，我也能吃苦，要不然我也不念书了，也出去打工，没准我也变得和您一样有钱呢！

A7：就是因为我没文化，挨了不少坑，受了不少骗，没少吃亏，如果你也想走我这条路，还是多学习点知识再来，你会走得更容易些。

交大半日游

初二（6）班　陈明子

5月30日，怀揣着各自心中的目标，我们来到了北京交通大学。一进门，蓝色的跑道、自由的气息深深地吸引着我们。在师哥的带领下，我们穿梭于交大的各个建筑物之间，看到了大四毕业生脸上的成熟与热血，不禁在心底为他们的未来加油！

老师说："这里除了派出所和法院，其他的公共设施都有。大学完全是一个小型的封闭型社会。"学生们在这里和谐生活，互助成长，让我很形象地联想到了：培养皿。小心脏开始向往大学生活。

首先我们来到了研究液体磁铁的实验室。教授拿出来了一小瓶"可乐"倒在了小盘里，接着拿起小盘靠近磁场。随着两者之间距离的缩短，液体表面开始有了反应。像小刺猬一样竖起了胖瘦不一的小刺！远离磁场时，小刺渐渐地又收回来了。

接着，教授给我们讲起了它的应用：坦克、航天等。还给我们展示了用它做成的工艺品，若即若离美不胜收（之后大家会看到的）。对于我们提出的问题，教授也耐心解答，我们渐渐开始对科技有了兴趣。

然后我们开始接触机器人。通过一段视频我们开拓了思维：机器人不光是仿人，几何等也可以应用于其中为人类服务。实验室里满满几个架子的机器人，地上还摆着几个大家伙。看完演示，问题也就出来了：几何机器人是如何从每个角120°转成同旁内角和180°的？思考中也称赞起人的智慧，感觉到我们还欠缺很多。

听说机器人工厂有仿马机器人，我们不由得加快脚步奔向楼下，在途中我们了解了微网和太阳能板的一些相关知识和应用。

因为机器小马要去为31日的学生运动会彩排，我们没有体验几回就依依不舍地与它说了再见。其实这么看来，科技与生活很近，只是你没有发现而已。这些创意也不难，没有你做不到的，只有你想不到的！

转身，我们进入了机器人工厂。这里都是一个一个零件哦，机器人的组成离不开它们的功劳。

下一站，电子实验室！

如果说前面的都与生活有关，那么这里的实验就显得格格不入。因为有很多的化学名称我们都没有听过，有些同学开小差，体会了一把摸机器的乐趣，但教授给我们讲了一个故事，顿时汗毛竖起，感觉这里的科学是严谨的、危险的、有挑战的！下面请朱梓菲同学为大家讲一下这个小故事。

教授在前面滔滔不绝地讲着，我们在下面云里雾里地听着，那种不会的焦急感，让我们的求知欲无限放大，恨不得当时立地成佛苦读几遍化学元素周期表再来参观才有价值。

其实，这种紧迫感来得正是时候，在初二的尾巴，初三开始前，我们有了一个好的学习态度，不就是更好投入初三的准备吗？

水无点滴的积累，难成大江河。

人无点滴的积累，难成大气候。

没有兢兢业业的辛苦付出，

哪里来甘甜欢畅的成功喜悦？

没有勤勤恳恳的刻苦钻研，

哪里来震撼欣慰的累累硕果？

一分耕耘，零分收获；四分耕耘，零分收获；

八分耕耘，零分收获；十分耕耘，百分收获。

让我们从此刻为梦想耕耘，

赢得将来万分收获！

脚踏实地，仰望星空

初二（7）班　董燚枫　　初二（1）班　张冬晨

第一站　磁性液体

进入交大第一站，我们就参观了李德才教授的磁性流体研究室。大家可不要小看了磁性液体。李教授在这一方面倾注了二十年的心血，自然是有道理的。磁性液体其貌不扬，但有着巨大的用处。许多技术难题，譬如：航天服接口密封、新型坦克视镜密封、高级雷达内部气压恒定以及航天飞机太阳能板减震等，都可以通过磁性液体技术解决。

观看磁性液体的时候，我想起了独一无二的我们中学"特斯拉"科技制作部。

173

特斯拉线圈是一种人工闪电制造器。我校制作部通过对其长期坚持研究，制造出了炫目的人工闪电。磁场可以用来控制电弧的摆动；也可以用来灭弧。所以，若是通过磁场将二者的运行有机结合，便会产生更加绚丽的视觉效果。这样一来，两种技术在给予我们文明的进步之余，还有几分浪漫的色彩。

第二站　几何机器人

我们主要参观了两大类：普通机器人和几何机器人。首先请看我们乘坐机器人马车。

普通机器人靠的是轮子和履带，诸多不便约束。姚教授与他的学生组成团队，积极创新，通过几何变形实现运动，开创了新的道路。

这些机器的几何变形，是通过单片机来编程控制的。

什么是单片机呢？

单片机就是微型计算机。它的作用可大呢。

是的，几乎很难找到哪个领域没有单片机的踪迹。导弹导航，飞机仪表，计算机网络通信与数据传输，工业自动化实时控制和数据处理，IC 卡，豪华轿车安保系统，录像机、摄像机、全自动洗衣机的控制，程控玩具，电子宠物等等，这些都离不开单片机。

初二单片机小组不是正在学习单片机的运行和操作吗？同学们都兴致勃勃，认真投入。没错，单片机的学习、开发与应用将造就一批计算机应用与智能化控制的科学家、工程师。

相信有朝一日，我们也能研究出科技成果，为大家的生活带来切实的便利！

回来的路上，我曾和那位潞河毕业的学长交流。他还为我讲述了北京交通大学的学生活动中心，在交大所有建筑中，学生活动中心是迄今为止学校单体面积最大、使用功能最完备的建设项目，兼顾师生需求。它集合一站式服务、文化素质培养、艺术教育、科技创新、生活服务、日常办公等多功能。俨然是一个小型科技文化研究团队，更是一个丰富经验、锻炼自己的小社会啊。

这让我联想到了潞园的人民楼。这里是活动的源泉，永远有丰富而富有价值的活动，譬如图书交易、篮球赛、辩论赛、演讲赛等等。不同的校园，相同的功能；不同的建筑，相同的灵魂！

半天的行程过得很快，到了辞行的时候，同学们都深深地留恋着那奇幻的科学技术。这次经历为我们带来极其重要的外延影响。

下面摘录几位同学的感悟，请看：

　　脚踏实地，仰望星空。

　　身边的恩师挚友，犹如一方土地，给予我们暖暖的支持与力量。而我们所在的潞园，更是历史悠久，底蕴深厚；为我们的各方面发展深情付出、开天辟地。

　　面对星空，我们不但需要谨记"云台二十八将，孔门七十二贤"的先贤名史，更要胸怀"西北望，射天狼"的昂扬斗志，不断探索。

　　让我们励精图治，开拓创新；主动发展，追求卓越。在和谐美好的生活中，手握灵珠常奋笔，书写壮丽华章。

教师访谈心得
初二（6）班　卢姝梦　闫　睿

这次活动，我们选择访谈的是教育行业。访谈时间从 5 月 27 日至 28 日，历时两天；我们选择了我校三名在职人员进行访谈；本组共有 11 名成员参与活动。

首先，我们要感谢活动中帮助、配合访谈的老师们，你们辛苦了！本次活动，我们采访到一线教师两名——孟晓玲老师和姜小梅老师。访谈小组先采访了孟老师，请她介绍了教师的基本工作内容，老师回答如下：第一是课前的备课，第二是授课，第三是与学生进行沟通，以及批改课后作业。

从本次采访中我了解到教师这一职业的基本状况以及从业要求，对我的目标有了更明确的发展方向，除了丰富专业知识外还需要提升自身能力和意志品格。

在采访姜老师的过程中，我们提出了这样一个问题：姜老师，您认为一位优秀的语文老师需要具备什么样的素质呢？姜老师回答：首先是要有很深的文化积淀，很大的阅读量，给学生讲课需要很大的知识储备，这是导入。还有就是输出，光导入输不出去也没用啊，所以也要有很好的口才。

通过这次采访，我发现老师虽然平时总是笑眯眯的，其实也有不小的压力。每天要备课、讲课、批改作业还要和我们一起赏析美文……看来，老师一点也不比学生轻松！而且，当语文老师，也绝不是语文成绩好些就可以的，要有很深的文化积淀，还要有很强的表达能力。

除了这两位任课老师，我们还有幸对徐华校长进行了访谈。在此，我们选择了访谈中的几张照片与大家分享。

下面就谈谈我们采访后的感受吧！

起初因为对徐校长了解不多，所以认为校长是很轻松的，偶尔在大会上露个脸，讲讲话，平时就是分配工作、签个字而已。通过这次访谈，使我们对"校长"这一职务有了进一步的了解。校长工作并不是我们想象的那样轻松和简单，而是非常的繁忙和劳累。徐校长使我们印象最深的一段话是：要遵循教育规律，努力做一个有思想的、有教育家思想的校长。就是要懂得教育规律，并且按照教育规律去教书育人，不追求名利。就是说，要懂得孩子成长的规律，懂得培养孩子的规律，不管世俗怎样，要按照自己的思路，遵循教育规律，把学校踏踏实实办好。徐校长这番话给我们震撼很大。作为一名中学生，我们的知识是那么浅薄，我们需要学的东西还太多。我们现在要做的，就是在生活和学习中努力培养自己各方面的能力，好好学习，为将来的职业打好基础。这次访谈，校长认真的态度、风趣的谈话，言谈举止中流露出的博学与睿智、大气与风度，使我们受益匪浅，对校长有了深一层次的了解与尊敬。

看来，我们在中学阶段就该好好思考未来的发展方向了，那么中学生职业生涯规划又有哪些具体内容呢？

一、认识自我：目前，我们已经有了对自己的初步认识，了解了自己的兴趣爱好、性格和价值观，同时确立了自己成为教师的目标。

二、认识职业：我们要在平时的观察与学习中，不断提高实现自己职业目标所需要的知识、技能及综合素质，充分锻炼自己分析问题解决问题的能力、与人交往的能力、与人合作的能力以及适应社会的能力。

三、认识学习与职业的关系：我们想要成为教师，那就必须选择师范大学作为奋斗目标。只一点，现在成绩越好，将来选择越多，最后考上北师大的可能性就越大。

少年智则国智，少年强则国强！要想国家富强就离不开国民素质，离不开教育。我们相信，只要努力，理想就一定能够实现！

仁心仁术

——走进医生这个职业

初二（6）班　刘佳卉　贾子璇

通过对两位叔叔的采访我们了解到他们从事医生这个职业已经十三四年了，接手的患者主要就是骨折和外伤，并且多为车祸造成。（穿插一个小故事，杨叔叔说，他接手的一个病患因为在 50 年国庆的时候酒后驾车出了车祸而成为了植物人，到现在也没能好起来。）

想必大家在前面对于医生这个职业已经有一定的了解了，从上述所说我们可以得知这项工作不是人人都可以胜任的。他对各方面的要求都是很严格的，例如学历，它需要你一再地不断学习新知识。所谓学无止境嘛。

而且，从事医生这个职业也是很辛苦的，节假日对于他们根本就是形同虚设，工作压力也会很大。若是因此有了负面情绪也只能自己调节。遇到医疗事故也纯属常事，这时呢一个活泼开朗的性格就很重要了，因为你需要及时地和病患及其家属良好地沟通。最重要的是，医生是个非常费力不讨好的工作，风险高，回报还低。病患家属通常都不能够理解医生，而这一点，恰是医生所痛苦的。

这一天，我们最终的感受，医者——仁心仁术的高端职业。医生给我们力量，让我们能重新起航，继续前行。那笑容，是希望，是能量。

附：访谈梗概

1. 如何成为医生：

首先要学好一身本领，只有有了过硬的本事才能更好地为病人服务，才能博得别人的信任。但更重要的是要有一颗善良的心、仁慈的心，只要人做好了，你的一切都会慢慢好起来，这是一个颠扑不破的真理，应该切记。

2. 工作内容：

一是看病。就是一些小磕小碰、骨折什么的。

二是手术。平均下来差不多每天一个。

3. 工作环境：

一个布置简单、阳光的房间。一张桌子、一把木椅。

4. 学历要求：

最基本的需要是大学本科毕业，稍好的是硕士，最好的也是尽量需要达到的则是博士。

5. 性格要求：

一是活泼、乐观。因为身为医者需要和病人及时沟通，要能从容地面对一切。

二是胆量。因为对于外科来说手术是比较多的。

三则是心细。手术中细节那么多，不心细怎么能行呢，细节决定成败。

6. 未来发展前景：

总体来说是良好的，呈上升趋势的。因为伴随着时间的推移会不断推出新的医疗方法嘛。

但是，各种各样的疑难杂症也会接踵而来，医生数量也会不断地增加。

第 五 章

学科课堂教学融合案例

潞河中学市级科研课题——"开展初中多学科融合的行动研究",旨在把社会主义核心价值观的基本内容有机融入中小学的课程体系之中,全面落实义务教育阶段的课程标准要求,进一步构建和完善多元开放的有鲜明特色的潞河中学初中课程体系的研究。通过渗透其他学科内容的学习,开展多学科之间的融合,以引导学生学会发现、探究、解决问题,使学生们真正获得探究能力和解决问题的能力。

融合的层次和定位都有所不同,有的是不同学科间的融合,如综合社会实践课程和科学实践课程,分别涉及历史、地理、语文、数学、物理等多学科,以主题来统摄各个学科。有的是学科内的小融合,如以语文为主的阅读课程,以道德与法制为主的职业规划课程。每一门课程都设计并实施了大量的课程案例,并且还有些课程有了更多的延伸与拓展。

本章分为两部分,前半部分主要介绍潞河中学多学科融合的课堂案例,后半部分主要介绍学科内融合的课堂案例。

第一节　多学科间融合的教学设计

以综合社会实践课程下的"漫游潞园"系列活动和可持续发展课题下的能源、环保问题为主进行多学科融合课程的实践与探索，并使之成为潞河中学的特色课程。潞河中学身处古韵通州，既然是大运河之子，就以大运河为依托，开展主题活动，将各学科以活动形式融合在一起。一条大运河，以"潞河溯源"为主题，将地理、历史、语文、数学、美术融合在一起，引导促进了学生动手、动脑、综合活动的能力。每一次活动都经过精心的准备，经历主题的选取、实地考察、学科融合的设计、相关材料和活动的准备、活动实施等步骤。将爱国、爱校的主题渗透到课程中，最终呈现给学生前所未有的学习体验，从而尽可能多地满足"学生生命整合体"的成长和发展的多种需要，使他们日常生活愉快、文化娱乐丰富多彩、生理心理发展健康、学习兴趣浓厚、学习能力不断增强、特长不断发展、实践能力和创新意识不断提高、人格品质不断完善、人的社会价值越来越高，进而使校本课程真正成为高效实用并富有高度潜能的信息源。

一、潞河溯源之走进古镇张家湾

（一）教学背景

学科	综合实践	任课教师	蔺　江 纪艳苹	时长	45分钟	班级	初二（8）班
课　题	潞河溯源之走进古镇张家湾						
设计理念	1. 主题活动的设计打破学科边界，促进学科间相互渗透、交叉。 2. 课内与课外研究性学习相互结合，突出学生的交流展示、体验性活动。 3. 真正参与社会生活，设计出有价值的建议，逐步培养社会责任感和参与意识。						

续表

学科	综合实践	任课教师	蔺 江 纪艳苹	时长	45分钟	班级	初二（8）班

教学目标	1. 通过总结活动手册的内容，解决在实地考察中发现的疑问，改进活动中的不足。 2. 通过对资源的整合、对内容的综合和多样的学习方式，在实践过程中提升能力、养成品德、体验情感。 3. 通过对水样的初步检测，了解水样的基本性质，判断水样所属的类别，是否受到污染，并分析可能的污染来源，建立初步的环保意识；练习简单的实验操作，体会手持技术的特点。 4. 通过为张家湾社会主义新农村建设献计献策，设计出现实生活中可用、好用的建议；逐步培养和提升社会责任感和参与意识。
学情分析	1. 学生能够认识到张家湾的建设和规划需要突出本地文化（漕运文化、运河文化）的特色，并注意环境保护，但是大部分同学还不能提出具体的有价值的建议，也就是还不会自己发现问题，更别说解决问题了。 2. 初二学生参与活动的积极性很高，具备一定的历史、地理、品德方面的知识储备，但是并没有接触过化学，研究的内容不能过于专业与深入。选择测量基本的理化性质，如温度、pH值，回学校后利用传感器测定水样的电导率、溶解氧量等，有助于学生建立初步的水质检测意识。
教学重点 教学难点	重点：理论联系实际，把观点阐述成有价值的建议。 难点：提出问题并做出合理化建议；水质检测分析。

（二）教学过程

教学内容	教师活动	学生活动	设计意图
环节一： 导入课题 ——张家湾在运河发展过程中的重要地位	讲解张家湾在运河发展过程中的重要作用。	倾听、回忆。	明确主题。
环节二： 走进张家湾活动总结 1. 张家湾博物馆之行总结——历史价值和美好前景	【讲述】张家湾博物馆总面积近2000平方米，分为两层展示空间。一层主要有梦回古镇、运河史话、运河明珠、史海风云、红楼追梦等区域。用一件件实体的文物和梦幻的声光电手段讲述着张家湾千年来的风云变幻。 【归纳结】古镇的历史价值与未来美好前景。	【讨论】博物馆之旅，你印象最深的是什么？为什么？ 可能会提到"古船遗存，古运河水系介绍，曹雪芹与张家湾，张家湾的民俗文化、革命历史"。	对整个活动过程的重新梳理。 以活动顺序带动学生问题的解决。
2. 运河古桥 ——水质检测问题	【引导】我们来到了通运桥边，遥想了当年的车水马龙，面对现在的通运桥，有何感想？ 【过渡】通运桥下萧太后河水也几经变化，据张家湾村民们说，以前的萧太后河水可以作为饮用水，现在呢？	【展示交流1】通运桥今昔对比感受。	培养学生的交流展示能力。

教学内容	教师活动	学生活动	设计意图
	我们对河水进行了取样、初步检测,请同学们进行汇报。 【讲解】研究小组的同学对水质检测进行了拓展,研究了蒸馏水和普通自来水中的基本指标。 【提问】 (1)你能得到的结论是? (2)污染的来源?如何处理? 【简介】其他的水质指标与检测方法。	【展示活动2】水样的检测过程与结果。 【展示活动3】自来水和蒸馏水的初步检测。	形成水质检测的初步认识。 通过自主分析,得出结论。 具备环保意识。 进一步认识水质检测的指标、原理与方法。
3. 运河古村 ——社会主义新农村建设	【展示】两份学生作业。 出示一份建议书,和学生一起归纳如何提出合理化建议。 【资料支持】 建议可以按如下步骤进行: (1)建议的目的; (2)构思建议:建议应包括需要考虑的所有背景和情况;要考虑有利于实施建议的资源,诸如地理的因素和历史因素; (3)达成建议的具体做法; (4)给准备实施建议的人一些例证。	【讨论】这两份建议的异同点,哪份建议更合理、更有价值? 【完成任务】按要求每组完善一份建议书。	认识到建议不是简单的观点拼凑。 检查自己的作业,学会自己发现问题,并做出合理化建议。 认识到建议要有价值,必须要学会自己发现问题,并做出合理化建议。
环节三: 课堂总结	【总结】 1. 学生对于本次综合实践活动中普遍认可的东西,给予鼓励。 2. 学生认为活动中需要调整的环节、有价值的建议等。	聆听,思考。	为综合实践活动做出积极的评价,便于下次活动的开展。

任课教师介绍:

纪艳苹,中学一级教师,2011年毕业于北京师范大学,曾获毕业班工作优秀教师、通州区青年骨干教师,多篇论文获得国家级、北京市论文评比一等奖。

蔺江,中学高级教师,1995年毕业于陕西师范大学政教系,曾获得通州区骨干教师、初三毕业班优秀教师、优秀班主任等荣誉,多篇论文获国家级、市级、区级一等奖。

二、潞河溯源之游古镇张家湾

（一）教学背景

学科	综合实践	任课教师	王维　赵晶 王亚静	时长	45 分钟	班级	初二（7）班
课　题	潞河溯源之游古镇张家湾						
设计理念	本次活动设计主要体现了《初中综合社会实践活动的内容》中的国家层面、社会层面、个人发展等方面的相关理念。 从国家层面看： 1. "加强国家认识"中的"我国统一多民族国家的发展"。 2. "感知悠久历史"中参加人文史迹考察，开展当地（本区）历史文化名人或著名历史遗迹调查等。 从社会层面看： 1. "学做合格公民"中为社会做一件力所能及的事情，谈谈其中的收获。 2. "热心社会公益"中积极参与社会公益活动。 从个人发展层面看： 1. "乐于团队合作"中参加集体组织的野外综合实践考察活动，增强责任意识。 2. "勤于探究实践"中对身边自然与人文环境进行简单的地理观察与观测。 3. "尝试创意作品"中尝试进行科普"微创作"，分享自己的创意作品。						
教学目标	1. 通过总结活动手册的内容，解决在实地考察中发现的疑问，改进活动中的不足。 2. 通过用物理的微制作再现逝去的历史场景，体会出知识的纵向贯通、横向联动，解决实际问题需要多学科融合性学习，知识来源于实践而又应用于实践。 3. 通过对资源的整合、对内容的综合和多样的学习方式，将书本上所学知识、观点，真正运用到社会生活，设计出有价值的建议，逐步培养社会责任感和参与意识，在实践过程中提升能力、养成品德、体验情感。						
学情分析	本次学生实践活动中相关的各学科知识，如历史学科中相应的中国古代史知识，物理学科中摩擦力和杠杆的知识，在初二学生中已经具备，可以进行综合运用。通过前期的博物馆参观和野外实地考察，学生已对张家湾的历史和现状有了基本的了解，能够认识到张家湾的建设和规划需要突出本地文化（漕运文化、运河文化）的特色，并注意环境保护，但是大部分同学还不能提出具体的有价值的建议，也就是还不会自己发现问题，更别说解决问题了。						
教学重点 教学难点	重点：具体的理论怎么联系具体的实际。 难点：如何将生活中遇到的困难用所学知识进行解决。						

184

（二）教学过程

教学内容	教师活动	学生活动	设计意图
1. 运河史话 （1）运河与大运河 运河：运河是用以沟通地区或水域间水运的人工水道，通常与自然水道或其他运河相连。 大运河：京杭大运河。 北运河：京杭大运河最北段（位于通州和武清县界内）。 （2）运河与张家湾 分析张家湾附近的古运河及水系，标明张家湾城的位置。 有诗为证：《晓发张家湾》（明·曹代萧）。 潞水东湾四十程，烟光无数紫云生。王孙驰马城边过，笑指红楼听玉筝。 （3）北运河的改道 张家湾因运河起，也因运河落。败落后的张家湾成为什么样子呢？运河水可以为证。 （4）运河水质 化学老师在实验室录制的水质后期检测情况分析。 在这次活动中还遇到了很多的物理知识，下面我们就请物理老师来对这次活动中涉及的物理内容给大家进行解读。	阐明概念、常识。 提出问题：北运河与潞河是什么关系呢？ 引导找出流经张家湾的潞河、元代通惠河、萧太后河、港沟河，分析各条河流之间的相互关系。 北运河岸边码头林立，各个河道各有分工。萧太后河为客运码头，港沟河曾被称为"西粮河"。 播放化学老师水质分析视频。	观察地图，找到相关河道，理解概念。 回答问题。 观察《清代张家湾运河及码头全图》，标明张家湾城的位置，想象四河交汇的场景。 观察局部示意图，想象张家湾码头当年的盛况。 朗读。 分析活动手册第8页第（2）小题，填写完整。 观看视频，填写完整。	明确基本知识，澄清认识误区。 了解家乡的基本知识。 从地理角度理解张家湾成为大运河码头的必然性。 从历史角度看张家湾曾经的辉煌。 从文学角度验证张家湾的历史。 从地理角度分析张家湾的衰落，完成手册相关内容。 从现实角度看张家湾的衰落，完成手册相关内容。
2. 运河微制作 用物理知识再现历史场景。 （1）巨石出山 古人巧妙利用滚动摩擦代替滑动摩擦来减少摩擦力，将巨大的花板石运送出山。 （2）盐场称重 皇木厂不仅是皇家木料石材的集散地，还是食盐的集散地。人们将大量的食盐运到这里，再转运到三北地区甚至国外。 通过上次的参观，我们已经知道人们是利用一个巨大的"杆秤"来称量这些食盐的。它的"秤砣"是用大石头做的，所以叫作"石权"，同时，"权"字也有权利的意思，提醒人们要注意把握手中的权利，做生意要公平，不能欺骗。 力学知识转化成可以称量的杆秤，有难度，可见理论与实践之间的差距。	提出问题：什么是滚木？ 出示学生早期制作的模型。 出示石权图片，讲解原理，展示学生制作的"石权"，组织学生进行现场称量，并进行点评。	回答：就是圆木。 利用教师提供的器材对木块在木板上的滑动摩擦力和利用滚木时的摩擦力进行比较。 同学们的早期模型是不能进行准确测量的。 通过这次的参观，在课下，同学们自己又做了一个称量范围在5斤的杆秤，并且寻找了合适的"石权"，请同学们展示自己做的杆秤和石权。	运用所学物理知识再现历史场景。 真正体会滚动摩擦与滑动摩擦的区别，将所学的物理知识应用到劳动人民的实际生活中。 铺垫，并与物理课堂衔接。 从物理角度进行历史微制作，通过学生自己动手做，真正体会杆秤的原理，理解石权的作用，并

185

教学内容	教师活动	学生活动	设计意图
我们怎么才能尽量缩小两者之间的差距呢？其中之一就是需要学会合理的思考。 3. 运河谋新篇 展示学生作业中优秀的部分。 (1)两份不同的作业。 讨论:活动手册的"活动五　我为张家湾出谋划策"中有两份建议,非常有代表性,它们有哪些异同点,哪份建议更合理、更有价值? (2)如何提出合理化建议(格式、内容、应注意的问题)。 建议可以按如下步骤进行: ①建议的目的; ②构思建议;建议应包括需要考虑的所有背景和情况;要考虑有利于实施建议的资源,诸如地理的因素和历史因素; ③达成建议的具体做法; ④给准备实施建议的人一些例证。 (3)考量一份学生作业。 (4)布置分组作业,要求每组完善一份建议书。 4. 活动总结 总结学生对于本次综合实践活动中普遍认可的东西,给予鼓励。 总结学生认为活动中需要调整的环节、有价值的建议等。	出示两份学生作业,提出问题,引导讨论。 出示一份建议书,和学生一起归纳如何提出合理化建议。 引导学生逐步认识到建议书的格式、内容、应注意的问题。 出示一份学生作业,引导学生学会自己发现问题,并做出合理化建议。	参与讨论。 归纳建议的格式、内容、应注意的问题。 学生逐步学会自己发现问题,并做出合理化建议。	在整个制作过程中体会理论知识转化为实践的难度。 过渡,并进行学法指导。 通过讨论,学生认识到建议不是简单的观点拼凑。 学生了解建议的格式、内容、应注意的问题。 学生认识到建议要有价值,必须要学会自己发现问题,并做出合理化建议。 学生能利用书本上所学知识、观点,真正参与社会生活,设计出有价值的建议,逐步培养社会责任感和参与意识。 总结提升,让下次活动中师生能够做得更好。

任课教师介绍:

王维,中学一级教师,1999 年毕业于首都师范大学历史系,通州区骨干教师。

赵晶,中学高级教师,1997 年毕业于首都师范大学物理系。

王亚静,中学一级教师,1997 年毕业于首都师范大学政法系。

三、走向复兴之路的张家湾村

（一）教学背景

学科	地理　政治　历史	所用教材	校本课程	任课教师	王红梅 蔺江 王维	班级	初二（8）班
课　题		走向复兴之路的张家湾村					
1. 教学指导思想与理论依据		课程理念： （1）本节课设计体现多学科融合，促进多学科间的相互渗透和交叉。 （2）课内与课外研究性学习相互结合，突出体现用课内所学知识分析解决实际问题的能力。 （3）帮助学生增强社会理解，加强国家认识，逐步学会自我规划，乐于团队合作，勤于探究实践。 可持续发展教育理念：以可持续发展教育理念为指导进行课堂教学，注重提升学生关注与解决可持续发展问题的能力，以及树立可持续发展价值观；学生能够通过本次活动了解认识张家湾，并从中感受到家乡的历史底蕴和文化积淀，自觉将课堂所学应用到实践中，为我们的社会向更好的方向发展、向可持续的方向发展而做出自己的努力。					
2. 教学内容分析		教学内容的处理： 课前布置任务：通过召集学生开会、前期走访、实地考察、分组调查、信息整合与梳理，做好张家湾发展的初步规划。 课堂学习：通过情景再现、小组展示、合作探究，在教师引导下进一步梳理问题、分析问题、解决问题。 课后：布置和完成探究作业。 教学内容的地位： 潞河中学市级课题"开展初中多学科融合的行动研究"的子课题"潞河溯源"以大运河为主线，以"运河文化"为主题，设计系列综合实践活动，继去年成功开展"潞河溯源之五河交汇"后，今年继续开发了"潞河溯源之古镇张家湾"的多学科融合学习。 教学内容的功能： 从地理学科的角度讲，通过学习学生能够进一步将课上学习的北京市地理的知识运用到身边的地理事物中去。在此过程中增强学生知家乡、爱家乡的意识，为长大后建设家乡做好充分的准备。 从历史学科的角度讲，做到感知家乡的悠久历史，逐步加深对社会、国家的正确认识，在活动中逐步学会与人交往、团队合作，逐步学会并提升综合解决问题的方法和能力。 从思品学科的角度讲，通过学习，学生能够进一步了解国家的基本国情，增强社会责任感，主动提升自己的思想道德境界，不断充实完善自己的人格。					
3. 学生情况分析		本班学生有一定的学科知识和方法的储备，地理课中我们已经学习了北京市地理的知识，学生对北京的气候分布、地形分布、河流分布、北京市的农业和工业发展有了一定的了解，并掌握了读地形图和读地理位置等读图的方法。 初二年级的学生好奇心和行动力强。这个年级的学生是观察力、概括性发展的一个转折点。在观察中，他们观察细节的感受力、辨别事物差异的准确率、理解事物的抽象程度均在不断地发展。学生的抽象思维和逻辑思维也在逐步形成中。					

学科	地理　政治 历史	所用教材	校本课程	任课 教师	王红梅 蔺江 王维	班级	初二（8）班

4. 教学目标	总体目标：学生通过本节课学习，能从地理、历史、政府政策的角度了解、分析张家湾村的现状、历史和对未来发展的规划。逐步加强对国家的认识，感知家乡悠久文化，开阔视野，认同中华文化，能够逐步参与到社会发展进程中，学做合格公民。逐步学会自我规划，提升行动素养，促进综合分析、思考的方法与能力提升。 学科具体目标： （1）知识目标 政治：①了解张家湾的发展，感受张家湾的历史底蕴和文化积淀。 ②了解张家湾改革开放后所取得的成就。 ③通过以上体验活动，逐步了解国家更多的基本国情，懂得主动求知，进而促进自己的发展。 历史：①通过对张家湾地区的实地考察，了解多种历史呈现方式，包括文献材料、图片、图表、实物、遗址、影像、口述以及历史文学作品等，形成符合当时历史条件的一定的历史情景想象。 ②通过多种途径感知历史，了解以历史材料为依据来解释历史的重要性。 地理：①通过对张家湾地区的实地考察，网上查阅相关资料和走访等方式了解张家湾的地形、气候、河流等自然地理概况。 ②在张家湾村地图上标出从本村经过和从附近经过的河流，标出有代表性的地名。 （2）能力目标 政治：逐步培养学生关注社会问题、搜集整理信息的能力、合作探究解决问题的能力，逐步增强学生的可持续发展的学习能力。 历史：学会用口头、书面等方式陈述历史，提高表达与交流的能力；在了解历史事实的基础上，逐步学会发现问题、提出问题，初步理解历史问题的价值和意义，并尝试体验探究历史问题的过程，在探究历史的过程中尝试反思历史，汲取历史的经验教训。 地理：在活动过程中，培养学生野外考察的能力、搜集整理信息的能力、与人沟通的能力、小组合作能力、将课本上学到的知识运用到实践中的能力、在地图上绘出所需相关信息的能力。 （3）情感、态度、价值观目标 政治：通过参加本次活动，以从自己所承担或扮演之角色的角度去体验周围的世界及自己在其中应有的责任义务，并以此为参照，反思自我，在对照和反思中获得新的生活体验、道德体验，达到新的思想境界。感受个人成长与民族文化、国家命运之间的关系，提高文化认同感、民族自豪感以及增强自己的责任意识，从而提升个人的可持续发展。 历史：①从历史的角度认识中国的具体国情，认同中华民族的优秀文化传统，尊重和热爱祖国的历史和文化。 ②从历史的演变中认识合理开发和利用资源、生态环境保护的重要性，初步形成可持续发展的观念。 地理：①通过对张家湾村位置、气候、地形与农业的关系，逐渐形成追求根源的探索意识。 ②通过这次活动，可以让学生对祖国有更深切的感受，从而有助于学生萌发热爱家乡、热爱祖国的情感。 ③结合张家湾村的自然、经济、社会发展实际，突出区域地理特征，逐步形成人地关系协调的可持续发展的观念。

学科	地理 政治 历史	所用教材	校本课程	任课教师	王红梅 蔺江 王维	班级	初二（8）班
5. 教学重点	（1）通过实践掌握分析问题、解决问题的方法。 （2）行动素养的逐步提升以及综合解决问题素养的初步掌握。						
6. 教学难点	（1）通过实践掌握分析问题、解决问题的方法。 （2）行动素养的逐步提升以及综合解决问题素养的初步掌握。						
7. 可持续发展教育渗透点	（1）通过对张家湾村将向何处去这一问题的实地考察、分析与讨论，培养学生关注社会与生活、关注身边的地理事物的意识。在此过程中能运用课上所学到的地理、思品、历史知识和方法对地理事物进行分析、判断，最终能根据自己的思考提出解决问题的方案，从而培养学生关注可持续发展实际问题并提出创新性解决方案的能力。 （2）通过综合分析张家湾村的发展，学生能够再次理解地理课上提到的人地观和环境观，从而进一步理解尊重当代人与后代人、尊重环境的可持续发展价值观，逐步树立并践行学习与生活中的责任意识，认识我国经济与社会可持续发展的理念，理解科学发展观，培养行动、综合解决问题的核心素养。 （3）通过本次活动的实地考察、分析与规划，培养学生收集与加工相关信息的能力、准确有条理的口头表达能力，在讨论过程中培养学生对他人观点提出自主分析与评价的能力，以及团队合作探究能力，培养理性精神、可持续的学习能力。						

（二）教学过程

1. 课前预习探究

时间	指导预习探究		预期学习效果		
	指导知识预习	指导问题探究	科学知识	学习能力	价值观与生活方式
课前30天	1. 张家湾地区实地考察。 2. 提出问题：张家湾村如何重建（张家湾古镇如何重建）？	指导学生在老师讲解的过程中，完成下列各题： 1. 将张家湾村的地理位置明确在地图中，张家湾的地理位置有什么特点？ 2. 历史上张家湾的地理位置有什么特点？ 3. 历史上张家湾能够成为大运河繁华的码头的原因有哪些？ 4. 历史上张家湾衰落的原因有哪些？ 5. 张家湾村附近著名地名(包括河流等)有哪些？ 6. 现在张家湾面临的机会有什么？ 就地分组，明确任务，讲如何确定目标，如何根据目标查找资料，怎样汇总资料，怎样呈现。 (把学生分成5个小组就张家湾村从不同侧面进行了解、分析。分别是:基本情况分析、地理位置分析、历史文化分析、政府政策分析、他山之石分析。)	通州区的历史、地理知识； 萧太后河、大运河等河流的修建、航行和管理张家湾码头的历史。 分类学统筹。	可持续学习能力：关注社会热点。 历史的延续与变迁中的逻辑关系。 综合解决问题；合作素养；系统思维素养；学会学习的素养。	理解自然地理与人文历史的关系。 了解中国国情，感知悠久历史，认同中国文化。 热心社会公益，培养社会责任、家国情怀、科学精神等核心素养，团队意识。

时间	指导预习探究		预期学习效果		
	指导知识预习	指导问题探究	科学知识	学习能力	价值观与生活方式
课前29天	指导各组查询资料、汇总信息。	各小组查询资料、汇总资料，寻找有用的信息。方式：调查、走访、阅读资料等。	通州及张家湾地区厚重的历史与文化；现代文明成果的应用。	主动收集和整理信息的能力；分析问题的能力；与人沟通交流的能力。	热情帮助他人，勇于面对挫折，乐于团队合作。
课前3天	指导各组处理信息、展示信息。	准备小组介绍：内容：1. 本组有用信息的展示、介绍、分析。2. 本组对张家湾古镇重建的规划与设想。3. 本组的调查中最有感触的一个感受与他人分享。		可持续学习能力；整合信息、系统性思考能力；表达能力；有效交往能力；尝试创意作品的能力。	勤于探究实践，富有人文底蕴和审美情趣；传承中华优秀传统文化。

2. 课堂自主—合作—应用探究

时间	课堂教学阶段任务	教师活动	学生活动	预期学习效果		
				科学知识	学习能力	价值观与生活方式
1分钟	导入新课。	利用今年暑期的时间同学们做了一次走出课堂、走向社会的尝试。同学们都做了什么？又是怎么做的呢？请看同学们自编自演的情景剧。	听讲。			
5分钟	情景剧再现暑期活动过程。	指导学生情景剧的展示。	6位同学表演情景剧，其他同学看情景剧表演。	了解整个活动的过程和综合分析问题的方法。	学会用口头以情景剧的方式陈述一件事，提高表达与交流的能力。	理解自然地理与人文历史的关系；了解中国国情，感知家乡。
35分钟	对张家湾村的现状分析。	张家湾村在哪儿？现状是怎样的？有哪些优势？今后发展的方向是什么？课前我们布置了小组预习探究的作业，接下来我们一起分享同学们小组合作学习的成果。指导各小组分享自己的研究成果，同时对听讲的学生提出要求。	听讲。小组合作探究展示，并表达自己的观点，听讲，互动，思考问题，记录展示组中说到的对于张家湾村今后的发展优势在哪儿？问题是什么？	了解张家湾村的现状。	搜集整理分析信息的能力；与人合作交流、沟通、表达的能力；总结概括能力，合作、交流、表达的能力。	树立尊重当代人与后代人观念，认同可持续发展观、绿色发展理念。

时间	课堂教学阶段任务	教师活动	学生活动	预期学习效果		
				科学知识	学习能力	价值观与生活方式
		教师总结: 通过第一组同学的分享我们了解了张家湾村的基本情况。我们从中可以了解很多,比如,张家湾村的耕地很少,这是为什么呢? 张家湾在哪儿? 它的自然环境如何呢? 请看第二组地理位置分析的暑期调查成果。	第一组基本情况分析组分享,其他组听讲、记录、质疑。			
		地理老师总结: 从地理位置上看:张家湾位于通州城区以南,到潞河中学也就十几公里的路程。 从自然地理上说:张家湾村是个平原村,地形上适合发展农业,气候属于温带季风气候,夏季高温多雨,冬季寒冷干燥,雨热同期的季风气候也适合发展农业。 附近有多条河流,但是河水有污染,不可以作为灌溉水源。 那么地处平原的平原村,气候适宜,为什么不以农业为主呢? 历史上就是这样吗? 请看第三组历史文化分析组的调查结果。	第二组地理位置分析组分享,其他组听讲、记录、质疑。 听讲,思考,记录。	了解张家湾的地形、气候、河流等自然地理概况。	搜集整理信息的能力;与人沟通的能力;小组合作能力;将课本上学到的知识运用到实践中的能力;在地图上绘出所需相关信息的能力。	逐渐形成追根求源的探索意识。萌发热爱家乡、热爱祖国的情感。
		历史老师总结: 从历史上看,辽代以前,张家湾地区水域宽广,河流众多,常住居民不详。辽代政治中心的南移给予了张家湾第一次机遇,元代全国政治中心北移到大都,给予了张家湾	第三组历史文化分析组分享,其他组听讲、记录、质疑。 听讲,思考,记录。	通过多种途径感知历史,了解以历史材料为依据来解释历史的重要性。	学会用口头、书面等方式陈述历史,提高表达与交流的能力。 在了解历史事实的基础上,逐步学会	从历史的角度认识中国的具体国情,认同中华民族的优秀文化传统,尊重和热爱祖国的历史和文化。

时间	课堂教学阶段任务	教师活动	学生活动	预期学习效果		
				科学知识	学习能力	价值观与生活方式
		第二次机会,明初全国政治中心再次北移到北京,给予了张家湾第三次机会。自然地理的优势与政治的结盟,造就了大运河的繁华,也造就了张家湾的繁华。同样,因地理原因大运河改道,张家湾优势不再,繁华退却。几百年来地下水位的下降也使张家湾地区湖泊绝迹,河流减少,地理面貌发生彻底的改变。它蜕变为一个普通的小村庄。可以说现在的张家湾是历史上地理与政治互动的结果。那现在的张家湾会不会有新的政治优势出现呢?请看第四组政府政策分析组的调查成果。			发现问题、提出问题,初步理解历史问题的价值和意义,并尝试体验探究历史问题的过程,在探究历史的过程中尝试反思历史,汲取历史的经验教训。	从历史的演变中认识合理开发和利用资源、生态环境保护的重要性,初步形成可持续发展的观念。
		政治老师总结:"十三五"期间,张家湾镇规划公布:将打造北部、中西、中东、南部四大板块,聚焦高端商务,引进高精尖企业,简直是腾飞的节奏。另外一方面,众所周知,通州区将建成北京城市副中心,抓住城市副中心建设和环球影城的重大机遇,通州区将要把张家湾建设成为"行政服务承载区、文创休闲旅游区",打造成为全国有影响力的漕运古镇、文创小镇和红学名镇。此外,张家湾还会在生态环保、	第四组政府政策分析组分享,其他组听讲、记录、质疑。 听讲,思考,记录。	了解张家湾的发展、感受张家湾的历史底蕴和文化积淀。了解张家湾改革开放后所取得的成就。	逐步培养关注社会问题、搜集整理信息的能力,合作探究解决问题的能力,逐步增强学生的可持续发展的学习能力。	感受个人成长与民族文化、国家命运之间的关系,提高文化认同感、民族自豪感以及增强自己的责任意识,从而提升个人的可持续发展。

时间	课堂教学阶段任务	教师活动	学生活动	预期学习效果		
				科学知识	学习能力	价值观与生活方式
		民生改善等方面有更大的动作。默默无闻的张家湾，未来将要腾飞，既要在副中心的南部区域鼎力支撑，又要向通州新城南部拓展，讲述通州韵味的悠久故事，必将发挥不可替代的战略优势。 张家湾村将向何处去？有哪些可以借鉴的经验吗？ 请看第五组他山之石分析组的调查成果。 教师总结： 同学们介绍的古北水镇、滦州古城、乌镇的经验给了你哪些启示呢？张家湾村应该如何走好复兴之路呢？	第五组他山之石分析组分享，其他组听讲、记录、质疑。 听讲，思考，记录。	了解一些成功的案例。	搜集整理分析信息的能力。 与人合作交流、沟通、表达的能力；总结概括能力，合作、交流、表达的能力。	增强民族自豪感以及增强自己的责任意识，从而提升个人的可持续发展。
		指导学生以组为单位对张家湾村今后发展中的优势和问题进行梳理。 指导学生对梳理后的成果进行分享。	以小组为单位梳理张家湾村今后发展中的优势和问题。 一个小组代表表达交流观点，其他组听讲、质疑、补充。	准确梳理张家湾在发展过程中的优势和问题。	一分为二全面观点看问题的能力；合作、交流、表达的能力。	正确看待事物，认同可持续发展的理念。
12分钟	对张家湾的未来规划。	在我们通过地理、历史、政府政策的角度多方面分析了张家湾村后，我们又有了一些可以借鉴的经验，你认为张家湾村应该如何走向复兴之路呢？我们在课前每个组都根据自己对张家湾村了解的情况，做了张家				

时间	课堂教学阶段任务	教师活动	学生活动	预期学习效果		
				科学知识	学习能力	价值观与生活方式
		湾未来规划。现在请同学们以小组为单位再次审视自己做的规划。 指导学生以小组为单位修改课前的张家湾村发展规划。	根据整理好的张家湾村今后发展的优势和问题,在小组内修改课前各组对张家湾村的规划并在班级中分享。	学会整理、修改规划的方法。	逐步学会提升行动素养,促进综合分析、思考的方法与能力提升。	加强对家乡认识,感知家乡悠久文化,开阔视野,认同中华文化,能够逐步参与到社会发展进程中,学做合格公民。
		指导学生以小组为单位在班级中展示我们对张家湾未来的规划。	一组展示,其他组听讲、质疑、补充。		学会交流,学会分享。	
2分钟	总结提升	指导学生做"雏鹰建言"活动。	以组为单位对分享后的规划再次修改成文。	把课上的成果物化成文。		从小事做起、脚踏实地的理念,具有可持续的学习能力。

3. 课后应用探究

时间	作业内容	方式与要求	预期学习效果		
			科学知识	学习能力	情感态度和价值观
课后1天	1. 把昨天课上的"雏鹰建言"再次在语言上进行推敲,在形式上进行美化。 2. 由学生代表把"雏鹰建言"送到张家湾村委会。	完成一篇张家湾村的规划并上交。	将课上所学知识和方法进行巩固。	理论联系实际的能力。	正确认识困难与挫折,脚踏实地实现梦想,实现个人的可持续发展。
课后2—3天	小组合作研究。任选一个通州区村落的现状分析与发展规划并撰写规划设计。	通过实地考察、走访、网络、书籍查阅等方式搜集整理某村落的现状资料;撰写规划设计。	用课上所学的方法解决类似的问题。	关注社会热点、理论联系实际的能力。	培养社会责任感、可持续的生活方式。

任课教师介绍：

王红梅，中学高级教师，1992 年毕业于首都师范大学地理系，曾两次获得"春华杯"奖，多次被评为通州区骨干教师、两次获区级优秀班主任等荣誉，多篇论文获国家级、市级、区级一等奖。

蔺江，中学高级教师，1995 年毕业于陕西师范大学政教系，曾获得通州区骨干教师、初三毕业班优秀教师、优秀班主任等荣誉，多篇论文获国家级、市级、区级一等奖。

王维，中学一级教师，1999 年毕业于首都师范大学历史系，通州区骨干教师。

四、潞河溯源之五河交汇处

（一）教学背景

学科	综合实践	任课教师	杨连翠　张海林 王红梅	时长	45 分钟	班级	初二(6)班
课　题	潞河溯源之五河交汇处						
设计理念	本次活动设计主要体现了《初中综合社会实践活动的内容》中的国家、社会、个人发展等方面的相关理念以及多学科融合的理念。 从国家层面看："感知悠久历史"中参加人文史迹考察，开展当地(本区)历史文化名人或著名历史遗迹调查等。 从社会层面看："学做合格公民"中为社会做一件力所能及的事情，谈谈其中的收获。 从个人发展层面看："乐于团队合作"中参加集体组织的野外综合实践考察活动，增强责任意识。						
教学目标	1. 通过总结展示五河交汇野外考察活动，学生能够发现自己在活动中存在的问题。 2. 明白做学问不能仅在学校里、课堂中，更要走进大自然，走进社会。逐步学会将课堂上学到的历史、地理、语文、数学等学科知识融合应用到实践中。 3. 通过本次的综合实践活动，进一步了解家乡的地理历史环境，了解保护运河环境的重要意义，树立可持续发展观；增强学生热爱祖国、热爱家乡的情感。						
学情分析	初二学生已经学习了有关地图的基本知识，对地图三要素和如何判读地图有了一定程度的了解，掌握了在地图上定向的方法。但是这些在课堂上学到的知识应用到实际问题中还是第一次。在数学方面已经学习了直角三角形的性质、勾股定理等相关知识，有一定的计算能力，还没有学习相似三角形、解直角三角形内容，对于知识的应用与迁移能力还比较薄弱，动手操作能力较弱。老师已经在活动之前对学生进行相关知识的培训，在活动过程中还需要老师加以指导。						
教学重点 教学难点	如何应用课堂上学到的知识解决实际生活中的问题。						

(二)教学过程

教学内容	教师活动	学生活动	设计意图
1. 活动回顾 播放视频《潞河溯源之五河交汇》。 (1)第一篇:听——水枢人员讲。 (2)第二篇:吟——运河美文荟。 (3)第三篇:观——五河交汇景。 (4)第四篇:行——千年步道载。 (5)第五篇:测——活学活用理。	播放活动视频剪辑。 播放后就本次活动进行简单的评价,包括活动中对学生的评价和活动后对手册完成情况的评价。	收看活动视频剪辑。	重温此次活动并为下一阶段活动做铺垫。 通过学生展示,提高学生活动的积极性。
2. 想过程,谈感想	引导学生回顾此次活动的过程,让优秀者发言并进行点评。	谈此次活动的感悟及其收获。	通过对整个测量河宽过程的回顾,总结方法,找出问题,积累经验。
3. 析问题,共提升 (1)解决测河宽和绘五河交汇图的问题。 ①测河宽中存在的问题及其解决方法。	方法小结: 1. 直接测量法。 2. 构造相似三角形法。 3. 构造直角三角形法。 4. 其他方法。	听讲。	
②存在的问题及建议。	讲解存在问题及建议: 1. 测量过程有误差或方法存在问题。 2. 作图不够规范。 3. 实验报告不够完整。 4. 应该有对结果的分析。	反思自己在测河宽中的问题。	
(2)绘制五河交汇图中存在的问题及评价。 ①评价学生作业。	出示PPT,展示学生作业,并对学生所画的五河交汇图进行评价。	听讲,找出自己所画五河交汇图中存在的问题。	总结并评价学生所画的五河交汇图。
②指导学生画示意图。	复习地图三要素; 讲述画示意图的方法; 在黑板上画五河交汇示意图。	听讲并对自己所画图中存在的问题进行修改。	学生能够用课堂上学到的知识解决实际问题。
4. 听要求,领任务 (1)在地图上查找并描绘张家湾的地理位置。 (2)思考:现在张家湾和大运河相距较远,为什么也说它是大运河畔的码头?	提问:如有类似的活动,我们应该怎么做?有哪些应注意的问题? 引出下次综合实践活动的主题:潞河溯源之游古镇张家湾。	讨论并说出自己的想法。 领任务。	为以后类似的活动做方法等方面的准备。 导出潞河溯源课题的下一次活动。

196

任课教师介绍：

杨连翠，中学高级教师，2002年毕业于首都师范大学历史系，曾先后两次代表通州区参加北京市教师基本功大赛，并分获二、三等奖。

张海林，中学一级教师，2002年毕业于首都师范大学数学系。

王红梅，中学高级教师，1992年毕业于首都师范大学地理系，曾两次获得"春华杯"奖，多次被评为通州区骨干教师、两次获区级优秀班主任等荣誉，多篇论文获国家级、市级、区级一等奖。

五、跨民族乐器音色融合的成因

（一）教学背景与设计

学科	音乐 物理 数学	所用教材	人音版高中《合奏》 北师大版八年级《物理》	任课教师	谢丹 李小波 孙宝英	班级	高一（17）班
课 题	跨民族乐器音色融合的成因						
可持续发展教育跨学科主题分析	跨学科主题的核心概念： 从音乐、物理和数学的角度对"一带一路"上不同弹拨乐器的音色进行个性与共性的比较和分析。 通过探究实验和数据分析，将对音色的认识从感性上升到理性。 在欣赏美的同时提高鉴赏美的能力，以及激发学生探究意识和培养学生探寻事物本质的能力。 跨学科主题的本土化情境： 我校"韵之灵"国乐团面向全校学生开放，在组织学生开展合奏的过程中，鼓励学生积极创作，并取得了一定的成果。随着对民族音乐更深入的学习，学生对影响音色的因素提出了种种疑问。这些疑问对学生使用民族乐器进一步创作产生了影响。为了帮助学生更好地创作，发展学生的综合能力，音乐、物理和数学三个学科的教师就"音色的影响因素"共同进行了研究，以求能够解决学生的困惑。 跨学科主题的探究任务： 探究任务1：调查6种民族弹拨乐器琴弦和拨片的材质和共鸣体的特点。 探究任务2：探究音色的影响因素。 探究任务3：通过谐音列数据的分析，探究音色的本质。						

学科	音乐 物理 数学	所用教材	人音版高中《合奏》北师大版八年级《物理》	任课教师	谢丹 李小波 孙宝英	班级	高一（17）班

课标要求及解读	学科1 音乐 以审美为核心的基本理念，应贯穿于音乐教学的全过程，将音乐基础知识和基本技能的学习有机渗透在审美体验中，潜移默化地培养学生美好的情操、健全的人格。根据高中学生身心发展规律和审美心理特征，教学内容应当体现多样化、可选择性的特点，将全体学生的普遍参与和因材施教有机结合起来。培养学生对音乐艺术持久的兴趣爱好，从音乐本体角度获得审美体验。 在音乐教学活动中，将艺术实践作为学生获得音乐审美体验和学习音乐知识与技能的基本途径。通过音乐艺术实践，激发学生的创造意识，增强学生音乐表现的自信心，培养学生良好的团队意识与合作能力。学生在音乐实践中表达自己的艺术理解。在审美体验与音乐实践的基础上理解多元文化，提高文化自觉与文化自信。在强调弘扬民族音乐文化的同时，体验、理解和尊重其他国家和民族的音乐文化，引导学生树立平等的多元文化价值观，珍视人类文化艺术创造。 学科2 物理 本部分内容的设计遵循"从生活走向物理，从物理走向社会"的思路，在符合学生认知的情况下，利用弹拨乐器的演奏，激发学生的学习兴趣，以学生为主体、教师为主导，增加学生的感性认识，使学生更好地理解物理概念，对科学探究有初步的了解。 学科3 数学 本节课很好地体现了"数学来源于生活，最终服务于生活"的理念。通过对谐音列数据的分析培养了学生的数据分析观念，培养了学生的探究意识，以及用数学的知识解决实际问题的能力。
本课教学目标	可持续发展教育跨学科主题总目标—— 价值观：通过对"一带一路"上不同民族乐器的进一步认识和了解，体会不同民族文化的共性和差异性，激发学生的民族自豪感和爱国热情。 知识：探究影响乐器音色的因素。 能力：培养和发展学生结合所学知识从多角度、多层面对问题进行提出和探究的能力。 行为：逐步深入分析音色融合的本质原因。
学情分析	高一学生已经具备一定的信息收集和提取能力，能够在课前探究式预习。本课学生全部来自新疆，生源构成即多民族化，音乐实践能力普遍较薄弱。通过前几课的学习，初步掌握了从本体角度分析音乐的方法，能够自主探究民族乐器的风格特征。这些学生虽然不会演奏热瓦普、冬不拉等本民族乐器，但是对民族乐器兴趣浓厚，学习意愿强烈，且主动加入了校国乐团。
教学重点	可持续发展教育的重点。 在实践中体验"一带一路"上不同民族乐器的融合。
	各学科教学重点—— 音乐：在独奏与合奏中，体验"一带一路"上不同民族乐器的音色个性与共性。 物理：探究音色的影响因素。 数学：探究影响音色的本质原因。
教学难点	可持续发展教育的难点。 运用物理和数学学科的知识和方法准确解读乐器音色的成因。
	各学科教学难点—— 音乐：节奏准确、声部间良好配合地合奏《源》片段。 物理：尝试从多角度探究影响音色的因素。 数学：学生对数据的分析。

（二）教学过程

<table>
<tr><td colspan="7" align="center">课前预习探究</td></tr>
<tr><td colspan="2" align="center">预习探究设计</td><td colspan="5" align="center">预期学习效果</td></tr>
<tr><td>学习探究作业内容与任务</td><td>意图、方式与要求</td><td>知识</td><td>价值观</td><td colspan="2">基础—可持续学习能力</td><td>行为</td></tr>
<tr><td>根据学习兴趣，自选一种民族乐器，了解其形制构造、演奏方式。</td><td>合作式学习探究。与学校国乐团同学合作，在实践中学习、探究。</td><td>初识不同民族的乐器。</td><td>体会民族乐器的多样性。</td><td colspan="2">收集、分类、概括知识与相关信息的能力。</td><td>资料查阅。

乐队观摩。</td></tr>
<tr><td colspan="7" align="center">课中合作探究</td></tr>
<tr><td colspan="2" align="center">合作探究设计</td><td colspan="5" align="center">预期学习效果</td></tr>
<tr><td>学习探究作业内容与任务</td><td>意图、方式与要求</td><td>知识</td><td>价值观</td><td colspan="2">基础—可持续学习能力</td><td>行为</td></tr>
<tr><td>鉴赏潞河"韵之灵"国乐团合奏片段。
乐队中有哪些民族的乐器？

课前预习探究情况汇报：
介绍汉族、哈萨克族、维吾尔族弹拨乐器的形制构造、演奏方式与音色。</td><td>导出学生课前探究作业。

从音乐本体角度认识不同民族乐器。</td><td>乐队编制。

汉族、哈萨克族、维吾尔族弹拨乐器的形制构造、演奏方式、音色特性。</td><td>认知与尊重不同民族乐器的音色个性差异。</td><td colspan="2">准确、有逻辑的表达能力。</td><td>课前学习探究，作业汇报。</td></tr>
<tr><td>音乐实践：
学生乐器独奏——
1. 琵琶（汉）；
2. 热瓦普（维吾尔）；
3. 中音冬不拉（哈萨克）；
4. 中阮（汉）；
5. 都塔尔（维吾尔）；
6. 大阮（汉）。

听辨：
教师用琵琶、冬不拉、热瓦普分别弹奏相同一段旋律。
学生闭上眼睛，听辨。

提问：
辨别乐器的依据是乐音的哪一基本要素？
探究音色的影响因素：
1. 从发声体来看，这些乐器的共同特点有什么？</td><td>独奏要求：
以基本的演奏方法"弹挑"激发弦振动。

导出课题"跨民族乐器音色融合的成因"。

复习声音产生的条件。</td><td>弦鸣琉特类弹拨乐器基本发音方法。

乐音基本要素。

声音的产生。</td><td>加深对民族乐器的审美体验。</td><td colspan="2">艺术实践能力。</td><td>

独奏。

回答问题。</td></tr>
</table>

课中合作探究					
合作探究设计		预期学习效果			
学习探究作业内容 与任务	意图、方式与要求	知识	价值观	基础—可持 续学习能力	行为
2. 不同乐器发出的声音主要有什么不同?什么因素会影响到音色呢?	猜想可能影响音色的因素。	音色的物理成因。	从现象到本质。	与他人合作探究的能力。	思考并进行有根据的猜想。
根据学生猜想进行对应实验: (1) 音色与琴弦材料有关吗? (2) 音色与激励体有关吗? (3) 音色与共鸣体的材料有关吗? ……	分小组进行实验,明确自变量、因变量和控制的量。		用实验的方法研究问题。		进行实验。
				科学规范的语言表达能力。	总结归纳。
展示同一乐器利用不同激励体弹奏出来的同一音高的声音的波形图。	能对实验结果进行总结归纳。				
引导学生得出结论,提出新的问题:影响音调的本质原因是振动频率,那么影响音色的本质原因又是什么呢?	进行更深层次的思考。		科学地探究问题。		听介绍。
数学探究: 1. 提出问题:在研究究竟影响波形图的因素到底是什么之前,让我们先来了解一个重要的概念:谐音列,介绍谐音列。	通过对谐音列的介绍,帮助学生了解乐理知识。	谐音列。		从事物本质探究问题。	观察、比较、分析。
2. 展示相同音高下不同乐器的谐音列的截图。	比较相同音高不同乐器的谐音列的区别。	数据图的读取。		发展学生的数据分析和处理能力。	归纳总结。
3. 观察和归纳谐音列的频谱图,分析影响音色的因素。 4. 获得结论。					
师生"小合奏":用合唱的形式感受合奏的融合。	要求: (1)力度均衡; (2)相互聆听。	音乐融合的途径。	增强合作意识。	合作能力。	"小合奏"。

课后应用探究					
合作探究设计		预期学习效果			
学习探究作业内容与任务	意图、方式与要求	知识	价值观	基础—可持续学习能力	行为
1. 了解汉族、哈萨克族、维吾尔族弹拨乐器的传承现状。	合作探究。	民族乐器的代表性曲目、传播范围、传播方式。	文化尊重。	关注中华优秀传统音乐文化传承发展的能力、科学探究能力。	乐器演奏。
2. 探究影响音色的其他因素。	能够利用控制变量等实验方法进一步对影响音色的因素进行探究。	音色的影响因素。	追溯声音的多样性。		物理实验。

（三）课后反思（从学生在认知、可持续发展价值观达成、能力培养、行为转变，以及可持续学习课堂对教师教学观与学习观的转变等方面进行分析）

课后反思	物理： 　　本节课内容是学生关于声音特性的进一步学习。学生对生活中的声音有着丰富的感性认识，但缺乏理性分析。因此，以学生为主体，利用多媒体软件对声音进行收集与处理，将频率和振幅等对学生来说抽象的概念具体化、形象化，并进行理论分析是本节课的重点。通过实验探究，培养学生能利用科学的实验方法去研究物理问题的科学思维和科学探究能力。 　　对于音色的影响因素的探索是本节课的重点，也是难点。音色是一个非常模糊的概念，至今物理上没有一个准确的方法对它进行测量。所以，关于音色的区别，时常是根据主观判断，确实缺乏强有力的数据支撑。声音传感器和相关软件的使用确实能使声波形象化，但还不能以波形图来作为判断音色的依据。虽然我们不能完整、准确地将音色的影响因素一一找出，但研究问题的方法和过程是更为重要的。 　　这部分内容与音乐有着紧密的联系，不同弹拨乐器的呈现为本节课的学习提供了方便，能和音乐学科共同完成内容的学习，并达成两个学科共同的教学目标，使学生认识到声音的多样性和文化的多样性，希望学生能够从这些多样的声音中找到问题的根源，寻找"一带一路"音乐文化上的契合点。 音乐： 　　通过这节课，我更加真切地体会到可持续发展教育价值观、教学思维与当代教育改革的契合。以学生为主体的教学模式贯穿于课堂内外整个学习过程中。课前学生的预习探究是课堂教学的重要保障。教师对学生预习探究的指导，不仅是学科专业上的指导，也是对学生搜集、整理、提取及表达信息的指导。事实证明，高中学生在这些方面已具备了一定能力，且可塑性极强。 　　"尊重文化差异性"为这堂跨学科教学所要渗透给学生的价值观。不同民族乐器在文化、形制、演奏技法、音色等方面具有各自的特点，但是其中一部分乐器已面临传承危机。学生了解不同民族的乐器，是尊重并传承民族文化的重要途径。 　　物理与音乐跨学科教学，也是锻炼学生跨学科思维与实践的能力，并逐步提高关注文化可持续发展实际问题的能力。这既有益于学生的成长，也适用于可持续发展教育所倡导的文化可持续性发展。

数学：

　　古希腊著名的哲学家和数学家毕达哥拉斯认为"万物皆数""数是万物的本质"，是"存在由之构成的原则"，而整个宇宙是数及其关系的和谐体系。通过本节课的学习，拓宽了我的教学研究思路和视野，让我深切地感受到：数学作为基础学科具有广泛的应用性，要学会用数学的眼睛观察世界、用数学的语言描述世界、用数学的思维思考世界，这是多么的奇妙和有必要啊！

学生通过对谐音列图谱观察、分析和比较与归纳，最终从本质上发现影响音高的原因，会提高他们对数学的认识，理解学习数学的必要性以及科学的探究问题的方法，这对学生思维能力的培养有着不可估量的意义，可以说他们为今后的发现打开了一扇新的窗口。

正如莱布尼茨所说："音乐是数学在灵魂中无意识的运算。"音乐正如有情绪的数学，而数学则像最纯粹的音乐，乐音激荡，而数字翩跹，音乐与数学恰似人类心智开出的两朵玫瑰。而学科融合，给这玫瑰添上了更加迷人的色彩，带来了更加蓬勃的生机！

任课教师简介

谢丹：潞河中学音乐高级教师，潞河中学艺术教研室主任，潞河"韵之灵"国乐团指挥，中国传媒大学艺术与科学专业博士生，首都师范大学、内蒙古师范大学全日制硕士教育见习导师，通州区音乐学科青年教师导师，通州区"秋实杯"奖获得者。

李小波：潞河中学物理高级教师，北京市骨干教师，潞河中学初中部理科教研室主任，通州区初中物理兼职研修员，通州区物理学科"春华杯"和"秋实杯"奖获得者，北京市物理名师工作室主要成员。

孙宝英：潞河中学数学高级教师，北京市骨干教师，潞河中学教学处副主任、数学教研室原主任，通州区初中数学兼职研修员，青年教师导师，通州区"秋实杯"奖获得者，通州区"运河计划"领军人才。

六、垃圾去哪儿了

（一）教学背景与设计

学科	地理 化学 数学	所用 教材	—	任课 教师	刘珍 王珍珍 秦红霞	班级	高二年级钱学森班 19 名学生
课　题	垃圾去哪儿了						
可持续发展教育跨学科主题分析	跨学科主题的核心概念： 可持续的餐厨垃圾管理：学校餐厨垃圾的减量化、回收合理化和处理资源化。 跨学科主题的本土化情境：						

学科	地理 化学 数学	所用 教材	一	任课 教师	刘珍 王珍珍 秦红霞	班级	高二年级钱学森班19名学生

	学校食堂的餐厨垃圾可持续处理。 跨学科主题的探究任务： 探究任务1：学校食堂每天产生餐厨垃圾的数量和处理方式的现状。 探究任务2：餐厨垃圾的危害和可持续资源化处理方法探究。 探究任务3：设计区域（学校和城市）可持续餐厨垃圾管理机制。 跨学科主题的相关学科设计： 1. 调查和数据收集 S 科学：追踪校园餐厨垃圾的去向；参观餐厨垃圾处理部门。 M 数学：学校每日餐厨垃圾数量的统计，垃圾带来的社会、经济、环境影响的测算。 2. 分析和研究：垃圾产生的原因、危害和处理方法 S 科学：探究餐厨垃圾的社会、经济、环境影响，重点是对生态环境的影响；探究餐厨垃圾无害化、资源化处理的方法。 3. 设计：区域（学校和城市）垃圾处理机制 T 技术：科学发明技术，发明可以将餐厨垃圾再生资源化的技术，如制作黑金肥料、制作肥皂等。 E 工程：校园实践项目、餐厨垃圾分类、餐厅光盘行动；设计区域餐厨垃圾可持续管理机制，并提出倡议。 A 艺术与人文：设计宣传减少食物浪费的海报。
课标要求 及解读	学科1： 地理：高中地理选修4《环境保护》，运用资料，分析我国固体废弃物污染的状况。 解读：课标鼓励学生走访调研，调查学校附近的垃圾分类情况，懂得全民共治、源头防治的重要性。 学科2： 化学：高中化学必修2、化学选修1《化学与生活》、选修5《有机化学基础》，从化学学科物质转化的角度对垃圾进行分类，再利用。 解读：化学课程标准提出，加强学生的生态文明教育，体会化学与社会发展的重要关系，能从有机化合物及其性质的角度对有关能源、材料、饮食、健康、环境等实际问题进行分析、讨论和评价。 学科3： 数学：高中数学必修1、必修3，利用统计方法，收集学校餐厨垃圾的数据，并整理数据，提取信息，构建模型，进行推断。 解读：课标提出，强调数学与生活以及其他学科的联系，提升学生应用数学解决实际问题的能力，提升学生获取有价值信息并进行定量分析的意识和能力。

学科	地理 化学 数学	所用 教材	一	任课 教师	刘珍 王珍珍 秦红霞	班级	高二年级钱学森班 19 名学生

		可持续发展教育跨学科主题总目标		
本课教学目标			认知学习目标	社会情绪目标	行为学习目标
	E（生态）	1. 学生能够了解和分析目前的餐厨垃圾处理方式对生态环境产生的影响； 2. 学生能够掌握可持续餐厨垃圾管理的生态学原理与构成特点； 3. 了解垃圾的成分和其对生态环境的影响。	1. 学生能够认识到自身行为和生活方式对环境产生的影响； 2. 认识到生态环境保护中自身的责任。	1. 践行低碳生活方式，减少食物浪费和餐厨垃圾的产生； 2. 协助参与学校或家庭餐厅餐厨垃圾可持续循环处理方法与设施的设计与使用。
	S（科学）	1. 面对生活中的餐厨垃圾，学生认识其危害→选择性处理（垃圾的分类回收方法）→评价利弊→再处理，在这个过程中，体现绿色科学的发展理念； 2. 在对餐厨垃圾可持续处理中，学生提出无害化处理和可将其转化成肥料和燃料的方法，并从定性分析上升到定量计算，进行实验探究； 3. 结合有机化学知识从物质组成角度认识垃圾，并进行垃圾的再利用和无害化处理。	1. 树立可持续发展的意识，并增强学生的社会责任感； 2. 发展学生的创新精神和严谨的科学态度。	
	T（技术）	1. 初步形成关于技术的权衡决策、方案优化、技术试验、设计创新等技术思想与方法；获得一定的创新设计能力，促进技术意识进一步形成； 2. 掌握常用工具及其使用方法、常见材料及其加工方法、方案构思及其方法、图样识读与绘制、模型制作及其工艺等方面的一些基本知识与基本技能，具有运用技术设计方法解决技术问题的基本能力和基本经验，并形成有效迁移；形成初级的工程思维、图样表达能力和物化能力； 3. 根据餐厨垃圾不同的种类，设计出垃圾处理的可行性方案，体验工厂垃圾资源化的过程和步骤。	1. 能加深对垃圾处理相关技术的发展历史的理解，形成亲近技术的情感，形成一定的技术意识； 2. 通过技术设计的交流和评价，培养合作精神，提高审美情趣，增强使用技术的自信心和责任心，培养良好的批判性思维和创造性思维等思维品质。	
	E（工程）	学生探究查找可持续的餐厨垃圾管理方式； 根据餐厨垃圾的成分及环境因素尝试设计垃圾处理的流程。	学生能够向所在学校和区域提出可持续性餐厨垃圾管理的建议。	

204

学科	地理 化学 数学	所用 教材	一	任课 教师	刘珍 王珍珍 秦红霞	班级	高二年级钱学森班 19 名学生

		认知学习目标	社会情绪目标	行为学习目标
	A（人文）	设计可持续餐厨垃圾管理的宣传海报，学生在积极的情感体验中提高想象力和创造力，提高审美意识和审美能力； 设计宣传海报提倡节约粮食，减少餐厨垃圾产生。	增强对大自然与人类社会的热爱以及责任感，发展创造美好生活的愿望与能力。	
	M（数学）	1. 统计学校餐厨垃圾的数量，注意样本数据的代表性；对餐厨垃圾数量、产生的危害和资源化的价值进行分析，提高数据分析能力；宣传活动后，进行餐厨垃圾数量的抽样调查，并对宣传效果做出判断，体会垃圾分类处理的必要性，增强社会责任感。 2. 学生提出问题、分析问题、解决问题，将实际问题抽象为数学模型，形成通过数据认识事物的思维品质，积累依托数据探索事物本质、关联和规律的活动经验。	能养成关注数据、收集数据并根据数据来分析问题的意识。	

地理学科主要涉及生态、科学的学习目标。
化学学科主要涉及科学、工程的学习目标。
数学学科主要涉及数学的学习目标。

学情分析	教学背景：曾经有一份联合国报告指出，全球约有 50%的食品在生产和终端消费者之间的环节被浪费掉。一分钟前还是佳肴，一分钟后成了垃圾。由于饮食文化和聚餐习惯，餐厨垃圾成了中国独有的现象。中国餐桌浪费惊人，每天产生巨量的餐厨垃圾。来自北京市发展改革委的数字，北京市每天产生 1200 吨餐厨垃圾。清华大学环境系固体废物污染控制及资源化研究所的统计数据表明，中国城市每年产生餐厨垃圾不低于 6000 万吨。专家认为，营养丰富的餐厨垃圾是宝贵的可再生资源。但由于尚未引起重视，处置方法不当，它已成为影响食品安全和生态安全的潜在危险源。虽然处置不当会产生严重的后果，但餐厨垃圾也并非一无是处。专家指出，餐厨垃圾具有废物与资源的双重特性，可以说是典型的"放错了地方的资源"。 因此，本实践活动引导学生关注餐厨垃圾可持续处理的问题，学生展开餐厨垃圾的数量、危害、可持续处理方式的调查和研究，查找可持续的餐厨垃圾管理方式，并通过角色扮演、模拟会议的方式，明确可持续垃圾管理对可持续发展的意义，并明确在这一模式中，各部门应承担的任务，也促使学生认识到自身行为和生活方式对环境产生的影响，认识到在餐厨垃圾可持续管理中自身的责任。 潞河中学在校学生约 3000 人，每天午餐和晚餐用餐人次达 3000 人次以上。每天产生大量的餐厨垃圾，学生对餐厨垃圾有很直接的感受和认识，看到大量餐厨垃圾及产生的社会、经济、生态环境的危害，对学生有很深的触动，这是激发学生进行研究的动力；通过前期的调查发现，学校超过 50%的学生存在食物浪费的情况，15%的学生对此没有任何想法和感觉，而剩下的 85%的学生有感触但是不知道该如何做。十分欣慰的是，有超过 90%的同学会注意食物浪费，支持我们的调查，十分乐意改变这种情况。因此，我们的行动，很有开展的必要。 高二的学生具有地理、物理、化学、数学等多学科知识融合的能力、解决问题的能力基础，具备完成实践研究和展示的可行性。通过本实践活动，改变学生的生活方式，学生又会影响到其所在的每一个家庭，改变更多的家庭的生活方式。

学科	地理 化学 数学	所用 教材	—	任课 教师	刘珍 王珍珍 秦红霞	班级	高二年级钱学森班 19 名学生

教学重点	可持续发展教育的重点—— 学习重点：学生能够掌握可持续餐厨垃圾管理的生态学原理与构成特点，通过调查研究，向所在学校和区域提出可持续性餐厨垃圾管理的建议，包括餐厨垃圾的减量化建议、回收分类的方法和资源化处理方法；学生能够认识到自身行为和生活方式对环境产生的影响，认识到自身的责任。
	各学科教学重点—— 地理：学生能够掌握可持续餐厨垃圾管理的生态学原理与构成特点。 数学：学生收集餐厨垃圾数据，整理数据，提取信息，做出推断与解释。 化学：分析餐厨垃圾成分，设计无害化处理和可回收再利用的方案。
教学难点	可持续发展教育的难点—— 学生探究查找可持续的餐厨垃圾管理方式；学生能够向所在学校和区域提出可持续性餐厨垃圾管理的建议。
	各学科教学难点—— 地理：学生能够掌握可持续餐厨垃圾管理的生态学原理与构成特点。 数学：学校餐厨垃圾的数据收集、整理与推断。 化学：垃圾无害化处理和可回收再利用的可行性方案设计。

（二）教学过程

	课前预习探究					
时间	合作探究设计		预期学习效果			
	学习探究作业内容 与任务	意图、方式与要求	知识	价值观	基础—可持续学习能力	行为
课前一个月	确定餐厨垃圾研究的兴趣点。 教师抛砖引玉： 我们学校每天会产生多少餐厨垃圾？这些垃圾有哪些类型？成为垃圾的原因是什么？大约的经济价值？ 我们产生的餐厨垃圾都去了哪里？如何处理？会产生哪些环境问题？（涉及参观） 这些餐厨垃圾有没有更好的处理方式？你能尝试进行哪些处理？ 如何建立一个区域的餐厨垃圾处理机制？ 有哪些办法可以减少垃圾产生的数量？你可以向食堂、食品生产商提出哪些建议，以减少食品的浪费？ 学生头脑风暴： 提出更多关于餐厨垃圾的兴趣点，并从中选择可行的项目进行研究。 学生分组展开任务行动计划：	确定餐厨垃圾研究的内容和意义。			积极、多角度思考问题的能力。	

206

时间	合作探究设计		预期学习效果			
	学习探究作业内容 与任务	意图、方式与要求	知识	价值观	基础—可持续学习能力	行为
课前一个月	1. 任务分工 20 名学生,4 名组长,组长负责各组间工作的统筹和协调。 (1)第一组,资料组。主要查资料,主要方向:中外餐厨垃圾处理的现状,科学的处理方法有哪些,餐厨垃圾处理不当的危害(对社会、经济、生态环境的影响等)。查到的资料要主动提供给后面三个小组。资料要精选过的。 (2)第二组,调查组。调查学校某食堂餐厨垃圾的数量、处理的现状。需要动用大家的智慧,可能需要走访处理餐厨垃圾的地点,等宣传组宣传之后,还要进行第二次调查,判断宣传的效果,食堂里的餐厨垃圾是否有减少。统计资源组整理的垃圾资源化的数据,然后进行分析,预测可被资源化的垃圾的比例及资源化的价值。 (3)第三组,资源组。需要把学校餐厨垃圾实验做成可利用的资源,实现垃圾的资源化。可能需要设备支持,提交设备订单,由教师购买。如果不能实现资源化,则要向食堂提出餐厨垃圾资源化的可行性建议。 (4)第四组,宣传组。需要在调查组第一次调查后,进行减少餐厨垃圾等方面的宣传,需要大家根据第一组同学查到的资料提出餐厨垃圾可持续回收、管理、利用的建议,向校方和食堂提出这些建议,实现餐厨垃圾减量化、回收合理化的目标;宣传组需要积极和前面几组联系。 2. 时间安排 9 月 20 日前完成资料收集,餐厨垃圾的数量、回收现状的调查。 10 月 15 日前完成餐厨垃圾资源化方案、回收合理化机制的建议和减量化的宣传工作。 10 月 20 日前完成第二次餐厨垃圾数量、处理方式的追踪调查。 10 月 30 日完成活动的总结、展示方案。		垃圾处理方式和垃圾的危害。 数据统计。 化学合成手段。 垃圾资源化和分类处理的方式。		收集、归纳、提取的能力。 数据统计、分析能力。 实验设计和动手能力。	

课前预习探究

	课前预习探究					
	合作探究设计		预期学习效果			
时间	学习探究作业内容与任务	意图、方式与要求	知识	价值观	基础—可持续学习能力	行为
课前一个月	学生设计探究实践活动的方案，教师对活动计划进行指导完善。实践活动包括： (1)调查和数据收集 S 科学：追踪校园餐厨垃圾的去向；参观餐厨垃圾处理部门。 M 数学：学校每日餐厨垃圾数量的统计，垃圾带来的社会、经济、环境影响的测算。 (2)分析和研究：垃圾产生的原因、危害和处理方法。 S 科学：探究餐厨垃圾的社会、经济、环境影响，重点是对生态环境的影响；探究餐厨垃圾无害化、资源化处理的方法。 (3)设计：区域(学校和城市)垃圾处理机制。 T 技术：科学发明技术，发明可以将餐厨垃圾再生资源化的技术，如制作黑金肥料、制作肥皂等。 E 工程：校园实践项目、餐厨垃圾分类、餐厅光盘行动；设计区域餐厨垃圾可持续管理机制，并提出倡议。 A 艺术与人文：设计宣传减少食物浪费的海报。	分为三小组，小组分工，小组内合作，分别承担数据收集和分析任务、垃圾资源化技术发明任务、可持续垃圾管理机制设计任务。	餐厨垃圾的社会、经济、环境影响；餐厨垃圾分类回收的合理方法；餐厨垃圾资源化处理的方法；区域餐厨垃圾可持续处理机制。	1. 学生能够认识到自身行为和生活方式对环境产生的影响。 2. 认识到生态环境保护中自身的责任。	学会科学研究的方法；团队合作解决实际问题；提升学生解决问题的综合思维能力、收集信息和加工信息的能力、分析问题和解决问题的能力。	1. 践行低碳生活方式，减少食物浪费和餐厨垃圾的产生； 2. 协助参与学校或家庭餐厅餐厨垃圾可持续循环处理方法与设施的设计和使用。

	课中合作探究					
	合作探究设计		预期学习效果			
时间	合作探究作业内容与任务	意图、方式与要求	知识	价值观	基础—可持续学习能力	行为
3分钟	角色扮演与模拟会议 明确会议主题：可持续性的餐厨垃圾处理项目讨论。 三位教师角色：项目顾问。 介绍每个组学生代表的角色。 角色 A(资料组同学)：环境专家，分析餐厨垃圾的环境影响，可持续性的餐厨垃圾处理的必要性。 角色 B(资源组同学)：垃圾处理厂，汇报餐厨垃圾处理方式，今后可持续性餐厨垃圾处理的方式。 角色 C(调查组同学)：餐厅负责人，汇报餐厨垃圾的数量、去向、大约的经济价值、处理费用，今后减少餐厨垃	学生角色扮演，模拟会议，相互评价。 会议主持人(区域决策者)宣布本次会议主题和议程： 1. 议程：会议主持人提出本次会议的目标，潞河中学餐厨垃圾可持续管理的两大目标，即减量化和资源化。 2. 餐厅负责人汇报目前餐厨垃圾数量和回收现状，在可持续垃圾管理机制中可以做出的努力和会取得的效益，与之有关联的垃圾处理厂发表建议，环境专家做点评，从减量化的目标上提出具体措施。	见本课学习目标。	见本课学习目标。	提高学生的表达能力。 建立问题解决的共识性原则。	见本课学习目标。

课中合作探究						
时间	合作探究设计		预期学习效果			
	合作探究作业内容与任务	意图、方式与要求	知识	价值观	基础—可持续学习能力	行为
	圾,餐厅可以做出的努力。角色D(宣传组同学):区域的决策者,汇报区域餐厨垃圾可持续管理机制。	3. 垃圾处理厂汇报可持续性餐厨垃圾处理的方式即资源化方式以及效益,环境专家要做点评,从资源化的目标上提出具体措施。 4. 环境专家点评:可持续性的餐厨垃圾处理的必要性,从社会、经济、生态效益的角度看可持续发展。 5. 角色D区域(学校)决策者完善可持续垃圾处理机制。				
6分钟+3分钟教师点评	1. 餐厅负责人(调查组同学)汇报目前餐厨垃圾的数量、去向、大约的经济价值、处理费用,今后减少餐厨垃圾,分类回收餐厨垃圾,餐厅可以做出的努力,会取得的效益; 2. 区域决策者(宣传组同学)介绍了为了餐厨垃圾的减量化做出的努力; 3. 数学教师点评(在调查过程中)。	汇报学校餐厨垃圾的数量,对餐厨垃圾数量、产生的危害值进行分析,提出分类合理回收餐厨垃圾的有效方法,完成餐厨垃圾"减量化"的目标方向。	调查数据的方法;减少餐厨垃圾数量的措施;合理分类回收餐厨垃圾的方法。	增强社会责任感,践行合理消费生活模式,减少餐厨垃圾。	提高数据分析能力,体会垃圾分类处理的必要性。	践行低碳生活方式,减少食物浪费和餐厨垃圾的产生。
6分钟+3分钟教师点评	1. 垃圾处理厂(资源组同学)发言人进行发言汇报:可持续性餐厨垃圾处理的方式(即资源化处理)以及效益; 2. 环境专家小组代表要做点评; 3. 化学教师点评该环节。	在对餐厨垃圾可持续处理中,学生提出无害化处理和可将其转化成肥料和燃料的方法,并从定性分析上升到定量计算,进行实验探究;根据餐厨垃圾不同的种类,设计出垃圾处理的可行性方案,体验工厂垃圾资源化的过程和步骤。完成餐厨垃圾"资源化"目标。	落实餐厨垃圾资源化的方法与目标。	增强垃圾资源化的意识;发展学生的创新精神和严谨的科学态度。	进行试验创新的能力。	践行低碳生活方式,减少食物浪费和餐厨垃圾的产生。
6分钟+3分钟教师点评	1. 环境专家小组(资料组同学)发言:可持续性的餐厨垃圾处理的现状和必要性,从社会、经济、生态效益的角度看可持续垃圾管理问题。 2. 地理教师点评。	1. 学生能够了解和分析目前的餐厨垃圾处理方式对生态环境产生的影响; 2. 学生能够掌握可持续餐厨垃圾管理的生态学原理与构成特点; 3. 了解垃圾的成分和其对生态环境的影响。	餐厨垃圾可持续管理的生态环境意义。	学生能够认识到自身行为和生活方式对环境产生的影响;认识到生态环境保护中自身的责任。	多途径获取有效信息的能力。	

209

	课中合作探究					
	合作探究设计		预期学习效果			
时间	合作探究作业内容与任务	意图、方式与要求	知识	价值观	基础—可持续学习能力	行为
5分钟	区域(学校)决策者(宣传组同学)最后根据各部门的说明汇报,选择学校可持续垃圾管理的具体方式,列出原因,向学校领导提出潞河中学餐厨垃圾可持续管理的建议。	从大区域的尺度落实餐厨垃圾减量化、回收合理化、资源化的目标方向。		形成自上而下各部门都要承担起垃圾合理回收任务的意识。	小组合作提出问题解决方案的能力。	协助参与学校或家庭餐厅厨垃圾可持续循环处理方法与设施的设计与使用。
4分钟	现场的签名承诺活动。	现场签名承诺:减少食物浪费,从我做起。		增强责任感。		践行低碳生活理念。

	课后合作探究					
	合作探究设计		预期学习效果			
时间	合作探究作业内容与任务	意图、方式与要求	知识	价值观	基础—可持续学习能力	行为
课后一周内	学生制作的减少餐厨垃圾的宣传板,要求在校园内进行宣传活动,倡议每个人在宣传板上写下一句有关减少餐厨垃圾的承诺。 呼吁学校的数学、化学、地理、生物等社团进行餐厨垃圾资源化的实验探究,为垃圾去哪儿提供方法。	减少餐厨垃圾的数量。 将已经产生的垃圾进行资源化的设计。		见本课学习目标。	行动能力、宣传能力。	影响学生形成可持续生活方式。
课后一周内	向学校管理部门、政府环境部门提出区域餐厨垃圾可持续管理(尤其是分类回收)和资源化的建议。	促进餐厨垃圾的合理回收。	餐厨垃圾可持续管理机制。	各部门协作,每一个人都积极参与,促成餐厨垃圾的可持续管理。	形成决策的能力。	影响学生形成可持续生活方式。

（三）学习探究作业

学习目标：

	认知学习目标	社会情绪目标	行为学习目标
E（生态）	1. 学生能够了解和分析目前的餐厨垃圾处理方式对生态环境产生的影响； 2. 学生能够掌握可持续餐厨垃圾管理的生态学原理与构成特点； 3. 了解垃圾的成分和其对生态环境的影响。	1. 学生能够认识到自身行为和生活方式对环境产生的影响； 2. 认识到生态环境保护中自身的责任。	1. 践行低碳生活方式,减少食物浪费和餐厨垃圾的产生； 2. 协助参与学校或家庭餐厅餐厨垃圾可持续循环处理方法与设施的设计与使用。
S（科学）	1. 面对生活中的餐厨垃圾,学生认识其危害→选择性处理(垃圾的分类回收方法)→评价利弊→再处理,在这个过程中,体现绿色科学的发展理念； 2. 在对餐厨垃圾可持续处理中,学生提出无害化处理和可将其转化成肥料和燃料的方法,并从定性分析上升到定量计算,进行实验探究； 3. 结合有机化学知识从物质组成角度认识垃圾,并进行垃圾的再利用和无害化处理。	1. 树立可持续发展的意识,并增强学生的社会责任感； 2. 发展学生的创新精神和严谨的科学态度。	
T（技术）	1. 初步形成关于技术的权衡决策、方案优化、技术试验、设计创新等技术思想与方法；获得一定的创新设计能力,促进技术意识进一步形成； 2. 掌握常用工具及其使用方法、常见材料及其加工方法、方案构思及其方法、图样识读与绘制、模型制作及其工艺等方面的一些基本知识与基本技能,具有运用技术设计方法解决技术问题的基本能力和基本经验,并形成有效迁移,形成初级的工程思维、图样表达能力和物化能力； 3. 根据餐厨垃圾不同的种类,设计出垃圾处理的可行性方案,体验工厂垃圾资源化的过程和步骤。	1. 能加深对垃圾处理相关技术发展历史的理解,形成亲近技术的情感,具备一定的技术意识； 2. 通过技术设计的交流和评价,培养合作精神,提高审美情趣,增强使用技术的自信心和责任心,培养良好的批判性思维和创造性思维等思维品质。	
E（工程）	1. 学生探究查找可持续的餐厨垃圾管理方式； 2. 根据餐厨垃圾的成分及环境因素尝试设计垃圾处理的流程。	学生能够向所在学校和区域提出可持续性餐厨垃圾管理的建议。	
A（人文）	1. 设计可持续餐厨垃圾管理的宣传海报,学生在积极的情感体验中提高想象力和创造力,提高审美意识和审美能力； 2. 设计宣传海报提倡节约粮食,减少餐厨垃圾产生。	增强对大自然与人类社会的热爱以及责任感,发展创造美好生活的愿望与能力。	

211

	认知学习目标	社会情绪目标	行为学习目标
M(数学)	1. 统计学校餐厨垃圾的数量,注意样本数据的代表性;对餐厨垃圾数量、产生的危害和资源化的价值进行分析,提高数据分析能力;宣传活动后,进行餐厨垃圾数量的抽样调查,并对宣传效果做出判断,体会垃圾分类处理的必要性,增强社会责任感。 2. 学生提出问题,分析问题,解决问题,将实际问题抽象为数学模型。形成通过数据认识事物的思维品质,积累依托数据探索事物本质、关联和规律的活动经验。	能养成关注数据、收集数据并根据数据来分析问题的意识。	

相关材料:

讲前预习探究:制订活动计划,展开课前的调查

1. 资料组

需要解决的问题	(1) 中外餐厨垃圾处理的现状; (2) 可持续餐厨垃圾处理方法有哪些; (3) 餐厨垃圾处理不当的危害 (对社会、经济、生态环境的影响等)。
资料查询方式	网络、书籍。
成果要求	精选资料,汇总成简洁的表格 (如下),9 月 25 日前完成。

资料成果表:

中外餐厨垃圾处理的现状	(1) 中国餐厨垃圾处理现状; (2) 日本餐厨垃圾处理现状; (3) 欧美发达国家餐厨垃圾处理现状;
可持续餐厨垃圾处理方法有哪些	请简要列出 2—3 种可持续处理方式及优缺点。
餐厨垃圾处理不当的危害 (对社会、经济、生态环境的影响等)	请用大约 500 字说明。

2. 调查组

需要解决的问题	(1) 学校食堂每天产生餐厨垃圾的数量; (2) 学校食堂每天餐厨垃圾的回收方式; (3) 学校食堂每天餐厨垃圾的处理方式; (4) 预测可被资源化的垃圾的比例及资源化的价值。
调查方式	实地走访 (食堂、垃圾处理厂)、称重、计算等。
成果要求	调查照片和调查成果表 9 月 25 日前完成第一次调查,待宣传组宣传后,10 月 15 日前完成第二次调查。

调查成果表：

学校食堂每天产生餐厨垃圾的数量	
学校食堂每天餐厨垃圾的回收方式	
学校食堂每天餐厨垃圾的处理方式	
预测可被资源化的垃圾的比例及资源化的价值	

3. 资源组

需要解决的问题	（1）把学校餐厨垃圾实验做成可利用的资源，实现垃圾的资源化； （2）向学校食堂和校长提出食堂餐厨垃圾资源化的可行建议。
方式	（1）购买必要设备，尝试进行餐厨垃圾资源化，并与宣传组合作，向同学进行减少食物浪费的宣传教育； （2）与资料组合作研究，提出食堂餐厨垃圾资源化的可行建议。
成果要求	垃圾转变的资源或者是资源化的方案 10 月 15 日前完成。

4. 宣传组

需要解决的问题	（1）向学生进行减少食物浪费等方面的宣传； （2）向学校食堂和校长提出食堂餐厨垃圾减量化、回收合理化的建议。
方式	（1）校园内和食堂里的宣传海报制作； （2）减少食物浪费的签名承诺活动； （3）和资源组、调查组合作，向学校校长、食堂管理人提出建议。
成果要求	宣传海报、食堂或校园内的宣传方案、签名活动方案、向校方的建议书，10 月 15 日之前要完成。

成果统计：

宣传海报	
食堂或校园内的宣传方案	
签名活动方案	
建议书	

七、塑料与环境

（一）教学背景与设计

学科	英语 生物 化学	所用教材	课外材料 人教版《稳态与环境》	任课教师	李书梅 王静 王白娅	班级	高二（11）班

课 题	塑料与环境						

可持续发展教育跨学科主题分析	跨学科主题的核心概念： 塑料的特征及其对于生态系统的危害。 跨学科主题的本土化情境： 身边塑料的合理化回收、利用的建议。 跨学科主题的探究任务： 探究任务1：塑料的来源与去向。 探究任务2：塑料不可降解的原因。 探究任务3：塑料对于生态系统的危害。 探究任务4：身边塑料的使用及合理化应用、回收建议。 跨学科主题涉及的学科设计： （1）问卷调查 S科学：生活中的塑料去向。 M数学：调查问卷数据统计。 （2）阅读和分析 S科学：探究塑料的去向；探究塑料为什么不能降解；探究塑料在生态系统中对食物链的影响。 （3）合理化建议 T技术：汇报塑料研究技术的最新研究进展。 E工程：设计生活中塑料的回收、应用途径。 A艺术与人文：社区塑料合理化应用、回收建议宣传。
课标要求及解读	学科1： 英语：本节课的话题属于"人与自然"主题语境下的"环境保护"主题群，通过学习学生可以认识到塑料对于环境的巨大危害、循环再生是未来值得我们探索与践行的可持续发展之路。 解读：主题语境不仅规约着语言知识和文化知识的学习范围，还为语言学习提供意义语境，并且有机渗透情感、态度和价值观。学生对主题语境和语篇理解的深度，直接影响学生的思维发展水平和语言学习效果。所以教师要通过创设语境，充分挖掘特定主题所承载的文化信息和发展学生思维品质的关键点，基于对主题意义的探究，以解决问题为目的，整合语言知识和语言技能的学习与发展，将特定主题与学生的生活建立密切的联系，鼓励学生学习和运用语言，开展对语言、意义和文化内涵的探究，树立正确的世界观、人生观和价值观，实现知行合一。

学科	英语 生物 化学	所用 教材	课外材料 人教版《稳态与环境》	任课 教师	李书梅 王静 王白娅	班级	高二（11）班

学科2：

生物：高中生物《稳态与环境》，分析阅读资料，阐明微塑料属于有害物质，会通过食物链不断地富集现象，形成"环境保护需从我做起"的意识。

解读：2017新课标强调发展生物核心素养，包括生命观念、科学思维、科学探究和社会责任。其中模块2生物与环境的相关课程内容中强调，人类的活动对环境产生重大影响，环境保护已成为全人类共同关心的问题。分析或探讨人类活动对自然生态系统动态平衡的影响，并尝试提出人与环境和谐共处的合理化建议等活动，为学生树立人与自然和谐共处的观念，形成生态意识、环保意识和践行绿色低碳生活方式奠定了基础，同时也有助于发展学生的生命观念、科学探究和社会责任等生物核心素养。

学科3：

化学：本节课的知识属于选修一《化学与生活》，学生通过查阅资料了解塑料的来源、化学成分及其性能，分析塑料不易降解的原因，从而正确认识塑料的使用对人类生活质量和环境质量的影响，提出合成环境友好型材料，实现绿色化学。

解读：化学与人类的生产生活息息相关，新课标强调了化学与社会发展的重要联系，体现了"科学探究与创新意识""科学态度和社会责任"的化学学科核心素养。基于物质的性质和化学反应，综合各个方面科学合理地选择和应用物质，尽量减少对自然、环境的影响，自主地将可持续发展、绿色化学观念应用于实验探究活动和实际问题的解决中。通过化学科学在材料科学综合利用方面的重要价值的认识，进一步体会到化学对社会发展的贡献，培养可持续发展意识和绿色化学观念。

本课教学目标

可持续发展教育跨学科主题总目标

		认知学习目标	社会情绪目标	行为学习目标
	E（生态）	通过学习能够了解和分析塑料对生活及生态系统的影响。	学生能认识到人类的生活对自然生态系统产生了非常大的影响，并为自己的行为负责。	学习者能够在日常生活中减少使用塑料，践行低碳生活方式。
	S（科学）	结合化学的相关知识，明确塑料不能分解的原因。 结合生物的相关知识，明确生物富集现象的影响。		
	T（技术）	汇报塑料研究技术的最新研究进展。		
	E（工程）	设计生活中塑料的回收、应用途径。		
	A（人文）	批判性看待塑料所带来的影响并探求解决塑料污染问题的方法。		
	M（数学）	调查问卷数据统计。		

英语学科涉及生态、科学、技术、人文的学习目标。
生物学科涉及生态、科学、技术、人文的学习目标。
化学学科涉及科学、技术、工程的学习目标。

学科	英语　生物 化学	所用 教材	课外材料 人教版《稳态与环境》	任课 教师	李书梅　王静 王白娅	班级	高二（11）班

学情分析	教学背景： 自 1907 年贝克兰发明酚醛树脂以来，塑料就成了我们日常生活中必不可少的一部分。然而随着大规模应用，随之而来的塑料污染也成了全球性难题。2008 年 1 月 8 日，国务院办公厅下发《关于限制生产销售使用塑料购物袋的通知》，在全国范围内禁止生产销售使用超薄塑料袋，并实行塑料袋有偿使用制度。但是，人类和塑料的关系可能比你想象得还要"亲密"。除了生活中接触到的各种塑料制品，塑料还会降解成直径从 0.1 到 5000 微米不等的塑料微粒。这些微粒在陆地上随处可见，也被发现存在于河流、海洋甚至北极。近两年有关"微塑料"的研究结果显示，人类的生活面临着严重的威胁，研究者称，每人每年或吃下 7 万片微塑料。 因此，本实践活动引导学生关注生活中塑料的生产、使用及回收的问题，学生展开调查和研究，通过模拟竞选环保代言人的方式，明确塑料的回收利用对可持续发展的意义，也促使学生认识到自身行为和生活方式对环境产生的影响。 高二的学生具有英语、生物、化学等多学科知识融合的能力、解决问题的能力基础，具备完成实践研究和展示的可行性。通过本实践活动，改变生活方式，形成"环境保护从我做起"的意识。
教学重点	学习重点： 通过调查、学习与研究，学生能够了解生活中被我们废弃塑料的去向，明确塑料难以降解的原理，能够阐明微塑料属于有害物质会通过食物链不断地富集，从而影响整个生物圈。 学生能够根据所学原理提出一些建议，如：分析塑料结构设计降解方法，建议塑料的合理化回收及资源利用；生活中塑料的一些替代品等。 学生能够认识到自身行为和生活方式对环境产生的影响，改变生活方式，形成"环境保护从我做起"的意识。 各学科教学重点： 英语：在解决问题的过程中，运用英语语言技能获取、梳理、整合语言知识和与生态、环保相关的生物化学学科知识，深化理解；运用所学语言创造性地表达个人意图、观点和态度。 生物：通过分析生活中废弃塑料的去向，阐明其在生态系统中的生物富集现象及对生态系统的影响。 化学：通过查阅塑料的成分性能，从学科角度分析塑料之所以会造成白色污染的原因。
教学难点	可持续发展教育的难点： 学生能够根据所学知识对塑料的应用、回收提出合理化建议。 各学科教学难点： 英语：生物化学学科专业词汇的理解和表达。 生物：微塑料对生态系统的影响。 化学：塑料的成分、性能及不易降解的原因。

（二）教学过程

<table>
<tr><td colspan="7" align="center">课前预习探究</td></tr>
<tr><td rowspan="2">时间</td><td colspan="2" align="center">预习探究设计</td><td colspan="4" align="center">预期学习效果</td></tr>
<tr><td>学习探究作业内容
与任务</td><td>意图、方式与要求</td><td>知识</td><td>价值观</td><td>基础—可持续学习能力</td><td>行为</td></tr>
<tr>
<td>课前一个月</td>
<td>1. 提出问题：Planet or Plastic？塑料在生活中随处可见，但是随着塑料在生活中的大面积使用及其自身的性能，塑料对于生态系统造成了十分严重的影响。此时，你和你的团队将如何号召人们一起行动起来减少塑料对于环境的污染？
2. 按兴趣分组（表演组、演讲组、应用组、调查组），落实行动方案。
3. 分组进行调查和数据收集：调查生活中塑料的使用、回收情况。设计调查问卷并回收，进行数据统计。
查阅资料，调查塑料的去向、对生态系统的影响(生物)。
查阅文献，分析塑料垃圾难以降解的原因(化学)。
4. 分析整合调查结果，形成论文(中英文)。
5. 按照各组展示方式，编写剧本、演讲稿或者设计实验等，教师对活动计划进行指导完善。</td>
<td>确定研究的内容和意义。组内合作分别承担收集信息、加工信息等任务。</td>
<td>初步从有机化学的角度了解塑料的组成性能，获得塑料难以降解的原因。</td>
<td>学生能够认识到自己的日常行为对于环境产生的巨大影响，提升环保意识。</td>
<td>收集并整合、加工信息。

团队合作解决实际问题；提升学生发现问题、分析问题、解决问题的综合思维能力。</td>
<td>从主人翁的角度出发，进一步去探索塑料背后的原因及防护，保护我们赖以生存的环境。</td>
</tr>
<tr><td>课前一周</td><td>按各组展示形式排练。</td><td></td><td></td><td></td><td></td><td></td></tr>
<tr><td colspan="7" align="center">课中合作探究</td></tr>
<tr><td rowspan="2">时间</td><td colspan="2" align="center">合作探究设计</td><td colspan="4" align="center">预期学习效果</td></tr>
<tr><td>学习探究作业内容
与任务</td><td>意图、方式与要求</td><td>知识</td><td>价值观</td><td>基础—可持续学习能力</td><td>行为</td></tr>
<tr>
<td>2分钟</td>
<td>1. 主持人引出活动主题：Planet or Plastic？</td>
<td>学生通过戏剧、演讲及歌唱等多种形式展示课前预习成果，并检验学习效果。</td>
<td>通过角色扮演，将查阅的知识进行内化，并应用到生活环境中。</td>
<td>体会到生产、生活与环境息息相关，合理利用材料，才能实现人类的可持续发展。</td>
<td>提升学生的表达能力和思维能力。</td>
<td>能客观地看待问题，合理利用材料，实现绿色发展。</td>
</tr>
</table>

课中合作探究						
时间	合作探究设计		预期学习效果			
	学习探究作业内容与任务	意图、方式与要求	知识	价值观	基础——可持续学习能力	行为
15分钟	2. 展示活动： 第一组：戏剧小品 Mr. Plastic。 第二组：演讲——塑料的危害。 生物教师总结：塑料与生态。 第三组：实物展示组——塑料的再利用。 化学教师总结：塑料不可降解的化学原因。 第四组：调查报告——塑料制品在潞河。 3. 英语教师总结。					
10分钟	4. 全班同学完成"Planet or Plastic?"的宣传海报。					

课后合作探究						
时间	合作探究设计		预期学习效果			
	学习探究作业内容与任务	意图、方式与要求	知识	价值观	基础——可持续学习能力	行为
课后当天	完善 Planet or Plastic? 的海报并在校园里进行展示。	强化所学内容，巩固育人成果。	拓展思维，开阔视野。	形成可持续发展的意识。	行动能力、宣传能力。	影响学生形成可持续生活方式。
课后一周内	整理论文。					

第二节 学科内融合的教学设计

　　学科内的融合起始于"遨游计划"的研究与实施。据 1934 年校章记载，我校以"造就健全人格，培植升学和职业技能，并养成农村领袖"为办学宗旨。第一任华人校长陈昌祐先生倡导"人格教育"。他认为，培植健全人格，必须"三育全备"，即智、德、体全面发展。当历史走近世纪交汇时期，我国教育的外部环境发生了巨大的变化，经济体制的转型和政治改革的推进，深刻地影响着学校教育的发展。但历任校长坚持健全人格的培养目标，并赋予"健全人格"详细的理论阐释和具体标准，以此作为潞河教育的龙头课题，构建与之相适应的课程体系，把培养学生健全人格作为出发点和归宿，尊重学生的主体地位，增进学生的主体精神，激发学生主体发展的能动性，使学生的个性和特长最大限度地得到发展，让每个学生都能抬起头来走路，每个学生在潞河校园都能享受到成功的喜悦，从而开创了潞河人格教育的崭新阶段。

　　随着社会的变革和发展，人格教育的内涵已经发生了深刻的改变。在厘清其发展脉络的基础上，如何深入挖掘其思想内涵，完善以人格教育为核心的课程体系，探索以课程建设平台为人格教育的实施途径和方式，建立其评价体系和方法，是我们新一轮课程建设的重点。而学科内的融合主要以充分发挥学生学习的主体作用，强调学生形成积极主动的学习态度、学会学习和树立正确的价值观；强调学生的主动参与和探究发现，强调学生的信息收集处理能力、获取知识的能力、与人合作能力的形成和发展；强调建立指标多元、方式多样、着眼于学生发展的评价方式和教师与学生共同制定并参与的评价方式为目的。采用适当的教学方法，使每个学生都得到充分的活动，获得坚实的基本知识和基本技能，同时获得充分的个性发展。正是在这样的背景下，学科内的融合开启了实践之路。

　　与学科间的融合一样，学科内的融合也经历了逐步的探究过程。在这个过程中，教师们不断转变教育观念，变革教学方法，更新知识结构，获得专业上的发展。校本课程的建设，从教教材，到用教材，再到编教材，导学案的编写、小组的建设与使用等等，都增强了教师的课程意识，从单纯的执行者变成了课程的设计、开发、实施和评价的研发者。经过多次的展示与交流活动的磨炼，更加提升了初中部教师的整体水平。

2014 年 12 月 25 日在潞河中学举行的"走进潞河中学"，共推出了 12 位老师 12 节课例以及初二语文诵读展示。包括数学、语文、英语、物理、化学、历史、政治、学科融合等学科，涉及初中部三个年级。这是我校学科内融合研究成果的首次亮相。通州区 2015 届初三教学现场会于 2015 年 3 月 25 日在潞河中学召开，我校又推出了 4 节课例。北京市"2015 年初三英语教学有效性"主题研讨活动于 2015 年 4 月 9 日在我校召开，同时推出了 3 节研究课。借助各项活动，我们不放过任何一个研究和展示的机会，仅 2014—2015 年就举行市级研究课 3 次，区级研究课 4 次，参与老师达 30 多人次。校级研究课贯穿全学年，覆盖全学科，形成了很好的课程推进研讨机制，极大地推进了基础必修课程的实施效果。2016 年 12 月，李晨松副校长代表学校做了《开展初中多学科融合的行动研究，探索中学课堂教学改革有效途径》的汇报，总结了我校在本课题上取得的丰硕成果。教委王秀东副主任向项目学校颁发课题结题证书并讲话，王主任肯定了课题在教学改革试验上取得的实效，尤其是在有效教学模式的探索上结出的硕果，并勉励各项目校抓住机遇，在城市副中心建设的大潮中有积极的作为。2016 年，我校承办"遨游计划"的首场展示活动，展示了 32 节课，涉及初中部的所有学科、多个领域，此活动是一次潞河初中部课程改革成果的全方位展示。每节课各具特色，异彩纷呈。

语文组学科内融合的教学设计

一、感悟胡同门楼艺术 传承中华传统文化

（一）教学背景

学科	语文	任课教师	王 雷	时长	45分钟	班级	初一（5）班
课　题	感悟胡同门楼艺术　传承中华传统文化						
设计理念	《北京市中小学语文学科教学改进意见》要求"扎实推进教与学方式转变，提倡开放学习"中提倡"加强教学与社会实践联系，将不低于10%的课时用于以语文应用为主的综合实践活动，发展听说读写能力"。本次"胡同门楼文化探究"就是基于改进意见，学科自主研发的"胡同文化"课程，该课程是学校多学科融合课题"潞河溯源"之"什刹海 北京胡同"子课题中的语文学科部分。学生在"小升初衔接"的暑假活动手册指导下已经自主探究了"老北京的小胡同""大北京的小地方——名人故居"，从名人的生存状况、思想状况，感悟时代变迁中的历史人文风貌；从名人角度初步感悟胡同文化。上学期从交流探究结果发现，学生对北京四合院也有着浓厚的兴趣，学生的兴趣点就是课程的生长点，作为课程的深化，此次研究重点定为"四合院文化研究"。博大精深的中华文化常在细微之处体现它的伟大，作为传统建筑元素的门就是一道具有文化特色的风景线。"胡同门楼文化研究"作为"四合院文化研究"的第一部分，通过问题探究，引导学生再次走访北京胡同，从门楼的建筑位置、规模、形式、装饰等不同角度探究它蕴含的文化内涵，从而提高学生对传统文化的认知程度，进一步提高学生综合运用知识解决问题的能力、交流与合作的能力、创新意识与实践能力。总之，系列课程的开发过程就是学生体验生命的历程，学生在活动中感受、体验，并得到认识的提升、能力的提高、情感的升华、方法的获得，从而促进学生的全面发展。						
教学目标	1. 感悟胡同门楼建筑艺术，探究物质生活背后蕴含的精神寄托，提升学生对传统文化的认知程度。 2. 设置问题，引导学生实地走访、上网查找资料解决问题，培养学生探究问题、解决问题的能力。 3. 在个人研究的基础上，小组合作，优化探究结果，培养学生小组合作的能力。						
学情分析	初一年级在小升初的暑假就通过活动手册指导学生进行实践活动，探究北京胡同文化，即"老北京的小胡同"和"大北京的小地方——名人故居"，学生初步感到胡同文化的魅力。这次活动是在上学期基础上的深入探究，学生对小胡同不再陌生，能更好地选取素材，为探究做好材料准备工作。初一上学期，学生进行了多次实践活动，活动后均有上网查阅资料探究问题、解决问题，因此学生具备初步的探究能力。						
教学重点 教学难点	1. 教学重点:感悟胡同门楼建筑艺术，探究物质生活背后蕴含的精神寄托，进一步传承传统文化。 2. 教学难点:培养学生探究问题、解决问题的能力。						

221

（二）教学过程

教学内容	教师活动	学生活动	设计意图
1. 导入 走进北京胡同，我们会被造型各异、富有民族风情的门楼吸引。"宅以门户为冠带"，阐释了国人对于宅门的重视，博大精深的文化在细微处体现了它的伟大，今天我们就一同探究胡同门楼艺术体现的文化内涵。	创设情境导入。	聆听，进入情境。	创设情境，激发学生的学习兴趣。
2. 宏观入手，感知门楼艺术 （1）学生以小组为单位展示探究结果：围绕门楼的位置、规模、建筑形式的不同探究其背后的原因。 （2）门楼的建筑位置、规模、建筑形式是宅主人的身份地位的象征。	相机引导学生。	展示 PPT，讲解探究结果。其他组补充。	从门楼的位置、规模、建筑形式等角度，宏观入手，初步感知门楼文化。
3. 微观切入，品味门楼文化 门楼的装饰图案，有着浓郁的地方特色，是一个民族风俗习惯、审美情趣等诸多文化内涵的体现，从图案内容、寓意探究门楼装饰图案的文化内涵，提升对传统文化的认同感。 （1）分享装饰图案。 （2）探究装饰图案的寓意。 ①表现人们对美好生活的向往（富、贵、寿、喜）。 ②表现人们对某种审美人格境界的神往。 （3）探究图案寓意的表现手法。 ①谐音法：以同音或相近音的字进行的一种语音修辞手法。我们经常能见到一些"不相关"的画面组合，其实正是谐音在民间美术中的运用。老百姓利用与画面相同或近似的字词音表达出吉祥的寓意。 ②借喻法：借助可视的有寓意或象征性的事物来表现寓意。 ③变形法：将适当的汉字直接变化成图案。 总之，图案寓意的表现手法，正是我国民间百姓独特思维方式的体现，是百姓寄托美好向往和审美情趣的方式，也是传统文化的重要组成部分。	相机引导、提升认识。	展示搜集的装饰图案；给装饰图案分类；通过小组合作探究图案的寓意及其表现手法。	通过走访、上网查阅资料等形式，培养学生自主探究问题的能力。在个人探究的基础上，通过小组整合，培养学生小组合作的能力。 以门楼装饰图案为切入点，从微观上深挖图案背后的寓意，探究图案背后的文化内涵和民间百姓的思维方式，提升对传统文化的认同感。
总结门楼艺术的文化内涵： ①体现宅主人的身份地位。 ②表现宅主人对美好生活的向往。 ③表现宅主人对某种审美人格境界的神往。		总结。	总结门楼文化内涵，提升对传统文化的认知程度。

教学内容	教师活动	学生活动	设计意图
④我国民间百姓思维方式的体现。 **4. 传承传统文化** 胡同是老北京人生活的象征,是北京古老文化的体现,那曲折幽深的小小胡同孕育了具有浓浓中国味儿的"胡同文化"。对于这样一个具有特色的历史古迹,我们应该认真思考如何让它在现代化的城市改造中保持它的古朴与深邃,并让它走出中国,走向世界,重新焕发夺目的光彩。 同学们谈谈自己对于保护和传承胡同文化的看法。 **5. 作业** 请大家写一份保护传承胡同文化的倡议书。	相机引导、提升认识。	谈自己对于保护和传承胡同文化的看法。	激发学生自觉保护传承传统文化的意识。

任课教师简介

王雷,高级教师,2002年毕业于首都师范大学汉语言文学专业,担任年级主任、初中分支委员工作,曾获区青年骨干教师、毕业班优秀教师、优秀共产党员、三八红旗手、青年岗位能手等荣誉称号。

二、春之歌吟

(一)教学背景

学科	语文	任课教师	钱朝霞 邵坤 谢丹	时长	60分钟	班级	初二(5)、(6)班 吟诵社
课 题	**春之歌吟**						
设计理念	用古人的读书法——吟诵,来歌吟春天的诗词,感受春之生机、春之繁盛以及春之传统文化内涵,浸润诗意人生,提升学生的核心素养。						
教学目标	1. 用吟诵法展示古诗文之美,渲染传统文化色彩。 2. 学吟写春的诗词,品味诗歌声韵之妙、对仗之美。 3. 在吟诵中感受大自然春天的蓬勃生机,品味春天的传统文化内涵,浸润诗意人生,提升文化品位。						
学情分析	1. 本学期语文课在"刚日读经,柔日读文"的教学程序中加入了吟诵读书法,言之不足故咏歌之,力求用古人原汁原味的吟诵贴近文字本音来理解意义,古诗词的意境是在声韵流动中呈现具象、迁移拓展,物我浑融的。 2. 初二(5)、(6)班的同学从模仿开始一步步走近吟诵,学吟了《大学》《论语》章句,品味儒家明德、亲民、止于至善的修身齐家治国平天下之大道;从《元日》《青玉案·元夕》《春分》《清明》等节日习俗中感受传统文化底蕴;用梁衡散文《把栏杆拍遍》通俗解读辛弃疾的诗词;从《乱世中的美神》走近李清照的内心深处;由《一片江山尽姓韩》换角度了解韩愈。刚柔并济,诗文同读,并用吟诵表情达意,抒发心声。 3. 用吟诵"依字行腔,依义定调"的基本规则吟咏对联,为诗歌创作奠定基础,以诗文涵养身心。						
教学重点 教学难点	1. 吟诵咏春诗词,挖掘文化内涵。 2. 学吟对联。						

（二）教学过程

教学内容	教师活动	学生活动	设计意图
1. 春之起兴		顽童闹学堂（诗词吟诵展示）： 过年了，放炮去喽！男生群体吟诵《元日》（洪森写对联，两女生低吟对联内容）。 男生甲：爆竹声中一岁（髓）除！ 男生乙：不对，你吟得不对！应该是"一岁除！" 抑扬顿挫吟诵—— 甲：你没读出入声字！ 乙：你平声没拖长！不好听！ 甲：你读得没感情！ 乙：你读得没气势！ （闹中讲出吟诵规则） ……	学生吟诵展示。
2. 春之歌吟 （1）钱老师吟诵《论语》，登台串联学生吟诵。 （2）跟着邵坤老师走进春天，学习吟诵赞春诗歌。谢丹老师琵琶伴奏。 （3）投影校园草坪，学生吟诵《诗经·周南·桃夭》，钱朝霞老师讲析： ——由灼灼其华的桃花到宜其家人的美女——美在自然，美在人品！ （4）活动：投斛吟诵对联。 （5）用吟诵自创对联。	钱老师拉着甲乙指着写对联、行汉礼的女生吟诵"礼之用，和为贵，先王之道，斯为美。" 吟诵"一片江山尽姓韩"。 吟《初春小雨》。 邵坤老师教吟杜甫《江畔独步寻花》。	 ——三五个女生吟诵《鹿鸣》，穿汉服，行汉礼。 1. 感受春之生机蓬勃，繁花似锦。 2. 体会诗歌文化内涵。 3. 吟诵对联： 两岸晓烟杨柳绿，一园春雨杏花红。 ……	

教学内容	教师活动	学生活动	设计意图
3. 春之思远 （1）吟诵韩翃《寒食》、杜牧《清明》、《诗经·蒹葭》，品味寒食节、清明节、上巳节的文化内涵。 （2）用《论语》"慎终，追远，民德归厚矣"归结。 （3）集体吟诵《大学》：大学之道，在明明德，在亲民，在止于至善。——明德，亲民，止于至善！ 结语：一年之计在于春。人生的春天至善至美之境是诗歌中的桃花绿柳、莺飞蝶舞，更是内涵、美德、气质！腹有诗书气自华，在吟诵中涵养美德，浸润人生吧。	钱朝霞老师讲《桃夭》的声韵分析。 修改对联平仄押韵。 钱朝霞老师教吟并进行声韵分析。	自创对联： 1. 红楼钟声依旧，协和碧水长流。 2. 潞园杨柳绿，协和碧水清。 学生由诗句联想想象，把握意象，在吟诵中解读诗歌的文化密码。	

任课教师简介：

钱朝霞，中学高级教师，通州区骨干教师，通州国学讲师团成员。语文教学践行"刚日读经，柔日读文"和学生同步阅读、吟诵，在读书交流中学习写作，喜欢吟诵并努力在教学中尝试。

三、潞河中学诗词大会之何妨吟啸且徐行——走进大师苏东坡

（一）教学背景

学科	语文	任课教师	郑小兰 姜小梅	时长	1 小时	班级	初二 1—4 班
课 题	潞河中学诗词大会之何妨吟啸且徐行——走进大师苏东坡						
设计理念	中华古诗词历史源远流长，名篇佳作美不胜收，是民族文化的根基和典范，千百年来，万口传诵，哺育了一代又一代人，成为祖国文化的命脉。诵读，是语文课堂教学中最具活力、最具生命力的因素。古诗词诵读教学，以其声情兼备的独特的方式，创造性地再现作品，实现学习者对作品的感知、理解和体验，从而为课堂教学注入更为浓烈的人文色彩，进而在开发学生心智、陶冶学生情操、健全学生人格方面发挥出无可替代的特殊作用。我们年级从初一入学开始就背诵了大量的古诗词，初一以优秀古诗为主，初二以宋词为主，对诗词的选取、讲解、背诵、展示、深入探究已经形成了一系列的特色课程。这节课是一节诗词背诵、诵读展示、深入探究课，通过竞赛、朗诵、讲解等方式深入理解体会苏轼的诗词与思想，使学生对苏轼有一个全面深刻的理解与认识，继而提升对苏轼作品的理解体悟能力。						

学科	语文	任课教师	郑小兰 姜小梅	时长	1小时	班级	初二1—4班
教学目标		1. 理解苏轼诗词的内容、思想,体会诗词中所包含的人生哲理。 2. 借助朗诵感受诗人心境,体会作者旷达的心怀。 3. 全面了解认识苏轼,继而体会苏轼作品的思想内涵。					
学情分析		初二年级学生从初一入学就开始背诵大量的经典古诗词,有了一定的诗词积淀,年级通过形式各样的展示活动如诗词背诵大赛、宋词朗诵比赛、艺术节文艺表演等形式推进了诗词的诵读活动,使学生们深深地喜欢上了古典诗词。年级学生加入了学校的"吟诵社",每周都有专家来学校指导吟诵,对古诗词的理解和感悟也起到了推动作用。老师在讲解诗词时特别注重"知人论世",会和学生一起阅读和诗人有关的文章,如《苏东坡突围》《乱世中的美神——李清照》《读柳永》等,把经典散文阅读和诗词理解背诵有机地结合在一起,相得益彰,相映成趣,使学生对作家和作品有了更加深入的理解。学生们在记忆力最好的时候遇到了最美的古诗词,这对他们的人生会有深远的影响,被古诗滋养的学生收获的不仅仅是诗情和文才,他们还会得到生命额外的垂青。					
教学重点 教学难点		重点:理解体会苏轼代表作品的思想内涵和苏轼的人生境界。 难点:通过对苏轼其人其作的理解体会,有自己独到的见解和体悟。					

(二) 教学过程

教学内容	教师活动	学生活动	设计意图
导入: 中国是一个诗歌的国度,诗词可观、可品,今天,我们一起走近一位伟大的诗人,品悟一颗伟大的灵魂。	姜小梅老师主持。	参与答题,与台上选手对决。	加深对苏轼其诗、其人的认识了解。
活动一　走进诗的世界 出示与苏轼相关的近10首耳熟能详的五言、七言诗,分别用选句、上下句、填词、找错字等形式让学生作答。	郑小兰老师可适当对某些诗句的背景、典故做讲解。		
活动二　走进苏轼的人生 了解苏轼的政治经历: 反王安石新法,自请外放——密州、徐州。 卷入"乌台诗案","谤讪朝廷"被贬——黄州。 与司马光旧党政见不合,贬——杭州。 新党执政,贬——惠州、儋州。 自评"问汝平生功业"。	姜老师讲解。	读、听、记、品。	了解苏轼的人生经历,了解他的不合时宜,了解他的才学。
讲解《自题金山画像》。 心似已灰之木,身如不系之舟。 问汝平生功业,黄州惠州儋州。	郑老师补充引导。		

教学内容	教师活动	学生活动	设计意图
讲解苏轼的文化成就,引入苏轼"词": 　苏黄米蔡——书法 　枯木怪石——绘画 　东坡肉——美食 　? ——东坡词 活动三　走进苏轼词的世界 各班擅长朗诵的同学到台上展示苏轼词朗诵(配古筝、竹笛、舞剑)。 密州词: 　《江城子·密州出猎》 　《水调歌头· 明月几时有》 黄州词: 　《卜算子·缺月挂疏桐》 　《念奴娇·赤壁怀古》 　《浣溪沙·山下兰芽短浸溪》 　《定风波·莫听穿林打叶声》 悼亡妻: 　《江城子·十年生死两茫茫》 声音是诗词魅力的延伸,从这些朗诵中你听出了苏轼词怎样的魅力?请点评。	分不同时期引导学生理解诗词中的情感人生态度。	表演展示。 谈感受。	通过朗诵表演展示学生对苏词的理解,进而从词中理解苏轼的人生态度。
活动四　有人说,如果苏轼活在今天,应该是微博微信上的大 V,根据你对苏轼的了解,你能为他设计一个头像和个性签名吗? 现场展示(课下完善)	巡视,展示。	设计头像和个性签名。	深入评价苏轼。

227

四、生活中的趣味数学

(一) 教学背景

学科	数学	任课教师	孙宝英	时长	45分钟	班级	初一 (3) 班
课 题	生活中的趣味数学						
设计理念	培养和提高学生的学习兴趣,体会数学也可以很有趣;帮助学生通过图画、视频、角色扮演等手段亲身经历问题的提出、分析和解决过程,增加实践检验,缩小两极分化;培养建立数学模型的能力;渗透数学的实用性,体会数学来源于生活又应用于生活,生活中处处有数学。						
教学目标	1. 在角色扮演的过程中能够确定问题中量的归属,正确分析问题中的数量关系; 2. 经历问题的产生、概括、分析、解决等过程,体会数学建模思想,学会分析问题; 3. 增加实践经验,体会生活中处处有数学,数学来源于生活又服务于生活,提高学习数学的兴趣。						
学情分析	初一学生好奇心、求知欲较强,活泼好动但生活经验不足。学生已经学习了一元一次方程、一元一次不等式以及二元一次方程组的应用,能够解决简单的行程问题、工程问题、分配问题、商品销售问题、储蓄问题、数字问题等较为常见的应用题,但是还有近三分之一的学生常常分析不准涉及量间的关系以及量的归属,因此在列相等关系时常常会张冠李戴,列不出相等关系。部分学生逐渐显示出对数学的恐惧,整体出现两极分化的态势。						
教学重点 教学难点	能够分清量的归属、量间的关系,会确定相等关系从而正确解决问题。						

(二) 教学过程

教学内容	教师活动	学生活动	设计意图
1. 问题探究 (1) 买葱问题 ①星期天,小明跟爸爸来到菜市场。市场上有辣椒、茄子、白菜、大葱……琳琅满目。 ②爸爸看好了一份大葱,1元钱1千克,便随口说:"这份大葱好是好,就是叶子多了。" ③这时正好有一位叔叔走过来对爸爸说:"这样吧,大哥,你不愿要葱叶,正好我只要葱叶,葱白你买,怎么样?" ④小明急忙凑上去高兴地说:"这太好了,爸爸只要葱白,6角钱1千克,这位叔叔只要葱叶,4角钱1千克,合起来还是1元钱买1千克大葱,谁都不吃亏!" ⑤谁知,小明刚说完,爸爸、这位叔叔还有那位卖葱的,都笑开了。你知道这是怎么回事吗?	以连环画的形式出示问题。 引导学生结合画面和文字分析场景中的数学问题,找到数量间的关系。	观看 PPT 出示的连环画,思考、交流、展示。 反思小结注意事项(量的单位)。	生活中的趣味问题,激发学生的学习兴趣。连环画更加直观地展现问题,为学生提供场景模型,帮助学生理解问题所在,降低难度,为学困生搭好台阶。

教学内容	教师活动	学生活动	设计意图
(2)吃面问题 宋小宝去海参面馆吃面,点了一份海参炒面,发现价格超贵,于是换了一碗便宜的汤面,吃完后宋小宝抹嘴便走。服务员拦住了他的去路: 服务员:汤面钱18元,请付钱。 宋小宝:汤面我用炒面换的,给什么钱? 服务员:炒面钱你也没给啊,所以汤面钱得给! 宋小宝:炒面我也没吃啊,所以不用给! 请问宋小宝应不应该付钱,为什么?	播放视频《吃面》片段。 引导学生从整个故事中抽象概括出数学问题,分析量的归属。	观看视频片段,思考、交流,解答问题并反思小结量。	帮助学生从身边的事件中抽象出数学问题,建立数学模型,培养学生的抽象概括能力和分析问题、解决问题的能力,渗透生活中处处有数学。
(3)卖鞋问题 小王是卖鞋的,一双鞋进货价45元,甩卖30元,顾客来买双鞋给了张100元,小王没零钱,于是找邻铺换了100元。事后邻铺发现钱是假的,小王又赔了邻铺100元。请问小王一共亏了多少元?	出示问题,组织学生表演、分析。	将问题排演成小品,在角色扮演和观看的过程中亲身经历问题的形成和提出过程,分析问题,解决问题。	设置场景,角色扮演帮助学生亲身经历问题的形成过程,更好地理解问题,既调动了学生的积极性又为学生提供生活经验,体会数学来源于生活又应用于生活。
(4)住宿问题 一天晚上,有3个人去住旅馆,300元一晚。三个人刚好每人掏了100元凑够300元交给了老板。后来老板说今天搞活动,优惠到250元,拿出50元命令服务生退还给他们三人。服务生偷偷藏起了20元,把剩下的30元钱分给了他们三个人,每人分到10元。 问题是刚才每人掏了100元,现在又退回10元,也就是90元。每人只花了90元钱,3个人每人90元就是270元再加上服务生藏起的20元就是290元,还有10元钱去了哪里?	出示问题,组织学生表演、分析。	以小品的形式展现整个问题的背景,在角色扮演和观看的过程中亲身经历问题的形成和提出过程,分析问题,解决问题。	经历问题的形成过程,为学生提供展示的机会和生活经验,扩大学生的参与程度和积极性,体会数学的应用性。
备用: 你跟父母各借500元买了一双鞋,970元找回30元,给父母各10元,自己还有10元,分别欠父母490元,490+490=980元,加上自己的10元共990元,还有10元去哪了?	留作备用。	思考、交流。	
2. 反思小结 谈谈你在本节课中的收获。	引导学生反思、交流。	课下完成。	培养学生及时反思、小结的习惯和能力。
3. 课后作业 请搜集生活中有趣的数学问题,小组内交流分享。各组推荐一个问题展示,进行评比。	组织评比。		延伸课堂,训练学生发现生活中的数学问题,提高学习兴趣。

任课老师简介：

孙宝英：潞河中学数学高级教师，北京市骨干教师，潞河中学教学处副主任，原数学教研室主任，通州区初中数学兼职研修员，青年教师导师，通州区"秋实杯"奖获得者，通州区"运河计划"领军人才。

五、在趣味游戏中认识不定方程（组）

（一）教学背景

学科	数学	任课教师	孙振其	时长	45分钟	班级	初一(8)班
课　　题		在趣味游戏中认识不定方程(组)					
设计理念		苏霍姆林斯基说过："兴趣的源泉在于运用"，"成功的快乐是一种巨大的情绪力量，它可以促进学生学习"。凡是符合学生兴趣的活动就容易提高他们的积极性，使他们愉快地从事这些活动；当人心情愉快时，情绪处于积极状态，思维敏捷，学习效率高。因此，在教学过程中，尽可能创造宽松明快的学习气氛，重视情景教学，寓教于乐。					
教学目标		1. 通过游戏了解不定方程(组)； 2. 会求简单的不定方程(组)的正整数解； 3. 通过把数学知识寓于游戏之中，激发学生的学习兴趣，使学生有应用数学的意识； 4. 通过介绍数学史上关于不定方程(组)的有关知识，学习科学家的探索精神，激发学生的求知欲。					
学情分析		所任教班级的多数学生基础较好，性格比较活跃，具备了一些分析能力和思维能力，初步养成了合作交流的习惯。但是目前他们学习数学的兴趣、探索知识的欲望需要教师的培养、引导。因此，我根据教材中的阅读理解，"我国古代有趣的百鸡问题"和学生比较活跃的性格特点设计了这节课，让学生展示自己的数学才华，调动学生学习数学的兴趣，培养学生的求知欲和积极探索数学问题的精神。					
教学重点 教学难点		了解不定方程(组)，会求简单的不定方程(组)的正整数解；经历应用所学知识探究解决实际问题的过程。 从游戏问题中找出相等关系，列出方程(组)，求出正整数解。					

（二）教学过程

教学内容	教师活动	学生活动	设计意图
提前准备好学习资料，课前发给学生自主学习，小组研究讨论。 1. 研究探讨，引出不定方程(组)。 问题一： 甲准备还给乙19元钞票，可甲只有每张3元的钞票，乙只有每张5元的钞票，请你想想他们应怎样交换？	组织学生以组为单位，展示本组的研究成果——根据题意所列的方程或方程组。	在课前进行充分的研究准备，各组选派组员展示本组的研究成果，并回答其他组同学的提问。	培养学生自主学习、交流合作的习惯和学习能力。

教学内容	教师活动	学生活动	设计意图
设甲需交给乙 x 张钞票，乙需交给甲 y 张钞票，根据题意，得： 　$3x-5y=19$ 　其中 x、y 都为正整数。 问题二：百鸡问题 今有鸡翁一，直钱五；鸡母一，直钱三；鸡雏三，直钱一。凡百钱买鸡百只，问鸡翁母雏几何。 设公鸡有 x 只，母鸡有 y 只，小鸡有 z 只 根据题意，得： $$\begin{cases} x+y+z=100 \\ 5x+3y+\dfrac{1}{3}z=100 \end{cases}$$ 其中 x、y、z 都是正整数。	引导各组学生相互评判。		通过课上展示、交流，培养学生的语言组织表达能力和积极的思辨能力。
2. 探究求不定方程(组)的正整数解。 （1）求 $3x-5y=19$ 的正整数解。 （略） （2）求方程组： $$\begin{cases} x+y+z=100 \\ 5x+3y+\dfrac{1}{3}z=100 \end{cases}$$ 的正整数解。 （略）	组织学生讲解本组研究的解不定方程（组）的方法，对存在的问题及时纠正。	两组同学分别展示两个方程(组)的求解方法，并回答其他组同学的提问。	通过展示、交流求不定方程(组)的正整数解的方法，培养学生严谨思考、小心求证的学习态度和良好习惯。
3. 展示才华 问题三：抽牌游戏 一名同学从扑克牌中任意抽出一部分牌，分别三张三张数，五张五张数，七张七张数，并记下余数，告诉同组同学，然后求出抽出牌的数量。	组织学生组与组之间进行游戏比赛。	两组相结合，每一组利用手中的扑克牌，进行抽牌，并告知对方抽牌的结构，由对方算出结果，出题组为对方的结果进行评判。	让学生在游戏中享受数学带来的快乐。
问题四：猜牌 (1)老师先演示：把扑克牌中四种花色的牌分为两组，记为 A、B，将 B 组牌摆三列，从每列第一张牌的数字起，连续数到 13 为止(如第一张是 9，则后面要摆 4 张牌)；请同学计算每列第一张牌的数字之和 m，老师则马上说出 A 组牌中第 m 张牌的花色和数字。 (2)老师说明其中的规则，请学生用不定方程组的知识说明其中的奥秘。	演示、说明猜牌的过程和规则。	每组学生利用手中的扑克牌熟悉游戏规则，然后根据规则列出方程组，通过方程组的解，揭示游戏中的奥秘。	让学生在熟悉规则、创造性地使用规则中体会数学的美和自我的成就。
4. 课后阅读资料： 数学史中有关不定方程(组)的一些趣事： (1)韩信点兵与中国剩余定理； (2)中国剩余定理在电脑计算中的作用； (3)勾股数； (4)费马大定理(最后定理)。	根据资料向学生做简要说明，帮助有精力、有兴趣的学生进一步深入学习。 课后进行指导。	有兴趣的学生课后继续研究。	通过课外阅读，扩大学生的数学知识的深度和广度，调动学生学习数学的积极性，使对数学有兴趣的学生能有较大的提高。

任课老师简介：

孙振其，中学高级教师，1987 年毕业于首都师范大学数学系。

六、复原古董碗（一） 三视图

（一）教学背景

学科	数学	任课教师	曾 明	时长	45分钟	班级	初三(6)班
课　题	复原古董碗(一) 三视图						
设计理念	学生经历观察、测量、画图、动手制作、设计等对古董进行复原的过程，体会平面图形和立体图形之间的联系，发展空间想象能力和抽象能力。三视图是各种设计与制造的基础,在借助直观模型、由物画图、由图想物的过程中培养学生的动手实践能力,调动学生的学习兴趣,渗透数学的应用性,对学生未来的职业给予拓宽。						
教学目标	1. 经历观察、测量等活动，根据实物绘制简单的三视图； 2. 会根据视图描述简单的几何体，了解与三视图有关的设计与制造； 3. 体会数学的实际应用，生活中处处有数学。						
学情分析	学生能顺利画简单的三视图，并可以由图想物；在学生自由创作实物并画三视图的环节会出现尺寸方面的问题。						
教学重点 教学难点	平面与立体的转化——形同。 平面与立体的转化——尺寸同。						

（二）教学过程

教学内容	教师活动	学生活动	设计意图
复习三视图 主视图和俯视图——长对正； 主视图和左视图——高平齐； 俯视图和左视图——宽相等。 1. 示范实例 展示实物和对应三视图。	复习基础知识。 解答学生问题。 投影与展示； 讲解三视图； 强调尺寸标注目的和方法； 提示学生使用图标； 回答学生的问题。	回忆知识点。 提出问题。 听讲。 提出问题。	复习三视图的知识。 建立平面图形与立体图形的联系,初步认识尺寸标注的方法。

教学内容	教师活动	学生活动	设计意图
2. 学生分组活动1 (1)学生依照教师提供的实物绘制三视图； (2)分组展示三视图； (3)两组交换三视图； (4)用陶泥制作实物； (5)学生展示所做物品，与原物比较，分享成功经验，查找失败原因。 投影一些简单实物的图片，给学生以创作的灵感。	提醒学生实物和图的编号一致。 组织学生活动并分组指导。 投影与展示。	绘三视图。 展示。 陶泥手工制作。 交流反思。	三维实物与二维平面图形的转化。 二维平面与三维立体图形的转化。 给学生的独立设计提供思路。
3. 学生分组活动2 学生设计与制造： (1)陶泥做实物； (2)画三视图； (3)交换图纸； (4)陶泥制作； (5)与原型比较，相互交流。	组织学生分组活动。 个别指导。	创作实物。 绘图。 读图。 复原实物。	学生体会设计与制造。
4. 小结 我们把自己设计的立体物品，转化成三视图，便于与他人交流；人们利用三视图将平面图形转化成立体物品。在我们的生活中有很多行业都会用到平面图形与立体实物的转化，大到建筑、飞机、家具的设计，小到精密仪器、珠宝首饰的设计等等，将自己的奇思妙想转化到日常生活中。在不久的将来，或许老师可以看或用到某位同学的设计成果。	引导学生谈体会。	交流。 学生谈收获。	了解设计与制造的基本流程，学生体会有一种工作叫设计。
结束语：我们这节课体验了三视图与实物碗的转换，这次的小碗是捏的，薄厚不均，下次我们体验一下利用展开图做出更美观的小碗。			

课堂所需材料：各式小杯、软陶泥、作图工具。

任课教师简介：

曾明，女，1994年7月毕业于沈阳工业学院，教龄22年。现担任潞河中学初三（6）班数学教师，曾担任数学教研室主任工作。

七、动手画图感悟几何阅读理解题的思路

（一）教学背景

学科	数学	任课教师	王 军	时长	45分钟	班级	初三(2)班
课 题	动手画图感悟几何阅读理解题的思路						
设计理念	本节数学活动课旨在教师的指导下,通过学生自主活动,培养其数学实践能力,重视数学思维的训练,通过学生动手画图感悟几何阅读理解题思路,提高解此类题的学习效率和掌握程度。该设计通过各个层次的活动,使学生能善于运用画图辅助解决问题,开阔眼界,对数学学科的工具性有更进一步的认识。数学并不枯燥,而是我们把它教枯燥了。为此,在这个设计中采用学生动手画图,辅助几何画板和实物投影展示,给数学课堂增添更多的实践色彩,让学生充分感受画图在数学中的独特魅力,增强学习兴趣。近几年的各类考试题中,频繁出现学生动手画图题,教学中教师注重积累此种素材,增强数学的美感和艺术魅力,让学生在数学中同样受到美育的熏陶。教师要整合习题资源,使严谨的数学生动起来,丰富课程内涵,拓宽学习外延,让学生体会学习的乐趣,成为探索的主角、遨游的主力军。						
教学目标	1. 学生探索和理解基本作图对几何阅读理解题的辅助作用,能够按要求做出图形,正确理解解题要点。 2. 学生在动手画图中体验、实践、思考,较好地把握几何阅读理解题的思路,培养学生的画图识图能力、逻辑思维能力,提高学生解此类题的能力。 3. 在画图实践中学生体会到成功的喜悦,增强学生学习几何阅读理解题的自信心,体会到数学的美,在画图教学中培养学生认真细致的学习习惯。						
学情分析	所教班级学生数学整体水平在通州区较高,数学基础知识比较扎实。对于独立简单的数学基本作图掌握良好,但是在做几何阅读理解题时,半数以上学生缺少思路和方法,遇到此类题找不到切入点,能够正确画图、善于通过画图解题的学生并不多。他们喜欢上一些数学活动课,愿意自己动手,可以眼、脑、手并用,静下心来,仔细读题,边看题边画图。基于画图解题能力的重要性,本课结合几何阅读理解从知道画、正确画、熟练画、完整画等方面培养学生画图解题能力。						
教学重点 教学难点	重点:探索和理解基本作图对几何阅读理解题的辅助作用,能够按要求作出图形,正确理解解题要点。 难点:在动手画图中体验、实践、思考,较好地把握几何阅读理解题的思路,提高学生解此类题的能力。						

（二）教学过程

教学内容	教师活动	学生活动	设计意图
小明是一个善于动手画图分析问题的学生,今天我们和小明一起拿起作图工具,动起手来体验其中的乐趣,感悟几何阅读理解题的思路吧! 1. 小试牛刀,浅滩嬉戏 引例,阅读下面材料: 在数学课上,老师提出如下问题:	激情引入。 呈现引例。	 观察审题。	从热点人物小明引入激发学生学习热情,快速关注本节学习要点。

教学内容	教师活动	学生活动	设计意图
尺规作图: 已知:线段 AB,求作线段 AB 的垂直平分线。 $A \longrightarrow B$ 图1 小明的作法如下: (如图2) 图2 (1)分别以点 A 和点 B 为圆心,大于 $\frac{1}{2}$ AB 的长为半径作弧,两弧相交于 C、D 两点; (2)作直线 CD。 直线 CD 就是所求作的垂直平分线。 老师说:"小明的作法正确。" 请回答:小明的作图依据是 _____。	让学生完成画图任务。 呈现小明思路。	亲自动手画图。 判断小明作图依据。	让学生会作一条线段的垂直平分线,并且知道作图依据。
小明接下来邀请你一起动手画图,解决下面的问题,小明特别提醒你一定亲自画一次啊! 例题 1:如图 3,在 △ABC 中,AB＝AC,AD 是 BC 边上的中线,分别以点 A,C 为圆心,大于 $\frac{1}{2}$ AC 长为半径画弧,两弧的交点分别为点 E,F,直线 EF 与 AD 相交于点 O。若 OA＝2,则△ABC 外接圆的面积为____。 图3	呈现例题1。 让学生完成画图任务。	亲自动手画图感悟此题考查要点。 学生展示、解决此题。	体验正确画图对解题的启发,本题暗示了线段的垂直平分线的已知条件,三角形外心的确定。
练习:如图4,在已知的 △ABC 中,小明按以下步骤作图:①分别以 B、C 为圆心,以大于 BC 的长为半径作弧,两弧相交于点 M,N;②作直线 MN 交 AB 于点 D,连接 CD,若 CD＝AC,∠B＝25°,则 ∠ACB 的度数为_____。 图4	呈现此练习,让学生快速分析解题要点。	学生展示、解决此题。	及时巩固,体验成功乐趣。

235

教学内容	教师活动	学生活动	设计意图
2. 大展身手,中流击水 例题2,阅读下面材料: 小明遇到这样一个有关角平分线的问题: 如图5①,在△ABC中,∠A=2∠B,AD=2.2,AC=3.6。求BC的长。 图5 小明思考:因为CD平分∠ACB,所以可在BC边上取点E,使EC=AC,连接DE。 这样很容易得到△DEC≌△DAC,经过推理能使问题得到解决(如图5②)。 请回答:(1)△BDE是_____三角形; (2)BC的长为_____。 参考小明思考问题的方法,解决问题: 如图6,已知△ABC中,AB=AC,∠A=20°,BD平分∠ABC,BD=2.3,BC=2,求AD的长。 小明接下来再次邀请你一起动手画图,解决下面问题。 例题3,阅读下面材料: 已知:如图7,在△MNQ中,MQ≠NQ。 图7 (1)请你以MN为一边,在MN的同侧构造一个与△MNQ全等的三角形,画出图形,并简要说明构造的方法; (2)参考(1)中构造全等三角形的方法解决下面的问题: 如图8,在四边形ABCD中,∠ACB+∠CAD=180°,∠B=∠D。 求证:CD=AB。 图8	呈现例题2。 让学生完成CD平分∠ACB的画图任务。 让学生拓展,把角平分线换成中线,高线如何构造基本全等三角形的方法。 让学生完成问题解答。 呈现例题3。让学生讨论,简要说明构造的方法。 让学生完成问题解答。	学生完成CD平分∠ACB的画图任务。 关注小明思路,讨论由角平分线可以构造基本全等三角形的方法。 讨论中线、高线时如何构造基本全等三角形的方法。 展示解决思路。 学生讨论,简要说明构造的方法。 展示解决思路。	让学生会作已知角的角平分线,并且知道作图依据。 体验正确画图对解题的启发,体会动手画图构造基本几何图形,积累巩固知识点的益处。 从知道画、正确画、熟练画、完整画等方面培养学生画图解题能力。 一题多角度解决,拓展学生思路。 巩固复习作一个角等于已知角。

教学内容	教师活动	学生活动	设计意图
3. 鱼虾归仓,满载而归 (1)本节课涉及的主要尺规作图方法、依据。 (2)动手画图的过程中,你对几何阅读理解题的感悟。结合本节题目组内交流分享,组长指定中心发言人记录小结。今日放学前,每组上交一份。 4. 授人以鱼,授人以渔 每人自己找有关几何阅读理解题,在组内与同组伙伴分享。要求每人找 3 道题,交给他人完成,并负责给他们讲评,每人可以选择性完成他人 3 道题目。组长推荐最佳题目进行全班分享,制作电子版打印。完成时间在周末,下周一墙报展示张贴。	教师小结。 组织学生讨论。 开放式作业;交互式作业。	聆听回顾本节要点。 学生讨论,交流记录。 课后完成找题、选择性做题。	多角度小结,提升学生在动手画图中,较好把握几何阅读理解题的思路,提高学生解此类题的能力。 开放式作业、交互式作业,鼓励学生个性发展,提供给学生可选择空间。

任课教师简介:

王军,高级教师,中共党员,多篇文章获得市区奖励,多次参加中考阅卷工作,多次为通州区教师做教材分析。

八、扑克魔术中的数学问题

(一) 教学背景

学科	数学	任课教师	张海林	时长	45 分钟	班级	初三(3)班
课 题	扑克魔术中的数学问题						
设计理念	数学是研究数量关系和空间形式的科学。数学与人类的活动息息相关,广泛应用于社会生产和日常生活的各个方面。数学作为对客观现象抽象概括而逐渐形成的科学语言与工具,不仅是自然科学和技术科学的基础,而且在社会科学与人文科学中发挥着越来越大的作用。 数学课程体现基础性、普及性和发展性。义务教育阶段的数学课程要面向全体学生,适应学生个性发展的需要,使得人人都能获得良好的数学教育,不同的人在数学上得到不同的发展。课程内容既要反映社会的需要、数学学科的特征,也要符合学生的认知规律。它不仅包括数学的结论,也应包括数学结论的形成过程和数学思想方法。课程内容要贴近学生的生活,有利于学生思考与探索。内容的组织要处理好过程与结果的关系,直观与抽象的关系,生活化、情境化与知识系统性的关系。课程内容的呈现应注意层次化和多样化,以满足学生的不同学习需求。数学活动是师生共同参与、交往互动的过程。						

学科	数学	任课教师	张海林	时长	45 分钟	班级	初三(3)班
教学目标	1. 学会一个简单的扑克牌小魔术; 2. 通过教学让学生体会数学无处不在,激发学生学习数学、应用数学的兴趣; 3. 在对魔术原理的探究过程中,体会分类讨论思想; 4. 培养学生在实际生活中应用数学知识的意识。						
学情分析	初三学生已经完成数学新知识的学习,初中数学知识体系基本建立。对分类讨论、方程等数学思想方法有了初步的理解并能够简单的应用,有一定的建模能力。上课班级学生求知欲强,爱思考,肯钻研。						
教学重点 教学难点	分类讨论思想在魔术揭秘过程中的渗透。						

(二) 教学过程

教学内容	教师活动	学生活动	设计意图
1. 引入:老师用扑克牌表演小魔术,引入课题。 许多魔术都是用数学知识为原理或者可以用数学知识解密的,今天我们就来研究一个扑克小魔术! 2. 课堂活动 (1)老师展示小魔术,并教给学生实施魔术的方法。 (2)学生分组练习。 老师引导学生用分类讨论的方法解密魔术原理: 第一类: 第二类: 	表演小魔术。 展示小魔术并教学。	学生配合老师表演。 学生学习、互动。	利用小魔术引入课题,激发学生兴趣。 学生们通过亲自体验魔术的表演,加深对魔术过程的理解,为接下来的研究奠定基础。 学生在分析过程中体会分类讨论思想。

教学内容	教师活动	学生活动	设计意图
第三类： ⑥ ⑦ （3）总结提升 通过刚才的分析我们知道，所有的牌分成 3 组，每组 7 张，一共是 21 张。 请你根据自己的理解，把这个魔术简化，并试试看能否成功。 思考，这个魔术的最简模式是什么样子，并以此推断适合这个魔术的扑克牌的张数应该满足什么条件？ 3. 拓展延伸 通过刚才的讨论我们发现，操作继续下去结果不变。在数学上也有许多这种现象，比如： （1）任取一个四位正整数； （2）把组成这个四位数的四个数字重新排列，得到一个最大的数和一个最小的数； （3）用最大的数减去最小的数，得到一个新的四位数； （4）重复第 2 步和第 3 步。 试一下，你们是不是得到了同样的结果！ 4. 小结 谈谈本节课的收获或体会。	老师引导学生思考。	学生讨论、实践、总结。 学生动手实践。	学生总结提升，找到问题的本质。 激发学生了解更多数学知识的兴趣。

任课教师简介：

张海林，中学一级教师，2002 年毕业于首都师范大学数学系，一直在一线教学，2002 年至 2012 年担任班主任。

九、七桥问题与一笔画

（一）教学背景

学科	数学	任课教师	卢 爽	时长	45 分钟	班级	初二(1)班
课　题	七桥问题与一笔画						
设计理念	"一笔画"贴近学生的实际，有利于学生体验与理解、思考与探索，课堂上学生经过独立思考、主动探索、合作交流等活动，容易理解和掌握基本的数学知识与技能、数学思想和方法，获得基本的数学活动经验，真正体现数学来源于生活并应用于生活这一特点，让学生感受到数学的价值。						
教学目标	1. 通过抽象出点、线的过程，使学生对点、线有进一步认识。 2. 通过"一笔画"问题，培养学生将实际问题转化为数学问题的意识，扩大学生知识视野，激发学生学习兴趣。 3. 通过探究"一笔画"的规律的活动，锻炼学生克服困难的意志及勇于发表见解的好习惯。						
学情分析	本班学生有较好的学习态度、学习习惯、学习基础和学习能力。但在本班，学生之间的差距依然很大，从年级前十的学生，到年级二百多名的学生，他们的数学基本功、思维能力和数学素养是参差不齐的，所以课堂教学上要兼顾不同层次的学生，关注每一类学生的学习过程和学习效果。我着力于"激发他们的学习热情，夯实他们的学习基础，提升他们的思维能力，完善他们的认知体系"。						
教学重点 教学难点	运用"一笔画"的规律，快速正确地解决问题。 探究"一笔画"的规律。						

（二）教学过程

教学内容	教师活动	学生活动	设计意图
18 世纪时，风景秀丽的小城哥尼斯堡中有一条河，河的中间有两个小岛，河的两岸与两岛之间共建有七座桥(如图)，当时小城的居民中流传着一道难题：一个人怎样才能不重复地走过所有七座桥，再回到出发点？ 这就是数学史上著名的七桥问题，你愿意尝试解决吗？	引导学生观察并思考七桥问题。	思考、试走。	以故事的形式将问题引出来，一方面激发学生的学习兴趣，另一方面也可以让学生感受到他们今天探讨的课题就是当年困扰千百人的问题，这样可以增进学生的求知欲。接着通过让学生对七座桥的观察、在图上试走等活动，留给学生一个悬念，为后面的探究活动埋下伏笔，同时也把学生的求知欲望推上高潮。

教学内容	教师活动	学生活动	设计意图
数学家欧拉知道了七桥问题后，他用四个点 A、B、C、D 分别表示小岛和岸，用七条线段表示七座桥（如图），于是问题就转化成如何一笔画出图中的图形？ 点 A、B 表示岛，点 C、D 表示岸，线表示桥。问题的答案如何呢？让我们先来了解三个新概念： 1. 有奇数条边相连的点叫奇点。如： 2. 有偶数条边相连的点叫偶点。如： 3. 一笔画： 下笔后笔尖不能离开纸，每条线都只能画一次而不能重复。 请在下列图中找出每个图的奇点个数、偶点个数。试一试哪些可以一笔画出，请填表，从中你能发现什么规律？ 图1　图2　图3　图4　图5　图6	引导学生将实际问题转化成数学问题解决，介绍奇点、偶点和一笔画三个概念。 1. 凡是"一笔画"，一定有一个"起点"，一个"终点"，还有一些"过路点"。有一条线进入过路点，必有一条线离开过路点，即对于过路点来说，"进"和"出"的线段总是成对出现的，也就是说，对于过路点，和它们相连的线段总是偶数条。	理解。 小组合作探究，归纳总结。	欧拉利用了几何的抽象化和理想化来观察生活，建立了准确的数学模型。七年级数学开始讲点、线、面，这些几何概念是从现实中抽象化和理想化而来的。在欧拉的眼中，在地图上一个城市是一个点。岛和陆地抽象成点，桥抽象成线，直线是笔直的，生活中没有完全精确的笔直线，这是理想化了，正因为数学的这种抽象，才使数学具有"应用的广泛性"这一特点。 让学生充分理解这三个概念为下面探究规律做准备。 学生在课堂上经过独立思考、主动探索、合作交流等活动，理解和掌握基本的数学知识与技能、数学思想和方法，获得基本的数学活动经验，真正体现数学来源于生活并应用于生活这一特点，让学生感受到数学的价值。

241

教学内容	教师活动	学生活动	设计意图

图7　　　图8

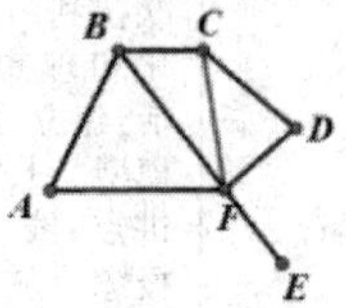

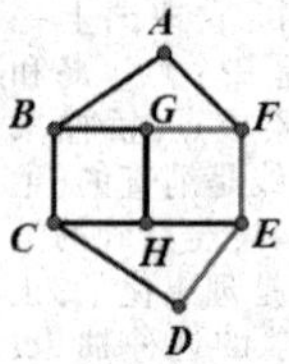

图9

	奇点个数	偶点个数	能否一笔画出
图1			
图2			
图3			
图4			
图5			
图6			
图7			
图8			
图9			

2. 对于起点和终点来说,如果它们不是同一点,那么和它们相连的线段就是奇数条,这时奇点有 2 个。如果起点和终点是同一点,那么就没有奇点,即奇点个数为 0。

规律:

1. 以一笔画成的图形,与偶点个数无关,与奇点个数有关。其个数是 0 或 2。

2. 其中若奇点个数为 0,可选任一个点做起点,且一笔画后可以回到出发点。若奇点个数为 2,可选其中一个奇点做起点,而终点一定是另一个奇点,即一笔画后不可以回到出发点。

用你发现的规律,说一说七桥问题的答案。

因为奇点个数为 4,所以七桥问题不能一笔画,也就是说,不能不重复地走过所有的七座桥,再回到出发点。

思考:

1. 在七桥问题中,如果允许再架一座桥,能否不重复地一次走遍这八座桥?这座桥应架在哪里?请你试一试!

2. 在七桥问题中,如果允许改建,你能否设计一种方案,使 A、B、C、D 之间至少有一座桥相连,且能够不重复地一次走遍这七座桥?请你试一试!

提出问题。

独立思考,小组讨论。

加深对七桥问题的理解。

教学内容	教师活动	学生活动	设计意图
课堂练习: 1. 潞园地图如下:你能否设计一条路线,使之满足不重复地走过所有的道路,再回到出发点? 黄昆楼 馨菱楼 解放楼 红楼 体育馆 协和湖 2. 下图是一个公园的平面图,能不能使游人走遍每一条路不重复?入口和出口又应设在哪儿? E G D F C B A 3. 甲乙两个邮递员去送信,两人同时出发以同样的速度走遍所有的街道,甲从 A 点出发,乙从 B 点出发,最后都回到邮局(C 点)。如果要选择最短的线路,谁先回到邮局? D C B A E F	讲评。	独立完成,集体交流。	知识来源于生活,通过学以致用,把在探究活动中学到的知识又应用于日常生活之中。在此设置三道练习题,让学生分析问题及解决问题的能力得到升华,同时也增强数学的趣味性。
课堂小结: 1. 在探究七桥问题中,我们运用了哪些数学思想和方法去研究问题?谈谈你活动后的感受。 2. 在探究过程中,你遇到了哪些困惑,是如何解决的?还有哪些问题没有解决?	师生共同完成。	师生共同完成。	引导学生把本节课的内容进行升华、提炼,帮助学生归纳解决问题过程中的思路和方法,让学生反思自己在学习中的优点和不足,使"双基"进一步落实,数学思想得到提升,改进学生学习,感悟数学价值。
课后作业: 请你观察生活,设计一个运用"一笔画"的数学知识来解决的实际问题,并与同伴交流。	面批面改。	完成作业。	引导学生关心身边的数学,善于用数学的眼光来审视客观世界中丰富多彩的现象,不仅能使学生学习到数学知识,同时也能让学生感受到数学在生活及社会各领域中的广泛应用。

任课教师简介:

卢爽,中学二级教师,2013 年毕业于首都师范大学数学系,2013 至今担任班主任。

十、地球的自转

(一) 教学背景

学科	地理	任课教师	李玉顺	时长	45分钟	班级	初一(3)班

课　题	地球的自转
设计理念	本课的设计是以皮亚杰为代表的建构主义学习理论为指导,采用启发式讲授和制作材料,实验教学方法展开。在教学中教师以组织者、指导者、帮助者和促进者的身份出现,利用情境、协作、会话等学习环境要素,充分发挥学生的主动性、积极性和创新精神,最终达到对当前知识有效的意义建构的目的。
教学目标	1. 用地球仪正确演示地球的自转并解释其基本运动规律。 2. 用简单的工具正确演示昼与夜以及昼夜交替现象与地球自转的关系。 3. 观察日晷和制作日晷,提高学生的地理实践活动能力,感受中华传统文化魅力。
学情分析	大部分学生对地理产生了比较浓厚的兴趣,在课堂上能做到认真听课,积极地回答问题并做好笔记,地球自转的有些知识在小学科学课中有一定的学习和了解,运用自转的知识来做日晷的盘面还需要老师介绍一些相关的知识。本节是学生对地球原有认识的延伸,从原来认识的静态的地球到动态的地球。初一学生的空间想象能力也较弱。
教学重点 教学难点	地球自转的特点及产生的地理现象。

(二) 教学过程

教学环节	教师活动	学生活动	设计意图
新课导入	当遇到一件不可能实现的事情时,我们通常会说,除非太阳打西边出来。那么太阳有可能从西边出来吗?	思考后回答。	创设情境引入新课的学习。
地球自转的特点	出示学案,布置任务: 1. 请同学们自主学习 P10 内容,完成学案1,填写表格。<table><tr><td>地球运动</td><td>方向</td><td>周期</td><td>中心</td></tr><tr><td>自转</td><td></td><td></td><td></td></tr></table>同学们填完表格后,组内交流答案。 2. 同学们以小组为单位,利用地球仪演示地球的自转。 3. 请一个同学到讲台前演示地球的自转。 4. 请同学们把地球仪放在地上,保持地球仪的自西向东转,我们从北极上空看地球仪自转是顺时针还是逆时针呢?把地球仪倒置过来,我们从南极上空看呢?	看书,填表格,同学之间交流。 演示地球自转,验证所填表格。	培养学生自主学习能力。 通过感性观察获得知识。

教学环节	教师活动	学生活动	设计意图
	出示学案2： 请在下面几幅图中，选出正确的地球自转方向。 	通过观察完成学案2。	
地球自转产生的地理现象	1. 提出问题，假如地球不自转，当太阳光照射地球时，会产生什么现象？ 学生以小组为单位，演示观察： 在地球仪上找到北京，把手指放在北京的位置，保持地球仪静止状态，照射地球仪，观察北京的昼夜现象。	同学们分组演示，观察思考后说出产生的现象。	通过观察得出昼与夜现象与自转无关。
	2. 我们在地球仪上找到北京，同学们以小组为单位，一人拿手电照地球仪，一人手指北京位置，转动地球仪一周，请同学们观察，在地球自转一周时，北京出现了什么现象？	同学们分组演示活动，观察思考后说出产生的现象。	通过演示和观察，得出自转产生的地理现象。
日晷晷盘的制作	当太阳光照射到地球，地球上的物体就会有影子出现，那么影子的变化会怎样呢？我们一起来做一个实验。 教师演示： 1. 我们在地球仪上找到北京，在北京地区放一个杆子，用手电筒照射地球仪，随着地球的自转，请同学们观察杆子的影子是怎么变化的？ 2. 请同学们分组演示老师刚才的实验。 3. 请同学们思考，我们能否通过杆子影子的变化来记录时间呢？ 4. 出示学校日晷图片提出问题： （1）日晷是由哪几部分构成的？ （2）晷盘和晷针是什么位置关系？ 5. 出示投影片，介绍古代计时方法，用十二地支代表12个时辰。 6. 请同学们设计晷盘盘面。 7. 提出问题，能不能设计成钟表一样的盘面？	学生听讲。 同学观察思考后回答。 同学们分组演示实验，体验影子变化情况。 思考后回答问题。 同学们观察图片，回答问题。 学生听讲。 同学们动手制作日晷。 同学们思考回答。	过渡。 学生生活中看得见，兴趣就高。 了解古代传统文化在生活中的应用。 通过制作日晷加深理解地球自转，并应用于生活中。
学校日晷、底座四面的文字	我们在开学初布置了学校日晷的观测活动，现在请同学们将已经记录的日晷底座情况向全班同学们进行汇报。	学生汇报观测情况，并结合自己的理解讲出现实意义。	培养学生热爱中华传统文化、珍惜时间。

教学环节	教师活动	学生活动	设计意图
课堂小结	今天我们学习了地球的运动形式之一——地球的自转,我们知道了地球自转的中心是地轴,方向自西向东,周期是一日。通过演示活动知道了自转产生了昼夜交替的现象。我们还亲自动手制作了日晷,日晷该如何摆放,怎样准确测量时间。我们在下节课将继续学习地球的公转。	学生听讲,并自己总结。	梳理知识,巩固加深。
板书提纲: 地球的运动 { 自转 { 特点 产生现象 公转			

任课教师简介:

李玉顺,中学高级教师,1985年毕业于首都师范大学地理系。2007年至今是北京市骨干教师。

十一、天文望远镜的安装与使用

(一)教学背景

学科	地理	任课教师	赵哲嵩	时长	1.5 小时	年级	初一
课　题	天文望远镜的安装与使用						
设计理念	我校开设的地理校本课程"天文活动"注重学生动手操作和实际观测能力的提高与培养,所选教学内容在国家课程基础上拓展,更为专业、深入、生动灵活;本节的教学内容选自校本课程,凸显地理学的学科特点与应用价值,引导学生在动手操作中发现问题,通过小组合作解决问题,激发学习兴趣和动机,养成求真求实的科学态度。校本课程与国家课程相比,教学方法更加灵活多样,更加注重动手实践能力的培养,这也符合高中地理课程的基本理念。课程目标上要求学生学会独立或合作进行地理观测。本课的活动中通过练习望远镜的安装与使用,锻炼、提高了学生的天文观测能力。课程理念还倡导合作学习和探究学习。本课的设计也从这一点出发,设计了小组为单位的合作探究望远镜的安装与使用,例如5人为一小组,小组为单位进行活动,在活动中小组成员商讨、交流,共同提高。						
教学目标	知识与技能 1. 能够说出天文望远镜的主要部件及用途。 2. 能够以小组为单位按照正确的方法组装天文望远镜,并进行调试。 3. 能够以小组为单位用望远镜找到观测目标,具备初步的天文观测能力。 过程与方法 1. 通过练习望远镜的安装与使用,锻炼、提高学生的天文观测能力。 2. 通过小组为单位进行活动,在活动中小组成员商讨、交流,培养学生与他人合作探究与解决问题的能力以及准确、有条理的口头表达能力。 情感态度与价值观 学生在动手操作中发现问题,通过小组合作解决问题,激发学习兴趣和动机,养成求真求实的科学态度。						

学科	地理	任课教师	赵哲嵩	时长	1.5 小时	年级	初一
学情分析		1. 选课的初一学生,对天文兴趣浓厚; 2. 学生有一定的动手和实际操作能力; 3. 学生没有接触过天文望远镜,对望远镜的安装不了解,还没有尝试过用望远镜进行观测。					
教学重点 教学难点		教学重点:以小组为单位完成天文望远镜的组装,以及观测目标的找寻。 教学难点:按照正确的方法安装和使用天文望远镜。					

（二）教学过程

教学阶段	教师活动	学生活动	设计意图
创设情境	出示:月球、土星、木星等天体图片,强调天文观测需要用到天文望远镜。	说出天体名称。	认识到天文望远镜的重要性。
初步了解	提问: 1. 看一看望远镜有哪些主体部分? 2. 你觉得它们都有什么作用?	自由发言。	为后面的望远镜组装和使用铺垫基础。
组装练习	要求学生开始组装望远镜并巡查各小组组装情况,发现问题适时指导。	学生以小组为单位进行天文望远镜的组装,过程中组员之间相互商讨,遇到问题共同解决。不会的向老师请教。	不演示组装顺序,直接让学生安装可以让学生遇到更多问题,通过小组合作解决一部分问题,培养团队意识,同时也让学生对未解决的问题印象更加深刻。
集中指导	教师对学生在安装过程中自己解决的问题表示肯定,之后集中讲解各小组在安装中出现的主要问题,如:赤道仪安装不牢;赤道仪维度没有调节;先装镜筒后装赤道仪;微调杆不会安等等。	学生观看老师演示,思考本组安装的问题。	针对学生在安装过程中无法解决的问题集中处理,更容易激发学生的学习兴趣,留下深刻印象。
改进组装	讲解完毕,教师要求各小组学生改正本组安装不合理的地方,巡视各小组的改正情况,对新出现的问题进行指正。 各组再次组装完毕,教师检查点评,改正一些小问题。	各组检查本组望远镜安装问题,按照老师的指导要求进行改正。	通过先犯错再改正,强化了望远镜的组装技能。

教学阶段	教师活动	学生活动	设计意图
了解望远镜参数与性能	提出问题： 1. 你能在望远镜上找到它的口径和焦距吗？ 2. 计算望远镜的放大倍率，出示放大倍率计算公式。 3. 讨论一下，望远镜是不是越大越好？ 让学生试试挪动不同口径的望远镜。	学生观察望远镜，找到望远镜主要参数，计算不同目镜组合下望远镜的放大倍率。 通过亲身体验说出大望远镜的弊端是比较笨重，不易携带。	纠正学生对望远镜的一些错误认识。
观测练习	在教室内摆放小红灯作为虚拟观测目标，要求学生用望远镜找到目标。	各小组用望远镜寻找目标。	让学生自己摸索望远镜使用，遇到问题小组合作解决，提高小组合作的参与度。
集中讲解	针对学生在望远镜找寻目标中出现的主要问题进行讲解，如：赤道仪摆放方向的问题，用微调杆转大角度的问题，忽视寻星镜的问题，不会调焦的问题等等。	学生观看老师演示，思考本组使用过程中的问题。	针对学生在使用过程中无法解决的问题集中处理，更容易激发学生的学习兴趣，留下深刻印象。
再次练习	讲解完毕，教师要求各小组学生再次进行目标找寻，巡视各小组的改正情况，对新出现的问题进行指正。 各组找寻目标完毕，教师检查点评，改正一些小问题。	按照老师的指导要求进行改正，找寻目标。	通过先犯错再改正，学生很快掌握了望远镜的正确使用方法。
安全教育	讲解在望远镜安装使用过程中可能会出现的安全问题： 1. 重锤容易砸脚； 2. 望远镜不能直接观测太阳。 以运河天文科普经历为例，讲解安全观测的重要性。	学生观察望远镜，阅读望远镜上的警示标语。	学生清楚认识望远镜可能会造成的危害，避免受伤。

任课教师简介：

赵哲嵩，中学一级教师，2004 年毕业于东北师范大学地理系。同年进入潞河中学任教。通州区青年骨干教师，2014 年潞河中学青年岗位能手、青年优秀教师。潞河中学金鹏天文团指导教师，连续多年指导学生参加北京市中小学天文竞赛，数十人获一二三等奖，个人连续多年获优秀指导教师称号。关于天文教学的多篇论文获市、区一二等奖。天文教学课例获通州区一等奖，天文课程建设成果获北京市三等奖，天文校本课相关课题获通州区二等奖。

十二、认识四季星空

（一）教学背景

学科	天文	任课教师	赵 芳	时长	45分钟	班级	初二(7)班
课　　题	认识四季星空						
设计理念	学生的发展是一个知识的体验过程,在简单地介绍天文知识之后,利用模拟的星空使学生观察不同季节星空的变化,体验满眼繁星的震撼和美妙,激发同学们学习天文的兴趣,并了解天文学的发展对人类社会极其重大的意义。						
教学目标	知识与技能: 1. 知道天文学的诞生和发展。 2. 知道宇宙的浩渺,对天体尺寸之大有个直观的感受。 3. 星座是远近不同、没有联系的恒星在天空中的视觉图像。知道不同季节的代表星座及亮星。 过程与方法: 尝试根据星座的特征观察星座,了解有关星座的主星。 情感态度与价值观: 1. 培养对天文方面的兴趣。 2. 呼吁同学们爱护环境,减少污染。						
学情分析	学生们对天文方面并没有太多基础,只知道一些著名的星座亮星,但都对天空充满了幻想。						
教学重点 教学难点	重点:认识不同季节的主要星座及著名亮星。 难点:对学生们的空间想象力要求较高。						

（二）教学过程

教学内容	教师活动	学生活动	设计意图
1. 天文学的诞生 天文学的起源可以追溯到人类文化的萌芽时代。远古时代,人们为了指示方向、确定时间和季节,而对太阳、月亮和星星进行观察,确定它们的位置,找出它们变化的规律,并据此编制历法。从这一点上来说,天文学是最古老的自然科学学科之一。 天文学的发展对于人类的自然观有很大的影响。哥白尼的日心说曾经使自然科学从神学中解放出来;康德和拉普拉斯关于太阳系起源的星云说,在18世纪形而上学的自然观上打开了第一个缺口。	展示古老的天文台的图片。 展示银河系的图片。 简单介绍天文学的发展对人类自然观的影响。	观看图片。 谈自己所了解的人类自然观的发展。	天文学的研究对于我们的生活有很大的实际意义,天文学的发展对于人类的自然观有很大的影响。

教学内容	教师活动	学生活动	设计意图
2. 浩瀚的宇宙 (1)银河系的简单介绍 银河系是太阳系所在的恒星系统,包括1200亿颗恒星和大量的星团、星云,还有各种类型的星际气体和星际尘埃,它的可见总质量是太阳质量的1400亿倍。 银河系具有巨大的盘面结构,有一个银心和四条旋臂(最新研究表明,银河系只有2个旋臂,其中太阳所在的猎户座只是一个主旋臂的小分叉),旋臂相距4500光年。太阳位于银河一个支臂猎户臂上,至银河中心的距离大约是2.6万光年。而我们居住的地球则属于太阳系中的一个行星。	展示银河系的图片。	观看图片,了解我们的银河系是个棒旋星系。	使学生感受到宇宙的浩瀚无垠,我们的地球乃至太阳系在整个宇宙中都只是沧海一粟。
(2)太阳系的简单介绍 太阳系是银河系的一部分。银河系是一个棒旋星系,直径十万光年,包括一千亿到四千亿恒星。太阳是银河系较典型的恒星,离星系中心大约2.5—2.8万光年。太阳系移动速度约220 km/s,2.26亿年转一圈。	展示太阳系的图片。	观看图片,对我们的太阳系有简单的了解。	
3. 认识四季星空 (1)黄道和黄道星座 ①黄道:地球上的人看太阳一年内在恒星之间所走的视路径,即地球的公转轨道平面和天球相交的大圆。 ②黄道星座:指黄道经过的十二星座的统称,依次为白羊座、金牛座、双子座、巨蟹座、狮子座、处女座、天秤座、天蝎座、射手座、摩羯座、水瓶座、双鱼座。 ③二十四节气:中国古代把这条黄道带等分为24节,每节为15度角。太阳在黄道运行到不同的节时,地球就反映出不同的气候变化,称之为"节气"。一年分二十四节气,春分为黄道0度。	解释什么是黄道,知道黄道十二宫的划分依据和中国传统的二十四节气的划分。	回答所了解的西方十二星座和中国传统的二十四节气。	学生对于十二星座了解较多,可以此作为学生学习有关星座的突破口。二十四节气有关中国传统文化,希望同学们认识星空的同时也对传统文化有所了解。
(2)南北极的指极标志 北极: 在天顶略偏东北的方向,可以看到北斗七星,斗口两颗星的连线,指向北极星。古语有云:斗柄东指,天下皆春。斗柄北指,天下皆夏。斗柄西指,天下皆秋。斗柄南指,天下皆冬。 南极: 南十字座位于南天极附近,星座中主要的亮星构成一个"十"字形,从这个十字形的一竖向下方一直划下去,直到约四倍于这一竖的长度的一点就是南天极。	介绍为什么北极星为指极星以及在南半球如何依靠星座来辨别方向。	顺着北斗七星勺口连线找到北极星。	使学生了解北极星为什么有极其重要的地位。
(3)北京上空四季星空主要星座 ①春季:春季星空的主要星座有大熊座、小熊座、狮子座、牧夫座、猎犬座、室女座、乌鸦座、长蛇座。			

250

教学内容	教师活动	学生活动	设计意图
②夏季:夏季星空的主要星座有天蝎座、人马座、天琴座、天鹰座、天鹅座、北冕座。 ③秋季:秋夜星空多的是王公贵族,仙王座、仙后座、仙女座、英仙座、飞马座、鲸鱼座。 ④冬季:冬季星空的主要星座有猎户座、大犬座、小犬座、金牛座、双子座、巨蟹座。 (4)认星星 依据星座连线猜测星座名称,并认识一些著名的亮星。 ①春季:找到前面介绍的星座,并认识北极星、轩辕十四。 ②夏季:找到前面介绍的星座,并认识心宿二、织女星、牛郎星、天津四,说明著名的夏季大三角。 ③秋季:找到前面介绍的星座。 ④冬季:找到前面介绍的星座,并认识参宿四、天狼星、南河三、毕宿五、五车二,说明著名的冬季大三角。 4. 实际观测星空可以利用的条件和面临的问题 拥有前所未有的高科技条件,高倍望远镜可使我们看到几亿光年以外的星云,历史记录和本领域的观测成果可以方便查阅;面临史上最糟糕的光污染和空气污染,只能去郊区观测,呼吁同学们保护环境。	结合学生所知介绍春夏秋冬四季主要星座。 利用虚拟天文馆软件在天象厅里找星座,认星星,介绍著名的夏季大三角和冬季大三角。	把星座的连线和星座的名字联系起来。 根据星座连线的形态猜测是哪个星座,认识一些显著的亮星。	认识四季星座和各季节主要亮星。 呼吁同学们保护环境,使星空之美可以延续。

任课教师简介:

赵芳,中学二级教师,2008 年毕业于北京师范大学物理系,现任高一年级物理教师。

理科组学科内融合的教学设计

十三、球类运动中的力学知识

(一) 教学背景

学科	物理	任课教师	李小波	时长	45 分钟	班级	初三(3)班
课 题	球类运动中的力学知识						
设计理念	本节课内容从学生们喜爱的球类运动入手,联系物理课所学知识来解释实际问题。锻炼学生发现问题和运用知识解决问题的能力,提升科学素养,并以此为契机,鼓励学生研究更多运动中的物理知识。						

学科	物理	任课教师	李小波	时长	45 分钟	班级	初三(3)班
教学目标			1. 针对物理中的估测问题,能使学生掌握一定的判断方法。 2. 能将球类运动中的种种现象和物理知识相结合,提升学生的知识运用能力。 3. 通过科学探究环节锻炼学生的科学思维和科学探究能力。				
学情分析			初三学生已完成所有初中物理内容的学习,具备了一定的观察能力和判断能力。但科学探究意识和科学探究能力仍需加强,对知识的活学活用能力也有待提高。本班学生对于这几项球类运动非常感兴趣,再加上体育是中考科目的重要因素,这也许是学生进行本节课学习的动力所在。				
教学重点 教学难点			重点:学生能用所学物理中的力学知识解释相关的现象。 难点:学生科学探究意识和科学探究能力的培养。				

(二) 教学过程

教学内容	教师活动	学生活动	设计意图
引入	放映图片:展示学生们平时进行乒乓球、篮球和足球运动的图片。 组织学生对三种球的质量进行估测。		从学生的日常生活入手,引入本节课内容。
环节一 初步了解	演示:实际测量,公布测量结果。 方法总结:在估测物体质量时,选择一些常见的、熟悉的物体质量作为参照标准,将待测物体的质量与其比较。 例如:鸡蛋的质量约 50g,一瓶矿泉水的质量约 500g,一个大西瓜的质量约 5000g。 组织学生对三种球的直径进行估测。 提问:如何才能测量出三个球的直径呢?	活动1:对乒乓球、篮球和足球的质量进行估测。 比较自己估测结果和测量结果,差别太大的尝试分析原因。 活动2:再对乒乓球、篮球和足球的直径进行估测。 思考解决的办法并进行评价。	估测问题是学生物理知识应用的一个难点,根本原因是缺乏日常生活经验或是不会借助已知标准进行比较。 通过学生测量直径方法的列举,让学生进行评价,寻找不合理或不恰当之处。
环节二 进一步认识	同时出示一些有关乒乓球、篮球和足球的图片,鼓励、引导学生仔细观察图片,能用学过的物理知识解释其中的现象和道理。 播放"香蕉球"的视频,引导学生发现并解释"香蕉球"的奥秘。 引导学生分析。	活动3:学生结合老师出示的一些图片寻找这三项球类运动中的力学知识。 仔细观察,找寻现象与物理知识的关联,解释现象后面蕴含的物理知识。 思考并讨论"香蕉球"发生的原因,并能用所学知识进行解释。 反馈练习: 乒乓球中的上旋球,判断落点位置。	通过本环节锻炼学生的观察能力、物理知识的实际运用能力。

教学内容	教师活动	学生活动	设计意图
环节三 深入探究	引导学生确定探究问题、提出猜想。 提问： 1. 在同学们打乒乓球的时候，怎么挑选乒乓球呢？ 2. 你怎样检测乒乓球弹性的好和差呢？ 3. 乒乓球的反弹高度会和哪些因素有关？ 引出乒乓球的"星级"（与乒乓球自身的质量和硬度等有关）。 明确具体探究问题： 乒乓球的反弹高度和乒乓球的"星级"有关系吗？ 特别关注：控制的量是如何控制的、因变量是如何测量的。 介绍："星级"的界定。	学生解释并回答。 学生可能回答： 乒乓球的颜色、乒乓球的质量、乒乓球的硬度、反弹面的情况、反弹速度…… 学生分组进行实验方案的设计。 各小组进行方案的交流、互评。 改进方案，明确实验步骤，进行实验。 得出实验结论。 学生回答交流。	让学生经历一个科学探究过程，重点放在实验方案的设计和交流互评上。 在学生互相探讨的过程中，抓住他们所暴露出来的问题进行及时反馈。 通过此环节加深学生对科学探究的认识和理解。
环节四 延伸拓展	提问：你们还知道哪些球类运动中有意思的现象吗？ 其他球类运动中的力学知识： 1. 在排球运动中，发球中的"飘球"让对方接球困难，这种球是怎么发出的？ 2. 在台球比赛中，选手打出的白球撞击之后会沿原路返回，也叫"缩枪"，它是怎么打出的呢？ 3. 高尔夫球表面有很多的小凹坑，这些小凹坑会起到什么作用呢？ 小结。	学生回答交流。 学生课外查阅资料。	使学生能够感到球类项目或是其他的运动项目中还存在很多的物理知识，进一步激发学生的探索热情。

任课教师简介：

李小波，中学高级教师，2004 年毕业于北京师范大学物理系 4+2 专业，曾获得北京市初中教师基本功大赛二等奖，于 2014 年被评为通州区骨干教师。

十四、你说我们听之听你讲"光的故事"

（一）教学背景

学科	物理	任课教师	李立娟　牛林	时长	45分钟	班级	初三(8)班

课　题	你说我们听之听你讲"光的故事"
设计理念	依托科技馆特色展教资源，为学校科学教育和以提高学生科学素养为方向的课程改革做有益补充，重在激发兴趣、启迪思维，使学生体悟到物理的学科魅力，同时在课堂上充分重视学生的主体地位，把讲台变成学生展示、分享、交流的舞台，打造系列学生来"讲"的物理课，本节课主要围绕光学模块内容开展。
教学目标	1. 通过实验体验，了解透明物体的颜色由透过的色光决定；不透明物体的颜色由其反射光的颜色决定。 2. 通过对色光的探究活动，学习关于色光的知识，积极思索一些有关光的问题，感受到光世界的神奇之处，有应用色光知识，为人们创造多彩生活的意识。 3. 知道光的本质是电磁波，了解电磁波的应用及其对人类生活和社会发展的影响，知道波长、频率和波速。 4. 了解我国和世界的能源状况，对于能源的开发利用有可持续发展的意识，认识太阳能，通过动手制作太阳能动力小车，了解太阳能电池板的原理。
学情分析	走进科技馆，拓宽学生的科学视野，是新课改的召唤，也是中考指挥棒所引领的趋势。初三学生学业紧张，参观交流展示的方式能够寓教于乐，使他们在相对轻松的氛围中收获知识。学生喜欢这种走出校园、探索未知的学习方式，这样更能激发他们的主动意识。这个年龄段的学生有展示自我、相互交流的积极性，乐于并且善于通过网络、书籍等其他方式寻求对未知的解答。
教学重点 教学难点	重点：设计参观学习任务单，确定参观重点，避免学生走马观花式的游览，关注学生参观过程的资料采集和保留。 难点：指导学生在参观结束后汇总整理所采集资料，通过网络和书籍寻求对未知的解答，充分调动学生的探索和展示自我的积极性。

（二）教学过程

教学内容	教师活动	学生活动	设计意图
1. 回顾参观历程。	PPT展示学生参观照片，引领学生回顾参观情景，对之前学生汇报的参观成果做简要总结。	观看PPT。	带领学生进入到创设情境中，为整节课做好铺垫。
开门见山，引出主题。	引：我们在之前学习了光的反射、折射等相关知识，关于光，我们还有哪些未知的呢？让我们开启今天的"你说我们听"之"听你讲光的故事"。	回忆所学，温故知新。	将光现象这个学生已知的内容陌生化，引领学生从更多的角度认识光。 用"你说我们听"的方式把讲台交给学生，让大家在交流过程中产生1+1>2的效果。

教学内容	教师活动	学生活动	设计意图
2. 学生自编自导科普剧《颜色的秘密》。	欣赏、倾听、关照课堂。	自编、自导、自演科普剧。 角色分配: 学生 A:不透明物体 学生 B:透明物体 学生 C、D、E:不同色光 学生 F:眼睛 表演光的反射、吸收和透过的过程,共同诠释颜色的秘密。 1. 透明物体的颜色是由它透过的色光决定的。有色的透明物体只透过与它本身相同颜色的光,而其他颜色的光都被它吸收。无色透明物体能透过各种颜色的光。 2. 不透明物体的颜色是由它反射的色光决定的。有色的不透明物体只反射与它本身相同颜色的光,而其他颜色的光都被它吸收。	将光和眼睛等语言化的物理符号拟人化,让学生在亲身参与角色扮演的过程中理解更加深刻。
3. 学生讲解"电磁波大家族"。	引:不透明物体的颜色由它反射的光的颜色决定,太阳光下看到的红色物体所反射的红光是哪里来的呢? 17 世纪前,人们认为在五光十色的世界中,太阳光是最单纯的,真的是这样吗?下面,让我们来听某某同学的讲解。	1. 色散实验 结合实验讲解光的色散是一种折射现象,由于不同色光的波长不同,因而分开。 2. 许多家用电器都可用遥控器进行各项功能之间的转换,你知道其中的奥秘吗? 3. 讲解红外线、可见光、紫外线及其应用。 4. 讲解电磁波的形成及其应用。 电磁波大家族:电磁波包括的范围很广,无线电波、红外线、可见光、紫外线、X 射线,γ 射线都是电磁波。人们按照波长或频率的顺序把这些电磁波排列起来,这就是电磁波谱。	 让学生站上讲台,充分调动学生的课堂参与意识,鼓励学生通过网络和书籍等媒介查阅资料,丰富所学,提高学生的学习能力。
4. 学生讲解"能源与太阳"。	引:我们知道了光的本质是电磁波,那么它的能量又是怎样的呢?请下面一组同学为大家讲解"能源与太阳"。	1. 太阳能的本质。 2. 太阳能的优势。 3. 太阳能的利用途径。 4. 太阳能电池原理及应用。	使学生加深对能源的认识,了解太阳能及其应用原理。
5. 比一比:谁做的太阳能小车跑得远。	指导学生制作太阳能小车。	动手制作,开展竞赛。	在做中学。

255

教学内容	教师活动	学生活动	设计意图
教学反思： 1. 设计这堂课的基本思路是既要顾及前期参观科技馆活动的衔接，又要与现有课程内容有效配合，同时兼顾到与当前教育理念、教育导向理论的匹配。 2. 在整节课的设计中，我对师生的角色认知有了新的认识，教师要放心交出讲台，同时要激发学生的积极性，要求教师和学生对角色都有良好的意识。 3. 经过多方的磨合、实地调研、听取高校专家和领导同事的指导意见，我对课程开发、课程的育人功能、课程价值有了更多的理解，今后要以此为契机，坚持此类课程的开发。			

任课教师简介：

李立娟，中学二级教师，2013 年毕业于首都师范大学物理系课程与教学论专业，师从邢红军教授。注重教学与科研的结合，先后在物理学核心期刊发表文章两篇：《"平面镜成像"的教学实验与教学设计探讨》（《中学物理教学参考》）、《运用数字化传感器突破晶体熔化教学中的难点》（《物理教师》）。

牛林，中学一级教师，2002 毕业于首都师范大学物理系现代教育技术专业。2014 年 3 月在北京市初中教师教学基本功培训和展示活动中获教学展示一等奖。多年来组织学生参加科技活动，被评为通州区中小学生金鹏科技论坛活动先进工作者。

十五、揭秘多档位用电器

（一）教学背景

学科	物理	任课教师	秦海荣	时长	45 分钟	班级	初三(10)班
课　题	揭秘多档位用电器						
设计理念	这节课充分注重对生活中多档位用电器的挖掘，积极贯彻新课程"从生活走向物理，从物理走向社会"的理念，也充分地注意从学生身边或社会实践活动中选取典型的素材，紧密结合学生已有的生活经验，利用所学的电学知识解决实际生活问题，让学生感受到学以致用的意义。						

学科	物理	任课教师	秦海荣	时长	45分钟	班级	初三(10)班

教学目标	知识与技能： 1. 学生会认知家用电器铭牌数据的物理意义； 2. 会利用电功率公式进行相关计算； 3. 会设计多档位用电器的工作原理图； 4. 会制作简单的多档位用电器。 过程与方法： 学生通过计算，用数据分析得出家用电器的合理使用方法，在电压一定的条件下，通过改变接入电路的电阻从而改变用电器的总功率。 情感态度与价值观： 通过对家用电器铭牌的信息分析计算，积极探索物理学道理。积极与小组同学讨论，乐于在展示、制作的过程中发现问题解决问题。
学情分析	本节课是在学习能力较强的 A 层学生当中进行的，这部分学生思维敏捷，自主学习能力较强。通过前面的学习，学生已经掌握了电功率的有关知识，知道了额定电压额定功率的物理意义，并会熟练计算相关物理量，会分析由开关控制的串并联电路，形成了主动探究问题的习惯，具有一定的分析解决问题的能力。
教学重点 教学难点	教学重点:利用开关改变电路连接方式，从而改变接入电路的电阻，在电压一定的情况下，形成多个功率值，实现生活中用电器的多档位。 教学难点:联系生活实际，设计电吹风的工作原理，制作电吹风的模型。

(二) 教学过程

教学内容	教师活动	学生活动	设计意图
1. 引入新课	叙述一个生活片段： 关于饮水机晚间是否关掉的争执，统计支持爸爸妈妈双方做法的同学们的意见。 1. 用数据证明谁的做法省电 水桶容量　20L 热水箱水量　1kg 额定电压　220V 加热功率　500W 保温功率　50W 提供饮水机铭牌。 直接给冷水加热需要12min。 间歇性加热意思是:热水保温 28min 以后加热 2min，每天从晚上 9:00 到第二天早上 7:00 按10h 计算耗电。 得到结论:晚上关机更省电，妈妈的做法值得提倡。	举手表示自己支持的做法。 观察铭牌信息，利用 $W = Pt$ 计算比较，得出结论。 直接给冷水加热耗电 0.1kWh。 间歇性加热: 加热 2min，按 10 小时计算，保温 28min，按 10 小时计算，总共耗电 0.4kWh。	从学生感兴趣的话题入手，激发学习兴趣。

教学内容	教师活动	学生活动	设计意图
2. 讲授新课	2. 分析生活中常见的更多档位的用电器 生活中的用电器还有更多档位的用电电器,它们的工作原理怎样呢?咱们一起来分析。 (1) 在社会实践活动中,小明自制了亮度可以调节的小台灯,其电路及灯泡规格如右图所示。请你帮忙确定出小灯泡最亮的档位和最暗的档位。 (2)小强家买了一台电烤箱,有低、中、高三个档位的发热功率。右图是其内部简化电路图,开关 S_1 可以分别与触点 a、b 接触,已知 $R_1 = 48.4\Omega$,$R_2 = 98.6\Omega$,电源电压保持不变,调节开关的断开与闭合,请你帮忙确定出电烤箱的高档位和低档位。 (3)某家用电熨斗内部电路结构图,其中 R_1、R_2 为加热电阻丝($R_1 > R_2$)。如图的四种连接方式,请你帮忙确定电热器的最高档位和最低档位。 	例举生活中的多档位用电器。 分析生活中更多档位的用电器工作原理。找到设计方案的缺陷,提出改进措施。 确定出电烤箱的三个档位。 先画出四种连接方式,再进一步确定最高档位和最低档位。	从熟悉的事物开始认知铭牌信息。用数据证明谁的做法更经济,更有说服力。 调动学生的学习热情,活跃课堂气氛,从物理走向生活。 采用竞争的方式,激发学生的学习兴趣,激活他们的思维。
3. 学有所用	3. 模拟多档位用电器的工作原理图 思考:为什么用电器要设计多档位?怎样实现多档位? 提供:电源一个,阻值不相等的电阻两个,开关导线若干,开关若干,特别强调单刀双掷开关。 任务:设计电路图,模拟多档位用电器的工作原理图。 要求:把设计方案用白板笔画在白纸上,画完贴到前边黑板处。 展示:设计者对自己的方案加以说明。	设计电路图,模拟多个档位用电器的工作原理。画好电路图,小组代表做展示。	
4. 思维拓展	4. 制作一个多档位用电器,连接电吹风的电路图,要求:只闭合 S_1 时吹冷风,只闭合 S_2 时既无风又不发热,同时闭合 S_1、S_2 时吹热风,请你用笔画线做导线,按要求将图中元件连接起来。	回答多档位用电器的实质。	

教学内容	教师活动	学生活动	设计意图
	实物连接电吹风的内部结构图。 生活中还有一种特殊的档位,看图片: 用电器的待机状态,提供信息。	设计方案,将方案在黑板的图中连接出来。 学生用导线连接实物图,并检验实验效果。 学生相互讨论,归纳得出待机费电情况。	
5. 总结归纳	倡议大家节约用电。 提出问题:多档位家用电器的秘密是什么? 生活中的用电器为什么要设置多档位? 多档位的实质是什么?	让学生通过分析总结出方法。	找出多档位用电器的实质。
6. 课后作业	写板书: A. 冬天很冷,请你用所学知识,给站在马路上执勤的交警叔叔,设计一双温控多档位鞋。 B. 学案1—2题。 C. 学案3—4题。	所有同学完成A档题,课后写出设计方案,针对自己情况选择完成B、C档题目。	真正地把物理应用于生活中,学以致用。

任课教师简介:

秦海荣,中学一级教师,担任初中物理教学工作,曾获2008、2009、2010、2013、2015年初三毕业班工作优秀教师。

十六、自制精油、纯露和环保酵素

(一) 教学背景

学科	生物	任课教师	田 莹 刘 光	时长	90分钟	年级	初二年级
课 题	自制精油、纯露和环保酵素						
设计理念	自然界中的所有生物一生都遵循着生老病死的自然规律,每天会不断地产生落叶、粪便、排泄物以及尸体,它们被称之为大自然的"垃圾",而大自然能够将这些垃圾及时地处理掉,不会出现垃圾堆积成山、臭气熏天的景象。 然而在我们的生活中,家家户户每天都会产生很多的生活垃圾,这些垃圾该如何进行处理呢? 可能你会想到垃圾桶、垃圾车、垃圾处理厂⋯⋯那我们自己有什么方法对它们进行处理呢? 在本次活动课中,老师将教会大家如何对生活垃圾进行开发和再利用。我们可以利用果皮提取精油和纯露,它们可以净化空气、增强人体免疫力、愉悦身心等。同时也可以利用果皮、蔬菜叶等通过发酵过程制作环保酵素,酵素是非常好的生活帮手,有除臭杀菌、洁净去污等作用。 本次活动课的设计旨在渗透《生物学课程标准(2011版)》中"落实科学、技术和社会相互关系的教育",在增进学生的协作、动手操作等能力的同时,又能让学生从一个新的视角来重新认识垃圾,变废为宝,进而达到改善环境的目的,帮助学生形成辩证的世界观。						
教学目标	1. 练习使用精油提取器等实验仪器,并从外果皮中提炼精油和纯露。 2. 尝试利用发酵装置制作环保酵素,并比较其与常用清洁用品的去污能力。 3. 通过小组共同完成实验,提升学生的互助合作能力和实验操作能力。 4. 树立人与自然和谐与可持续发展的理念,提高环境保护的意识和自觉性。						
学情分析	已知: 1. 学生已经学习了果实的结构,能区分出果实的各个组成部分。 2. 学生已经初步了解了各种生物在自然界物质循环中发挥着重要作用。 3. 学生在生活中见过蒸馒头或蒸包子的过程,该过程实际就是利用水在加热煮沸后会形成水蒸气,这些热蒸汽上升后促使食物变熟。 困惑: 1. 精油提取器和分液漏斗等仪器的使用方法。 2. 环保酵素的发酵原理及用途。						
教学重点 教学难点	重点: 1. 利用精油提取器等仪器提取精油和纯露。 2. 利用发酵装置制作环保酵素。 难点:环保酵素的发酵原理。						

（二）教学过程

教学内容	教师活动	学生活动	设计意图
导入	1. 展示一壶柠檬水，并请学生品尝一种神水。 2. 思考： ①这是什么水？ ②长期饮用对人的身体有哪些帮助？ ③除了制成柠檬水，柠檬还有哪些其他的食用方法？（展示柠檬干、柠檬蜜。） 3. 点题：柠檬果肉中富含有丰富的维生素 C，但柠檬皮中维生素 C 含量较低，却含有较高的柠檬烯，于是我们可以利用柠檬皮提取精油。	1. 品尝，并说出水的名称。 2. 思考并回答： ①认识柠檬水的作用。 ②说出柠檬其他食用方法。 ③知道食用柠檬时主要摄取柠檬果肉中的维生素 C。 3. 激发学生提取柠檬精油的兴趣。	在充分挖掘学生已有的生活经验的基础上，进一步丰富学生对于柠檬功效的认识：柠檬果肉中富含维素 C，而果皮中富含丰富的柠檬烯，柠檬烯是精油的主要成分，进而提出如何利用柠檬皮提取柠檬精油。填补学生对于柠檬认识上的空白。
环节一 精油和纯露的提取	1. 介绍柠檬精油的主要作用：改善血液循环，增强免疫力等。 2. 通过类比的方法介绍柠檬精油的提取原理（生活经验：吃完火锅后，锅盖内表面会形成一层油污。引发学生思考：油污是如何形成的）。 3. 通过类比的方法介绍精油提取器的工作原理（生活经验：蒸包子或蒸馒头的过程中，利用热蒸汽促使食物变熟）。 4. 播放视频：如何利用精油提取器等实验仪器提取柠檬精油。 5. 教师巡视，指导学生分组实验。 6. 播放视频：利用分液漏斗进行油水混合物的分离，得到柠檬精油和纯露。 7. 教师巡视，指导学生分组实验。 8. 要求学生将精油和纯露分装。	1. 初步认识柠檬精油。 2—3. 联系生活经验，理解柠檬精油提取原理和精油提取器的工作原理。 4. 观看视频，了解实验步骤及精油提取器的操作方法。 5. 学生分组实验。 6. 观看视频，了解分液漏斗的使用方法。 7. 学生分组实验。 8. 完成精油和纯露的分装。	通过柠檬精油用途的介绍，激发学生制作的兴趣。并联系学生的生活经验，通过类比的方法分别介绍精油提取的原理和精油提取器的工作原理。通过视频直观、清晰地展现实验操作流程，让学生在实验过程中做到心中有数，更有利于其进行实验操作。在实验过程中，分组实验更有利于培养学生的协作能力和实验操作的能力。

教学内容	教师活动	学生活动	设计意图
环节二 环保酵素的制作	1. 提问：水果的果皮可以作为提取精油的材料，那么还有没有其他用途？ 2. 展示水果果皮制作的酵素成品，请学生初步观察：观其色，嗅其味。 3. 演示实验：比较酵素、肥皂、洗衣液、洗衣粉的去污能力。 4. 配合图片介绍环保酵素制作过程。 5. 教师巡视，指导学生制作。 6. 介绍环保酵素的发酵原理。	1. 质疑，激发兴趣。 2. 初步认识环保酵素。 3. 观看实验现象，感受几种洗涤用品的去污差异。 4. 掌握酵素制作过程。 5. 进行实验。 6. 理解发酵原理。	通过几种洗涤用品去污能力的比较，增加学生对酵素用途的感性认识，同时激发出制作酵素的兴趣，在学生亲自制作后，引导学生分析发酵原理。这符合从现象到本质的认知规律。
拓展	1. 介绍几种精油和纯露在生活中的应用。 2. 介绍环保酵素在生活中的其他应用，并让学生尝试制作食用酵素。	1. 在生活中尝试精油和纯露的使用方法。 2. 体验环保酵素在生活中的不同应用，并尝试制作食用酵素。	学生在了解了精油、纯露和环保酵素在生活中的应用后，对生活垃圾（如果皮、蔬菜叶）有了新的认识。

任课教师简介：

田莹，中学一级教师，2003 年毕业于首都师范大学生命科学学院，2012—2014 年担任班主任，曾在 2013 年北京市初中教师基本功展示活动中获二等奖。

刘光，中学二级教师，2010 年毕业于首都师范大学生命科学学院，2012—2015 年担任班主任，曾带领学生多次参加自然科学知识竞赛，并获得优秀辅导教师称号。

十七、厨房中的化学之趣味面筋

（一）教学背景

学科	化学	任课教师	张凯	时长	45—50分钟	班级	初三（2）班

课　题	**厨房中的化学之趣味面筋**
设计理念	本节课以容易激发学生兴趣而贴近学生日常生活的素材入手，课程中既涉及学生需要熟知的六大营养素的相关知识，又涉及物质检验、实验探究和基本操作等原理。所设计的各环节活动旨在帮助学生提高动手操作的能力，同时让他们感受到学以致用的快乐！
教学目标	知识与技能： 1. 能准确说出面粉所含营养素的种类。 2. 了解淀粉及蛋白质的常见检验方法。 3. 理解面筋的制作原理和方法，并规范操作完成面筋的制作。 过程与方法： 1. 动手实践制作面筋的过程，提高自己的动手操作能力。 2. 结合特定情境，进一步深化对实验探究设计的认识，进一步熟练实验基本操作步骤，进一步提升整合知识及应用知识的能力。 情感态度与价值观： 体会小组合作交流在学习过程中的重要性和科学探究过程中应该具有的严谨的科学态度。
学情分析	学生在之前的学习中，已经对人体所需六大营养素相关知识包括常见的糖类、油脂、蛋白质等有了一定的了解和认识，但对生活中具体食材所含各种成分的认识还不够全面。另一方面，学生对利用所学知识提出问题，设计实验方案和操作步骤，动手实验进行探究，分析现象得出结论的系统过程仍存在很多欠缺，反映出为数不少的学生思路不够清晰、逻辑不够严谨的问题。针对这些问题，本节课设计从学生非常熟悉的面粉着手来制作美味的面筋，鼓励和帮助学生在轻松愉快的学习氛围中，质疑讨论，分组实验，合作交流，实现本节课的教学目标。
教学重点 教学难点	重点：通过由面粉制作面筋的实践过程，帮助学生深化对六大营养素相关知识的认识，同时培养学生科学探究的规范意识。 难点：主动参与，进行有效的讨论和探究活动；培养学生分析、归纳的能力。

（二）教学过程

教学内容	教师活动	学生活动	设计意图
图片展示，课程引入	PPT展示各种垂涎欲滴的面筋图片。 问：同学们都吃过面筋吗？又有谁知道该怎么制作面筋呢？这节课，老师就来带领大家一起制作面筋，同学们还可以把制好的面筋带回家给你们的父母尝一尝。 教师进行板书。	观看，聆听，回答。	提高学生的兴趣和积极性。

教学内容	教师活动	学生活动	设计意图
实践环节 1. 和面	过渡:请同学们认真阅读实验报告单的内容,根据所提示的操作步骤,完成第一步:和面。并将你遇到的问题记录在相应位置。 问:通过实践过程,你认为面粉是否溶于水呢? (实验操作:1. 取1g食盐加入100ml水中,制成盐水。2. 取300g面粉于面盆中,加入盐水,边加边搅拌,至无干面。3. 反复揉搓,将面揉成光滑的面团。)	阅读实验报告单,选用合适的实验用品,完成实验,并回答相关问题。填写实验操作中存在的问题。	让学生在实验操作过程中理解面粉的水溶性,直观而又深刻。
实践环节 2. 醒面	提示学生按照要求,加没过面团的水,盖上保鲜膜(醒约15—20分钟),完成醒面的同时,要求学生继续阅读分离面筋的操作步骤。	完成醒面,并继续阅读分离面筋的原理和操作方法。	让学生体会到仔细阅读操作方法的重要性。
实验讨论	提示:1. 请同学们思考,根据我们选用的面粉所含的成分表提示,你认为面筋的成分是淀粉还是蛋白质呢?根据所给的资料,你能否设计实验方案来验证你的结论。 2. 醒面过程中,浸泡面的水有何变化?是什么跑到水里去了?你有哪些方法进行验证?	仔细观察,分组讨论实验方案并派代表汇报本组讨论结果。 其他小组成员提出质疑。	培养学生在实验过程中及时发现问题、利用所学分析问题、解决问题的能力。
实践环节 3. 分离面筋	提示学生按照操作步骤分离面筋:面醒好后,用手反复揉捏,其间换5次以上的水(并将所得水合并),每次加水量少一点,直至面筋放入水中揉搓,水不明显浑浊,这样就得到了生面筋。 问:同学们将合并的水加热,有什么变化呢?	按照提示操作分离面筋并完成相关实验。	锻炼学生动手实践操作的能力。
实验验证	过渡:同学们已经针对提出的问题,给出了自己的猜想和相应的实验验证方案。下面请同学们根据自己的实验方案完成实验验证,证明自己的猜想是否正确,并将结论记录在实验报告单上。 课堂走动,帮助解决学生实验过程中遇到的困难。	学生根据自己的实验方案完成验证实验,在实验报告单上详细、客观地记录实验现象、得出的结论,以及实验过程中遇到的问题。	让学生充分体会到根据自己提出方案进行实验的有效性和必要性。
课堂小结	问:同学们针对面粉制作面筋的过程,还有哪些想研究的问题呢? 点拨并板书:在本节课实践过程中,同学们通过亲自动手实践,针对问题,提出猜想和假设,设计方案进行实验,分享交流得出结论的方式,一起感受了面筋当中存在的奥秘和学问。这种科学探究的学习能力是初中阶段化学学习的一项重要的能力素质。希望同学们在今后的学习中能够灵活运用科学探究的学习方式来解决更多的实际问题。	学生思考并回答。 在老师的带领下回顾本节课的教学思路,反思自己的学习收获。	知识、方法的回顾、小结。

教学内容	教师活动	学生活动	设计意图

板书设计

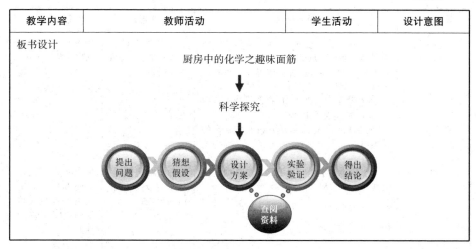

任课教师简介：

张凯，2011 年毕业于华东师范大学化学系，理学博士，在职化学教师。参与国家级研究课题，在包括期刊在内等各处发表专业论文数篇，曾获内高班学生优秀导师称号。

十八、现代精加工技术介绍与应用

（一）教学背景

学科	电子工坊	任课教师	杨 迪	时长	45 分钟	班级	初二(8)班
课　题	现代精加工技术介绍与应用						
设计理念	以激光切割、3D 打印为例介绍现代精加工技术手段。通过每名学生自己制作一个 Arduino 收音机，让学生们切实感受到精加工作品的特点以及 Arduino 模块化的精髓。						
教学目标	1. 简单了解收音机的原理。 2. 了解以激光切割、3D 打印为代表的现代化精加工手段。 3. 了解 Arduino 单片机的原理、发展及应用。 4. 动手制作 Arduino 收音机。 5. 深入挖掘生活中可以解决的问题，了解智能家居、智慧城市等概念。						
学情分析	通过上一学年电子工坊课的开展，了解到对于初中的学生，如果能够动手制作一些电子类的小工具、小器件以解决生活中遇到的实际问题，将会比较直观地激发学生们对电子科学的兴趣。						
教学重点 教学难点	重点：制作完成 Arduino 模块化收音机。 难点：深入理解现代精加工技术与 Arduino 结合以解决现实问题。						

(二) 教学过程

教学内容	教师活动	学生活动	设计意图
知识点讲述	1. 以收音机的原理开头，提出本节课的任务是每人制作出自己的收音机。 2. 以矿石收音机为例，叙述曾经的收音机爱好者们如何制作自己的收音机。 3. 播放激光切割机及 3D 打印机加工过程的短片，描述现代化精加工理念。 4. 介绍神奇的 Arduino 单片机及其丰富的扩展组件。	观看精加工设备工作视频，了解加工的意义。	从简单手工加工到现代精密加工，带领学生们跨越一个个时代。
动手实践	一步一步讲述学生们手里的零配件如何组装成一台收音机。	跟随教师的讲解，按步骤完成收音机的组装。	拼装木板零件，连接杜邦线，让学生们更加直观地感受到电子工程的魅力。
扩展知识点	1. 演示在以往电子工坊课堂上产生的现代精加工技术及 Arduino 配合制成的小型电子设备。 2. 扩展介绍智能家居、智慧城市等概念。	现场观看小型电子设备的运作过程。	了解到如何运用精加工手段和以 Arduino 为代表的成熟的单片机组件解决实际问题，引导学生们更加细致地观察生活，思考如何解决问题，发明出自己的电子工具。

任课教师简介：

杨迪，2006 年毕业于北京交通大学计算机科学与信息技术学院计算机科学系，2014 年与合伙人创立电子工坊课程。2015 年获通州区青少年科学论坛辅导二等奖。

十九、神奇的生物电

(一) 教学背景

学科	科学实践	任课教师	刘玉才	时长	45 分钟	班级	初一(2)班
课　　题	神奇的生物电						
设计理念	通过举一些生活中的实例，让学生知道生物电是什么。通过引导学生制作植物电源，让学生感受生物电的神奇，从而激发学生对科学的兴趣，也培养学生勇于探索的精神。						

学科	科学实践	任课教师	刘玉才	时长	45分钟	班级	初一(2)班

教学目标	1. 知道什么是生物电。 2. 认识人体生物电。 3. 认识水果的生物电。 4. 动手实践自制植物电源。
学情分析	通过上一学期科学实践课的开展,这些初一的孩子动手实践能力有了很大的提高,他们也学到了很多科学知识。但是,学生们对新事物仍然充满好奇,对于未知的科学知识和科学小实验,他们还是很愿意尝试和学习的。
教学重点 教学难点	重点:制作完成植物电源。 难点:人体生物电的应用,即利用人体的生物电测量心电图。

(二) 教学过程

教学内容	教师活动	学生活动	设计意图
发现探索	播放有关生物电的视频资料。 提问:1. 什么是生物电? 　　　2. 哪些生物中有生物电?	观看视频并回答问题。	让学生认识生物电,知道生物电的普遍性。
动手实践	活动一: 指导学生将发光二极管直接插在水果上,观察现象。 活动二: 指导学生尝试将铜片和锌片分别插在水果上,连接发光二极管或电表,观察现象并与活动一进行比较。 简单讲解选用铜片和锌片做电极的原因。	按照活动要求完成实验,比较两次实验的现象。	通过动手实践,让学生认识到验证生物电需要有科学方法。
发现探索	播放医院医生测量心电图的视频。 讲解人体生物电在医学上的应用,与学生讨论人安静时和胳膊活动时心电图的不同之处以及测量心电图的正确姿势。	观看视频。 学习人体生物电的应用——心电图、脑电图、肌电图等。	认识人体生物电,知道人体生物电的重要性。
联系实际 动手实践	引导学生制作水果充电器。将学生分组,让组内成员把自己在活动二中制作的植物电源串联起来,连接手机数据线。	团队协作,组装组内的生物电源,连接手机,观察是否能给手机充电,若不能,查找原因,纠错后继续尝试,直到成功充电为止。	培养学生要学以致用的意识,和团结协作的意识。
填写任务单	指导学生完成学习任务单。	填写学习任务单。	课堂重点知识进行梳理总结。

任课教师简介：

刘玉才，中学一级教师，2002 年毕业于青海师范大学物理系，曾获中考优秀教师，区级岗位能手。带队参加南开大学 CYPT（中国高中生物理创新竞赛），获得过一等奖，带队参加北京市 BJYPT（北京市高中学生物理研究性学习实践活动），获得第一名。自己参加北京市物理实验创新大赛，荣获高中组一等奖。

英语组学科内融合的教学设计

二十、英语主题式融合学习课程之莎士比亚戏剧《威尼斯商人》

（一）教学背景

学科	英语	任课教师	曾苗苗	时长	60分钟	班级	初二(7)班
课　　题	英语主题式融合学习课程之莎士比亚戏剧《威尼斯商人》							
设计理念	《英语课程标准(2011 年版)》指出英语学科具有工具性和人文性双重性质，通过英语学习使学生养成初步的综合语言运用能力，促进心智发展，提高综合人文素养。 《英语能力标准与教学指南:初中英语(2015 年)》指出初中英语学习能力是指学生通过英语课程掌握基本的英语语言知识，发展基本的英语听说读写技能，进一步促进思维能力的发展，初步形成用英语与他人交流的能力。 基于以上的理念，本节课将以戏剧《威尼斯商人》为载体，重点培养学生学习能力，引导学生进行主题式综合学习，提升学生听说读写的技能，进一步形成自主学习和合作学习的学习策略以及思维能力和人文素养，达到以课程促发展的目的。						
教学目标	学生在本节课结束时，将能: 1. 简要了解莎士比亚生平及其主要著作; 2. 通过听力和阅读，获取《威尼斯商人》的主要内容和重要细节信息，就人物形象展开讨论，发表自己的见解，树立正确的价值观念; 3. 简要表演《威尼斯商人》的主要情节，演唱《威尼斯商人之歌》，体验西方戏剧的魅力。						
学情分析	1. 自然情况 授课对象为潞河中学初二(7)班全体学生。整体英语成绩较好，大部分学生学习主动性强，思维活跃。 2. 已知起点 学生通过历史课和语文课的学习，对剧作家莎士比亚有一定的了解，能说出他所处的时代和文学地位，知道他的代表作;知道中国的戏剧形式;英语课上有过分角色扮演小短剧的经历。 3. 难点预测 (1)《威尼斯商人》这部戏剧和学生生活的时代相距数百年，理解起来有距离感，可能导致学生不感兴趣; (2)文艺复兴时的英语和现代英语有区别，有些词汇较难，影响内容理解; (3)排演英文长戏剧对孩子们来说是第一次体验，比较难以把握。 4. 难点对策 (1)对剧本进行语言加工和改编，降低其难度，使之能被学生理解和接受。						

学科	英语	任课教师	曾苗苗	时长	60分钟	班级	初二(7)班

	(2)通过播放电影片段、背景知识学习,将剧本内容改成朗朗上口的歌曲,帮助学生理解内容,提升学习兴趣。 (3)通过课前研究性学习,帮助学生扫除词汇、背景的障碍,得到教师戏剧表演的指导。
教学重点 教学难点	教学重点: 1. 获取《威尼斯商人》的主要内容和重要细节信息,并就人物形象展开讨论,发表自己的见解,树立正确的价值观念; 2. 简要表演《威尼斯商人》的主要情节。 教学难点: 1. 讨论《威尼斯商人》的主旨和人物形象并发表自己的见解,树立正确的价值观念; 2. 简要表演《威尼斯商人》的主要情节。

(二) 教学过程

教 学 内 容	教 师 活 动	学 生 活 动	设 计 意 图
Step 1:课前准备 师生合作,开展关于《威尼斯商人》主题性研究的前期准备工作。	根据学生兴趣和特点,对学生进行分组,指导学生收集整理资料,进行关于《威尼斯商人》主题性研究的前期学习,发放导学案。	根据自己的兴趣,选择不同的研究型学习小组,收集整理资料,开展关于《威尼斯商人》主题性研究的前期学习,完成导学案。	促进学生通过自主学习和合作学习,收集整理学习资料,完成前测导学案,为后面的主题式融合学习打下基础。
Step 2:说一说 观看《威尼斯商人》视频片段,回答问题。 Q1:What's the name of the film clip? Q2:Who is the author? Q3:Can you say something about the author?	播放《威尼斯商人》视频片段,提出问题引导学生讨论。	观看《威尼斯商人》视频片段,结合问题展开讨论。	导入话题,激活背景知识,激发学习兴趣。
Step 3:学一学 1. 学习关于莎士比亚的文学背景知识。 (1) Life (2) Masterpiece (3) Fame	结合课前导学案,通过问答的互动形式,促进学生交流并扩展关于莎士比亚已有的认识。	结合课前导学案和老师互动、交流并扩展关于莎士比亚已有的认识。	进一步了解剧作者的背景知识,为理解《威尼斯商人》做好铺垫。
2. 戏剧《威尼斯商人》简介。 (1) settings (2) characters (3) main plot	结合课前导学案,通过问答的互动形式,促进学生回忆关于《威尼斯商人》的主要内容。	结合课前导学案和老师互动、交流介绍《威尼斯商人》主要内容。	回忆《威尼斯商人》主要内容,为后面的活动做好铺垫。
Step 4:听一听、读一读 1. 听、读《威尼斯商人》。 2. 对《威尼斯商人》的内容理解。 (1)选出正确答案。			

教 学 内 容	教师活动	学生活动	设计意图
Chapter1： Q1：People thought Shylock was _____ . A. kind and generous B. cruel and unfair Q2：Did Antonio and Shylock like each other? A. Yes.　　 B. No. **Chapter**2： Q3：What did Shylock want from Antonio if he didn't pay the loan back? A. A pound of flesh. B. Merchant ships. **Chapter**3： Q4：Why did Bassanio and his friends hurry back to Venice? A. To save Antonio. B. To meet a famous lawyer. **Chapter**4： Q5：What was Shylock's final decision? A. He dropped the case（撤销案件）. B. He got a pound of flesh. （2）选词填空。 ①Antonio was a _____（rich/ poor）man, and he was very generous. ②Shylock was a _____（doctor/ money-lender）in Venice. ③ Shylock wanted Antonio's _____ （merchant ship/ flesh）if he didn't pay the loan back. ④Portia wanted to marry _____（Bassanio/ the German）. ⑤At the wedding, Portia gave Bassanio a _____（letter/ ring）. ⑥The young lawyer was really _____（Nerissa/Portia）.	播放《威尼斯商人》的录音，要求学生听读全文，提示学生关注问题。 要求学生完成关于《威尼斯商人》的问题。	阅读教师提出的问题，听读《威尼斯商人》的录音。 完成关于《威尼斯商人》的阅读任务。	通过听力和阅读，获取《威尼斯商人》的主要内容和重要细节信息。
Step5：唱一唱 学唱《威尼斯商人之歌》。	播放《威尼斯商人之歌》，要求学生跟唱。	学唱《威尼斯商人之歌》。	学唱歌曲，进一步理解本剧内容，维持学习兴趣。
Step6：演一演 分角色扮演《威尼斯商人》的主要片段。 Step7：评一评 结合角色扮演，评价自己印象最深刻的人物并陈述理由。 Q：Who impresses you most in *the Merchant of Venice*? Why?	邀请部分学生分角色扮演《威尼斯商人》。	分角色扮演《威尼斯商人》并欣赏。	分角色简要表演《威尼斯商人》的主要情节，体会英语戏剧的魅力，激发学生的创造力。

教学内容	教师活动	学生活动	设计意图
Step8：总结和作业布置	提出问题,引导学生评价剧中主要角色及理由。 总结本次活动内容。 布置延伸作业: 1. 查一查下面句子中画线短语的意思,下次课分享。 ①I am in love with Nerissa. ②Let's have a double wedding. ③Can you promise to be on your best behavior? 2. 上网查阅关于《罗密欧和朱丽叶》相关资料。	说出自己印象最深刻的角色并陈述理由。	引导学生就本剧主旨和人物形象展开讨论,发表自己的见解,树立正确的价值观念。 通过课后作业延伸本次活动后续学习。

任课教师简介:

曾苗苗,中学一级教师,2002 年毕业于湖南师范大学英语系,先后被评为潞河中学优秀党员、潞河中学优秀教师和通州区骨干教师。

二十一、Weather Around the World

(一) 教学背景

学科	英语	任课教师	侯志宏	时长	45 分钟	班级	初一(8)班
课 题	Weather Around the World						
设计理念	这是一节小组学习成果展示课,展示了学生通过调查中国(北京)、美国(纽约)、英国(伦敦)及澳大利亚(悉尼)的天气情况、名胜古迹及旅行必备情况为四国旅行社制作为期一周的暑期夏令营宣传海报,从而争取更多游客。小组成员为完成这一任务需要提前分工,查阅资料,同时又需要成员间的合作,共同制作这张海报。整个过程不仅体现了英语学科的工具性与人文性,同时也培养学生在做中学的能力,从而提高学生的英语学科核心素养。						
教学目标	1. 通过前期自主学习与小组合作学习,学生能够完成小组旅游宣传海报; 2. 通过展示海报,学生能够获取中国(北京)、美国(纽约)、英国(伦敦)及澳大利亚(悉尼)的天气情况、名胜古迹及旅行必备信息; 3. 通过学生共同评价,学生能够根据天气情况运用一般将来时制订合理的旅行计划。						

学科	英语	任课教师	侯志宏	时长	45分钟	班级	初一(8)班

学情分析	自然情况：初一(8)班共32人，整体基础扎实，对英语学习有非常浓厚的兴趣。 已知起点： 1. 学生对于一般将来时有一定的了解，但是不能够准确运用； 2. 学生对于中国(北京)、美国(纽约)、英国(伦敦)及澳大利亚(悉尼)的天气情况、名胜古迹及旅行必备情况虽有一定了解，但用英文表达有一定的困难。 解决对策： 1. 学生通过前期自主学习与小组合作学习能够对一般将来时及这四个城市的天气情况、名胜古迹及旅行必备情况的英文表达有所了解； 2. 通过课堂展示及学生共同评价，学生能够更加深入地了解一般将来时并获取这四个城市名胜古迹的英文表达。

（二）教学过程

教学内容	教师活动	学生活动	设计意图
课前准备： 初一(8)班共32人，8个组，每组4人，因此每两个组可以负责一个城市的海报制作。	指导学生运用网络资源及字典查找资料，并从天气情况、名胜古迹及旅行必备信息制作城市宣传海报。	通过小组合作学习及个人自主学习完成一个城市的宣传海报。	鼓励学生在做中学，同时，通过调查研究及小组合作学习培养学生的自主学习能力及小组合作学习能力。
以小组为单位展示所制作的海报。	指导学生从天气情况、名胜古迹及旅行必备信息三方面评价海报的制作情况。	听并选出自己最喜爱的一张海报，然后思考喜欢的原因。	通过听评，不仅可以锻炼学生的口语表达能力，还可以发展学生的英语思维品质，从而提高学生的英语学科核心素养。
引导学生从天气情况、名胜古迹及旅行必备信息三方面评价海报的制作情况，并选出自己最喜爱的一张。	组织并引导学生关注语言。	评价并选出自己最喜爱的一张海报。	通过评价，引导学生深刻地认识一般将来时的用法。
归纳总结一般将来时的用法及使用时需要注意的问题。	引导学生回顾整个学习过程，归纳一般将来时的用法。	思考、回忆并归纳。	通过深刻感知语言，归纳用法，从而能够更好地运用这一时态做事情。

任课教师简介：

侯志宏，二级教师，2010年毕业于北京外国语大学，2010—2013年担任班主任。2012年在通州区初中英语基本功学科展示评比中获二等奖；2013年北京市初中教师基本功培训和展示活动中获教学展示二等奖；在通州区中学"培育和弘扬北京精神"主题班会现场评优活动中获一等奖，班会"创新点亮你我人生"作为优秀案例发表在通州区中学"培育和弘扬北京精神"主题班会优秀案例集锦中。

二十二、《查理和巧克力工厂》电影赏析（第二课时）

（一）教学背景

学科	英语	任课教师	黄含枢	时长	45分钟	班级	初三A班
课　题	《查理和巧克力工厂》电影赏析（第二课时）						
设计理念	文学有很多种形式，英语课堂上多以阅读的形式学习，学生可能感到形式单一。《初中英语新课程标准》中提到教师可以"用音像和网络资源等，丰富教学内容和形式，提高课堂教学效果"。《北京市中小学英语学科改进意见》中也提到"要用好广播电视、有声读物、英文歌曲、影视作品、网络等英语学习资源"。因此我选择了学生们喜爱的电影形式。有很多适合学生看的英文电影，学生既可以从中学习到语言知识，也可以从中获得启发。《查理和巧克力工厂》是一部充满了想象力的电影，无论是视觉还是内容都很吸引观众。这节电影赏析课希望能从电影入手，帮助学生学习英语并深入思考。 本影片赏析课共计两课时。第一课时主要侧重于观看电影和听力口语学习。第二课时侧重于对电影内容的分析。以电影为载体，在分析问题和解决问题的过程中，发展思维品质，塑造正确的人生观和价值观，促进英语学科素养的形成与发展。《课程标准》还提到"学生通过思考、调查、讨论、交流和合作等方式，学习和使用英语，完成学习任务"。因此我在设计教学活动时提出问题来引发学生的思考，同时让学生以小组为单位活动，让学生通过讨论、交流、合作的方式完成学习任务。						
教学目标	1. 通过分析电影中Augustus、Veruca、Violet和Mike的性格来让学生反思自己是否有这样的缺点，并想如何改正。 2. 通过分析电影中Charlie的表现来让学生思考自己该如何与家人相处。						
学情分析	本班是由原初三(7)、(8)两个班学生组成的A班。大多数同学英语基础较好，对电影的形式感兴趣。						
教学重点 教学难点	重点：让学生反思自己的问题以及应如何与家人相处。 难点：如何启发学生。						

（二）教学过程

教学内容	教师活动	学生活动	设计意图
Step 1: Review the movie	1. T(Teacher) lets a student give a brief summary of the movie to help review it. 2. T asks Ss(students) "Why do the four children lost the prize and got punished? Do you think it is related to their characters?"	Ss review the movie. Ss answer the questions.	帮助学生回忆影片内容。
Step 2: Analyze the four children's characters	1. T plays a short video about Augustus and lets Ss in group 1 dub the video. 　T asks Ss to discuss in group and conclude Augustus' character. 2. T plays a short video about Veruca and lets Ss in group 2 dub the video. 　T asks Ss to discuss in group and conclude Veruca's character.	Ss dub the short video and analyze the four children's characters.	通过分析讨论4个孩子性格特征，帮助学生形成正确的是非观，并为后面的反思做好铺垫。

273

教学内容	教师活动	学生活动	设计意图
	3. T plays a short video about Violet and lets Ss in group 3 dub the video. 　T asks Ss to discuss in group and conclude Violet's character. 4. T plays a short video about Mike and lets Ss in group 4 dub the video. 　T asks Ss to discuss in group and conclude Mike's character.		
Step 3: Find the bad habits and correct them.	T lets Ss to consider that if they or their friends have these bad habits and what they are going to do.	Ss think about their or their friends' bad habits and what they should do.	学生反思自己或身边人与影片中人物类似的坏习惯，并思考该如何改正。
Step 4: Find the ways to treat family members.	T asks Ss "In the end, Willy wanted to give Charlie the factory, but Charlie gave up. Do you know why?" T plays a short video about Charlie and lets Ss in group 5 dub the video. T leads Ss to think about how Charlie treated his family. T lets Ss think about how to treat their family.	Ss answer the question. Ss think about how Charlie treated his family. Ss think about how to treat their family.	引导学生思考在 Charlie 的心目中，家庭更重要。 通过分析查理对待家人的态度来启发学生自己对待家人的态度。
Homework	What will happen to the five children after this unusual visit? Choose one child and write down his/her story.		

任课教师简介：

　黄含枢，中学二级教师，2013 年毕业于北京第二外国语学院英语系，2013—2016 年担任班主任。

二十三、Drama 英语戏剧表演课

（一）教学背景

学科	英语	任课教师	孙　跃	时长	45分钟	班级	初二(5)班	授课地点	初中健美操教室
课　题	**Drama 英语戏剧表演课**								
设计理念	英语教育首先是人的教育,是人的精神的教育,远非仅仅传授语言知识和技能,这是英语教育的目的决定的。语言教师是学生精神世界的塑造者和思想智慧的启迪者。语言教育要从有"意思"、有"意义"的内容出发,以内容为核心,用内容盘活形式。"英语戏剧表演"就是围绕文学作品内容开展的一种有效的语言实践活动。 "儿童是天生的演员。"与生俱来的表演天赋和自我表达的欲望使青少年极易沉浸在自己所想象的世界里。戏剧表演教育能够提高学生的自信心、合作能力、交际能力、专注力、自律意识和同理心。同时,以戏剧为载体的表演课程还能鼓励学生创新,增强创新意识,培养创新能力。 初中戏剧课程的设置应充分考虑到学生在7—9年级身心迅速发展的特点。与小学时期相比,学生在初中可能会变得缺少自信,更加墨守成规;但是初中生会更具有批判性思维能力和同理心。因此,利用初中生在青春期身心逐渐成熟的特点,在初中阶段开设戏剧课能够帮助学生发现和定义个性,增强学生的自信心,并提高学生的交际技能。 潞河中学初中英语戏剧课程包括两个基本组成部分:戏剧游戏和主题即兴创作。戏剧游戏有助于培养学生识字能力,增强感官意识,提高记忆力以及开发想象力。游戏还能放松学生的心态,帮助学生挣脱束缚、摆脱压力,轻松活泼,趣味连连。主题即兴创作是一种连接心智、身体和情感的技艺。即兴创作为自我行为的再度表现,为社会现象的反思提供平台。"认识自己的潜能,获得自信与快乐,触及社会,反思生活"是戏剧教育的价值定位。 目前,我校英语戏剧课程所使用的文学作品是《典范英语》原名《牛津阅读树》,是牛津大学出版社出版的一套家喻户晓、享誉世界的英国学生学习母语的材料。《典范英语》(7—10)来自英国,作者均为名家里手,语言鲜活生动,地道有味,深浅适宜。体验并学习这样的语言材料,是奠定扎实语言根基,创造性运用语言的前提和基础。心理学研究发现,青春期前后的孩子阅读兴趣的发展正处于故事期和文学期。《典范英语》(7—10)中的故事正满足了中学生这一心理特点,学生在语言和心智方面都会得到发展。根据阅读材料编写剧本、排练戏剧的过程能够启发学生的创造力,锤炼表演技能,帮助学生真正地用英语做事情。
教学目标	1. 通过戏剧游戏练习,学生能够锻炼自己的身体感知力、灵活力和表达力。 2. 在戏剧游戏中,学生能够锻炼自己的英语听说能力。 3. 在主题即兴表演中,学生将能够了解、体会并表达文段意思,锻炼英语读和说的能力,磨炼演技。
教学重点 教学难点	学生表达自己,释放自己,演绎作品。

（二）教学过程

教学内容	教师活动	学生活动	设计意图
Step 1：Warm up Game：Simon Says	Ask students to stand in a circle and give them directions.	Stand in a circle and act out according to the teacher's direction.	通过游戏，学生能够放松自己，参与到课堂活动中。这个游戏能够激发学生的表演欲望，刺激和鼓励学生去思考、去观察、去表演。
Step 2：Memory practice game：special me	Divide students into groups of 6. Ask the groups of students to sit in a circle.	Sit in a circle in a group of 6. The first student complete the sentence "I am (name) and I am special because..." The next student then repeat the details about the previous student and then adds his own.	在"独一无二的我"这一游戏中，学生能够重新认识自己，定义自己，增强自信心。通过英语传递，他们还能了解他人，重新认识他人，欣赏他人。这个游戏还能锻炼学生的英语口头表达能力，练习简单的语法和发音，复习一些单词。同时，这也是一个锻炼记忆力的游戏，对专业演员来说，背台词是基本功。
Step3：Improvisation Act out the certain scene of *The Masked Cleaning Ladies of Om*	Present the scene："King Harry, Captain Jones and Captain Smith set off on their quest for a cleaner. They looked very unhappy. Princess Jane waved them goodbye. 'It's not fair,' sniffed Princess Jane, 'Everyone's off on quests and tours, and I am stuck on my own in this smelly old castle.'" Encourage students to think about the following questions: 1. What do they feel? 2. What do they say? 3. What do they act?	Make up groups of 4 freely. Discuss the questions. Rehearse in groups. Present in front of the class.	在片段表演这一环节中，学生将会锻炼合作能力、创造力、综合运用语言的能力，更重要的是展现表演才能。

任课教师简介：

孙跃，中学二级教师，2010 年毕业于首都师范大学英语教育系，2010 至今在潞河中学初中部任教。

二十四、Let's share something nice.

（一）教学背景

学科	英语	任课教师	杨　阳	时长	45分钟	班级	初二(2)班

课　题	Let's share something nice.						
设计理念	北京市基础教育部分学科教学改进意见中,对初中英语教学的教学重点要求为"初中英语教学要引导学生在小学基础上巩固辨音能力、模仿能力、记忆能力和语言基础知识,发展语言基本技能,初步形成综合语言运用能力。关注学生英语学习信心的培养,把握教学难度和进度,使学生获得英语学习的成就感"。意见要求初中阶段重点培养学生英语听说能力,引导学生通过体验、实践、运用等活动提升语言能力,关注学生英语阅读兴趣和能力培养,保证一定的英语课外阅读量。意见中还特别提出"有条件的学校可以进一步拓宽语言应用实践渠道"。基于改进意见中提纲挈领式的这些重要的建议和《英语新课标》中"教师要因地制宜,创造性地利用和开发现实生活中鲜活的英语学习资源,积极利用音像、广播、电视、书报杂志、网络信息为学生拓展学习和运用英语的渠道。同时,教师还应积极鼓励和支持学生主动参与课程资源的利用和开发"的要求,我综合考量,在一个学期的时间里引导学生接触适合他们、观看他们喜爱的英语电影和卡通片,并从中截取自己最欣赏的片段,练习自己配音,在课堂予以片段展示和完整的背景介绍,展示完成后表达自己的感悟和思考所得。在这个过程中,学生被赋予相当大的自主权,他们能够积极主动地寻找电影和卡通资源,非常乐于用英语分享和表达,并在这个过程中通过资料寻找、语言整合、主动配音和配音后的自我解读,很好地锻炼了自己的口语和听力能力,极大地激发了学生对于英语语言学习的积极性和热情。同时,也使得很多学生开始对他们所找的电影资源本身承载的历史、自然科学、体育竞技和多维思想开始有了浓厚的兴趣,促进了英语语言与其他学科的融合。本次课程标题定为"从电影中,我想和你分享一些很棒的事情",这是我们在电影配音课程开发过程中得到的灵感。我发现,绝大多数孩子喜爱并乐于分享的片段都传达了诚信、友善、正直、自由、和谐、文明等社会主义核心价值观,这些美好的品格都要求我们教育者通过言传身教传达给孩子,为此,特地准备展示课一节,旨在能够在更宽阔的平台上为孩子们提供表达与展示的机会,让这些美好的品格更深更厚重地植根于他们的心灵,帮助他们健康快乐地成长为合格的公民。						
教学目标	1. 引导学生找到自己喜爱的英文电影或卡通片片段,并完成最爱分享的片段配音。 2. 提供给学生以小组形式互相分享的机会。 3. 提供给学生在全班展示配音并分享心得体会的机会。						
学情分析	初二(2)班共有学生42人,其中男生24人,女生18人。所以整个班级的气氛非常活跃,因为我是该班级班主任老师,应该说,孩子们虽然学习效果有差异,但对于英语学习都有着浓厚的兴趣和热情。他们勇于表达,擅于发现美好的事物,对于配音赏析和展示课有着强烈的认同。						

（二）教学过程

教学内容	教师活动	学生活动	设计意图
Step 1：Warming-up activities to guide to the work display.	Show the Ss (students) some pictures about their former sharing-show and lead them to be excited about this one.	Take a look at the pictures and get ready to show again.	通过上一次活动图片的展示，引发学生对此次展示的热情和兴趣，调动课堂气氛。
Step 2：Presentation 1. Flash some film clips the Ss have chosen 2. Invite the Ss to sit in group and discuss the lines they think the most impressive.	Play the film clips and take part in the discussions. Be ready to offer some help if needed.	Watch the clips and discuss the lines with the group members.	呈现本堂课即将上演的部分精彩片段，请学生以小组合作的形式对台词进行进一步的学习与理解。并与同伴分享，获得积极评价。
Step 3：Practice together Invite the Ss to sit in group of 3 or 4 and try to understand the lines. Then practice dubbing the clips together. After dubbing, the groups will leave their seats and find someone else to share something they think is nice with each other. And the Ss will be encouraged to explain why they like the movie or what moved them to the members.	Walk around the classroom and join some of the groups to listen to the voice work. Offer help or give some opinions. Listen to the Ss and try to think like them.	Work in group of 3 or 4, and try to be the voice actor of their favourite movie. Then share something with their group members and explain why they think it is nice.	通过开放式的活动，鼓励学生以小组的形式相互配合，完成配音的任务。更重要的是，引导学生思考，他们想要分享给大家的是什么，为什么。并鼓励学生试着用英语来表达自己，分享自己观影或思考的成果。
Step 4：Show in the class Invite some groups to show their great voice job to the whole class. Firstly, they will introduce their movie simply. Then they will voice a part from the movie and let the others enjoy their job. Finally, one of them will tell the class why they like the part and what they've got form it.	Lead the Ss to give their show to the class. Listen to them carefully and maybe ask some questions.	Show with the whole class. Enjoy the voice and the movie. Think about what the movies bring them and why they like it.	邀请一些优秀的小组为全班做配音展示，并解读打动小组的影片的闪光点是什么。期待全班能从这些美好的片段中感知人性的美好，并思考自己未来要做一位什么样的人。

教学内容	教师活动	学生活动	设计意图
Step 5：Make a poster "Let's share something nice." Ask the Ss to finish a poster by working in group. Just write down what they have learnt from the movie and what they want to share with friends or teachers and parents. Then they can put the poster on the walls of the classroom and think continually.	Encourage the Ss to finish the poster.	Make a poster together and put it on the wall.	通过制作海报，分享所得，期待能够使得学生把一节课中获得的美好长久地记录下来。并继续从这些美好中获得人格的力量，帮助他们健康的成长。

任课教师简介：

杨阳，中学二级教师，本科学历，2003 年起在潞河中学工作至今，有 11 年班主任工作经历。曾获 2014 年初三毕业班工作优秀教师、2014 年通州区优秀班主任。

二十五、English poem appreciation and chanting

（一）教学背景

学科	英语	任课教师	杨贻芳	时长	45 分钟	班级	初一(5)班
课　题	English poem appreciation and chanting						
设计理念	1.《义务教育英语课程标准(2011 年版)》提出的语言技能三级标准适用于初一年级学生，其中说的技能包括"能背诵一定数量的英语小诗或歌谣"，可见，诗歌教学是课标要求的一种教学实践。 2. 本节课通过引导学生理解一首英文诗歌，让学生从中体会英诗的意象美，通过指导学生朗读诗歌帮助学生巩固辨音和读音能力，通过让学生以小组形式诵读诗歌让学生体验诗歌的格律和押韵，感受英诗的音韵美。						
教学目标	通过本节课的学习，学生能够： 1. 理解并欣赏诗歌的意象美； 2. 准确分辨并朗读诗歌中的重读和非重读音节； 3. 通过诵读诗歌感知诗歌的格律和押韵。						
学情分析	已知起点：这是所教班级学生第二次在课堂上欣赏英语诗歌。在第一次学习后的调查问卷中，绝大部分学生表示自己想要更多地学习英语诗歌。通过第一次的学习，学生已经对英语诗歌的主题、意象和修辞有了基本的了解，也体验了英语诗歌的格律和押韵，但是还不能独自去分析英语诗歌的格律。另外，经过初一一半个学年的学习，学生的辨音和读音能力已经有了很大提高，为学习英语诗歌的格律和押韵奠定了良好的基础。 存在问题：学生在辨认构成英诗格律的重读和非重读音节时仍然存在一定困难。 解决措施：在课前，让学生自己借助字典学习并标记诗歌中单词的发音和意思，尝试朗读诗歌，了解诗歌大意。在课上，通过教师示范让学生理解如何根据重读和非重读音节朗读诗歌，通过小组集体练习的方式帮助学生逐渐学会朗读诗歌。						

学科	英语	任课教师	杨贻芳	时长	45分钟	班级	初一(5)班

教学重点	1. 理解并欣赏诗歌的意象美; 2. 准确分辨并朗读诗歌中的重读和非重读音节。
教学难点	通过诵读诗歌感知诗歌的格律和押韵。

(二) 教学过程

教学内容	教师活动	学生活动	设计意图
Step 1 Lead-in	1. Show the video of chanting the poem covered last time. 2. Ask the students some basic questions about the poem covered last time.	Review the 1st experience of learning the poem "Twinkle Twinkle Little Star" through a student video and some basic questions.	唤起学生对上次诗歌体验的记忆,创造诗歌氛围,为本次诗歌教学做好准备。
Step 2 Understanding the main idea of the target poem	1. Invite some students to show their self-learning results; read and explain the meaning of each stanza. 2. Work together with the students to correct errors in the student presentation if any.	1. Volunteer to make presentations about their self-learning results of the new poem. 2. Clear their wrong pronunciation and understanding under the teacher's guidance.	引导学生通过展示自学成果理解诗歌的大意。
Step 3 Appreciation of the poem	1. Ask the students to finish some questions about the poem in their handout (1) What's the theme(主题) of the poem? A. The sky is beautiful with many candles. B. Everything is quiet and ready to sleep under the night sky. C. The little ones are happy to be with their mothers. (2) What images(意象) are used in the poem? (3) Can you find any figures of speech(修辞) in the poem? What is it? 2. Ask the students to work in groups and check their answers together. Then the teacher guides them to work out the correct answers to each question. Keys: (1) B. (2) Lambs, birds, chickens, children, candles. (3) Metaphor(比喻). The candles in the poem refer to the stars in the night sky.	1. Work by themselves to find out the theme, images and figures of speech in the poem. 2. Check their answers in group first and then in class.	引导学生从主题、意象、修辞三个方面欣赏诗歌,重点关注诗歌的意象美。

续表

教学内容	教师活动	学生活动	设计意图
Step 4 Finding out the meter and the rhyme of the poem	1. Ask the students some questions about syllable and the meter of poems. (1)_____是英语的发音单位? (2)一个音节通常包括_____个元音或元音组合? (3)每个英语单词有_____个重读音节? (4)每个单词的重读音节是固定的还是不固定的? (5)诗歌节奏的基本单位是_____? (6)每个韵步_____和_____的搭配组合使诗歌读起来抑扬顿挫? Keys: (1)音节;(2)1;(3)1;(4)固定的;(5)韵步(foot);(6)重读音节和非重读音节。 2. Guide the students to find out the meter and rhyme of the target poem. Then demonstrate how to read the poem according to the meter and the rhyme through one stanza.	1. Talk freely about some basic knowledge of syllables and the poem meter. 2. Find out the meter and rhyme of the poem under the teacher's guidance and learn to read the poem accordingly.	1. 引导学生回顾关于音节和诗歌格律的基本知识,为分析教学诗歌做好准备。 2. 引导学生分析诗歌第一节的格律和押韵并示范如何朗读诗歌。
Step 5 Chanting the poem	1. Ask the students to work in group and practice reading aloud the poem. In advance, show them the evaluation criteria. 2. Invite the students in group to show their chanting in front of the class. The others make assessment according to the evaluation criteria.	1. Work in group to practice reading aloud the poem. 2. Students in group to show their reading or chanting of the poem. The others make evaluations.	1. 提供时间让学生以小组为单位练习朗读诗歌。必要时,教师给出帮助。 2. 小组朗读或诵读诗歌展示,其他小组按照评价标准进行评价。
Step 6 Homework	1. Draw a picture according to your understanding of the poem and write the poem beside the picture. 2. Read aloud the poem and try to recite it.		让学生通过画画的形式进一步欣赏诗歌,然后熟读诗歌并争取诵读出来。

任课教师简介:

杨贻芳,中学二级教师,英语语言文学硕士研究生学历,2009 年毕业于中国人民大学外国语学院,2009—2012 年在潞河中学高中部从事英语教学及班主任工作,2014 年至今在学校初中部任教并担任初一(5)班班主任。

二十六、摄影中的透视关系

（一）教学背景

学科	艺术	任课教师	杨海涛	时长	45分钟	年级	初二
课 题	摄影中的透视关系						
设计理念	中学摄影课的课程特点是实践性和应用性强，课程教学主要采取理论与实践相结合的方法，注重培养学生的动手能力和应用能力，通过讲授和练习，发展学生的观察力、思维力和实际操作能力。"摄影构图中的透视关系"教学有利于帮助学生进一步理解摄影的构图法则，提高学生的摄影技巧和兴趣，还有利于培养学生的空间想象能力和审美能力。 该课题设计思路是完成在教师指导下的以学生为主体的学习，其理论依据为建构主义学习理论，强调在一定的情境中，由教师引导学生基于一定的问题自主学习，从而形成新的建构。采用"抛锚式教学模式"，通过创设情境提出问题，引导学生通过练习寻找线索，最终在教师的指导下解决问题，教师也在摄影实践活动中完成教学效果的评价。 与其他课程相比，中学摄影课操作性更强，更注重培养学生的动手能力和应用知识的能力，因此，课程教学设计更注重理论联系实践，学生的参与度高，能够始终保持较高的学习兴趣。本教学设计与其他章节相比趣味性更强，难度也较大，需要学生具备一定的摄影基础知识，因此在设计时需要结合学生已有的知识结构，将新知识内化到学生整体的摄影知识体系中，更突出体现建构主义学习特点。主要表现在以下几个方面：第一，本教学设计的实践性更强，课程中设计了两次拍摄实践活动，充分体现以学生为中心的教学理念；第二，本教学设计根据教学内容的特点，充分体现由浅入深、循序渐进的特点，教学难度上有明显的递进性，更有利于学生接受；第三，本教学设计在本课程中属于专业性较强的课题之一，教学实践后教学评价的设计使教学更直观，学生通过对自己的作品即时点评更有利于强化和巩固对新知识的理解和应用；第四，本教学设计所展示的图片及使用的案例与学生的生活更贴近，并具有较强的趣味性，更符合中学生的年龄特点。						
教学目标	1. 理解摄影构图中透视关系的概念、作用和应用方法； 2. 掌握运用透视关系表现不同的空间纵深感； 3. 学会在摄影实践中运用透视关系表达作品气氛或情绪。						
学情分析	本课程的授课对象为初二年级学生，教学规模为20人左右，本课题为该课程第6次教学，学生在前期学习的基础上已基本掌握了曝光三要素（光圈、快门、ISO），理解了光圈、焦距、景深、快门的作用，并且学会运用基本的构图法则去完成创作。有些同学的摄影作品还在中学生摄影比赛中取得了名次，多数同学对摄影兴趣浓厚，接受新知识和理解速度较快，部分同学动手能力强，能够很好地将课程所学知识运用到摄影实践活动中。						
教学重点 教学难点	透视的概念、透视关系的作用以及透视关系在摄影构图中的运用。						

（二）教学过程

教学内容	教师活动	学生活动	设计意图
导入环节(5分钟)： 首先我们一起来回顾一下上节课我们学习的内容。 上节课我们学习了摄影中的构图法则，下面我们请一位同学来试着回答一下摄影中都有哪些基本的构图法则。(回答略) 非常好！那么同学们想一想，构图法则只适用于单反相机吗？ 说到手机摄影，今天你们自拍了吗？大家看看这张手机自拍照，两张照片是同一个人，你们觉得左边这张照片有什么问题吗？ 是的，脸型因拍摄角度出现了畸变，鼻子显得特别大……为什么会出现这种现象呢？ 对，有的同学说是因为拍摄姿势不对或拍摄的角度不对。 我们再来看这张，网络流行的美拍照的标准拍照角度是：把手机放在面部斜上方45°角进行拍摄，效果就好多啦！ 可是我们的胳膊不够长啊，于是后来又出现了自拍神器，一定程度上解决了脸型畸变的问题，不过，问题来了！ Q1：手机自拍照片为什么会产生这种畸变？ Q2：自拍杆斜上方45°拍摄角度的选取，减小畸变产生的依据是什么？ 带着这个问题，我们现在来试一试。	开场： 同学们好！今天我们继续来学习摄影的构图。 复习讲解。 提问。 点评提问。 展示PPT1。 提问。 点评进一步引出新的问题。 总结。 展示PPT2。 同时演示和讲解。 展示PPT3。 展示PPT4。 提问。	 思考和回答问题。 思考和回答问题：手机也适用。 思考和回答问题。 思考和回答问题。 倾听思考。	导入环节承上启下，帮助学生梳理知识结构。 结合生活实际和热点问题，激发学生学习本节课知识的兴趣。
实践环节(8分钟)： 1. 每个同学拍摄3张照片，要选择不同的焦距完成； 2. 拍摄过程中要保持光圈值不变，设置合理的曝光参数； 3. 保证画面中第一个物体在三次拍摄中体积大小相等。	教师讲解拍摄要求和步骤，做示范拍摄，同时在投影上播放拍摄的示例图片。	拍摄。完成的同学将照片交给老师将照片投影到屏幕上。	以教师为主导，以学生为主体开展课堂实践教学活动，师生共同对学生作品中出现的问题进行评价，帮助学生理解透视关系的概念和作用，及时纠正学生在认知过程中出现的偏差。

教学内容	教师活动	学生活动	设计意图
师生观察与讨论环节(7分钟)：引导学生讨论三张照片的相同点和不同点。 相同点：第一个物体等大，角度一致，每幅照片的被摄主体都产生了"近大远小，近实远虚"的现象。 不同点：三幅照片的背景显示不同，表现出不同的景深，进而出现不同的空间纵深感。 结论：越短的焦距，所展现的视野越广，透视范围变化显得越激烈，临场感越强；长焦只摄入了很小一部分的透视结构，因此透视结构趋向于"平"；这种方法多用于捕捉特写，对"远"的暗示能增添一种纪实感。	教师归纳总结：引导学生回答，点评、归纳、梳理知识要点，总结出透视关系在摄影表达中的特点。	观察同学拍摄完成的作品，找出不同点和相同点。	师生互动环节设计有利于促进学生自主学习的积极性，提高学生有效参与课堂教学的积极性。
教师讲解重点难点环节(10分钟)：透视的概念：这就是我们今天要给大家讲的构图中的透视关系。所谓透视，就是指物体在一定距离内产生视觉上的"近大远小，近实远虚"的概念，但现实中的物体并没有改变大小。近大远小的现象是怎么产生的呢？光在物体上漫反射，直线传播，摄入人眼视域后成像，不同物体的空间距离是各不相同的，观察的物体越远，其摄入视域的可见范围越窄，于是人看到的景象有近大远小的透视效果。 透视关系在摄影构图中的运用：控制透视和畸变是基本的摄影技巧，在拍摄中很常见。我们在拍摄的时候，用远近不同的物体呈现出来的近大远小的夸张效果来形容透视的强弱，通过不同的透视感，我们可以表达不同的情绪和气氛，比如强烈的透视可以拍出夸张的空间感，而削弱透视，就可以让画面更加紧凑。	展示 PPT5—8，结合实践环节，进一步从理论上对本节课的重难点进行讲解。	倾听和思考。	重点难点的讲解有利于在实践活动的基础上引导学生反思和总结，将新知识内化，强化要点，帮助理解。

284

教学内容	教师活动	学生活动	设计意图
利用广角镜头、短焦距还可以加强透视,而用长焦镜头远距离拍摄可以削弱透视,同时拍摄的角度不同,透视感也会不一样。 透视感还能为你创造更有趣的图像,造成视觉误差和错觉。	展示 PPT9—10,帮助学生加深理解透视关系在摄影构图时的应用。	观察和回答。	
实践环节(10分钟): 同学们,了解透视关系后,我们再来完成第二次拍摄任务,请大家模仿PPT10给出的例图完成拍摄。 要求: 1. 两个被摄主体都能够清晰地成像; 2. 利用空间透视的原理,拍摄出夸张的效果,使观众产生错觉; 3. 注意构图,体现趣味性,突出创意。	展示PPT11,讲解拍摄要求,做示范拍摄,并通过投影展示例图。点评照片。	拍摄完成的同学将照片交给老师,将照片投影到屏幕上。 没有拍摄成功的同学找出原因,体会透视关系在摄影中的运用。	引导学生再次通过实践活动理解教学重点和难点,以及自我评价学习效果。
总结(5分钟): 解答本课题开始提出的问题。 好了,同学们,让我回到之前提到的关于手机自拍的两个问题,请同学们试着来回答一下: 1. 产生畸变问题的原因是什么?手机的摄像头多为广角镜头,焦距越短透视范围变化就越激烈,自拍时脸部与镜头(物像距)很近容易产生夸张的变形。 2. 利用自拍杆一定程度上增加了物像距,减小了畸变的夸张感。流行的拍照姿势,斜上方45°角,改变了拍摄角度,削弱了透视效果,使我们眼睛比鼻子更近镜头,水灵灵的大眼睛就出现了而不再是大鼻子了。 今天我们学习了摄影构图的透视关系,透视关系的特点是"近大远小、近实远虚";透视关系的作用是:透视的强弱,表现不同的空间感;影响透视关系的因素有:镜头、焦距、距离、拍摄角度等。理解了透视关系有助于我们更好地运用镜头语言来表达我们的作品,但是透视关系要运用得恰到好处,利用其影响因素来控制透视关系的强弱。	总结:解答导入环节提出的问题,首尾呼应,完成对本节课知识的学习。 展示PPT12,总结讲解本节课的知识要点。	思考和回答。	归纳总结,引导学生适当拓展,为下节课的学习做好铺垫。

教学内容	教师活动	学生活动	设计意图
课后思考: 最后,请大家课后多练习并思考一个问题,除了上面提到的影响因素,还有哪些方面会影响透视的效果呢? 希望这张图片能够给同学们一些提示:近景实,远景亮。	展示 PPT13,通过提问引出下节课将要学习的内容。		

任课教师简介:

杨海涛,中学一级教师,2004 年毕业于西安电子科技大学,2011 年至今一直从事学校媒体宣传工作,同时担任潞河中学摄影社指导老师。曾在 2014 年北京市民族教育学会举办的中学生摄影大赛中获得优秀指导教师称号和 2015 年通州区中学生摄影比赛优秀指导教师称号。

体育组学科内融合的教学设计

二十七、篮球趣味运球

(一) 教学背景

学科	体育	任课教师	王倩	时长	45 分钟	班级	初二(3)、(4)班
课　题	篮球趣味运球						
设计理念	将篮球运球结合到操化之中,既提高基础运球能力,同时又更易于女生接纳,且提高篮球运球能力!						
教学目标	1. 学习篮球运球的方法与知识。 2. 认识篮球运球技术的关键点。 3. 在操化练习中合理运用篮球运球技术。 4. 通过练习可以掌握运动操化的编排技巧。						
学情分析	篮球运球是女生掌握较薄弱的内容,通过基础练习后,以操化的形式进行巩固,不但能够提高教学效果,同时可以提高学生对篮球项目的接纳程度,使篮球运球更易于掌握。						
教学重点 教学难点	篮球运球操化动作。 篮球运球操化动作衔接与编排。						

（二）教学过程

教学内容	教师活动	学生活动	设计意图
1. 基础运球练习： 原地运球； 低位运球； 高位运球。	教师指导，示范，指出关键点。纠正错误。	注重动作要点。正确完成动作。	稳固基础知识与技术。
2. 运球操化编排练习： 各个动作的衔接与节拍； 学生间相互配合； 音乐节奏配合。	演示衔接方法配合音乐教学。	按教师指导完成动作。	通过操化使学生更好掌握教学技术。
3. 学生自我编排	指导学生编排。	自我编排。	提高学生自我练习的能力,增强学习兴趣。

任课教师简介：

王倩，2006 年 7 月毕业于北京体育大学教育学院体育教育专业，在校期间曾多次获得国家级个人荣誉。毕业后于潞河中学任教 10 年来，带领校级体育舞蹈队、健美操队、街舞队多次获得国际级国家级市级区级各类奖项。本人也被多次授予各个项目的优秀教练员称号，在教学方面勤勤恳恳，成效显著，曾被评为区优秀初三教师。

第 六 章

融合课程促进教师专业发展

在新一轮的教学课改背景下，潞河中学初中部的老师们根据义务教育阶段各学科的课程标准和所教教材，以立德树人为根本目标，打通学科之间的壁垒，开展了大量的学科间的融合教学研究。通过学科间的融合教学，整合不同学科知识，引导学生关注事物之间的联系，认识本质，培养学生的创新精神、学习能力、动手实践能力，进而提升课堂教学实效，达到提升学生综合素养的目的。以下，是老师们对于在初中部开展融合课程的尝试的一些认识和经验梳理。

多学科融合共建潞园教学新样态

徐 华 李晨松 侯志宏

　　现代学校教育中，学科与学科之间、科学与技术之间、自然科学与人文社会科学之间的交叉、渗透、融合，已成为学科发展的必然趋势。"潞河溯源"多学科融合课题研究中，学科融合强调"核心课程"，即以学生解决所关心的问题为目标——探索潞河之源，再根据解决这些问题所必需的学习内容，进行多学科紧密融合的教学。

　　首先，为保证学生"潞河溯源"综合实践活动的顺利实施，教师需要提前整合历史、地理、语文、化学及数学知识并进行教学。相关学科老师集体备课，设计活动手册，提前做好相关准备。其次，历史老师带领学生参观大光楼，了解大光楼的来历以及通州漕运的历史；再去运河文化广场的千年步道，了解大运河的历史与今天。然后，地理老师教学生用手表在野外定向，实地绘制五河交汇图；数学老师带领学生实地测量大运河的河宽，把课堂所学应用到实际中去。最后，语文老师组织学生面向大运河，吟诵并赏析描写大运河的古诗词，发出保护大运河的倡议。

　　走出教室，站在五河交汇的大运河起点，进行真实情境中的真探究，激发了多学科的自然融合，也激发出了学生的创造性，促进了学生的学习力。

　　学生面对大运河的今昔对比，运用地理和化学知识提出保护环境、治理污水的有效举措；对描写大运河的古诗词，也有了更深入的理解，不禁发出"保护大运河"的倡议书。正是这种探究，让学生的思维方式、学习方式发生了变化，让多学科融合变得更加常态化、自然化。

　　测河宽时，教师设想用大三角板和皮尺测出大运河（东关段）的河宽，但在现场，有些学生拿出手机，运用课堂上所学地理知识——比例尺，给大运河东关桥及河宽拍照，再用皮尺量出两端桥墩间的距离，最后用"桥墩间的实际距离/照片上的桥宽 = 河宽/照片上的河宽"算出了河的实际宽度，而且误差非常小。还有些学生想到运用激光测试仪来测量……由此可见，多学科的融合激发了学生的创造力，他们的设计远远超出了老师的想象，并不断改变老师的想当然。他们通过协作，充分调动自己已有的多学科知识，用批判性思维评判了大运河的发展。谈到收获，有学生说："我们测量了大运河的河宽，虽然出现了很多状况，但最后还是顺利得出了结果。它培养了同学们的合作精神，促进了我们的友情……"也有学生说："还存在一些问题，例如河道上有垃圾，以及水不干净被污染，这都是人类活动而造成的，因此我们应加强环境保护，让运河更加美丽！"他们还利用化学及地理知识继续为保护大运河出谋划策，进一步提升自己的学习力。

在本次多学科融合实践活动中，我们也意识到需要注意的几个问题：那就是活动前多学科教师应深度教研，发掘多学科融合的主题；活动设计的主题要来源于真实世界且具有吸引力；另外，教师要给学生以充分的自主权，真正让他们主动发展、追求卓越。

游古镇张家湾

王　维　赵　晶　王亚静

本次活动设计力求体现《初中综合社会实践活动的内容》中的国家层面、社会层面、个人发展等方面的相关理念。从国家层面看，一是"加强国家认识"中的"我国统一多民族国家的发展"；二是"感知悠久历史"中参加人文史迹考察，开展当地（本区）历史文化名人或著名历史遗迹调查等。从社会层面看，一是"学做合格公民"中为社会做一件力所能及的事情，谈谈其中的收获；二是"热心社会公益"中积极参与社会公益活动。从个人发展层面看，一是"乐于团队合作"中参加集体组织的野外综合实践考察活动，增强责任意识；二是"勤于探究实践"中对身边自然与人文环境进行简单的地理观察与观测；三是"尝试创意作品"中尝试进行科普"微创作"，分享自己的创意作品。

一、教学目标：1. 通过总结活动手册的内容，解决在实地考察中发现的疑问，改进活动中的不足。2. 通过物理的微制作再现逝去的历史场景，体会知识的纵向贯通、横向联动。3. 通过对资源的整合、对内容的综合和多样的学习方式，将书本上所学知识、观点，运用到社会生活中，提出有价值的建议，逐步培养社会责任感和参与意识，在实践过程中提升能力、养成品德、体验情感。

二、教学重难点：应用课堂上学到的知识解决实际生活中的问题。

教学过程如下：

（一）运河史话

阐明概念、常识。提出问题：北运河与潞河是什么关系？引导学生找出流经张家湾的潞河、元代通惠河、萧太后河、港沟河，分析各条河流之间的相互关系。意图：明确基本概念，了解家乡的基本知识；从地理角度理解张

293

家湾成为大运河码头的必然性，从历史角度看张家湾曾经的辉煌，从文学角度验证张家湾的历史，从地理角度、现实角度分析张家湾的衰落。

（二）运河微制作

用物理知识再现历史场景：巨石出山、盐场称重，引出"石权"。然后出示石权图片，讲解原理，展示学生制作的石权，组织学生进行现场称量，并进行点评。意图：让学生真正体会滚动摩擦与滑动摩擦的区别，从物理角度进行历史微制作，通过自己动手真正体会杆秤的原理，并理解石权的作用，在整个制作过程中体会出理论知识转化为实践的难度，从而发自内心地认可古代劳动人民的智慧。

（三）运河谋新

布置作业：活动手册的"活动五·我为张家湾出谋划策"中有两份建议，非常有代表性，讨论它们有哪些异同点，哪份建议更合理、更有价值？出示两份学生作业，提出问题：如何提出合理化建议？引导学生讨论，明确建议书的格式、内容等。布置分组作业，要求每组完善一份建议书。意图：通过讨论让学生认识到建议不只是简单的观点的拼凑，而要注意格式、内容等问题；建议要有价值，必须要学会自己发现问题，并做出合理化建议。在这个过程中，让学生学会将书本上所学知识、观点运用到社会生活中，提出有价值的建议，逐步培养学生的社会责任感和参与意识。

（四）活动总结

总结学生对于本次综合实践活动中普遍认可的东西，给予鼓励。总结学生认为活动中需要调整的环节、有价值的建议等。

胡同门楼里的艺术

王 雷

　　该课程是学校多学科融合课题"潞河溯源"之"什刹海·北京胡同"子课题中的语文学科部分。在与学生的交流探究中，我发现学生对北京四合院有着浓厚的兴趣。学生的兴趣点就是课程的生长点，作为课程的深化，我将此次研究的重点定为"四合院文化研究"。博大精深的中华文化常在细微之处体现它的伟大，作为传统建筑元素的门就是一道具有文化特色的风景线，"胡同门楼文化研究"作为"四合院文化研究"的第一部分，通过问题探究引导学生再次走访北京胡同，从门楼的建筑位置、规模、形式、装饰等不同角度探究它蕴含的文化内涵，从而提高学生对传统文化的认知程度，进一步提高学生综合运用知识解决问题的能力、交流与合作的能力、创新意识与实践能力。

　　本课的教学目标是：让学生感悟胡同门楼建筑艺术，探究物质生活背后蕴含的精神寄托，提升学生对传统文化的认知程度。设置问题，引导学生实地走访、上网查找资料解决问题，培养学生探究问题、解决问题的能力。在个人研究的基础上，小组合作优化探究结果，培养学生小组合作的能力。

　　本课教学重点在于感悟胡同门楼建筑艺术，探究物质生活背后蕴含的精神寄托，进一步传承传统文化。难点在于培养学生探究问题、解决问题的能力。

　　教学过程如下：

一、情境引入

创设情境，激发学生的学习兴趣。

二、宏观入手，感知门楼艺术

学生以小组为单位展示探究结果：围绕门楼的位置、规模、建筑形式的不同探究其背后的原因——门楼的建筑位置、规模、建筑形式是宅主人身份地位的象征。通过走访、上网查阅资料等手段，培养学生自主探究问题的能力；在个人探究的基础上，通过小组整合，培养学生小组合作的能力。

三、微观切入，品味门楼文化

门楼的装饰图案，有着浓郁的地方特色，是一个民族风俗习惯、审美情趣等诸多文化内涵的体现，从图案内容、寓意探究门楼装饰图案的文化内涵，提升对传统文化的认同感。先由学生分享装饰图案，探究装饰图案的寓意，进而探究图案寓意的表现手法——谐音法、借喻法、变形法。

四、课堂总结

门楼艺术的文化内涵：体现宅主人的身份地位；表现宅主人对美好生活的向往；是表现宅主人对某种审美人格境界的神往；是我国民间百姓思维方式的体现。

五、文化传承

胡同是老北京人生活的象征，是北京古老文化的体现，那曲折幽深的小小胡同孕育了具有浓浓中国味儿的"胡同文化"，对于这样一个具有特色的历史古迹，我引导学生认真思考如何在现代化的城市改造中保持它的古朴与深邃，并让它走出中国，走向世界，重新焕发夺目的光彩。

最后布置作业：写一份保护、传承胡同文化的倡议书。

融合课程打开视界

李晨松

我们希望：学校建构的课程既是丰富的、立体的、高水平的、优质的课程，更是满足学生全面而有个性成长的课程；教师既是课程建设的主体和生力军，又是课程资源的开发者和实践者，因此我们期待着教师群体创生出潞河特色的学科课程群。潞河中学突破课程建设中城乡二元结构的潜意识，盘活本地特色资源，开发异地资源，链接生活资源，触及学科前沿资源，让学生拥有更宽广的视界。

一、综合实践课程，提升核心素养

（一）盘活本地特色资源，跨学科融合，走运河古道

潞河中学身处古韵通州，既然是大运河之子，就以大运河为依托，开展主题活动，将各学科以活动形式融合在一起。一条大运河，以"潞河溯源"为主题，将地理、历史、语文、数学、美术融合在一起，开发了学生动手、动脑、综合活动的能力。

潞河中学"开展初中多学科融合的行动研究"，旨在把社会主义核心价值观的基本内容有机融入中小学的课程体系之中，全面落实义务教育阶段的课程标准要求，进一步构建和完善多元开放的有鲜明特色的潞河中学初中课程体系。目的在于通过渗透其他学科内容的学习，开展多学科之间的融合，以引导学生学会发现、探究、解决问题，使学生们真正获得探究能力和解决问题的能力。

第一站：到北运河管理处、运河文化广场、东关大桥实施综合实践活动。本次活动由语文、数学、历史等学科老师组织设计并实施。

同学们参观北运河管理处的大光楼，认真聆听志愿者讲解大光楼的来历以及通州漕运的历史，吟诵描写通州、描写大运河的古诗词。

在现场，老师还教会了同学们使用手表在野外定向，实地绘制五河交汇图。

在运河文化广场的千年步道旁，同学们认真聆听历史老师讲解运河历史。老师声情并茂，旁征博引，从公元前一直讲到当代，一幅幅通州历史的画卷仿佛就在同学们面前展开。

在大运河旁，同学们在数学老师的带领下，实地测量大运河的河宽，把课堂所学应用到实际中去。

第二站：学生到张家湾镇实施活动。由历史、物理、化学、思品、地理等学科老师设计并组织实施，通过对张家湾博物馆、通运桥和皇木厂村的实地考察，了解张家湾与大运河的关系，认识到张家湾为北京的繁荣做出了重大贡献，切身体会到我们的家乡拥有深厚的历史底蕴和文化积淀。

在新建的张家湾博物馆中，学生们参观展厅实物、沙盘，观看 3D 版《潞河督运图》，与智能平台互动，充分了解了张家湾的古今变迁。

历史老师在通运桥上讲解萧太后河、萧太后桥和张家湾城的来龙去脉，学生们认真记录。这是本次活动的野外实地考察环节。

作为未来环球影视城的景观河，今日的萧太后河正在修缮，但河水浑浊，化学老师组织学生进行了水质监测，为未来的历史留下数据分析。

实践活动的最后一站是皇木厂村，在皇家新村标志性花板石旁，政治老师为学生们解释了"皇木厂"的由来和"漂来的北京城"。之后物理老师为学生再现了当时盐厂码头称量食盐的方法，并进行科学分析。

在"舳舻千里"的古运河遗址旁，思品老师为学生介绍了皇木厂村的现状，家家住别墅，人人有工作，是个现代的桃花源，引发了学生的深思。

（二）开发异地延展资源，行走天下，打开心灵视界

千里之行，始于足下。我们引领孩子们就从脚下开始，从潞河发端，走到大运河终点。

大运河沿岸城市采风。采风全程由著名作家王梓夫做指导，由北运河起点出发，历经杭州、嘉兴、苏州、无锡、扬州、淮安六个城市，赏风景，观民俗，思历史，想变迁，一路走来，收获多多。部分采风作品已经刊登在《语文世界》《文学校园》等刊物上，现已结集出版了《运河行纪》。

"运河行"采风游学课程让孩子们有了真切而深刻的感受，"或许就功能或形体而言，运河不复鲜活，但历经千年沧桑的运河在人们心中也已经不再

仅仅是那条交通动脉，而是化作了所有中华儿女的魂魄，飘荡在广袤的大地上，穿梭于名山大川之间。昔日运河辉煌的印记或许已难以搜寻，但运河边的一草一木、一砖一瓦却都见证着中华民族不屈、奋斗、创新的精神如滔滔运河水般千年传承"（靖皓生《运河行感悟》）。

"长城行"西部采风课程，这是继去年南下大运河沿岸城市采风的又一次游学活动。

一周多的时间里，采风团成员参观了酒泉卫星发射基地、长城西起点嘉峪关，敦煌莫高窟、鸣沙山、月牙泉，兰州黄河水车园、兰州博物馆，青海湖、日月山、塔尔寺，饱览西部自然风光，领略别样风土人情，收获丰富的创作素材和种种奇妙的创作灵感。生日晚宴，创作座谈，个性演唱会，使有些辛苦的行程变得精彩纷呈，其乐融融。更重要的是，孩子们还有更为宝贵的收获——成长，从初一到高二的孩子们，在短短的时间内，理解了包容谦让，懂得了感恩惜福，学会了关爱他人，增强了团队意识。一个同学在采风感受中写道：

> 感谢老师、同学，让我明白在成长的道路上，并不孤单。在这盛夏的时光里，在这风光无限的大西北，留下了我们年少的足迹，留下了我们的欢声笑语。一路上有你们，你们如宇宙里的银河系般，在黑暗里熠熠闪烁着，散发着迷人的光芒，伴随我，牵引我。这景、这人、这时光，无与伦比的美丽。感谢这次采风，让我成长……

（三）科学实践活动，链接生活，触及学科前沿

开放性科学实践活动是构建开放性教与学教育模式的一次创新，一方面是教学在课堂外的延伸，另一方面也是教学内容的实践化，将课堂教学与学生能力培养融为一体，提高学生的学习兴趣及学习力。对孩子不仅是宽度的拓展，也是纵向的、深度的拓展，把孩子的钻研学习探索精神开发出来。

针对不同年级不同学科，开设了一系列的科学实践活动：生物学科的绿植栽培活动，学生科技竞赛活动，走进大学、走进社会教育机构活动，并在中国人民公安大学的支持下进行了"身体中流淌的秘密"开放性的科学实践活动。这一系列的科学开放实践活动，极具时代感以及旺盛的生命力，在课程中全体教师都全身心投入，学生们也在这样开放性的课程中受益颇深。

我校开设科学实践课已经三个学期了，课程主要面对新初一的学生，每个班每周安排一节科学实践课，有专职教师为他们授课。科学实践课开设以来，受到学生的广泛欢迎，学生参与的积极性非常高涨，课堂效果也非常好。

现在我校的新初一学生入学后就开始上科学实践课，到今天为止，我们已经完成了公道杯、两心壶、无尽的灯廊、神奇的滚筒、听话的笑脸、巧借地心引力、干簧管实验、简易电动机、流动的空气（气垫船）、钻木取火、神奇的双氧水（大象的牙膏）、神奇的生物电等实践活动。学生在实践活动中，锻炼了动手能力，团队合作意识大大加强，创新能力得到提升，关键是学生学习科学的兴趣大大提高。

我校地理教师组建天文社，为学生开设天文课程，有天文望远，有在我校天文馆球幕里开设的四季星空课程，为学生打开视界。

二、潞园书香远，悦读思无限——语文学科课程建设行

为倡导读书学习的文明风尚，培养广大师生"爱读书、读好书"的良好习惯，大力营造知书达理、好学求进的校园书香氛围，潞河中学积极落实践行北京市语文学科改进意见内容，开展课程建设活动，力求打造书香潞园，促进学生主动发展，追求卓越，做具有健全人格的潞河人。

读万卷书，行万里路。潞河中学营造了浓厚的"潞园书香远，悦读思无限"书香氛围，香远益清。校园里充溢着浓浓的人文气息，多一份高雅，多一份经典，多一份厚重，形成了特有的潞园文化，这里有自然之美、科学之美、创造之美。

（一）学校将"阅读"纳入正式课程，初一每周由图书馆安排阅读课，学生进阅览室自由阅读。

（二）每学期由各备课组向学生列出书单，向学生推荐阅读书目。编选适合学生的文章，印制《潞河初中散文读本》，让学生做到随手阅读。

（三）要求师生"共读"，教师指导学生做好阅读笔记，引导学生设计读书卡片和摘录本子，课堂阅读时，摘录精华句段，积累优美言辞，记录体会随想。

（四）语文教师每周用一节课在班级组织学生进行阅读交流，引导学生感悟作品，提升学生对文学作品的认识高度。以手抄报、课本剧、作品创作、朗诵会等形式呈现阅读成果。

（五）每周一晨检开设"读书时间"，由校长或年级主任或值周生向全校师生进行美文推荐阅读，开启一周的阅读之旅。

（六）针对一些厚重的文学作品，由学校名师定期举行文学讲座，例如对《破缸顶得住大门吗——〈四世同堂〉解读》《三国演义》系列讲座等。

（七）成立"潞园读书社""潞园话剧社""吟诵社"等学生社团，让学生以多种形式对文学作品进行演绎，引导更多的学生热爱阅读，参加区里话剧展演。

（八）鼓励并指导家长参与阅读活动，让阅读延伸进家庭。潞河文学社主编的校刊《潞园》是学生们共同喜爱的读物，为学生提供展示交流的平台。

三、职业生涯规划，点亮美好人生——生涯规划课程建设

政治学科教师自主研发了"职业生涯教案"，在政治课上让学生认识自我，了解职业，规划人生。年级主任、班主任利用班队会，指导学生进行职业生涯访谈，组织实施，交流分享，汇报成果。

通过生涯课程学习，学生们了解了职业并接触了社会，他们能够把所见所闻与自己学校及学生生活联系起来，视界被打开了且互通了。潞园丰富的特色课程让学生有更多的选择，兴趣爱好得以更好的发展，他们有了自己的目标，并感受到了"学然后知不足"。

潞河教育的情怀，影响人的生命态度，培养人的人格品质。

潞河教育坚持"人本位"与"社会本位"相统一的教育观，坚持"一切为了学生发展"的办学宗旨，坚持"全面育人，办有特色"的办学方针，坚持"健全人格"的培养目标。坚持教育以学生为本，强化人人成才观念，让学校成为每个学生幸福成长的乐园；坚持办学以教师为本，尊重教师创造性劳动，让学校成为教师幸福工作的精神家园；坚持"三个面向"，注重内涵发展，让学校成为各类人才成长的摇篮；坚持先进文化引领，提升教育品位，让学校成为师生成长的首善之地。

学校课程建设必将让百年潞河焕发活力，实现潞河人的教育理想。

"潞河溯源"课题"出炉"记

王红梅

2014 年 11 月 24 日,虽然已进入初冬,却风和日丽,暖阳高照,在这个季节真是少有的出行好天气。下午两点,我们 16 位老师带领初二(3)班、初二(4)班 80 名学生来到了大运河的源头进行野外考察。

"潞河溯源"这个课题由我牵头,这次的野外考察也由我主讲。工作 20 多年了,还是第一次组织这么多学生进行野外考察。虽然前期做了大量的准备工作,虽然有很多的老师一起合作,但是开始时在现场心里还是有些忐忑。还好,有北运河水务局的同志们的精彩介绍,有学校老师们的密切配合,有学生们的认真聆听,我们的考察按照我们设计的程序正常进行着。

"潞河溯源"课题是"以立德树人为目标构建初中多学科融合的实验研究"课题下的一个子课题。本次活动我们主要是以大运河为平台,将地理、历史、政治、语文、数学等学科进行了融合。主要包括这样几个环节:

一、从地理的层面,在空间上溯源,穿插地理、语文、数学等学科内容

(一)由北运河水务局讲解员介绍大光楼的由来和作用、运河源头概况,引领学生看关于大运河的宣传展板。

(二)我带领学生在写有"潞河溯源"课题的条幅上签名,以示同学们保护环境的承诺。

(三)学生站在大运河畔朗诵四首描写大运河的诗歌。

(四)我带领学生实地考察大运河源头、五河交汇处。引领学生学习野外定向的方法,并在活动手册上画出五河交汇的简图。

(五)由数学组的孙宝英老师、张海林老师带领学生测河宽。之前,两位老师已经就知识和工具方面做足了准备。

二、从历史的层面，在时间上溯源，穿插历史、政治等学科内容

由杨连翠老师带领学生走运河文化广场上的千年步道，讲历史上的大运河，其间与政治学科的相关知识进行融合。

三、从精神的层面，在心灵上溯源，明确大运河与潞河的关系，穿插政治学科的内容

老师讲解大运河与潞河的关系，引领学生意识到我们这些大运河畔的潞河学子，现在能为大运河、为潞河做些什么呢？我们只有学习、学习、再学习，努力、努力、再努力，学成后才能让潞河为你骄傲，才能更好地建设我们的家乡，建设我们的祖国。

将近三个小时的时间，我们一直和学生在一起快乐地学习着。回到学校已经是华灯初上。可是学生们仿佛意犹未尽，在回去的车上还在和老师分享着画图时的技巧，分析着测得河宽的数据，回味着古人诗中对大运河的赞美……

大运河对于我这个土生土长的通州人来说，简直再熟悉不过了。作为一个地理老师，其实我很早就有一种带领我们的学生去大运河考察的想法。是"潞河溯源"课题让我的想法变成了现实。

还是开学初的时候，李晨松助理、魏海楠主任给我们教研室主任开会时说学校申报了一个多学科融合的课题，大家看看该怎样做。这让我想起了大运河，我想以大运河为平台可以将我们组的地理、历史、政治三学科进行融合。回家后我查阅了很多关于多学科融合的资料，大多都在理论或对理论解读的层面。怎样融合，主线是什么，不是很明确。为此我们召开了初中文科教研室会，三学科的老师进行了一次"头脑风暴"，大家集思广益，各抒己见，稍有眉目，我们就责成历史老师杨连翠查大运河的历史，我和李玉顺老师也在探讨地理方面应如何进行，责成王世龙老师研究一下如何从政治的角度融入这个课题。

再次和李助理说起这个话题时，她要求我们再探讨能否融合更多的学科，我们教研室主任间两次的"头脑风暴"，让我的思路更加清晰了，我们决定在政史地三学科融合的基础上，融合语文和数学两个学科。我们的主题有了，宋久峰老师给这个课题起了一个好听的名字，叫"潞河溯源"。我们的主线有了，从地理的层面进行空间溯源，从历史的层面进行时间溯源，从精神的层面进行心灵的溯源。

期中考试前的两周，课题的准备工作正在紧锣密鼓地进行着。我们几位相关学科的老师进行了考察前的踩点。确定了两个地点，一个是在五河交汇处，一个是运河文化广场的千年步道。我们回来后进行了分工，宋久峰老师搜集一些赞美大运河的古诗，孙宝英、张海林老师就测河宽的内容进行相关的知识和工具上的准备。杨连翠老师做千年步道的讲解，介绍大运河的历史。由我作为牵头人，也是本次野外考察的主讲人。

　　依据我们的设计思路，我为学生设计了"潞河溯源"野外考察活动手册，让学生能够在考察过程中把自己的所看、所画、所思都记录下来，让学生在看过、画过、思过后留下一些学习的痕迹。经过几昼夜的努力，几经易稿，"潞河溯源"活动手册终于"出炉"了！这是我们"潞河溯源"课题组智慧的结晶。

　　如今，"潞河溯源"课题进入野外考察活动后的资料整理阶段，后面我们就考察结果还会有一个成果展示。现在我们对于这个课题又有新的想法了，我们想把这个课题继续做下去，做成一个系列活动，比如可以和体育学科融合，做一个大运河的定向越野；可以和生物学科融合做一个大运河植被的调查；可以和化学学科融合，做大运河水质的调查；可以和历史学科融合，沿大运河看古镇张家湾等等。

手持技术测定钙尔奇 D 片中钙含量

纪艳苹　杨东清

一、问题的提出

手持技术，又称掌上技术、传感技术、数字化实验等，是由数据采集器、传感器和配套软件组成的能够定量采集各种常见数据，并能与计算机连接的实验技术系统。手持技术具有便携性、直观性、数据采集的高效性等特点，能够更好地帮助学生对化学实验现象和本质原理认识和理解，但在教学中的应用推广并不广泛，在高中教学中主要集中在微粒观的研究上，如研究电离平衡、溶解平衡等，对于初中教学中涉及的内容较少。

补钙剂中钙含量的测定，常见的方法有原子吸收光谱分析法、EDTA 滴定法、利用色度传感器测定法等，这些方法中，有的操作简单，价格昂贵，耗费时间较长，有的操作较为复杂，并不适于初中化学教学应用。

二氧化碳传感器一般情况下做定性研究用，如测定室内二氧化碳的浓度、公交车内的二氧化碳浓度、大棚中二氧化碳浓度，保证装置中的压强不变。首次将二氧化碳传感器做定量实验用，与常规实验教学紧密结合，解决无法直接测定二氧化碳量的问题，能够更好地帮助学生对化学实验现象和本质原理认识和理解，同时也可以提高化学教师对现代化科学技术的运用技能以及教师专业化素质。

二、实验设计

（一）实验原理

选取的钙片的有效成分为 $CaCO_3$，利用盐酸与碳酸钙的反应，产生二氧化碳气体，利用传感器测定二氧化碳的浓度。利用公式：

$$pV = nRT \tag{①}$$

$$n(CO_2) = n \times \triangle c\% \quad (\triangle c\% \text{表示二氧化碳浓度差值}) \tag{②}$$

$$m(\mathrm{CO_2}) = M(\mathrm{CO_2}) \times n(\mathrm{CO_2}) \qquad\qquad ③$$

可以求得二氧化碳的质量，将其带入方程式：$\mathrm{CaCO_3 + 2HCl = CaCl_2 + H_2O + CO_2\uparrow}$，计算求得碳酸钙的质量。

$$m(\mathrm{Ca}) = m(\mathrm{CaCO_3}) \times c\%(\mathrm{Ca}) \qquad\qquad ④$$

$$钙含量 = \frac{m(Ca)}{m\ 钙片} \qquad\qquad ⑤$$

再利用公式④⑤即可求得。

（二）实验创新的意图与设计

对于钙片中钙含量测定，学生能够选择盐酸与碳酸钙的反应，聚焦到二氧化碳的测量上，可以采用直接测定法，如收集二氧化碳，测定其体积或吸收法测定二氧化碳的质量，但是操作较复杂，误差较大。利用二氧化碳传感器可以直观获得二氧化碳的浓度，同时，能够使学生体会获得数据的方式，通过计算机以表格、图像的形式短时间内获得大量数据，体会新的信息技术在化学教学中的有效应用。

对于装置中的压强不变，通过增大装置的容积，将实验装置从常规的广口瓶先变大到矿泉水瓶，效果不满意；再用 5L 的大油桶，在桶盖上打孔，将二氧化碳传感器插入，而为了保证装置的密封性，将盐酸放在带有绳子的试管中，倾斜置于油桶中。装置中的压强几乎不变后，就满足了定量转化的前提。

（三）实验仪器和试剂

1. 实验仪器：

友高 YOCO-S21 二氧化碳传感器、数据采集器、计算机、5L 油桶、研钵、电子天平、试管、50mL 量筒、滴管、气压计、温度计。

图 1　核心仪器——数据采集器

图 2　核心仪器——二氧化碳传感器

图 3　核心仪器——5L 油桶　　　　图 4　实验装置

2. 实验试剂：

钙尔奇碳酸钙 D_3 咀嚼片（Ⅲ）、5%盐酸。

（四）实验步骤

1. 初步估算，计算所用钙片及盐酸用量

依据二氧化碳传感器的量程 0—10000ppm，估算最多可选用的钙片质量为 0.3g。利用 0.3g，估算需要的盐酸用量，考虑到油桶的大小和反应充分的问题，最终选定的盐酸用量为 30mL。

2. 实验过程

（1）取一片钙尔奇 D 片，研碎后用电子天平称取 0.3g 钙片。

（2）用量筒量取 30mL 盐酸后倒入带线试管中备用。

（3）将二氧化碳传感器、数据采集器、计算机连接。

（4）点击友高数字化实验室，选择通用软件中钙尔奇 D 片中钙含量测定实验模板，进入实验状态。

（5）向油桶中加入 0.3g 钙尔奇 D 片，向试管中加入 30mL 盐酸，将二氧化碳传感器伸入油桶盖后，将其固定在油桶上。

（6）点击"开始采集"，收集数据。

（7）将试管快速倾斜，使盐酸进入油桶中与其中的钙片充分反应，并不时晃动油桶。

（8）4 分钟后点击"停止采集"，实验结束。

（五）数据记录与处理

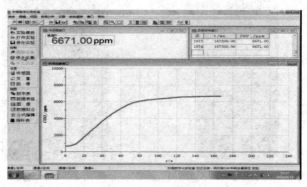

图 5　二氧化碳传感器测二氧化碳浓度

在实验过程中，学生可以从图像以及数据表格中直接读取数据。

数据记录情况：

表 1　二氧化碳浓度

	起始值	终点值	差值
二氧化碳浓度/ppm	580	6671	6091

二氧化碳的起始浓度为 580ppm；最终浓度为 6671ppm。

表 2　其余数据

项目	温度	压强
数值	20℃	101KPa

不同的学生对于数据有不同的处理方式，初中学生直接将①②③式中除传感器测定的二氧化碳浓度差值外的所有数值计算出来，弱化实验原理中二氧化碳质量的得出，让学生直接代数处理，高中学生可以尝试自己将所有的数值带入公式中计算。

$$pV = nRT \qquad ①$$
$$n(CO_2) = n \times \triangle c\% \qquad ②$$
$$m(CO_2) = M(CO_2) \times n(CO_2) \qquad ③$$

计算出二氧化碳的质量为 0.0546g。

经过方程式以及④⑤的计算，最终可得钙元素的含量为 16.6%。

三、实验的进一步分析

（一）实验的优越性

快速准确，减少了实验过程中二氧化碳不必要的损耗，同时大量的数据使实验尽可能地准确；不仅如此，传感器只对二氧化碳一种物质敏感，减少常规实验中盐酸挥发对实验造成的干扰。操作简单，可以实现课堂中学生的分组实验，同时，传感器可以多次利用，降低了使用成本。

（二）可能产生的误差

实验过程中，可能造成误差的因素如盐酸的用量，是否真正能保证与钙尔奇 D 片完全反应，再有就是钙尔奇 D 片的辅料中是否存在干扰因素，还需要进一步进行探讨。

LED 在初中物理实验教学中的应用

李小波　张　卓

一、器材介绍

LED 是发光二极管，是 20 世纪中期发展起来的新技术。它依靠半导体异质结中的电子通过势垒产生的能量迁越直接发光。发光二极管的核心部分是由 p 型半导体和 n 型半导体组成的晶片，在 p 型半导体和 n 型半导体之间有一个过渡层，称为 PN 结。在某些半导体材料的 PN 结中，注入的少数载流子与多数载流子复合时会把多余的能量以光的形式释放出来，从而把电能直接转换为光能。PN 结加反向电压，少数载流子难以注入，故不发光。这种利用注入式电致发光原理制作的二极管叫发光二极管，通称 LED。当它处于正向工作状态时（即两端加上正向电压），电流从 LED 阳极流向阴极时，半导体晶体就发出从紫外到红外不同颜色的光线，光的强弱与电流有关。

通过 LED 制作的灯具由于发光过程不产生热量，能量转换效率接近百分之百，寿命超长，是照明技术的发展方向。20 世纪 60 年代，科技工作者利用半导体 PN 结发光的原理，研制成了 LED 发光二极管。当时研制的 LED，所用的材料是 GaASP，其发光颜色为红色。经过近 30 年的发展，大家十分熟悉的 LED，已能发出红、橙、黄、绿、蓝等多种色光，然而照明需用的白色光 LED 仅在 2000 年以后才发展起来。

由于 LED 具有节能环保、使用寿命长、高亮度和低热量等特点，在现代人们的实际生活中得到了广泛的应用。而在我们初中物理实验教学中，LED 也逐渐走入了课堂，并发挥了良好的效果。

二、LED 灯在教学实验中的应用实例

（一）同一物质的导电性能是否会发生改变

在北京市义务教育课程改革实验教材实验本物理课本九年级（北京师范大学出版社）第一章第二节《探究不同物质的导电性能》中有如图 1 所示的实验，教材借此实验来说明绝缘体在一定的条件下会变成导体。在实际教学中，出于实验安全考虑，我们从没有采用过图 1 的实验方式来讲解这一知识点。

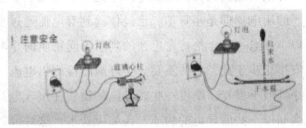

图 1

但是在北京市教育科学研究院编写的义务教育教科书物理九年级（全一册）（北京师范大学出版社）第一章第三节《探究不同物质的导电性能》中该实验改为了图 2 所示的实验。其中一个重要的变化是将实验中的白炽灯泡改换为了 LED，相应地也将电源由家庭电路插座改为了蓄电池。如此调整，在不影响实验效果的前提下，大大提升了实验的安全性，同时也大大提高了演示实验操作的可行性。

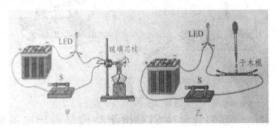

图 2

受到教材自身改变的启发，LED 开始走进了我们的课堂。

（二）探究不同物质的导电性能

图 3 是北京市教育科学研究院编写的义务教育教科书物理九年级（全一册）（北京师范大学出版社）第一章第三节《探究不同物质的导电性能》中

311

研究不同物质的导电性能时所采用的实验电路图。

图 3

　　教材中以小灯泡做检测元件，检测电路中是否有电流。学生刚刚开始认识电路，最熟悉的用电器即是小灯泡，已经体验到有电流通过小灯泡，小灯泡会发光，所以小灯泡一定会是首先想到的判断不同物质的导电性能的检测元件。但教材安排止步于此，有些不妥。小灯泡能检测出电流，但如果电路中电流过小，小灯泡不发光，使得一些能导电的物质在接入电路中时，小灯泡不发光，就会漏掉一些能导电的物质，比如说盐水，这对很多学生造成了困扰。所以需要选择一个能检测出微小电流的检测元件。在教材第九章第二节里已经介绍了发光二极管（LED 灯）及其作用，所以我们应该在原有实验的基础上添加一个改进实验，把原有电路图中的小灯泡换成 LED 灯（如图4），这样可以对由小灯泡检测出的不导电的物质再次检测，看这些"不导电的物质"真的不导电吗？

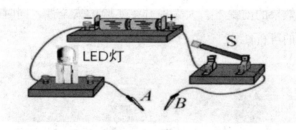

图 4

　　这样设计实验，一方面让学生们对检测物质是否导电的原理和办法更加熟悉；另一方面让学生了解哪些物质导电，哪些物质不导电，能够安全用电；再一方面，让学生体验探究过程，明白对任何结论都不要轻易相信，要充分分析实验过程；最后，使学生体会到要想让实验结论可信度高，就要尽可能选择灵敏度高的器材。

（三）测量小灯泡的电功率

测量小灯泡的电功率是初中电学中的一个重要实验。通过多次测量发现，小灯泡的实际功率越大，发光越亮，由此得到小灯泡的亮度取决于实际功率的结论。但是这个结论真的正确吗？课堂上，我们给学生展示了下面 L_1（白炽灯）和 L_2（LED 灯）两个灯泡的发光情况，如图 5 和图 6 所示，让学生判断哪个灯泡的电功率大。学生几乎给出了一致的答案：L_2。原因是 L_2 更亮。

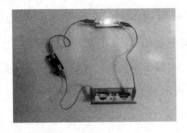
图 5　L_1 的发光情况

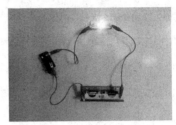
图 6　L_2 的发光情况

而在接下来的小灯泡实际功率的测量中，学生发现了意想不到的数据：

灯泡种类	电压/V	电流/A	电功率/W
L_1（白炽灯）	2.8	0.25	0.7
L_2（LED 灯）	3.0	0.01	0.03

图 7　L_1 实际功率的测量

图 8　L_2 实际功率的测量

其中，通过 L_2（LED 灯）的电流非常非常小，通过计算得出它的电功率远比 L_1（白炽灯）的电功率小，这就与之前学生的猜想产生了强烈的反差，激发了学生进一步研究的兴趣。通过分析，学生从能量转化的角度进一步认识了电功率这个概念，对之前得到的结论也进行了修正：对于发光原理相同的灯泡，它的发光亮度取决于实际功率。此外，学生们对 LED 低耗能、高亮

313

度、寿命长的特点也纷纷表示惊叹，一方面产生了更换自己家庭照明灯具的强烈愿望，另一方面也切实感受到新材料、新技术可以广泛地改变人类生活。

（四）其他应用

除了以上几个方面，结合 LED 的特点，它在初中物理实验教学中还可以有更广泛的应用。例如：在探究平面镜成像特点的实验中，可以使用"电子蜡烛"（内部有 LED）；在探究凸透镜成像规律的实验中，可以利用多个 LED 组合出不同的形状作为发光物体，替代之前蜡烛的作用；在研究水果电池时，可以利用 LED 的单向导电性判断电源的正负极；在研究电流的形成时，可以利用两个验电器（一个带电，一个不带电）和 LED 配合使用来观察 LED 瞬间发光的现象，以此来体会电荷的定向移动形成电流这一抽象概念。

三、小结

从 1907 年 LED 效应发现到 1993 年中村修二发明高亮度蓝色 LED，再到 1999 年 1W 的 LED 正式商业化使用，LED 经历了将近一百年时间的发展。在此之前，人们一直使用的是 19 世纪爱迪生发明的白炽灯泡，而白炽灯泡浪费了绝大部分能量在发热上，大概有九成的电力都被浪费。LED 灯具的出现，极大地降低照明所需要的电力，同时 LED 具有寿命长、环保、免维护等优点，迅速取代了白炽灯的位置。2012 年，中国政府宣布，全面禁止销售和进口 100 瓦以上的普通照明用白炽灯，陪伴老一辈中国人几十年的白炽灯走到了历史的尽头。正如在 2014 年诺贝尔物理学奖颁奖词中写到的那样："白炽灯照亮 20 世纪，而 LED 将照亮 21 世纪。"

在近 20 年的时间里，LED 不仅变成了最主要的照明灯具进入生活，这几年它也开始走进初中物理实验，对于 LED 的使用，我们不能仅仅停留在每一个具体实验中，还要让学生们通过新发明体会科技改变世界、科技改变未来这一理念，树立积极健康的科学观，以兴趣带动学习。

初中物理课堂演示实验 POE 教学策略初探

李小波　牛　林

实验是物理学的重要组成部分，是落实物理课程目标，全面提高学生科学素养的重要途径。新课程标准强调实验在教学中的地位，建议在教学中突出实验的特点，发挥演示实验促进思维发展的重要作用。

一、什么是 POE 教学策略？

教师在做演示实验时，由于实验的操作者是教师，学生的主要任务是观察和思考。因此，教师应注意引导学生观察实验现象，启发学生对实验现象所说明的问题进行积极思考和交流。传统的演示策略是教师演示，学生观察，然后教师讲解，可以简称为"演示—观察—解释"（demonstrate-observe-explain，缩写为 DOE）。但这种策略忽略了学生潜在或隐藏的一些错误认识，而这些问题并没有在演示实验之后得到根本的解决，依然会影响学生后面的学习效果。

那么，如何有效实现和提高演示实验的教学效果呢？基于演示实验的教学原则，我们提出"预测—观察—解释"（predict-observe-explain，缩写为POE）的教学策略。演示策略大致分为预测、观察、解释三个阶段，预测是在做实验前，让学生预测实验进行时出现的现象，并记录下来；观察是在学生预测并加以解释后，教师演示实验，学生观察实验；解释是学生对预测与观察进行讨论。

二、POE 教学策略的优势是什么？

POE 是一种新型的基于现代教育研究基础上的演示策略，这种演示策略的教学效果与传统的演示策略相比，具有明显的优越性。

解读 POE 演示策略，可以促进演示实验和探究教学的开展，为有效地实施科学教学提供启示。通过预测、观察和解释让学生自由地表达他们的前概念，造成认知冲突，学生在与环境、教师和其他学生相互作用的过程中实现概念转变。POE教学策略的实质是通过预测，暴露学生的前概念，通过实验演示使学生的认知发生冲突，通过讨论最终实现学生的概念转变，这符合学生的认知发展规律，它不仅对演示实验的教学具有指导作用，而且对以实验为特色的科学教学也具有启示作用。按照POE教学策略的要求，在教学中，教师要能准确把握学生的前概念，设计系统化、生态化的实验，创设民主、宽松的学习氛围和环境，展示科学逻辑的合理性。

三、列举基于POE教学策略的物理实验教学设计案例

在对POE教学策略的学习和理解的基础上，我们尝试在课堂中进行实际探索。在探索的过程中，体会该环节的加入对整节课所发挥的作用，感受学生的思维变化过程。

案例1　《物体的浮沉条件》　初二新授

师：请同学们猜测桌上的这些物体放入水中后会如何？

A. 下沉　　　B. 漂浮　　　C. 停在水中

研究物体	猜测结果 （填选项）	实验结果 （填选项）	判断结果 （正确划"√"错误划"×"）
金属球			
木块			
苹果			
鸡蛋			
塑料瓶盖			

该预测环节的加入，使我们有了如下收获：

a. 暴露出学生之前的认知错误。

　　例如：大部分学生认为苹果在水中应该是下沉的。

b. 学生观察实验时更认真。

　　学生们的预测有时会存在争议，因此在实验过程中都想看看是别人的预测正确还是自己的预测正确，对实验的关注度必然提升。

c. 引出争议，发现新问题。

　　关于瓶盖在水中的状态大家引发了争论和思考，有人说会漂浮在水面

上，也有人说会下沉到水底，各不相让。经过实验观察，这两个现象都可实现。那么为什么会出现这样的情况呢？没想到一个小实验自然而然就引出了轮船漂浮在水面上的原理。

案例 2 《探究物质的导电性能》 初三新授

在学习本节课之前，学生通过生活经验知道人体是导体，容易导电。

师：那如果把人体接入下面电路 AB 间，小灯泡会不会亮呢？

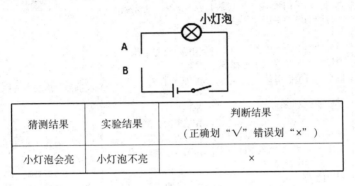

猜测结果	实验结果	判断结果（正确划"√" 错误划"×"）
小灯泡会亮	小灯泡不亮	×

可见，几乎所有学生的猜测都是不对的，这是为什么呢？这充分暴露了学生的前概念：只要是导体就应该能使灯泡亮起来。但是，要使灯泡发光，还要有足够大的电流，因此灯泡的检验效果是有限的，不亮并不代表人体不是导体。由于实验结果与学生的预测不符，这为后面的实验改进提供了背景依据。当把小灯泡换成 LED 发光二极管以及灵敏电流计时，学生明显看到发光二极管发出了微弱的光，灵敏电流计指针有了明显的偏转，兴奋之情溢于言表。如果直接给出灵敏电流计去进行检验，那学生就缺少了之前的认知冲突，学生依然会认为灯泡不亮是因为没有电流而不是电流过小造成的。同时没有了对实验评估与改进的过程，学生就缺少了实验探究能力提升的机会。

案例3 《测量小灯泡的电功率》教学设计节选 初三新授

教学环节	教师活动	学生活动	设计意图
你选哪一种？	演示实验：2.5V 小灯泡 L_1 和 3VLED 小灯泡 L_2 正常工作。 现象：L_2 比 L_1 明显亮多。	观察两个小灯泡的亮度。	
	提问：同学们预测一下，哪个灯泡的电功率更大一些？	做出选择，说明理由。	
	引发学生争论与思考。 引导学生实验测量小灯泡和 LED 小灯泡的电功率。 指导学生实验： 提问：这两个小灯泡哪个电功率大？哪个消耗的电能快？但为什么我们没能获得相应的亮度呢？ 提问：既然如此，在工作时间相同的情况下，哪种小灯泡消耗的电能多？	小组讨论并汇报实验方案： 原理、器材、电路图、步骤、数据表格等。 小组实验：测量两种小灯泡的电功率。 小组汇报实验结果。 尝试从能量转化的角度揭示问题。	明确测量电功率的原理和方法。 知道灯泡在工作过程中的能量转化。 锻炼学习者能将所学知识学以致用，大胆分析问题的原因。
	介绍生活中各种各样的照明光源。白炽灯、节能灯和 LED 灯等都在我们的生活中出现过。 演示：实际生活中的白炽灯、LED 灯两类照明灯泡，发光亮度基本相同，你们选择哪一种作为家用照明灯泡？ 给出两种灯泡的价格及使用寿命 再问：你们选择哪一种？为什么呢？	倾听感受。	感受人类技术发展的进步以及对生产和生活的促进作用。 培养学习者能用可持续发展的眼光来看待事物并做出选择。

这其中关于 L_1（普通钨丝小灯泡）和 L_2（LED 小灯泡）哪个灯的电功率更大这个预测设计，就是想让学生暴露自身问题：灯泡越亮，消耗的电功率越大。进而让学生带着疑问设计实验进行实际测量，发现实验结果与自己的预测并不相符，最后通过理论分析获知灯泡的亮度还与它的发光原理等因素有关，从而进一步让学生感受到了人类技术的发展与进步，养成节约能源的习惯。

那么，POE 教学策略的实施在初三复习课可以使用吗？下面是在初三复习阶段一节专题复习课的预测环节的使用片段。

案例 4　《专题复习：浮力》　初三复习

不同物体	放入水中情况	预测物体放入水中前后电子秤示数变化	实际测量结果
m_1 电子秤	电子秤	＿＿＿＿＿＿＿＿＿＿ （选填 "＞m_1"、"＜m_1" 或 "＝m_1"）	＿＿＿＿
m_2 电子秤	电子秤	＿＿＿＿＿＿＿＿＿＿ （选填 "＞m_2"、"＜m_2" 或 "＝m_2"）	＿＿＿＿
m_2 电子秤	细线 电子秤	＿＿＿＿＿＿＿＿＿＿ （选填 "＞m_2"、"＜m_2" 或 "＝m_2"）	＿＿＿＿

本节课内容是在学生复习完浮力等相关基础知识后的深入分析，综合性较强，由于浮力的干扰，学生在此类问题中经常会出现错误的判断。为了暴露学生的问题，找到他问题的根源，特别设计该环节。通过预测环节我们了解到，学生对于第二种情况预测出错率较高，多数学生选填 "＜m_2"。究其原因，他们认为由于沉底的物体受到了向上的浮力的作用，导致现在电子秤的示数会小于烧杯和水以及物体的总质量。由此看来，学生对物体的受力分析是不清楚的，特别是受力物体不明确，导致出现了错误的预判。因此，为解决学生现存问题，后面的教学重点也清晰明了了。

四、POE 教学策略的实施建议

通过在实际教学中应用 POE 教学策略的前期探索，使得我们在设计实验教学时形式更加灵活多样，学生对实验的关注度也大大提升，同时也增强了解决问题的针对性。在实施过程中，我们认为有以下几点值得关注：

（一）关注学生前概念。学生的前概念也许会成为你设计实验或是设计预测环节的参考和依据，抓住学生的前概念能帮助学生建立起清晰准确的物理概念。

（二）一定要追问学生预测的依据。学生进行的预测结果一定是有自己的预测理由，理由不管正确与否，都值得我们继续追问，不能置之不理。这样有助于下一阶段如何有针对性地去解释实验现象和结果。

（三）教师要随时积累和反思。对于新授课的教学效果如何、学生知识掌握情况如何，老师都要留心并记录下来。这些情况在后面复习阶段都可以再次出现，从而使学生的问题得到根本的解决。

"绿水青山就是金山银山"评价研究

刘 杉 纪艳苹

2018年9月，中国学生发展核心素养正式稿颁布，以培养"全面发展的人"为核心，这标志着核心素养成为指导教育教学的核心理念。其中，社会参与是非常重要的方面，责任担当、实践创新是不可或缺的两大素养。结合习近平主席的指示："我们既要绿水青山，也要金山银山。宁要绿水青山，不要金山银山，而且绿水青山就是金山银山。"所以2018年秋季学期，作者在北京市通州区潞河中学初二年级设计了系列综合实践课"绿水青山就是金山银山——垃圾的资源化处理"，培养学生的责任担当和实践创新两大素养，并使同学们具备绿色生活理念、节能减排理念，进一步培养自身的环保意识，增强社会责任感。本次综合实践活动分为4阶段，共9课时完成。

本综合实践活动的每一部分均设计有适合本阶段的不同评价手段，而且评价人员不仅有教师，在部分阶段也会有同学自评和他评，增强学生参与度。在评价设计上，同样也加入了学生参与，培养学生设计评价方案的能力以及正确评价自己、他人和各项活动的能力。

一、活动准备阶段：确定主题（1课时）

活动一：以小组为单位利用互联网查阅资料，选择一个感兴趣的研究主题。

活动二：针对上述主题，每组派一名同学上台阐述选题的原因，介绍研究的意义和研究的基本思路。

活动三：在上述汇报的基础上，学生在教师指导下了解课题选择的价值性、创新性、需要性和可行性这四种原则，并自行设计评价量表，按照设计量表进行评分统计和选择。

课题选择评价量表 第 组					
课　题	价值性 （1—5分）	创新性 （1—5分）	需要性 （1—5分）	可行性 （1—5分）	总分
通州区共享单车的研究					
温室效应的研究					
潞河中学校服的设计与研究					
协和湖水的水质检测					
垃圾去哪儿了					
全面二胎对我们的影响					

在评价过程中，小组同学充分讨论几个课题的价值性、创新性、需要性和可行性，得出各课题得分并相加和综合比较各课题，最终得出本组结论。

比如，有一组同学在教师指导后得出量化表结论，并简述评价原因：

（一）学生汇报通州区共享单车的研究：这个课题的价值性较高（4分）和创新性一般（3分），但是需要性和可行性都较差，因为我们只能研究共享单车的现状并在自身能力范围内提出一些改进建议，但是由于学生专业性较差，所以建议不一定真正适合通州区小绿骑，所以需要性和可行性都只给2分。

（二）学生汇报温室效应的研究：研究温室效应的目的，是为了更好地了解它给地球气候环境造成的影响和危害及应对措施。这个课题的价值性有5分、创新性2分，需要性由于之前做过类似的活动所以得分很低只有1分。可行性4分。

（三）学生汇报潞河中学校服的设计与研究：这个课题的价值性有3分，创新性4分，需要性因为大部分同学对校服还是比较满意的，所以得分很低，只有1分，可行性因为学校很难选择学生的设计也因为学生设计专业性不足，所以只有1分。

（四）学生汇报协和湖水的水质检测：美丽的潞园里有一座协和湖，但是这个湖的湖水是静态的，全靠人工泵去循环，它的水质怎么样呢？我们可以设计进行检测。这个课题的价值性有3分，创新性3分，需要性3分，可行性

4 分。

（五）学生汇报垃圾去哪了：在城市化进程中，垃圾作为城市代谢的产物曾经是城市快速、和谐发展的负担，世界上许多城市均有过垃圾围城的局面。生活垃圾的不恰当处置不但会占用大量的土地，而且还污染水体、大气、土壤，危害农业生态，影响环境卫生，传播疾病，对生态系统和人们的健康造成危害。当代，垃圾被认为是最具开发潜力的、永不枯竭的"城市矿藏"，是"放错地方的资源"。科学看待与处理垃圾具有积极的社会价值。这个课题的价值性有 5 分，创新性 3 分，需要性由于同学的参与意愿非常高所以给 5 分，可行性 4 分。

（六）学生汇报全面二胎对我们的影响。这个课题因为针对性较差，关注的同学非常少，所以本组评分的价值性有 1 分，创新性 2 分，需要性 1 分，可行性 3 分。

所以这个小组经过评价得出结论选择第五课题。

经过研讨，班级同学分组打分统计，最终确定班级的研究主题为"垃圾去哪儿了"，又将研究主题重新命名为：绿水青山就是金山银山——垃圾的资源化处理。

布置课后任务：1. 测量自己家庭每天产生垃圾的总质量，并拍照，连续记录一周。2. 观察自己的家庭、所居住的小区有没有将垃圾进行分类收集、回收。

二、活动实施阶段：制定方案、实践探究（5 课时）

第一课时

各小组汇报上课时调查结果，体会生活垃圾产生的量之大，不及时处理会造成更严重的垃圾围城。

分小组汇报分享上一课时的成果，认识到垃圾的危害，了解一些简单的垃圾处理方法。

汇报时教师及时评价，要点：1. 是否有组内分工；2. 是否对资料进行了再加工；3. 展示时语言表达是否清晰。

第二课时

上一课时研究垃圾回收再利用的方法只能处理一小部分垃圾，更多的垃圾还是要堆放，提出：去工厂实地参观学习真实的垃圾处理。

以下为教师和学生共同设计的小组任务单设计评价表。

小组任务单设计评价表			
	优秀 8—10	良好 5—7	有待提高 1—5
概况全面			
图文结合			
问题设计合理			
任务量适合			
布局美观			

第三、四课时

参观朝阳循环经济产业园，听讲解员和老师的讲解并填写各项任务单。

以下为教师和学生共同设计的参观活动评价表。

参观活动评价表		
	评价内容	小组评价（1—5分）
活动参与情况	积极参与活动	
	不怕困难和辛苦	
	听讲解专心	
	做记录认真	
	在活动中遵规守纪，不打闹	
	有很强的安全意识	
小组合作情况	主动和同学交流讨论	
	会与别人交往	
	乐于帮助同学	
	认真听取同学的观点意见	
知识的获得	会进行垃圾分类	
	老师讲解时，要点记录准确	
	照片清晰，角度别致	
	手册填写齐全、认真	

布置课后任务：利用家中的部分生活垃圾，设计再利用方案并制作成品。

第五课时

（一）回顾

（二）活动总结

1. 任务单完成的检验。

2. 参观过程中发现的新问题。

教师对学生汇报进行评价：

1. 活动方案的设计。

2. 活动的完成情况。

3. 活动设计时的感受与提升。

4. 语言流畅，声音洪亮。

5. 内容简洁、清晰。

6. 体现组内的分工情况。

（三）各小组进行成果展示

令我震撼的照片和理由、任务单的展示、小组参观过程中的其他收获。

（四）玩游戏

垃圾搬运工。

（五）上课时任务成果展示

学生展示并介绍各种生活垃圾的再利用方法。

教师对学生展示进行评价：

1. 利用种类是否丰富。

2. 作品是否具有实用性。

3. 作品是否美观。

4. 是否有制作过程中的照片等材料。

5. 作品是否有创意。

三、课题拓展研究（2课时）

第一课时

对废水的水质检测和净化。

第二课时

制作有关"生活垃圾危害、生活垃圾分类、生活垃圾再利用、生活垃圾的处理、正确认识垃圾处理场"等方面的手抄报，用于校园内和社区内的宣传。

教师评价要点：

1. 内容丰富。

2. 科普知识准确。

3. 图文并茂，版面设计美观。

四、总结交流阶段：整理交流（1课时）

活动一：回顾本次课题研究的全部过程，总结归纳课题研究的方法与思路，分享在课题研究中的感受与收获，对本次课题研究从自我评价、同学评价以及老师评价三个方面评价此次课题研究。这种评价方式由于评价人员多样所以结论更加客观公正，而且由于是教师和学生一起设计评价表，从情感态度、合作交流、学习技能这三大角度全方位进行评价，每一大项中又具体设计了很多小项，所以得出的评价结论也更加全面、准确，对于学生以后的提高和改进更有科学且现实的指导意义。

以下为一学生的最终综合实践活动评价表及其分数。

综合实践活动评价表							
评价内容		自我评价		小组评价		教师评价	
情感态度	积极参与活动	5		5		5	
	主动提出设想、建议	5		5		5	
	不怕困难和辛苦	5		5		5	
	听讲解专心	5			3	3	
	做记录认真	5			3	3	
	在活动中遵规守纪，不打闹	5		5		5	
	有很强的安全意识	5		5		5	
	有关注社会、关注环境的意识	5		5		5	
合作交流	主动和同学交流讨论	5			3	3	
	会与别人交往		3		2	3	
	乐于帮助同学		3		2	3	
	认真听取同学的观点意见		3	3		3	
	对小组活动贡献大	5		5		5	
学习技能	会进行垃圾分类	5		5		5	
	会用多种方法处理信息	5		5		5	
	实验现象观察认真并能动手进行简单操作	5		5		5	
	老师讲解时，要点记录准确	5		5		5	
	照片清晰，角度别致	5		5		5	
	手册填写齐全，认真	5			3	3	
	感悟深刻，受表扬	5		5		5	
总分		94		84		86	

通过以上评价可以得出该学生三项评价均较高，可知是一位成绩优秀的学生，但是自我评价明显比小组评价和教师评价高，具体分析可知，该生合作与交流方面有一定不足，且在课堂学习方面还有要加强的部分。

活动二：通过纸笔测试检测学生垃圾分类基础知识的掌握情况。

在初中地理教学中渗透"党史教育"的实践研究

刘晓蕾

教师在教育教学工作中要始终落实"立德树人"根本任务，坚持"为党育人，为国育才"的使命初心。地理课程本身是一门兼具自然学科与社会学科性质的课程，教学中教师要带领学生学习对生活有用的地理，对终身发展有用的地理，用更加贴近日常生活的案例，学生身边的校内外课程资源构建开放的地理课程。2021年，是中国共产党成立100周年，围绕党的百年伟大奋斗历史，社会、学校开展了系列党史教育，在初中地理教学工作中，将这些生动丰富的党史教育资源与课堂教学相结合，不仅有助于培育学生坚定的理想信念，厚植爱国主义情怀，还能通过教学工作科学地回答"中国共产党为什么能，为什么行"的问题，从而达到培育德智体美劳全面发展的社会主义建设者和接班人的目标。

一、广泛创设党史教育教学情境，爱党爱国情感整体贯穿地理教育始终

中国共产党百年奋斗史孕育着极其丰富的教育内涵，课堂教学中，我们要深刻挖掘这些教育素材。

在中国地理教学部分，渗透党史教育的教学内容非常广泛。《中国的位置和疆域》一节，教学可以使用"英雄屹立喀喇昆仑——新时代卫国戍边的英雄官兵"为案例，通过读图查找事件发生地点——中国的西部边陲喀喇昆仑，了解中国地域之大，通过戍边案例的学习，明白一寸不能丢的道理。在《人口和民族》教学部分，通过深入探讨1949年后人口迅速增长的原因，了解新中国成立后，社会主义革命和建设时期，人民生活水平、医疗服务水平极大改善，人口数量快速增长；再通过1980年左右人口增长率的下降了解党中央科学决策，提出"人口国策"，从而促进人口增长与资源和环境相协调，与社

328

会经济发展相适应，实现人地和谐。统一的多民族国家教学中，更要重视将党领导的国家民族政策融入课堂教学。

《中国的自然环境》一节，虽然教学主体是自然地理特征，但是我们可以在水电站的科学选址与建设，黄河、长江的科学开发与治理等方面重点结合具体案例渗透党史教育。自然灾害一节的教学，通过学习自然地理知识，同学们清醒地认识到我国是一个自然灾害频发的国家，然而一次次生动的中国共产党领导的强有力的救援案例与大量科学预防预报成果，增强了每一个学生的爱国情感及防灾减灾意识。

《中国的自然资源》一节是对学生进行资源观与可持续发展教育极其重要的教学内容。自然资源概述一节的教学中，通过中国光伏发电、风力发电等新能源项目的快速发展案例，学生不仅能够更好地理解资源的分类，也能更好地引导学生树立正确的资源观，每天发生在学生身边的垃圾分类现象，更是让学生了解到循环经济的价值和意义，从而更好地理解国家资源、能源发展的新方向。在水资源、土地资源的教学中，中国共产党领导下实施的重大跨流域调水工程，关系到国家粮食安全的土地国策的制定，充分体现了党领导中国走在高质量发展的道路上。

在《中国的经济发展》一节中，一个个鲜活的数据与资料无不讲述在党的正确领导下我国农业、工业、交通运输业从新中国成立以来，改革开放和社会主义现代化建设期间，特别是在中国特色社会主义新时代取得的辉煌发展成就。此外，在因地制宜的农业发展思想、现代化农业发展方向的指引下，党带领广大农业工作者保障了人民群众"舌尖上的安全与丰盛"；工业方面，工业部门更加完备，工业分布日趋均衡，高新技术产业快速发展；交通运输业方面，自然条件极端恶劣地区的运输网建设，高速铁路、高速公路、跨海大桥等高新技术引领下的交通设施建设等都是教学中极其重要和丰富的教育资源与案例。这些案例的引入，不仅贴近学生生活实际，又极大地激发了学生的民族自豪感和自信心，也使学生更好地理解了"四个现代化"的奋斗目标，坚定了爱党爱国的信念。

在《中国的地方文化特色和旅游资源》一节，我们可以将我国世界遗产的分布，以及开发与保护进行重点案例教学，选用地处北京的世界遗产与学生的实际生活更加贴近，具体世界遗产保护方式与方法可以加深学生的"文化认同"与"文化自信"建设。

在《认识中国的地理区域》一节，随着区域尺度的缩小，不同区域发展特点更加凸显。在中国共产党的领导下，我国深入实施区域协调发展战略，促进京津冀协同发展、长江经济带发展、粤港澳大湾区建设、长三角一体化发展，促进黄河流域生态保护和高质量发展，高标准高质量建设雄安新区，推动西部大开发形成新格局，同时推动东北振兴取得新突破，推动中部地区高质量发展，鼓励东部地区加快推进现代化。这些重点区域协调发展的案例在这一节的教学中要作为区域地理的重点，以案例教学的方式展开深入分析，使学生了解党领导人民，根据不同区域自然条件，自然资源优势、特点，采取的一系列区域发展措施及取得的成就。

党史教育案例在世界地理教学部分也可以进行深入的渗透，例如在讲到《国际经济合作》一节中，可以引入"一带一路"案例，从全球尺度了解中国共产党推动建设开放型世界经济，积极发展全球伙伴关系，构建人类命运共同体的倡议与做法。在学习重要国际组织内容时，2021年恰逢中国在联合国恢复合法席位50周年，教学中借助视频资料，回顾那段激动人心的历史，学生们也深刻感受到中国共产党领导的新中国获得了外交上重大胜利的喜悦。此外，在进行《西亚》一节教学时，可以选择以2015年也门撤侨案例为背景拍摄的影片《红海行动》为教学案例，以"也门在哪里?""为什么要用军舰实施撤侨任务?""在哪片海域执行任务?""影片中反映出的也门自然环境什么特点?"等问题为线索了解西亚地区的位置特点及自然环境特征。整个学习过程不仅是落实地理课程的教学要求，也是学生们了解中国共产党始终坚持"以人为本"的理念的过程。

二、精选党史教育案例，引导学生认知发展提升地理教学实效

除常规按知识点、按教材顺序安排教学内容以外，地理教师还要特别重视打破章节界线，对教学内容进行重新整合，利用党史教育有关案例整合相关教学内容，既可以结合热点问题，又有助于学生综合思维的培养、认知能力的提升。

具体案例可以从以下几方面进行重点选取：重大事件、生态文明建设、脱贫攻坚、区域协调发展等。以下以抗美援朝战争及生态文明建设为例简述教学设计。

案例一　抗美援朝战争

伟大的抗美援朝战争，是中国共产党领导人民进行的一场保卫和平、反抗侵略的正义之战。这一伟大胜利，是中国人民站起来后屹立于世界东方的宣言书，是中华民族走向伟大复兴的重要里程碑，对中国和世界都有重大而深远的影响。本节课从地理的角度围绕"为什么打？""怎么打？"开展教学工作。

设　问	学生活动	设计意图
为什么打？ 抗美援朝战争期间，正值新中国成立初期，百废待兴。从地理位置分析中国为什么必须出征。	学生读图，分析朝鲜半岛地理位置特点 西北部隔鸭绿江、图们江与中国接壤，西部与辽东半岛、山东半岛隔海相望。东南隔朝鲜海峡与日本相望。西、南、东分别为黄海、东海、日本海。	从地理角度理解抗美援朝战争的历史意义及中国共产党的科学决策。
怎么打？ 以长津湖战争为例，美军投入了大量空中力量和大型机械化装备，而中国人民志愿军战士以步兵为主，装备相对落后，但经过艰苦的浴血奋战取得了胜利。与当地的地理环境有什么关系？	学生读朝鲜半岛地形图，分析朝鲜半岛地形特征对战争的影响。 朝鲜半岛地形以山地为主，北部以太白山脉、盖马高原为主，南部多丘陵和平原，地势东北高，西南低，长津湖地区地处山区，不利于大型机械化装备行进，但也限制了我方推进速度、后勤补给，开展阵地战。 学生读朝鲜半岛1月平均气温分布图，分析朝鲜半岛冬季气温对战争会产生怎样的影响。长津湖地区1月平均气温在 $-14℃$— $-16℃$ 之间，气候寒冷。中国人民志愿军忍受着酷寒、疲劳，凭借钢铁般的意志取得胜利。	从自然环境特征的角度理解抗美援朝战争的艰难困苦以及中国人民志愿军的伟大，加深爱党爱国情怀的培养。

抗美援朝战争锻造了伟大的抗美援朝精神，课堂教学中，同学们通过合作探究的方式，深入研究分析朝鲜半岛的位置及自然环境特征，回答了一个个具体的事关中国发展的问题，在此基础上更好地理解抗美援朝战争的伟大历史意义。同时在敌我实力悬殊的背景下，在极其艰苦的自然环境中，中国人民志愿军英勇顽强的精神，体现了中国人民不畏强暴、维护和平的决心和力量，体现了中华民族的浩然正气，学生形成了民族自豪感、自信心和担当民族复兴大任的强烈责任感。

案例二　生态文明建设之古国兴衰

以习近平同志为核心的党中央高度重视生态文明建设，称其为关乎中华民族永续发展的根本大计。古代埃及、古代巴比伦、古代印度、古代中国为人类历史上的四大文明古国。

活动一　古国的兴起

参照有关图片，对比四大文明古国地形和水源特征，填表。

文明古国	地　形　区	水源（河流名称）
古中国		
古印度		
古巴比伦		
古埃及		

结论：四大文明古国均发源于地势较平坦、水源充足、土壤肥沃的地区。

活动二　消失的古国

幼发拉底河和底格里斯河流域（后称"两河流域"）曾经有大片的肥沃土地，孕育出了文明古国——古巴比伦，但是这座古城后来荡然无存。学者们认为，除了内部动乱和外来入侵，洪水泛滥也是古城消失的重要原因。美索不达米亚平原西北的山区是"两河"发源地，原本植被茂密，水草丰美，随着巴比伦城的扩建，那里森林被大量砍伐，加上过度放牧使草地遭到破坏。

合作探究：森林大量砍伐，对两条河流产生怎样的影响？对土壤产生了怎样的影响？产生了怎样的环境问题？怎样才能使美索不达米亚平原恢复活力呢？

活动三　给我们的启示

中国黄河—长江中下游地区孕育出的早期人类文明绵延不断，形成了中华民族源远流长的伟大文明。

1. 说出该地区的主要地形区有哪些？

2. 你认为这些地形区中自然条件最脆弱的是哪个地形区？

3. 从该地形区成因、气候特征以及历史的角度分析说出其脆弱的原因。

4. 说出为避免出现类似古巴比伦城消失的悲剧，在生态建设上要做哪些工作？

活动四　生态环境修复

中国按照生态系统的整体性、系统性及内在规律，坚持山水林田湖草沙一体化保护和系统治理，建立以国家公园为主题的自然保护地体系，加强大江大河和重要湖泊湿地及海岸带生态保护系统治理，加大生态系统保护和修复力度。

作业：搜集资料，从以上生态治理项目中每人列举一项中国生态治理的具体案例。

通过以上四个系列活动的设计，不仅可以让学生理解中国共产党高度重视生态文明建设，理解"生态兴则文明兴，生态衰则文明衰"的道理，也可以通过学生的课后作业，让学生搜集大量中国生态文明建设案例，了解十八大以来我国生态环境保护发生的历史性、全局性转变。

教育的最终目的不是单纯地积累知识，作为教师我们要在课堂教学中全面贯彻党的教育方针，落实立德树人根本任务，培养德智体美全面发展的社会主义建设者和接班人。地理课堂教学对于学生了解环境与发展问题，形成"人地协调观""可持续发展观"等观念，对于学生形成社会主义核心价值观、培养强烈的爱国主义情感都有着重要作用。通过以上分析，可以看出涉及初中地理教学内容的"党史教育"素材极其丰富，初中地理教学工作中，教师要善于发掘党史教育素材，善于利用这些真实的、成功的教育案例，开展日常课堂教学，开展专题教学，也可以将教学内容延伸到学生的课后作业中，发挥更大更好的教育效果。

探寻音色之美

——以"一带一路上的民族乐器"为主题的融合课例探索实践

李小波　谢　丹　孙宝英

在我校开展生态文明建设背景下 E-STEAM 课程实验的项目中，高中音乐学科的谢丹老师确定了以"一带一路上的民族乐器"为主题的讲授内容。但在帮助学生区分各民族弹拨乐器发出的不同"音色"的过程中遇到了障碍：

为什么不同乐器会发出不同的音色？

有哪些因素会影响到音色？

如何通过实验来证明？

如何获取数据上的支撑？

……

带着学生的这些疑惑，谢丹老师和作为初中物理老师的我组合成了小组，共同来探寻不同音色的物理成因。

在初二物理课程"声音"的教学内容中，乐音的三要素（音调、响度、音色）是一个重要的知识点。三要素中比较侧重对音调和响度的学习和理解，通过实验来探究影响音调和响度的因素有哪些，期间也引入了不少乐器来丰富课堂教学。而学生对于"音色"的认识，基本上停留在感性阶段，能知道"闻其声知其人""不同乐器音色不同"，基本就够了。所以，这节课如果真的实施，刚好填补了学生对乐音三要素认识上的空白。这样，音乐和物理完美地结合在了一起。

一、实施中遇到的问题和解决办法

（一）如何将声音可视化

学生之前对于音色基本停留在感性认识，说得通俗点就是完全靠"听"。但是人的主观感觉有时是不可靠的，必需要将这种感性认识上升到理性认识。

怎么办呢？一款声音处理软件起到了重要作用。该软件将电脑采集的声音用波形图的形式展示出来，图像的振幅决定了声音响度的大小，振动频率决定了音调的高低。不同乐器可以发出音调和响度都相同的声音，但是音色不同，图像如何体现音色呢？我们看到，波形图的形状是不同的（如图1所示）。因此，波形图的形状决定了音色。这些不同民族的弹拨乐器，所展现出来的不同音色通过波形图的形式展现出来了，让学生真正"看到"了声音。

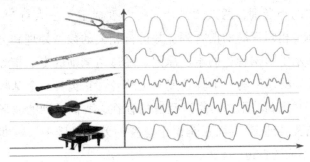

图1　不同乐器同一音调的波形图

图2表示不同种乐器用材质都是赛璐珞的同一拨片弹拨同一个音的波形图。可以看出，尽管两个波形图都呈现出规律性的变化，但波形图的形状有着明显的差别。这说明，这两种乐器发出的音色是不同的。图3表示同一种乐器用不同材质的拨片弹奏同一个音的波形图。可以看出，这次尽管乐器种类都一样，但两个音的波形图却有明显区别。这种区别也许普通人的人耳根本无法辨别出来，但是从图中已发现两个音的音色确实发生了变化。

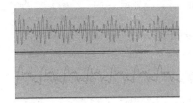

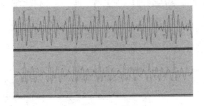

图2　上：琵琶（拨片材料：赛璐珞）
　　　下：大阮（拨片材料：赛璐珞）

图3　上：琵琶（拨片材料：赛璐珞）
　　　下：琵琶（拨片材料：尼龙）

（二）如何通过数据来展示音色的不同

尽管能从波形图来区分不同乐器的音色，但这仅仅是找到了一种粗略测量音色的方法，真正决定音色的因素到底是什么呢？类比音调的学习，学生已经知道琴弦的长短、粗细、松紧等会影响声音的高低，即音调，但是真正决定音调高低的是琴弦振动的频率，而长短、粗细和松紧的不同都会引起琴弦振动频率变化，从而发出声音的音调不同。那么音色从外在影响因素来看有：琴弦的材质、共鸣体的材质和大小、拨片的材料、弹拨方式等等，那这些因素的改变为什么都会影响音色呢？影响音色的本质原因是什么呢？思考到这儿，我觉得仅从波形图的形状解决不了这个本质问题。我和谢老师共同找到了教数学的孙老师，两人"结伴而行"变成了"三人行"。我们通过提取不同乐器演奏相同音高的谐音列，并进行相关的数据处理和分析，引领着学生发现并揭示了影响音色的本质原因。经过谢老师的专业指导，我和孙老师了解到，弦乐器发出的一个音其实不是纯音，它包含一个基频和多个其他频率的泛音。联想到波形图，由于泛音的存在，我们看到的波形图就不是一个规范的正弦波（纯音）。而正是由于泛音的差异（频率、响度和时间特征等），产生了不同的音色。

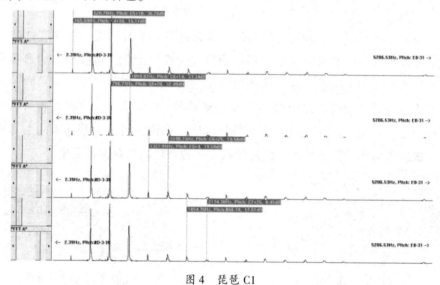

图 4 琵琶 C1

图 4 是琵琶弹奏 C1 音时的泛音序列图。尽管人耳听到的是一个音，但是这个音并不是单纯的，而是由很多个不同频率的音复合而成，我们称之为"泛音"，这些个泛音一起构成了"谐音列"，而这些泛音的频率大小又成等差数列。图 5 是热瓦普弹奏 C1 音时的泛音序列图，也同样呈现了类似的特点。虽然两种乐器都弹奏同一个音高，但是这些泛音构成的谐音列有明显的差异，这就造就了两种乐器有着不同的音色。

至此，不同乐器能形成不同音色的具体成因得到了基本解释。

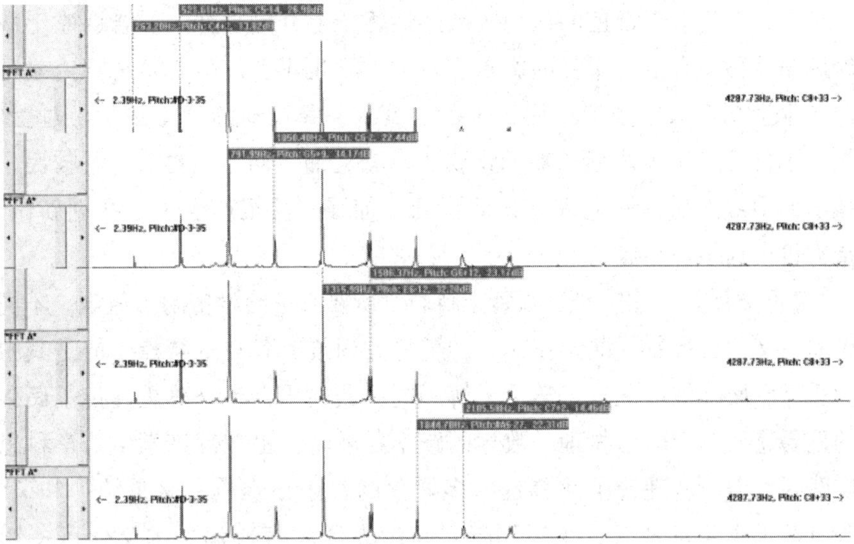

图 5　热瓦普 C1

二、课程的呈现与反思

本节课在课堂中非常注重学生的学习体验。学生在课堂中亲手操作乐器，听音辨音，小组观察乐器并进行交互讨论。在实际问题的解决中，注重探索过程，综合不同学科的研究方法，这对今后学生在解决陌生问题提供了指导和借鉴作用，指出了正确的方向。

在这节融合课中，不仅有学科的融合，还有民族的融合、文化的融合，鲜活生动。三位教师能够互帮互衬，共同围绕着"音色问题"来设计，有问题情境，环节衔接自然、流畅。

反思这节课，也存在不足之处或是有待提升的地方。例如：由于时间和空间有限，每个学科都不能充分展开思维，所以在学科深度上有所欠缺。

三、我们的收获

（一）从教师角度来看

孔子说："三人行，必有我师焉。"在这节融合课例中，我们既做了老师，又做了学生，在各自奉献自己专业知识的同时也丰富提升了自己的专业知识，甚至学习了专业之外的内容。学科融合，拓宽了我们的教学研究视野，打破了学科间的壁垒，为进一步开展素质教育提供了新的探究方向。

（二）从学生角度来看

首先，学生对于音色的认识，从感性逐步上升到理性。尽管课堂上我们接触的乐器种类有限，研究的影响音色的因素也不全，但是这种探究学习的方法是学生在今后的学习中用得上的。其次，我校新疆学生在学习过程中，更加深了自己对于本民族乐器的认识，自豪感油然而生。再有，我校民乐团的孩子们学习之后，专业理论方面得到了加强，甚至产生了一些创新做法，创造力也得到了一些提高。

"尊重文化差异性"是这堂跨学科教学所要渗透给学生的价值观。不同民族乐器在文化、形制、演奏技法、音色等方面具有各自的特点，但是其中一部分乐器已面临传承危机。学生了解不同民族的乐器，是尊重并传承民族文化的重要途径。音乐与物理、数学的跨学科教学，也在锻炼学生跨学科思维与实践的能力，从理论上解释这些多样化的音乐在本质上又是统一和谐的。这既有益于学生的成长，也适用于可持续发展教育所倡导的文化可持续性发展。

测高问题与学校古建筑的完美结合

——测高问题的教学

孙宝英

一、课例背景

(一) 课例背景

初三年级学习解直角三角形的测高问题，正赶上我校 150 周年的校庆。潞河中学从 1867 年建校以来，以其悠久的历史文化底蕴和大批的国家建设栋梁而闻名于世。我校的红楼是代表建筑，也是潞河中学的标志。如果在数学课堂教学中渗透爱校、爱国的情怀，并且体会古建筑与数学几何图形的关系以及数学之美，本节课无疑是一个很好的机会。从数学的角度分析和欣赏古建筑的结构、美感，既能够体现数学的应用性，也是数学与历史、建筑学之间的相互融合。

(二) 教学背景分析

1. 本课时教材分析：本课时是北京市义务课程改革实验教材（北京教育科学研究院编）第二十一章第二部分解直角三角形第二节应用举例的内容。本课时内容建立在学生掌握锐角三角函数、解直角三角形知识基础上的综合应用，测高问题是解直角三角形应用部分中的第一个内容，是前期基础知识、基本方法的实践，又是对学生深入学习该部分知识应用的起点。

2. 学生情况分析：授课学生整体水平相对较弱，成绩两极分化比较明显。

3. 学习目标：了解仰角、俯角的概念，并会应用概念解决问题；会根据已知条件将测高问题转化为解直角三角形问题，掌握测量和计算物体高度的方法；通过小组合作、交流、展示、质疑等活动，感受探究发现知识的乐趣，增强学生的合作意识。

4. 教学重难点：重点是把实际测高问题转化为解直角三角形问题。难点

339

是运用解直角三角形的知识研究和解决实际测高问题。

二、教学过程简介

（一）讲学案为途径，建立学习心向

这节课的课堂实施第一步是课前准备，包括课前预习与自我检测、实践探究两个环节；第二步是了解反馈，即教师批阅学生的预习作业，做到心中有数，制订课堂讨论的内容；第三步是课堂教学，包括小组合作交流、师生归纳小结、过程即时评价、巩固练习四个环节；第四步是分层作业，主要在课下完成。根据"先学后教"原则，遵循学生学习数学的心理规律，从学生已有的生活经验出发，选取身边熟悉的测量我校红楼高度的实际模型，让学生亲身经历将实际问题抽象成数学模型并进行解决与应用的过程，获得对数学的理解；在自主探索与合作交流的过程中提高应用数学知识解决实际问题的能力，激发认知及自我认知潜能。每个环节确立明确的学习目标，通过反思小结评价学生学习目标的达成度，在学生自主学习、小组合作交流中体会有效的学习方法，教师进行指导。建立学习心向，激发学生的学习兴趣、学习的持久性和自觉性。下面对各环节进行具体说明。

（二）课前预习与自我检测

1. 本环节主要解决的问题是：初步了解仰角、俯角的概念，并会应用概念解决简单问题。

2. 学生按照导学案的说明，明确本节课的学习目标、重难点。按照使用说明与学法指导完成预习和自我检测。

讲学案中明确指出：用 10—15 分钟，阅读课本 P105—106 的内容，了解仰角、俯角的含义；按照教材 P107 的做一做，制作一个简易测角仪；结合教材基础知识和例题完成学案内容。接下来讲学案中的基础知识回顾，仰角、俯角的含义及自我检测题。

这一环节目的是培养学生的自主学习能力，自主预习和自我检测还具有一定的挑战性，可以激发学生的学习热情，获得战胜自我的成功体验。具体的使用说明为学生指明了预习内容和要求，并以自我检测实现对预习效果的检查，使学生了解自己的自学水平，并不断感悟自主学习的有效方法。

（三）实践探究

1. 本环节主要解决的问题是：在实践中获得将实际问题转化为数学模型的过程，体会将测高问题转化为解直角三角形问题的基本过程和思路方法。

2. 教学安排：

课前，将学生分为两组，由各组长分工，准备测量红楼的工具（盒尺和测角仪，测角仪自制），安排测量人员、记录人员，组织设计测量方案。教师给予必要的指导。（实际过程教师只负责了录像和拍照，所有工作均由组长安排实施。）

这一环节使学生亲身经历将实际问题抽象成数学模型并进行解释与应用的过程，感受"数学教育，源于现实，富于现实，应用于现实"，获得从事数学活动的经验和机会，促进学生的情感性、社会性的发展。

（四）了解反馈

本环节主要解决的问题是：教师了解学生预习效果、存在的问题，教师基于此来安排课堂教学环节，制订课堂讨论的重点内容。

（五）合作交流

1. 本环节主要解决的问题是：通过小组合作、交流、展示、质疑等活动，会根据已知条件将测高问题转化为解直角三角形问题，掌握测量和计算物体高度的方法；感受探究发现知识的乐趣，增强学生的合作意识。

2. 教学安排：

引导活动如下：我们把握概念应从构成元素入手。角的元素是什么？仰角和俯角的顶点是什么？它们的两边分别又是什么？它们的区别是什么？哪些是现实生活中无法显示只能在数学作图中出现的？用字母表示数据时要注意什么？

学生很容易回答出角是由顶点和两边构成。对于顶点，学生很可能用书上的定义回答：顶点是水平线和铅垂线的垂足。这时可以用询问的目光鼓励学生再思考，引导学生回忆实践测量时的情景。这样学生很容易得出：眼睛的位置就是顶点。进而归纳出：在哪点测，哪点就是仰、俯角的顶点。根据定义，学生很容易得出仰、俯角两边的构成以及这两个概念的区别。有了联系实际的经验，学生很快知道：仰、俯角可测；水平线在条件允许下可测；视线不可测，只能通过计算而得。

小组交流。学生先在组内交流方法，包括多种方法的分享和对本组学困生的指导。先完成任务的小组将本组的设计方案写到黑板上，不完善的地方其他小组补充，全班交流。教师巡视，指导学生提出的问题。

小组成员一起到讲台，由一位学生主讲解决问题的思路，其他小组成员进行补充完善。老师或其他小组学生对解决过程提出质疑，在质疑、解疑中引导问题解决向纵深发展，向解决问题的基本方向靠拢，使学生从感性逐步上升到理性，这其中，需要老师的指导和引领。

下面是学生提出的利用盒尺和测角仪设计测量红楼高度的不同方法。

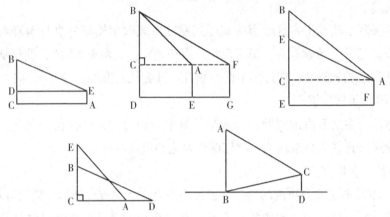

这一环节是在讲学案探究活动目标引领下，在学生、教师一起合作分享中进行有效的学习。当全班讨论完成情况不够理想时，教师进行补充性教学，并安排相应练习，进行适时的总结，提升学生的思维水平，使学生充分理解教学内容，教师是数学学习的引导者与合作者。此外，学生需要足够的机会去实践所学知识并得到积极的反馈。只有使学习者有机会应用所学，同时也能对其实践情况予以及时反馈，教学才会有成效。反馈应为学生提供丰富的信息和准确的知识、正确的思维方法。唯此才能使学生学会依据主要学习目标评价自身进步，了解并纠正自己的不足和错误。

学生在课前经历了预习与实际测量，在课上又进行了自主探索和合作交流，充分的数学活动过程有利于他们真正理解和掌握应用解直角三角形的方法解决实际测高问题，体会转化的思想和方法。"有效的数学学习活动不能单纯地依赖模仿与记忆，动手实践、自主探索与合作交流是学生学习数学的重要方式"。实践表明，采用学生结对或建立小组的形式，围绕学习活动、作业进行合作性学习，往往能取得事半功倍的学习效果。合作学习可以促进学生的情感性、社会性发展，例如唤起他们对学习科目的兴趣和重视，促进不同性别、种族以及在学业成就水平及其他方面具有不同特点的学生相互之间的积极态度与社会交往。这个环节充分体现了合作学习的教学策略。

（六）归纳小结

1. 本环节主要解决的问题是：结合本课时学习目标，通过小结，进一步落实学习目标意识。培养学生及时归纳、概括的学习方式，巩固所学知识，加深对数学思想的认识。

2. 教学安排：（1）本节课你有哪些收获？如何准确把握仰、俯角概念。结合实践，学会将实际测高问题转化成解直角三角形问题。测高问题分为两种情况：底部可到达和底部不可到达。（2）有哪些注意事项？用字母表示数据时要注意公式选取，以及尽量用原始数据。解决测高问题时要注意视线不可测，测角仪的高度不能忽略。

（七）即时评价

1. 本环节主要解决的问题是：促进学生间的交流，帮助学生认识自我，建立自信。

2. 教学安排：先由各组负责评价的学生对本组成员进行评价，再由全班同学对交流方案的小组或代表进行评价。在表扬与鼓励的同时提出建议，便于当事人进一步改进。

"评价的目的是激励学生的学习和改进教师的教学"。"关注学生的学习过程，以及他们在数学活动中所表现出来的情感与态度，帮助学生认识自我、建立自信。"除考试之外，教师可以借助对学习活动及来自其他渠道信息的分析进行评价。学校的教学及日常活动使教师有大量机会了解全班整体情况及学生个体情况，对学生的表现，如完成实验任务、观察记录，以及学生研究报告、论文或其他要求高级思维和应用能力的学习任务等方面进行评价，以此增强评估的客观性。树立这样一个宽泛的评价观，有助于引导教师将他们的注意力转移到那些能够促进学生理解所学知识，围绕所学进行批判性、创造性思维，并应用于问题解决和决策的教学活动上来。

（八）巩固练习

1. 本环节主要解决问题是：掌握测量红楼高度的方法，并会计算；规范书写，落实课时内容。

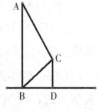

2. 教学安排：（在学生展示的测红楼高的方案中选择有俯角的，赋值后让学生完成）如图，高 1 米的测角仪 CD 测得 A、B 两点的仰角、俯角分别为 60°、45°，求：AB 的高度。

学习者有机会应用所学，同时也能对其实践情况予以及时反馈，教学才会有成效。在教师难以对全班每个同学的学业进行逐一监控、评价的情况下，可以组织学生对照学习指导材料及答案进行自评，或进行同学之间的互评互学。

（九）分层作业

1. 本环节主要解决的问题是：进一步巩固本节课所学知识；满足不同层次学生的需要。

2. 具体内容：

（1）整理测量红楼高度的方法，任选一种赋值计算。

（2）（提高组完成）测量人员在山脚 A 处测得山顶 B 的仰角是 45°，他沿着倾斜 30° 的山脚的一段斜坡直道 AD 前进 800 米到达 D 处，并测得山顶 B 的仰角是 60°。求被测山相对于山脚的高度。

弹性作业、自主分层既保护学困生自尊又满足学有余力的学生的需求。

三、课例反思

（一）讲学案的编制可以明确并在授课前采用介绍特定学习活动性质和目的，构建新旧知识之间的联系，提出该项学习活动对学生提出的新要求等方法，帮助学生自主学习，使学生的自主学习落到实处。讲学案实际隐藏着学习方法、学习内容、学习目标等内容的一条主线，学生知道学什么、怎么学、学到什么程度。学生可以在信息加工、完成学习任务过程中，坚持既定的学习目标并采取有效的学习方法。

（二）合作学习能够促使学生开展针对特定任务而进行的信息加工和问题解决，并在此基础上进行交流与思考。由此他们的认知及自我认知潜能将得到激发。除了独自完成作业之外，学生能获得一定形式的合作学习，他们的成就水平将有可能得到显著提高。这种小组学习较好地解决了教师与学生、学生与学生之间的互动，使得学生能够真正地在自主、合作、探究的学习方式下进行有效学习，教师成为组织者、合作者、指导者。

（三）有待解决的问题。课堂教学过程解决了"教"和"学"的基本关系问题，但到底教师应该怎么教，学生应该怎么学，还要深入开展研究。比如，学生交流的是问题解决的结果，问题解决的思维过程还不能很好地展示。

（四）数学教学从室内移到了户外，让孩子们在感受数学应用性的同时欣赏学校的古建筑，了解学校历史，增强了学生的爱校、爱国情怀，以及身为一名潞河人的自豪感。

从美食中得到的发展

——烘焙课社团

杨凌云

一、印象校园

潞河中学创办于 1867 年，校园占地 17 万平方米，总建筑面积逾 10 万平方米，一个多世纪前的建筑与格局保存完好，是北京市为数不多的、依然保持原址原貌的学校，是通州区第一个中共党支部诞生地，是北京市首批重点中学、首批示范性普通高中、首批百年学校。学校目前有 78 个教学班，学生2997 人，其中内地新疆高中班学生近 500 人。截至 2019 年 9 月，正高级教师5 人，特级教师 11 人，市级学科教学带头人、骨干教师 22 人，通州区骨干教师 47 人，入选通州区"运河计划"教育领域人才教师 18 人。雄厚的师资力量是潞河中学优质教育全面实施的有力保障。

学校始终坚持"一切为了祖国"的校训，逐步形成了以"坚持人本位与社会本位相统一的教育观；坚持一切为了学生发展的办学宗旨；坚持健全人格的培养目标；坚持多元开放的学校发展方向"为核心内容的办学思想并成为引领学校发展的旗帜。

二、精品实践课程

开发背景：社团活动的开展，既丰富了学生的课余生活，也为学生提供了一个自主发展的时间与空间。

依托资源：烘焙社团是以素质教育为大前提，在学校的具体领导下，有组织地进行教学及实践。

课程目标：社团成员主要是初中一年级新生，他们刚刚进入一个全新的学习环境中，社团的目标就是让学生通过学习、体会生活中的烘焙技能，学会动手、动脑、相互合作，初步获得自己的价值感，并在社团活动中获得在课堂中学不到的知识和技能，进而激发学生的学习兴趣，发展个性特长，促进学生的身心健康发展。

课程主题：烘焙社团主要是让学生了解西点的基本材料、材料的选择，学会初步的烘焙技能。在一学年的社团活动中，我们设计了几个不同的主题，包括饼干主题、面包主题、生日蛋糕主题等等，让社团成员既对西点的基本材料和操作流程有了初步的了解，又体会到了舌尖上的快乐。

实践方式：社团的教学方式主要是实际操作。新初一的学生接触过烘焙的基本没有，烘焙材料的辨别、面粉的调制、添加剂的使用、造型的设计、烤箱的使用等等，都是社团成员的兴趣所在。

实施流程：由于条件的制约，不可能让所有的学生都参加社团，本社团采取自愿报名+教师筛选的方式来选取社团成员。

在实操的过程中，分为三种难度：

初级：面粉的调制、饼干的造型、基本工具的使用。

中级：面包面团的揉制、面包的造型、面包的烤制。

高级：生日蛋糕坯的制作、奶油的涂抹、蛋糕的造型。

实施保障：为了保障实操的效果以及食品安全，在不同的阶段进行了不同的计划。

筹备阶段：学校食堂统一为社团准备好使用的面、糖、黄油、奶油等各种材料及器材。

实操预热阶段：为了提高操作的成功率，增加学生的成就感，会提前由学生（分组轮换）统一称量所需的烘焙材料，并提前准备备用面团。

操作过程阶段：在操作过程中，让学生通过任务单熟悉西点的配方和操作流程，对关键步骤一对一指导，及时肯定，保证每个学生学有所得。课后对所用器具进行热碱水清洗，消毒柜消毒，以保证器具洁净。

三、亮点与价值

教师角度：社团成立的最初目的只是为了增强学生的动手能力，发展的过程中社团成员参与的热情、动手的积极性是超出教师的预估的。这就促使教师自发地针对烘焙这一技能认真对待了。由此可见，社团成员的积极性、主动性带动了教师的积极性、主动性。所以，教师每学期都会进一步细化社团活动。首先学期初制订周密的活动计划，让活动有章可循；其次，将烘焙的内容交给社团成员，让其根据自己感兴趣的烘焙对象，对学习内容进行从简到难的排序，为学习内容做主。

学生角度："孩子们成长得更好，是我们最大的心愿"（习近平）。通过对烘焙的实际操作，学生们初步掌握做事的统筹规划，提高了做事的注意力，在失败中学会分析。这些让学生体会到了生活、学习中的乐趣，提高了学习、做事的兴趣。学生的最直接反馈是每周五的社团活动从不缺席，即使再晚也要完成作品。

家长角度：最初家长们认为孩子进厨房会耽误孩子的学习，但经过几周的社团活动后，家长的反馈就变成了孩子课后很开心，回到家里面与家长主动分享自己的劳动成果，能主动地去做一些自己力所能及的事，并且孩子的自信心也增强了。在社团活动中，学生的综合能力得到了发展，综合素质得到了提高。

初中地理教学中的多学科融合尝试

——以单元教学"日影那些事儿"为例

陆　畅

一、问题提出

(一) 从"立德树人"到"学科核心素养"

党的十八大提出，教育的根本任务是立德树人，是培养社会主义的合格建设者和可靠接班人，《中国学生发展核心素养》应运而生。核心素养主要是指学生具备的必备品格和关键能力，是培养目标与具体教育教学实践的中间环节。

然而在实际教学落实过程中，由于不同学科各具特色，素养表现也不尽相同，各有侧重，因此学科核心素养相继出台。就地理学科而言，即地理实践力、综合思维、区域认知、人地协调观，并以此指导一线教师的教学实践，开启了新一轮的课程改革。

(二) 单元教学是落实地理学科核心素养的重要途径

地理学科核心素养以地理实践积累基本活动经验，调用综合思维、区域认知的基本思想和方法，最终实现人地协调的价值观念，并由此展开基于不同教学内容的课堂教学。然而，素养的形成、巩固，甚至进阶、提升绝不是一课时或几课时就能完成的，其根本原因是课时之间缺乏连贯性。课时间的连贯性不仅仅体现于学生知识、技能、方法层面，更多的是思维和观念层面。

举例来说，初中地理开篇所学习的对象是地球，其中经纬网及其应用是为后续研究地理区域的空间位置而铺垫的学科工具，地球运动则是地表各种自然地理现象形成演变的物质基础。对于空间位置这一核心概念而言，除可以从绝对位置（经纬网及其应用）的层面描述外，还可以采用相对位置（海陆位置、半球位置、相邻位置）的层面，但这些内容要到很久后才会学到，于是就出现了学生在学习中国地理时不会借助中国地图准确判读四至点，进而无法描述中国的地理位置。针对这一实际学情，基于大概念的单元教学应运而生。

在"空间位置"这一大概念的统领下，一线教师建立了以"描述区域地理位置"为主题的单元教学设计，以中国为例介绍描述某国家地理位置的一般方法，向下可迁移至中国四大地理区域、省县乡等小区域范围，向上可拓展到地区、大洲等大区域范围，进而落实学生在对位置这一区域重要地理要素的认知。

由此可见，以学科大概念为统摄的单元教学，借助连续、系列的课堂教学，切实帮助学生学而有用、学而会用、学而用好，是实现学科核心素养的重要途径。

（三）构建多学科融合的地理单元教学

初中地理的课程宗旨是学习对生活有用的地理，然而生活中的实际问题仅仅依靠地理一门学科不能完全解决，更多的是不同学科之间相互配合、相互借鉴的结果。在单元教学的实际操作过程中，一线教师多以情景为明线，引导学生在某一地理情景中不断学习、进阶，然而生活情景大多复杂，对于不属于地理学科范畴的情景内容，教师多采用弱化或规避的方式，实际上是变相地将情景简化了，增加了学习过程和生活实际之间的距离。因此在单元教学过程中，我们可以适当尝试进行多学科融合，将情境中"地理味儿"较弱而其他某一学科特色突出的环节结合相应的学科进行辅助教学，实现多学科融合，进而更好地促进学生的地理单元学习，摆脱单一学科的局限和桎梏，构建基于解决问题为导向的，主动调用一切所知、所会学科知识的能力和品格，弱化因学科教学而带来的思维、认知层面的割裂。

二、多学科融合的地理单元教学实践——以"日影那些事儿"单元教学为例

单元教学"日影那些事儿"聚焦地球运动部分的相关知识，以日影作为真实地理情景，依托连续的 3 课时学习探究日影背后所反映的地球运动特点及现象，进而完成相关的课程标准。具体单元整体设计如下：

日影是学生生活中最为常见的地理现象之一，日影的变化反映了太阳的运动（即太阳视运动），而对于近似恒定不动的恒星太阳而言，看似规律的太阳视运动实际上是地球运动的体现，因此日影运动就是地球运动。

然而，对于这一单元情景背后涉及的深奥，抽象的地理术语、地理规律，

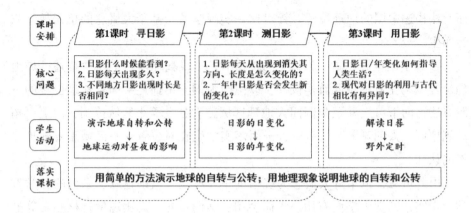

学生是否完成了从感知到理解的升华，从现象到本质的蜕变，需要外化学生表现，即学生评价来体现。在以往的学生学习评价中，一线教师多以试题、讨论、问答等答案相对固定、感官调用较为单一的方式进行，学生的课堂学习过程和学习评价属于完全不同的两套体系，进而造成了学习、评价"两张皮"的现象，学生不知道课堂所学和学习评价的关系，更不知道学习评价是针对什么内容进行的课后巩固。

为了解决这一现象，同时深化多学科融合理念，丰富学生的实际获得，在评价中主动调用所学的其他学科知识或技能促进高阶、深度学习的发生，笔者在每课时后都设计了一个具有操作性行为的学习成果（形式可不局限于教师设计，3—4人/组，合作完成)，并力求将成果形式开放化。

课时安排	第1课时 寻日影	第2课时 测日影	第3课时 用日影
学习成果	1. 运用铁丝、乒乓球等常见材料，制作地球运动的简易模型，演示地球的运动，说明日影有无及发生变化的原因。 2. 利用计算机、平板等电子设备，制作模拟地球运动的Flash动画或动图，说明找寻日影的一般方法。	1. 记录学校内某一建筑物一周内的日影变化情况，归纳日影的变化规律，并推测今后半年内日影的变化，说明推测原因。 2. 查阅数据或图标等资料，说明我国不同地区日影出现时间的差异，并解释其差异原因。	1. 查阅相关史实资料，讲述日晷、圭表等古代重要计时工具发明和发展历程、使用及工作原理。 2. 运用纸板、竹签等常见材料，制作简易日晷（赤道式、地平式、立式均可）并尝试进行使用，印证日影的变化规律，说明日晷计时的工作原理。
融合学科	美术、信息技术、劳技、数学（几何、建模）。	数学（代数、几何）、信息技术、物理（光学）。	劳技、美术、历史。

从学科核心素养而言，学习成果是地理实践力的充分体现，而为了完成这一成果，将地球运动与日影间繁复的学科逻辑阐述清楚，学生需要调用各种学科以更加科学、美观、个性地表达其学习收获：

画图和模仿是美术学科的最大特色，也是绘制地理图像的必备技能，学生在制作地球仪的过程中需要比照教材或图册进行模仿、创造，无论是绘制海陆分布格局还是经纬网都体现了学生对地球表面认识的多样性；建模是标准的数学概念，学生在制作实体模型或 Flash 动画前必须在头脑中构建出地球运动模型的框架和结构，而为了更加科学、准确地还原地球样貌，还应当运用数学几何的相关技能，测量确定倾斜角度、铁丝长度、地盘大小等数据，最后再结合劳动技术动手制作或使用信息技术进行软件使用；在校园内测量日影的长度，学生充分利用物理中"光沿直线传播"的基本知识，借用体育课用于测量铅球投掷距离的 10m 卷尺测量旗杆的影长，并积极运用相似三角形的知识进行建模处理旗杆长度不可测的问题；作为古人对日影应用的典范，日晷为什么能计量时间？日晷是如何利用日影工作的？不同样式的日晷在使用中有何差异？历朝历代的日晷有何区别？一系列的问题都引发了学生对日晷历史的好奇，进而运用互联网查阅资料，将历史学科时空观念的核心素养不自觉地融入了地理学习中。

三、多学科融合单元教学的几点反思

（一）让融合顺理成章，切忌生搬硬套

以"日影那些事儿"为例，笔者尝试在学习评价中融入多个学科辅助学生进行学习成果的表达，以地球运动的科学准确性为基准进行拓展延伸，既保证了和课堂教学的连贯性，同时也指明了学生进行学科融合的方向，顺理成章，不显突兀。

在本单元教学的实施过程中学生曾因过分追求地球运动模型的美观性而忽视了地理原理的准确性，这提示我们要高度注重学科本身和融合学科之间的主次关系，融合的目的是为了促进教学而非相互杂糅，削弱核心学科自身的教学节奏。

（二）搭建展示平台，促进学生自主融合

基于多学科融合的单元教学帮助学生更好地应对生活中的真实问题，然而更可贵的是学生在学习过程中自发地主动融合，教师应当为学生搭建更为广阔的展示平台，鼓励创新。

例如在本单元教学中，针对第 1 课时的学习成果，3 名体育生组成的小组将地球公转的演示放到了操场上，A、B 两名学生分别佩戴不同颜色的帽子代表地球和太阳，B 同学手中利用激光笔模拟太阳光线，C 同学利用手机进行演示视频的录制并进行简单解说，然后经过后期处理来添加字母、去除室外杂音。3 名体育生利用自身的体育优势，模拟地球自转公转同时进行的复杂运动模式，提前撰写解说脚本，并借助视频加以呈现，完美地将体育、信息技术、语文等学科融入到了地理学习的过程中来。

对于多学科融合的地理单元教学笔者还尚处在实验和尝试阶段，但是不难发现，通过学科融合一定程度激发了学生的学习欲望，地理课成为了学生最为期盼和最具表现欲望的课堂，在后续传统的纸笔测试过程中笔者也发现，学生对于地球运动部分的知识掌握得非常牢固，遇到全新的题目也能迅速将自己带入情景进行分析、思考，真正做到了学习对生活有用的地理，学习对终身发展有用的地理。

差异性教学在初中英语教学中的应用

曾苗苗

一、引言

学生作为学习的主体，每个人都具有鲜明的个性特征，其学习风格、学习基础、认知方式等都存在着千差万别。学生的差异性既是教学的宝贵资源，也对教师的课堂教学提出了巨大的挑战，教师能否在教学中关注并照顾到学生的差异性，直接影响学生学习质量和课堂教学效率。

《义务教育初中英语课程标准（2011）》在课程理念的书中指出：英语课程要面向全体学生，关注语言学习者的不同特点和个体差异。义务教育阶段的英语课程应关注全体学生，体现以学生为主体的思想，在教学目标、教学内容、教学过程、教学评价和教学资源的利用和开发等方面都应考虑全体学生的发展需求。英语课程应成为学生在教师的指导下兼顾知识、发展技能、拓展视野、活跃思维、展现个性的过程。由于学生在年龄、性格、认知方式、生活环境等方面存在差异，他们各有不同的学习需求和学习特点。只有最大限度地满足个体需求，才有可能获得最大化的整体教学效应。同时，在教学建议部分指出，教师应该在教学中坚持以学生为本，关注全体学生，关注个体差异，优化课堂，提高教学效率，为学生继续学习奠定基础。教师应该充分了解学生的不同学习经历、学习水平和学习风格，尊重学生个体特点，充分发挥学生的不同潜能，与学生建立真诚、理解和信任的关系，因材施教，鼓励创新，为学生提供更加广阔的思维空间，对学生在学习过程中出现的问题给予有针对性的指导。

在我国现阶段，大多数学校还采用的是传统的班级授课制。然而在目前班级授课制环境下，初中英语课堂教学往往忽视学生个体在英语阅读素养上的差异性，无法照顾学生差异性学习需求：统一的教学目标、教学方法和教学活动，统一的教学评价方式，统一的作业，忽略不同学习个体在阅读素养上的差异，导致优等生吃不饱，基础薄弱生吃不着；或者意识到学生存在阅读素养的差异性，但是没有将差异化教学思想深入贯彻到课堂教学的每个环节，多数学生的差异性没有在教学过程中得到充分的尊重，学生差异性的价值没有在教学中体现其丰富的教育教学价值。还有些差异化教学被简单粗暴地处理为让不同层次的学生完成不同层次的学习任务，如在英语阅读课中，基础薄弱生常常在课堂讨论时分配回答浅层次的、基于事实信息的问题。长此以往，学生的语言知识、学习能力、思维品质和文化品格都得不到充分的发展。

笔者所从教的通州区潞河中学也一直采用的大班额的班级授课形式。每个班都有40—45名的学生。每届新入学的初一学生通过分班考试，被平行分入10个班级中，每个班学生的英语基础相差甚远，参差不齐。在上课时，同样的学习目标，不同的学生课堂参与度和完成度截然不同。有些学生表示课堂学习内容太浅吃不饱，很多的时间不知道用来干什么；也有学生表示老师讲的内容听不懂、跟不上，继而放弃学习，成为游离于课堂之外的旁观者。阅读教学是英语教学的重点内容之一。北师大版英语教材是按模块组织安排的，其中教材阅读课占了每个教学单元一半的内容。然而随着教材中阅读文本难度的增加，学生在课堂上学习参与的广度和深度差异越来越大，有人学完不解渴，有人渐渐要放弃学习了。

笔者通过前期组织所教80名学生参加中国英语阅读教育研究院的中小学生英语分级阅读定级测试的测试报告发现，学生现有的阅读素养确实存在着巨大的差距。另外通过对学生的问卷分析，笔者也发现40名学生在阅读课上能顺利地完成课上的学习任务，对自己自主学习能力很自信，对阅读课持有积极的学习态度；这些学生的词汇基础较好，能听懂并熟悉老师的上课指令，他们对于自己大部分阅读技能的掌握程度也比较自信，对于文章篇章结构掌握较好，能简单运用结构图来积极参与同伴讨论，在班级进行分享交流，不太需要老师的单独指导，这些学生基本上都是英语水平在中等及以上的学生。27名学生认为自己在阅读课上需要得到同学或老师的帮助才能顺利完成学习任务。这些学生认为阅读中的不认识单词和句型会影响自己完成学习任务，在课堂中，有时听不太懂老师的指令，对于阅读微技能的运用掌握得不太好，在一定程度上阻碍了自己对文本进行理解。13名学生表示顺利完成英语阅读课很困难，他们主要的问题是认识的词汇太少，看不懂文章的内容，对于老师布置的阅读任务难以下手，掌握的阅读技能很少，只能完成简单的找读任务，还不一定能理解找到的信息，对上英语课没有信心甚至感到恐惧。这些学生希望老师在阅读课上能布置不同的阅读任务并能完成不一样的作业。经过分析发现，造成这些问题的原因主要有：学生虽然从小学甚至更早的时候就开始学习英语，但是统一的课堂教学模式却没有关注到不同学习个体在学习动机、学习风格、认知水平、知识储备上的差异。所以在同一节课中，老师布置的面向大多数学生的教学活动，优等生往往意犹未尽，吃不饱；基础薄弱生听不懂，跟不上，不能很好地完成学习目标。学生在知识储备上的差异主要表现在：学习背景知识、词汇认读、语法、阅读图示等方面。而学生的学习策略、学习风格以及学习过程中的情感需求也截然不同。

通过对学生的访谈也发现，三种类型的学生代表在阅读课前、课中和课后的学习需求不尽相同。在课前，优等生更希望提前多了解一些和新授课相关的背景知识，而中等生和基础薄弱生则表示对教师的部分指示用语听不懂、单词不认识、某些学习任务不知道该如何完成表示苦恼，他们希望能提前预习词汇，大致了解课堂会用到的一些学习技能或策略方法。在课中，优等生则更希望有更多的自主学习空间，也希望得到更多的同伴交流和在全班展示自我的机会，中等生和基础薄弱生则更希望通过在学习过程中能获得同伴的帮助和老师的个性化指导，同时，他们也希望在被老师点名发言前，自己能先获得充分的练习和准备的机会。

基于以上的初步调查以及三种形式的问题确认，笔者认为不同学生在现有的英语阅读素养上存在巨大的差异，有差异性的学习需求。他们的英语素养差异主要表现在解码能力、阅读能力、语言知识、阅读理解能力、阅读习惯上。而老师一刀切的教学模式（包括课堂教学和课后延伸学习任务）貌似高效，实则无法照顾每名学生；学生的学习过程无法兼顾知识、发展技能、拓展视野、活跃思维、展现个性，从而无法最大限度地满足学习个体需求，获得最大化的整体教学效应。所以如何在保持班级授课制授课环境不变的情况下，能关注到学生个体的差异性，通过在课前预习、课中活动、课后作业环节，基于不同学习个体的差异，设计出差异性的学习任务，帮助具有差异性的学习个体获得必要的学习支持、补齐学习短板、延伸学习兴趣点，从而使学生取得基于自身原有水平上的学习提高，是每个教师面临的首要问题。

由于学生的日常英语学习包含了听、说、读、写、看等五项主要内容，涵盖的范围很广，而本次研究的教师精力有限，故本次研究将先缩小研究范围，主要研究差异性教学模式在初中英语阅读教学的应用，如果有所突破，后续笔者会带领本校教研团队，对英语教学的听说、写作等其他课型也进行后续的研究。

二、文献研究

差异化教学，"差异"这个词在《现代汉语词典》里指是的"差别；不同的地方"。差异在哲学里面，它则是和同一性相对，是指一切事物或事物内部各个要素之间存在的不同之处。国内有大量的学者对差异化教学研究进行了深入的研究，取得了丰富的研究成果。

Coral Anne Tomlison（2003）认为差异化教学是指教师根据学生的学习需要、学习风格、学习兴趣来调整教学的水平，不能以统一的标准评价全体学生。

Daniel Heacox（2004）认为差异化教学的核心是要求教师改变教学速度、教学水平或教学类型，以适应不同学习者的学习需求、学习风格或者学习兴趣。

华国栋（2003）指出差异化教学是在传统的班级教学中立足学生差异，满足不同学生的不同需求，从而促进学生在原有的基础上得到最优发展的教学。

虽然每个学者对差异化教学的具体定义略有不同，但是他们对差异化教学的内涵理解基本是一致的，都强调立足于学生的个性差异，不以统一标准来要求所有学生，要满足学生的不同学习风格、兴趣等需求，使所有的学生在其原有基础之上得到充分的发展，要着重探讨适合每个学生特点的教学形式、教学内容、教学过程与教学结果。差异化教学的最终目的是促进学生自我教育，帮助每个学生在其原有的基础上得到最好的发展。故差异化教学既是一种教学思想，也是一种教学实践模式。差异化教学是相对统一化教学而言的，它把学生的发展而非课程内容放在教和学的中心位置，根据学生的需要来指引教师进行设计教学。

三、差异化教学的英语教学实践

（一）词汇知识的差异化指导

词汇学习是英语学习的重要环节，词汇量的大小直接影响学生对阅读文本的理解，学生的词汇知识是英语阅读素养的重要组成部分之一。针对中等生和基础薄弱生提出的阅读文本看不懂，而课上老师又往往没有时间教授所有新词这一情况，差异化教学可以从词汇学习作为切入点。教师指导学生完成课前词汇预习案。尤其是中等生和基础薄弱生，在课前完成词汇预习任务，对课文中的新授词的语音和词义有一个基本的了解。一个阅读文本中要学习的新词不少，一般在20—30个，如果所有的新词都放在课上学习，务必影响阅读学习的进度；而如果不提前处理词汇，对优等生的影响不大，但是对中等生尤其是基础薄弱生影响很大。具体做法是，教师结合课前学情分析，把本课要学习的新授词汇做成纸质预习案，要求学生通过书后的词汇表和向老师同学寻求帮助的方法，写出单词的音标、中文词义、词性以及在阅读文本中含有本单词的例句。以北师大版英语教材八年级上册第一课单词预习案为例（见表1）。

表1　北师大英语教材八年级上册第一课单词预习案

请写出下列单词的词性、音标、中文含义以及在第一课中的例句			
	词性	音标	中文含义	文中例句
1. vacation				
2. reviewer				
3. score				
4. result				
5. movie				
6. actor				
7. fantastic				
8. deaf				
9. moving				
10. die				
11. bored				
12. earn				
13. adopt				
14. dinosaur				
15. climate				
16. channel				

通过课后小问卷和访谈了解到第一版的词汇预习案的实施效果。学生表示虽然这种预习方法在一定程度上能帮助自己提前了解生词的词义和词性，清楚生词在文本中的位置，发挥了一定的学习促进作用，但是对学习单词发

音的帮助不大，因为虽然抄写了音标，也不代表一定能掌握正确的读音，也不一定能读好。另外，预习案中要书写的内容比较多，比如抄写例句，要写好几十个，复习负担比较大。针对学生反映的情况，我对词汇预习的内容和方式进行了改进。这一次，教师把词汇预习从纸质作业改成了电子作业。通过"一起中学"App，选定要预习的生词范围，要求学生通过软件进行单词跟读、例句跟读、中译英、英译中练习、单词辨图、音节排序、选词填空等形式多样的练习，达到对单词音、形、义多层次的练习。同时，借助该软件的实时学习效果反馈系统，教师能及时了解每个学生对词汇的掌握情况。优等生一般一次性可以通过测试，而中等生和基础薄弱生则可以自助选择增加跟读、练习和测试的次数来提高词汇掌握的熟练程度。结合基础薄弱的个别学生，教师还可以根据其学习反馈结果，通过微信、电话等形式进行一对一的难点点拨和指导。表 2 经过改进后的词汇预习方案，得到了两个班同学的一致认可。其中优等生觉得自己可以做好选词填空，而基础薄弱生觉得单词跟读、例句跟读、中译英、英译中练习、单词辨图帮助更大。

表 2　智能单词预习案

选定词汇 预习范围	选定词汇 预习形式	预习效果反馈	个别指导

（二）语法知识预习的差异化指导

语法知识的掌握情况也是影响学生英语阅读能力的重要因素之一。以北师大版英语教材八年级上册第二单元的语法教学为例，结合北京师范大学义务教育教科书八年级（上册）的教学内容，教师确定了本学期学生要学习的重点语法知识：一般过去时的肯定句、否定句、疑问句，情态动词 can、 must、have to 用来制定规则，过去进行时的肯定句、否定句、疑问句、比较级和最高级，状语从句，并和教研组的老师合作查找资源、收集或自制语法讲解的小微课。每个微课 3—5 分钟，围绕一个小的语法点，讲解其用法。

在 Unit2 的单元教学中，阅读课的教学内容是 lesson 4 Class Project。这两篇阅读文本里涉及的主要语法知识分别是用情态动词 must、can、have to 制定规则。在学生学习第四课前，教师通过微信发布了情态动词 must、can、have to 用来制定规则的微课，告知学生根据学情自主选择观看，并反馈学习感受。学习感受问卷提纲如下：

1. 你觉得这个微课是否帮助你更好地理解了如何用 must、can、may、should 来提建议？2. 你觉得你喜欢这个微课的哪些地方？不喜欢哪些地方？为什么？

这一节微课两个班的学生都观看了。从收到的 88 份反馈来看，52 名学生（70%）认为该微课有助于自己了解用情态动词制定规则的用法；26 名学生（30%）表示自己之前就已经知道这个语法知识，所以没有必要学习，这一部分学生主要是两个班的优等生。学生喜欢这个微课的理由是老师讲解得比较清晰，而且可以反复观看，也可以随时暂停。不喜欢的地方主要是基础薄弱生觉得微课时间有点长（7 分钟），如果短一点会更好，还有如果能加上老师答疑会更好。所以，教师决定把每个微课的时常限制在 5 分钟以内，在微课发布后的当晚的 8:00—8:30 在微信上集中答疑。这个举动特别受到基础薄弱生的欢迎。随着时间的推移，教师发现这些微课学生不但在课前会观看，而且后来部分学生还开发了一个新的功能：用来做月考、期中、期末阶段学习效果监测前的复习，这是个意外的收获。由于微课制作费时费力，所以需要教师和备课组、教研组积极合作，在开学前做好分工，通过合作的方式，才能把语法微课做得又快又好，给不同的学生提供及时的帮助。

（三）语篇知识的差异化指导

《普通高中英语课程标准（2017 年）》指出，语篇类型是指记叙文、议论文、说明文、应用文等不同类型的文体，以及口头、书面等多模态形式的语篇，如文字、图示、各区、音频、视频等。语篇知识就是关于语篇是如何构成、语篇是如何表达意义以及人们在交流过程中如何使用语篇的知识，在语言理解和表达过程中具有重要的作用。语篇中各要素之间存在复杂的关系——语篇的微观和宏观组织结构。接触和学习不同类型的语篇，熟悉生活中常见的语篇形式，把握不同语篇的特定结构、文本特征和表达方式，不仅有助于学生加深对语篇意义的理解，还有助于他们使用不同类型的语篇进行有效的表达与交流。所以，掌握一定的语篇知识对学生加深对文本的理解十分有必要。

以北师大版英语教材八年级第二、三单元记叙文和说明文语篇知识的差异化指导为例。通过初一一学年的学习，大部分学生对于记叙文、对话、访谈等篇章类型比较熟悉，但是没有系统地梳理过相应的语篇知识。在教授第二、三单元的阅读课前，教师结合主要的阅读文本的文体特征，在预习案例中安排了记叙文和说明文的语篇知识学习。"Unit2 Lesson6 A Special Team"是一篇按时间顺序来行文的记叙文，所以教师在两个班的预习案例中安排了关于记叙文基本的语篇知识的导学。通过微课和学案，介绍了记叙文的篇章特征和常见的写作手法，包括记叙文的 6 要素，记叙文常见的写作顺序，对人物描写的方式：语言，动作，心理活动。"Unit3 Lesson8 Olympic Winners"是一篇介绍 2008 年北京奥运会中各种最极致的运动员的一些个人信息和获奖情况的说明文。故在课前预习案例中，教师安排了关于说明文语篇知识的学习，包括介绍说明文阅读要点、说明顺序、说明方法。有了这两种常见语篇类型和语篇知识的学习铺垫，学生在课上完成阅读任务时，顺利地关注和梳理出了主要的信息。Lesson6，主要梳理出地震的时间、地点、人物，事件的起因、经过、结果，并关注了对核心人物林先生的描写方式（包括语言、动作）和评价，还关注了记叙文背后要传达的主题意义：团队合作。

通过课后的问卷和访谈，教师发现学生认为课前关于记叙文语篇知识的学习对课上获取重点知识、梳理故事脉络、评价任务、赏析故事传达的主题意义都有积极的作用。所以教师在开展阅读教学前，要提前熟悉文本，合理地根据阅读文本的语篇类型和篇章特点，布置预习内容，帮助学生了解和熟悉相应的知识，并在阅读课上再次引导学生重点关注这些语篇知识。学生在课上已经能注意、识别、获取到相关的语篇信息，但是部分学生对于如何把获取的信息用合适的思维导图或概念图组织和表达出来，还比较欠缺，他们选择的图形方式不能很好地表现语篇中各要素之间存在的复杂关系，语篇的微观和宏观组织结构、逻辑结构看上去比较混乱，不利于对主题意义进行有效的表达与交流。

（四）结构化视图运用的差异化指导

针对学生在阅读课上利用概念图或思维导图梳理语篇信息时反映出来的问题——不知道如何有效地选择合适的组织结构图来更清晰地呈现和表达从语篇中获得的信息，教师在教学中安排了运用结构视图梳理语篇脉络的方法指导。通过课前微课的形式，指导学生学习思维导图（Mind Map）的特点和功能、概念图（Concept Map）的主要类型以及每种类型的概念图的主要功能、适合表现的文本类型。通过一周的微课学习，学生感知和学习了 10 种常见的概念图以及它们的主要功能。他们分别是：定义（definitions）、比较（comparison & contrast）、因果关系（cause & effect）、流程与次序（process & sequence）、问题与解决措施（problem & solution）、描述与分类（description & classification）、论证（introduction & reasons, opinion & facts）、时间轴（time-line）、事件地图（event map）、人物评价（something to think about the charac-ter）。

经过对学生课上作品观察和对学生的课后调查问卷和访谈得知，80%的学生在用思维导图或概念图梳理阅读文本脉络时，能找到更合理的图形来组织获取的信息，更好地突出其文体特征和篇章特征，传达文章的主题意义，较之以前有很大的进步。

（五）如何查找背景知识的指导

针对优等生在前期访谈中反馈出来的希望能在课前拓展更多和主题相关的知识，教师安排了一次关于"利用搜索引擎如何查找背景"的指导微课，主要是关于如何查找外国文化背景知识的方法，包括作者简介、故事背景知识。

通过前期教师的指导，不同的学生对于在阅读课前如何预习词汇、语法，准备语篇知识，如何利用可视化视图梳理呈现文章脉络，如何预习文章主题相关的文化背景知识有了一定的认识和运用；学生们也在一定程度上各取所需，提高优化阅读课的课前起点，为顺利开展阅读课，提升阅读体验，做好了差异性的准备，并在下一阶段的每次阅读课前预习时，充分熟悉运用，不断提升自主学习能力。

（六）自主学习和合作学习的差异化指导

在阅读课堂教学开展差异化教学是教师差异化教学的必要途径。教师指导学生在完成阅读任务时，开展自主独学、合作互助、全班分享，共享差异。

教师主要指导学生在阅读中利用思维导图梳理文章脉络时，通过环环相扣、形式多样的活动形式，来实现差异化的学习过程。当教师布置阅读任务并明确任务评价标准之后，学生将围绕主线信息先独立完成结构视图的建构，不同的学生会建构形式不同的结构图，对于语言基础和阅读能力薄弱的学生，教师可以通过设置"Helping Corner"（帮助角）对有需要的学生给予个性化的指导和帮助。学生梳理和建构完组织结构图之后，自己对着自己的结构图通过"自言自语"（Self-talk）环节介绍自己的结构图，为下一步的同伴分享做好语言上和心理上的准备。接下来，教师要求学生开展"两人活动"，相互给对方介绍自己的信息结构图，并且参照教师给的任务评价标准帮助对方的信息结构图补充信息或给出自己的建议，然后各自再对自己的结构进行二次修改完善（Self-improvement）。通过以上的活动，学生已经从结构图的内容、语言组织和心理上都做了充分的准备，这个时候，教师邀请不同层次的学生到讲台借助实物投影或者通过钉钉平台的图像投影进行分享，给全班介绍自己的结构图。同时，教师引导其他同学认真聆听，并对上台介绍的同学进行评价或者补充自己的看法或建议。此时，达到全班分享差异化的学习成果，赏析差异，相互学习，相互借鉴。

通过教师的课堂观察和课后学生访谈发现，学生们对这种开放的、自主度比较大的学习形式很认可，同时也很喜欢先开展"自言自语"（Self-talk），再进行同伴互帮互助（Pair work），最后全班分享（Class sharing）这个学习顺序，尤其是基础薄弱生，他们觉得这样的课堂安全感很好，能避免自己突然被老师点名却不会解答的尴尬。

（七）阅读任务单的差异化设计

阅读任务单的差异化设计指的是教师在课堂的读中环节，围绕同一个学习任务，设计出不同的学案，给不同层次的学生搭配不同的台阶，通过不同的路径来达成同样的教学目标。以北师大版英语教材八年级上册第九课"Together to the Poles"为例。教师在读中环节，首先让学生找出文章的写作顺序，即时间顺序，然后第二个阅读任务是为文章概括段落标题。这个任务，对中等生和基础薄弱生来说比较困难，所以教师设计出两套学习方案供学生自主挑选完成。一种是自主为文章拟标题，另一种是给出每个段落的标题，要求学生将段落标题和每个段落进行匹配。很显然，方案1比方案2要难。学生自己根据自主选择完成方案1还是方案2。在全班分享时，教师首先让拿着较难的方案 1 的同学说出自己拟定的段落标题，这些答案都比较个性化，然后让做了方案 2 的同学说出书上匹配的标准答案。最后，让全班同学讨论每个段落哪些标题拟定得比较好，并说出自己的理由。通过这个差异化的学案，老师让不同学生都能完成为段落归纳主旨、拟定标题的学习任务，又充分尊重了学生不同的学习基础的差异，同时通过不同方案的讨论，也让学生看到了差异，品鉴了差异，提升了多元思维的阅读素养。还是这一课，当学生归纳了段落标题之后，第三个阅读任务是用结构化视图梳理主人公 Janet 在不同时间做的事情以及感受。对于拿方案 1 的学生，他们这个学习任务是完全自主完成，教师不提供任务支撑；对于拿方案 2 的学生，教师则提供了一个时间轴，他们可以根据时间轴上的提示信息来完成信息的梳理。相对于方案 1，教师为他们的任务搭设了一定的台阶，难度没有那么大，让基础薄弱生也可以借助台阶完成任务，减轻了焦虑，体会到成功的学习体验。在课后访谈中，所有的学生对这种可以自主挑选不同难度学案的方法都表示很赞成，他们还提议教师最好不要用不同颜色的学案来区分难度，尤其是基础薄弱生不想让其他同学知道自己选择的是容易的学案。

（八）课中差异化的指导

教师对阅读课中学生的差异化指导尝试了两种方法。一开始，是在读中环节，当学生画结构化视图的时候，教师下到各组去巡视，询问学生是否需要帮助，并重点关注有基础薄弱生的小组和学生个体。但是，由于时间限制，能一对一给予建议和帮助的学生不多，另外有时不能精准地找到需要帮助的学生个体，导致有些学生未能得到老师的指导。所以在和学生交谈之后，教师设计了第二个方案，让有指导需求的学生主动找老师辅导。教师在布置学生利用结构图梳理文章信息和脉络之前，告诉学生，教师在教室的角落设置了"帮助角"（Helping Corner），任何人都可以主动到"帮助角"找老师帮忙。"帮助角"的设置，受到了所有学生的欢迎，基础薄弱生和中等生觉得能减轻任务焦虑，有安全感，同时他们看到优等生照样会主动向老师寻求帮助，他们觉得自己不需要为"自己不会"感到不好意思，也不担心老师看不见自己了。

（九）差异化的课后作业

教师把作业分成三部分：必做题、选做题和加分题。必做题是全班必须完成的基础性练习，比如每日的口语任务、词汇复习任务。选做题则会结合阅读课的内容，设置难度不一样的复述或微写任务供学生自主选择。加分题，教师布置的是和阅读文本相对应的同话题的群文阅读，供全体同学选做，以达到开阔眼界、提升多元思维能力的目的。

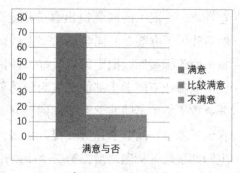

图1　学生对课后作业满意度调查

对学生完成差异化课后作业的调查发现，将近70%的学生对于能在一定程度上选择做作业表示满意，还有15%的学生则希望教师能再放开一点，完全自己选择作业则更好，有15%的学生希望能和老师商量作业内容。

通过布置差异化的作业，学生对阅读学习的自我评价得到了提升。基础薄弱生多数选做复述性表达类的作业（如：书面复述文本内容），80%的学生能较好地完成。而优秀生都选择了创造性表达作业（如：续写故事、写读后感、发表看法等），也有部分基础薄弱生选择创造性表达作业，他们的作业中虽然有部分语言错误，但是不妨碍他们表达自己的想法。中等生则对两种作业的选择为一半对一半，在选择做创造性表达的学生的作业中，基于文本主题意义的见解明显比以前更丰富一些。

四、结语

（一）不同学生在现有的英语阅读素养上存在巨大的差异，需要予以差异化的指导

不同学生在现有的英语阅读素养上存在巨大的差异，有差异性的学习需求，他们在英语素养上的差异主要表现在解码能力、阅读能力、语言知识、阅读理解能力、阅读习惯上。英语基础好的学生认识的单词多，语法掌握得好，尤其是时态、语态，语篇结构上不存在理解上的问题；这些学生对于阅读文本题材、篇章结构知识上（语篇结构、段落结构）掌握得较好。反之，则在英语阅读上困难重重，需要教师给予各种学习帮助指导和学习支持。

（二）在英语阅读教学中实施差异化教学有诸多优点，值得教师们借鉴和推广

1. 差异性教学使得每个学生都能得到基于个体的纵向充分发展，每个学生都能成长为最好的自己。2. 差异性教学使得学生的自主学习能力得到充分发展：如在不同学习环节中自我决定不同学习策略的使用，自我学习监控。

3. 差异性教学使得学生更好地学会尊重个体间的差异、欣赏彼此的差异，有利于帮助学生树立多元文化意识，形成开放包容的态度，发展健康的审美情趣和良好的鉴赏能力，树立正确的世界观、人生观和价值观，为学生未来更好地适应世界多极化奠定基础，符合课程标准对英语课程性质的描述。学生的访谈表明，学生们更喜欢开放的允许差异、尊重差异、欣赏差异的课堂。

（三）在英语阅读教学中实施差异化教学时要重点注意以下关键环节

1. 课前差异化导学

教师对词汇、语法、语篇知识、文化背景知识、阅读策略运用等知识的指导不采用固定分层的形式发送给不同层次的学生，而是让学生结合下节课要学习的阅读文本，根据自己的学情和学习需求，自主决定需要补充哪些知识。

2. 课中差异化阅读与阅读指导

教师在制定不同难度的学案时，不再用颜色做标记，都用同样颜色的学案。同时在课前，教师加强了对学生的思想指导，帮助学生意识到"闻道有先后"，适合自己的才是最好的学习方式，不要对完成不同的学案有思想负担。

在读中环节，学生用结构图梳理文章主要信息和脉络前，给出结构图的评价标准：（1）信息完整；（2）逻辑清晰。这个标准会指导学生完成和评价整个自主绘制结构图、两人合作互评结构图、全班分享结构图的全过程，从而实现教、学、评一体化。

3. 课后差异化作业

在课后作业环节，通过智能化平台分享课堂作业的选择，让那些课堂没有机会分享介绍自己作品的同学有了一个机会来展示自己，也让更多的同学可以相互学习借鉴。并且教师会把每次的结构图作品做成作品集进行成果展示，对每件作业进行编号，让学生来投票选出最佳作品，并给予一定的物质奖励。学生很喜欢这个补充作业环节，在画结构图时，作品从内容的准确性到美工都有了大幅度的提升。

教师通过差异化的教学指导和设计，可能在班级教学中，兼顾学生在阅读习惯、阅读体验（态度和自我评估）、解码能力（拼读能力）、语言知识（词汇知识、语法知识、语篇知识）、理解能力（信息提取、策略运用、多元思维）上的差异，关注到每名学生的学习过程和学习体验，兼顾知识、发展技能、拓展视野、活跃思维、展现学生个性，从而最大限度地满足学习个体需求，获得最大化的整体教学效应，使不同学生都能产生积极的阅读体验，并取得基于自身原有水平上的学习增长和提高，于学生个体的发展有很大的益处。

（四）目前研究的不足和继续研究的方向

1. 差异化教学模式的实施需要教师在课前、课中、课后进行一系列针对学生差异化学习需求的配套指导和学习支持，需要教师付出大量的时间开展相应的工作。教师个人很难独立完成所有工作，如果有教研团队的支撑和合作，教师个人负担会小一些，教师团队之间可以分工合作，工作开展得会顺利，也更容易形成系列体系。因此，教研组内，教师之间尤其是同年级的教师可以一起进行该研究。

2. 差异性教学在英语阅读中的应用只是在英语教学中照顾学生差异性的教学尝试的开端，对于其他课型，如听说、写作、复习课有借鉴意义。

3. 课前、课中、课后相结合的差异化教学模式的开展只是差异化教学探究的一个尝试，还处于比较基础的起步阶段，对于学生个体差异性的学习需求的照顾还是比较粗线条，不尽到位，比如学生虽然采用了不同的学习路径和方式，体现了对差异性一定的照顾，但是还是同样用相同的预习材料，学相同的学习内容，完成相同的学习任务，真正的差异性学习应该照顾到每个学生的细微需求，让学生在整个学习过程中都能自主决定学习内容、学习进度、学习方式和方法，学习的广度和深度。后期，教师还需要继续探究如何在课堂实现教授不同的教学内容实现相同的教学目标或不同的教学目标，让每个学生的差异性都能在英语学习中真正得到尊重，从而呈现差异性之美，丰富世界的多样性，这将是我们继续前行的动力。

初中思想品德课渗透生涯教育探微

李晨松　贾建儒

在经济和知识高速发展的今天，如何引导学生正确观察和认识自我，如何引导学生面向未来，树立正确的人生观、价值观和职业观，作为新时期思想品德教育的一项重要内容是十分必要的。

虽然在我国还没有普遍设置对中学生的职业规划教育课程，但我校本着从学生的需要出发，从初中学生不断扩展的社会生活出发，与时俱进，在思想品德课中渗透了中学生生涯教育的内容。其内容主要包含中学生学习辅导、中学生生活辅导、中学生心理辅导、中学生职业理想辅导以及学生职业认识辅导等。

中学生生涯教育辅导在思想品德教育课中渗透，其作用及教学中的做法总结如下：

一、引领中学生对自我和职业的认识

大多数学生很关心自己的职业和未来，选择合适的职业或者做出合理的生涯规划，中学生很感兴趣，但从哪里入手，怎样规划，孩子们就很茫然了。首要的就是正确地认识自我、了解自我。生涯认知包含自我认识和职业认识。自我认识是指导学生进行个人分析，认识自己的性格特点、知识水平和学习能力，评价自己的智慧和情绪，找出优势和不足。职业认识是帮助学生了解当前社会有哪些职业，这些职业的现状和发展前景如何，其工作性质和特点是什么，薪酬绩效怎样，对从业者有些什么样的要求等。通过深入、科学的分析，制订符合自己兴趣与特长的职业发展目标以及实施计划。也许，有人认为，对初中生做这些太早了，学生还没定性呢！其实，我们学生时期的这个目标和计划是会改变的，而且改变会很大，但目的是想通过这些教育，引导孩子树立远大的理想，培养生涯规划的意识；激发学生的学习动力，着眼于目前的基础知识的学习，为实现自己的职业理想打下坚实的基础。

例如：在初一思想品德课，我们结合课本准备了一些引领学生思考的问题。在学习《我是谁》一课时，我们设置了这些问题：（一）我有哪些优点和长处？我最大的优点是什么？（二）老师、家长、朋友眼中的我是什么样子？（三）我有哪些兴趣爱好？我最大的兴趣是什么？（四）我长大了想干什么？这个职业需要哪些方面的知识和能力？我的兴趣爱好和我想从事的职业是怎样的关系？在学习《情绪知多少》《情绪能调控》这些课时，我设计了这些问题：（一）我的性格特征和情绪处理能力怎样？（学习方面、发展兴趣方面、参加集体活动方面、时间安排方面、人际关系方面等。）（二）今后我该如何完善自己？这些问题的思考和探索，既避免了单纯的思想说教，又让学生学会思考自己、提高为自己负责的意识和能力。学生对这些话题很感兴趣，有很强的自我认识的欲望，同时他们也感到思想品德课是学有所用的，不仅仅是思想品德教育。

结合初一学习《我是谁》一课，我们还设计了这样一课时——"发现你的优势"——从两个方面让学生知道发现自己优势、发挥自己优势的重要性。如：爱迪生说"成功=1%的灵感+99%的汗水，但1%的灵感比99%的汗水更重要"。既然1%的灵感比99%的汗水更重要，那么我们选择职业时，更重要的是发挥自己的优势，还是选择自己的弱势加以弥补呢？

对这个问题的讨论，可思考下列问题：

（一）成功的人有没有缺点？失败者有没有优点？

（二）选择发挥自己优势，在工作中会是什么样的感觉？弥补自己的弱势你的感觉如何？结合自己的亲身感受谈一谈。

（三）优势和弱势，我们大脑中的公路图。

我们来看看大脑如何工作：人出生60天—开始展出轴突—认识妈妈的声音或气味等—未来三年—形成全世界最复杂的公路图—随后外界刺激强的路线很快发达成八车道或高速路，而有一些小路会因无人问津成为死路，16岁时，路线坏掉一半，而另一半更发达，以适应外界的刺激和环境。

所以，不同的高速路等于不同的优势。

从上面大脑公路图的形成和发展，你知道后有什么想法？

通过对这些问题的讨论，对学生的认识归纳总结：（一）选择职业时，毫无疑问选择自己的优势，因为选择优势远比弥补弱势更有效。（二）成功者总是能找到自己的优势，并能找到一个合适的定位来持续发展自己；而平庸者是先寻找一个定位，然后发现自己的弱势，之后耗尽一生来不断苦战。（三）优势者在自己的领域气定神闲，因为它们具有天生的优势，让他们快乐自信，路越走越宽，迸发灵感，成功自然来；弱势者苦战自己的小天地，努力者小成，拼命者中成，难以浑然天成，事业如履薄冰，没有人比他们更了解事倍功半的痛苦，他们付出艰辛，自我压抑，成功是幸福的祭坛。

由于天生和外界影响，每个人脑子里会形成不同的公路网，这种处理信息的方法，就是你的思维方式。这就是对同一事物不同人有不同处理的方式，你的这些特点，就决定着什么样的职业适合你。

对初中孩子来说，通过活动更能引起学生兴趣，采用学生喜闻乐见的方式很重要，通过活动，引导学生思考自己的性格、特长等。如，活动：我们进行职业猜谜游戏，每个职业有两个提示，这两个提示是跟这个职业有相关的，在提示一就猜出答案的加两分，提示二猜出答案的则加一分，每组只能抢答一次，猜错则换别组，同学都猜不出时，就换下一张提示。如：

（一）博古通今→谆谆教诲→有教无类——老师

（二）口沫横飞→春风化雨→有教无类——老师

（三）争先恐后→口齿清晰→独家新闻——记者

（四）抬头挺胸→出生入死→投笔从戎——军人

（五）辩才无碍→口若悬河→起死回生——律师

通过上面我们的活动，大家对一些职业，即这个职业的特性和需要的知识和能力有了初步的了解，也做出了初步的选择，也许随着生活阅历和学习的深入，会有改变，这是很正常的。

二、对中学生人生目标的确定有导向性功能

在社会大环境和家庭等因素的影响下，中学生的价值观也逐渐趋向多元化。中学生生涯辅导作为思想品德教育的载体，在生涯辅导过程中具有导向性。首先，通过有针对性的主题教育活动进行理想信念导向，引导学生在多元的价值观中进行正确选择，确立正确的人生观和价值观。其次，通过生涯辅导进行奋斗目标导向。生涯辅导促使中学生树立自我规划的观念，结合自身的思想实际、个性特点和外部环境分析，确立中学不同阶段的奋斗目标，制订详细具体的实施计划，将个人的生涯目标与兴趣、特长有机结合起来，近期目标和长远目标有机结合起来。

"生命抛来一颗柠檬，你是可以把它转榨为柠檬汁的人"。把柠檬榨成柠檬汁的人，是有自己的目标的人、有创新能力的人、不满足现状的人。教育学生自己的人生不能墨守成规，要有创造性。对孩子进行理想教育，在初一和初三的思想品德课中都有体现，帮助学生树立目标，引导孩子认识有目标的人生和没有目标人生的区别。在这方面我运用学生喜闻乐见的情景设置，层层深入，学生达到自然地接受观点。例如：

给大家讲个故事：唐太宗贞观年间，长安一家磨坊里，有一匹马和一头驴，他们是好朋友。马到外面拉东西，驴在屋里拉磨。贞观三年，马被玄奘大师选中，出发经西域到印度取经。

17年后，马驮着经书回到长安。重新回到老朋友驴子身边，老马谈起了这次旅途的经历……这种神话般的境界，让驴子听了大为吃惊。

驴感叹道："你有多么丰富的见闻啊！那么远的路，我连想都不敢想。"老马说："我们跨过的距离是大体相等的，当我向西域前进的时候，你一步也没停止。不同的是，我有一个遥远的目标，按照始终如一的方向前进，所以看到了一个广阔的世界。而你被蒙着眼睛，只围着磨盘打转，所以永远也走不出这片狭隘的天地。"

教师点拨：成功人士和平庸人士的区别，并不在于天赋，而在于有没有人生目标。明理：人生没有目标，正如生活没有方向，让人意志消沉，碌碌无为。平淡而有规律的生活，使人惬意，让人容易失去方向，坠入平庸。不甘于平庸一生，不愿永远被埋没，就要树立目标，然后向既定方向前进。

其实许多人和驴子一样，一生忙碌着，却不知道自己要去的方向，几十年转眼过去，才醒悟自己一生太平淡了，好像没留下什么东西，甚至身边的人都没留意他曾经到这个世界上来过。成功人士绝不这样，他们知道自己内心深处需要什么，他们忠于自己的内心，没有办法忍受没有目标的生活。他们知道每个人内心都有座无价的金矿，他们决不能因为平凡，让那金矿蒙上尘土。只有明确到底追求什么，到底想要什么，才不会在忙碌的生活中丢掉了自己想要的东西。通过这样的主题教育活动，学生明确了理想的重要性，教师引导学生结合其特点和兴趣爱好，确定自己的理想。

三、激励学生不断向自己的目标前进的功能

激励是思想品德教育活动的一种重要方式。生涯辅导对学生的激励手段和方法多种多样，主要有：（一）目标激励。帮助学生建立起个人分阶段的目标规划，当近期目标实现后，便会有一种成就感，进而产生自我激励作用。对于学生群体来说，通过设立集体目标，产生群体激励作用，有利于在群体中形成一种积极上进、奋发进取的氛围。（二）榜样激励。通过树立先进典型示范，使学生从中吸取精神力量，寻找自身差距，提升自身道德水平，规范自身行为，从而达到激励效果。（三）奖惩激励。利用奖励或惩罚的手段，认同、赞扬并扶持激励对象的积极行为，否定、抑制乃至根除激励对象的消极行为。

在激励学生方面，与班主任相联系，共同组织主题班会，开展一些活动、测试等，帮助学生树立目标，坚定目标的勇气和信心。也可以通过榜样激励，引导学生思考自己。比如，在怎样规划自己的人生、怎样确定阶段目标方面，我给学生推荐《比尔·拉福的成功之路》：

中学立志成为一名商人→考入麻省理工机械专业学习（4年）→工学学士→考入芝加哥大学学经济学（3年）→经济学硕士→考公务员政府部门工作（5年）→锻炼处世能力，建立广泛的人际关系→通用公司工作（2年）→熟悉商务环境→开公司→事业成功

比尔·拉福的成功职业生涯设计脉络清晰，步骤合理，充分考虑了个人的兴趣爱好，个人素质，很有榜样作用。他注重职业技能的培养，在锲而不舍的努力下走向成功。我们现在处于初中阶段，我们的志向是什么？我应该具备什么样的能力才能实现理想？学生会思考自己。

我校开展的生涯规划教育，很受学生欢迎，而且，学生的目标意识、责任意识更强了，对学习的动力增强了，更愿意认识自己、展示自己了。这就是这项工作的意义所在。

以生涯教育活动促进学生发展

张 卓

我校初二年级在初二第二学期开展"生涯访谈"活动，旨在让同学们认识社会、树立理想，坚定现阶段学习的信心，进而能够主动追求、完善自我，对自己的人生做出初步的规划。以下是我们班的活动开展详情。

环节一：说出我们的理想职业

我班于 2013 年 5 月 22 日召开班会进行动员。具体流程：一、由同学在黑板上写下他们知道的所有职业名称（自由上台，但内容不能重复）；二、由同学说出所感兴趣的职业（可以多选）；三、由同学讲一讲为什么想从事这个职业，并描述一下他所喜欢的这个职业是什么样子的；四、统计出希望从事同一职业的同学名单，进行分组，小组人数不限，可一人一组，想法还不明确的同学可任意加入一组来参加活动。根据班级拥有的社会资源，即可能接受我们访谈的单位和人员，最终我们将全班 42 人分为 6 组，人数最多的组 12 人，最少的 1 人。

环节二："访谈"活动前期准备

首先，全班同学在校学生处老师的帮助下讨论设计了我们的采访提纲，把自己想了解的问题做了列举，并把提纲发到了每一位将要接受采访的人士手中；其次，每个外出小组的每个成员都做了事前的"访谈"培训，比如致谢、准备访谈问题、做好访谈记录等。

环节三：走近我们的理想职业

从 5 月 24 日到 6 月 2 日，通过多方面的联系，我班 6 个组的 35 名同学（本着自愿的原则，个别同学没有随组参加实际访谈活动环节，个别同学参加了两个组的活动）都顺利开展了生涯人物专访。

第一小组 5 名成员，这几人分别想做演员、主持人、编辑、导演，所以这个组去了北京电视台科教频道在北五环的一个摄影棚，观看了节目的录制，采访了节目主持人、导演、编导。他们主要问了这么几个问题。一、什么样的精神或品质对这项工作来说是最重要的？二、您喜欢您的职业吗？有没有什么不喜欢的地方？三、您能给我们介绍一下您成功的经验吗？四、方便透露您的月薪是多少吗？对此您满意吗？五、导演的真正工作到底是什么呢？电视台的人员对同学们的问题都做了详尽的回答，孩子们收获很多，在采访心得中，他们写道："全程我们听到最多的一个词应该就是'喜欢'。的确，兴趣是选择职业的基础。编导姐姐用三个字形容她的工作——'不靠谱'。首先是时间机动，随时会改变，经常是刚到家就会接到台里的电话需要赶回去继续工作。请来的嘉宾不靠谱更是让她头疼，因为一个嘉宾不到位，会影响整个节目的进程，还会浪费很多的资金。但是她喜欢这个工作，喜欢这样的生活，喜欢每天对着不同的人讲着不同的事，所以即使有困难她也会努力克服，继续坚持下去。""一个人的理想决定一个人未来的方向，它像北斗之于迷路的人，它像灯塔之于归航的船。我们要心系理想，为之努力奋斗，不断前行！"

第二小组6名成员（其中5个男生），他们的理想是自主创业，分别采访了3位私企老板。下面列举其中一段采访：一、您能给我们描述一下您的主要工作内容吗？二、您能告诉我您的薪水是怎样吗？您对薪水满意吗？三、那您给我讲讲您没当老板前的一些经历吧！四、那您在工作中有没有遇到过困难？您又是怎么解决的呢？五、您认为什么样的精神与品质才能成功呢？六、您也是从初中开始干的，我也能吃苦，要不然我也不念书了，也出去打工，没准我也变得和您一样有钱呢！采访后孩子们的心得是："我突然感觉一股热血涌上心头，突然感觉到学习的重要性，为了自己的未来，即日起努力，不，拼命学习！""我想成功就要有坚定的信念和信心，敢想敢干，不怕吃苦，要能承受住压力，不要把自己看得太重。"

第三小组6名成员，他们的理想职业是医生，他们分别采访了脑外科医生和神经内科医生。他们了解了下面一些怎样事情：一、如何成为医生？二、工作内容、工作环境、学历要求、性格要求是什么？三、未来发展前景怎样？您对未来的职业规划是什么？这几个孩子们的收获是："医生这项工作不是人人都可以胜任的，它对各方面的要求都是很严格的，例如学历，它需要你不断地学习新知识，所谓学无止境嘛。""从事医生这个职业也是很辛苦的，节假日对于他们根本就是形同虚设，工作压力也很大，遇到医疗事故也纯属常事，这时有一个活泼开朗的性格就很重要了，因为你需要及时地和病患及其家属进行良好的沟通。""医生给我们力量，让我们能重新起航，继续前行，那笑容，是希望，是能量。"

第四小组 11 名成员，他们都想成为教师。这些同学采访了我们学校的校长和两名一线教师。他们的收获是："一、认识自我：目前，我们已经有了对自己的初步认识——了解了自己的兴趣爱好、性格和价值观，同时确立了自己成为教师的目标。二、认识职业：我们要在平时的观察与学习中，不断提高实现自己职业目标所需要的知识、技能及综合素质，充分锻炼自己分析问题解决问题的能力、与人交往的能力、与人合作的能力以及适应社会的能力。三、认识学习与职业的关系：我们想要成为教师，那就必须选择师范大学作为奋斗目标。只一点，现在成绩越好，将来选择越多，最后考上北师大的可能性就越大。"

第五小组 12 名成员，他们并不确定自己想做什么，因为有一个可以到大学实验室参观的机会，所以他们都加入了这个"大学半日游"小组。在我和学生处老师的带领下，我们一行人参观了北京交通大学的机电学院、电气学院、理学院的 4 个实验室，跟长江学者、大学教授做了近距离的交流。同学们的感受很多："教授在前面滔滔不绝地讲着，我们在下面云里雾里地听着，那种不会的焦急感，让我们的求知欲无限放大，恨不得当时立地成佛，苦读几遍化学元素周期表再来参观才有价值。""其实，这种紧迫感来得正是时候，在初二的尾巴，初三开始前，我们有了一个好的学习态度，不就能更好投入初三的准备吗！""我相信，有朝一日，在我们的勤奋钻研之下，我们会吃透这些知识，掌握关键技能，4 年后，成为这里的主人，沿着学哥学姐的步伐，报效祖国！"

图 1　参观北京交通大学

图 2　北京交通大学实验室

第六小组只有 1 人,采访了北京北一机床股份有限公司的机械工程师。他在总结中写道:"如今的我几乎不知道一点关于机械工程的知识,而且平常我一点也不细致,还有虽说平时我十分能说但一点说服力也没有,又如何使工人们认同我的方法。但经历这次访谈,我深入了解了机械工程师的职业之道,这不仅没有打消我的自信心,还使我更坚定地想好了我的理想职业,不过要从事此职业我还要学好英语和德语,大多数新技术和零部件都是外国的,只有学好外语才行。我还要对那些乏味的专业知识产生兴趣,我想那唯一的办法就是:坚信自己能当一名机械工程师,出色的高级的机械工程师,直到成为全国第一高级机械工程师。"

图 3　北京北一机床股份有限公司车间　　　　　　　图 4　车间里的转子

环节四:反思自我,分享交流

每个组采访回来后,我都和孩子们坐在一起聊一聊他们的感受,大家共同提到的是:"想象中的职业和实际看到的、听到的并不一样,实际情况更复杂、更辛苦,但觉得更了不起、更值得付出、更值得从现在开始努力。""能够走出校门看一看感觉很好,知道自己为什么学习了。""有的机会一生可能就这一次,比如到大学的国家级项目实验室参观,虽然不懂,但从未与科学研究这样接近过。""只有有知识,才能少受骗、少走弯路。""只有诚信、放低自己、不惧挫折,才能一直成功。"孩子们兴奋的表情和渴望倾诉的态度说明我们的活动目的达到了,通过接触社会职业,他们受到了触动,开始思考自己的人生。趁热打铁,我让每个组做了一份总结,由小组代表在即将召开的班会上进行展示,大家很积极地准备。一周后,我们班在学校报告厅召开了"扬起理想的风帆"主题班会,同年级其余 7 个班旁听,还邀请了一些家长参加。(班会主持人是到摄影棚采访的一位同学,她以后就想做主持人。) 6个组 10 名同学用 PPT 给全年级同学、老师、校长、家长做了交流汇报,谈了收获感受。他们展示了小组，展示了自己，坚定了理想，坚定了信心，得到了锻炼，得到了掌声。

环节五：确定目标，制订规划

准备班会的过程正好是同学们梳理自己想法的过程，班会后，大多数同学都在周记中明确了自己的近期目标（中考）和长期目标（理想），并且根据自己的情况制订了计划。我们的活动有了一个圆满的结尾。

关于这次活动的反思

学生现在的年龄都是14岁左右，马上要升入初三，面临学习路上一次重要的选择，所以我们组织这次生涯教育活动，希望孩子们能够正视自己，思索未来，规划人生。从反馈效果来看，活动是成功的，孩子们提前得到了一窥社会本质的机会，真实让他们成长。从可持续发展的角度来说，这一个小小的契机为孩子们打开了一扇走向广阔世界的窗户。学生家长也很支持我们的活动，因为有些接受访谈的人士就是学生家长或是家长帮忙联系的，这也间接加强了孩子对父母的理解。

但是，还是有些遗憾。首先，我们一个班的社会资源还是有限，有些孩子想做面点师，想做职业军人，想做玉器鉴定师，想做政府公务员，想搞金融，这些职业的从业者仅凭班级的力量是无法联系访谈的，若是能有更大的共享资源就会给更多的孩子提供帮助了。其次，初中阶段，学生的课程基本是固定的，没什么选修课，这样一来即使学生有了职业偏好，也没法从学校获得符合他偏好的课程安排。所以，生涯教育活动应该具有延续性，学生上了高中以后也要继续，一来他们的想法会更成熟，二来高中会有大量的校本课程供他们选择，这对学生们的发展无疑好处更大。

第 七 章

学科融合课程实践中的收获与启示

融合课程的开展从 2014 年"潞河溯源"开始，历时 8 年的时间。融合课程开发，在初中部整体范围内开展，涉及所有的教学班、全体学生，几乎所有的老师，持续范围广，时间久。在实验过程中，多次组织了市区级的观摩与展示活动，深受同行及领导专家的好评。实现了盘活本地特色资源，跨学科融合，并以课题引领，实现活动系列化，案例丰富化。

　　在融合的活动案例与教学课例中，不仅实现了跨学科，有的还实现了跨学段、跨民族和跨文化。从教师角度来看，这种课程设计打破了学科间的壁垒，为进一步开展素质教育提供了新的探究方向，也为老师们的成长和发展提供了新方向。从学生角度来看，相较于单一学科的学习，跨学科融合课的学习为他们注入了新的活力与能量，拓宽了学生的视野和研究问题的方向。这些变化促进了学生综合素养的提升和综合能力的增强，同时也为学生今后的可持续发展打下了基础。

　　本着"培养健全人格"的目标，我们切实感受到了学生在发现问题和解决问题方面能力的增强，思考问题的角度和高度都有了不同程度的提升，学习能力和综合素养普遍得到了发展。

第一节　课程实施总结

融合课程的开发是潞河中学初中部近 10 年来的重要教育探索，举全初中部之力，结合本地特色资源，行动研究一直在路上。

一、融合课程中的典型案例

在融合课程的开发实施过程中涌现了大量的教育教学成果，影响深远。下面仅列举部分案例和活动进行说明。

"潞河溯源"系列活动的视频及报道在各大网站发布，阅读量累计超过 22580774 次，可谓影响深远。并且《现代教育报》在 2015 年 9 月 28 日发表了《潞河中学：课堂搬到运河畔》一文，对"潞河溯源"活动进行报道。

通州区教委中教科主办、潞河中学承办，初中深化课堂教学改革实验项目系列走进活动——"走进潞河中学"于 2014 年 12 月 25 日在潞河中学举行。共推出了 12 位老师 12 节课例，以及初二语文诵读展示，包括数学、语文、英语、物理、化学、历史、政治、学科融合等学科，涉及初中部三个年级。课例分三个主题，第一个主题是"活动实践课"课例，是初中部融合课题"开展初中多学科融合的行动研究"课例，主要突出课程的活动性和教育性的结合，落实北京市学科教学改进意见；第二个主题是"合作学习"课例，展示合作学习建设成果；第三个主题是"分层教学"课例，展示"适合的"课堂。

2016 年 12 月，李晨松副校长代表学校做了《开展初中多学科融合的行动研究，探索中学课堂教学改革有效途径》的汇报，总结了我校在本课题上取得的丰硕成果。教委王秀东副主任向项目学校颁发课题结题证书并讲话，王主任肯定了课题在教学改革试验中取得的实效，尤其是在有效教学模式的探索上结出的硕果，并勉励各项目校抓住机遇，在城市副中心建设的大潮中有积极的作为。

2016 年，我校承办北京市"遨游计划"的首场展示活动，展示了 32 节课，涉及初中部的所有学科、多个领域，此活动是一次潞河初中部融合课程成果的全方位展示。每节课各具特色，异彩纷呈。

二、融合课程开发的特色

（一）实现了理论与实践相结合

融合课程的开发过程，关注从理论和实践两方面进行。从课程论的角度，分析了课程设计的几个重要的要素：课程理念、课程目标、课程内容、课程实施、课程评价等。融合课程的理论基础在于系统论和多元智能理论。此外，还提炼了融合课程的设计 5 原则：系统最优化原则、学生主体性原则、个性发展原则、服务性原则、动态开放原则。在理论的支撑下，进行了实践方面的行动研究，选择了很多本土化的资源，进行课程案例的设计，并将课程实施。

（二）实现了不同层次的融合，开发了丰富的课程案例

融合的层次和定位都有所不同，有的是不同学科间的融合，如综合社会实践课程和科学实践课程，分别涉及历史、地理、语文、数学、物理等多学科，以主题来统摄各个学科。有的是学科内的小融合，如以语文为主的阅读课程，以道德与法制为主的职业规划课程。每一门课程都设计并实施了大量的课程案例，并且还有些课程有了更多的延伸与拓展。

（三）研究具有可持续性

研究过程持续了将近 8 年的时间，每一门相关的课程都进行了几轮的循环过程。在案例设计的过程中，课程组老师们经历了专家引领、集中研讨、实地考察、整体设计、修改与评价等方面，活动案例更加丰富，具有可操作性。在案例的实施过程中，对于活动的组织与管理、后期的总结与分析方面积累了大量的经验。经过这样的研究，实现了教师教科研能力的可持续发展，实现了学生在不同年级间核心素养的可持续发展。

三、融合课程研究总结

（一）课程的设计要适应学生实际发展需求

教育的最终目的是培养人、塑造人，达到人的融合，学校教育的目标是

培养"合格的人"。课程设计的出发点和重点都应该为满足学生的实际发展需求服务。初中学段要为学生成为"合格的人"进行奠基。学生在读中学、玩中学、做中学、游中学、听中学、思中学，有利于激发学生学习的兴趣。开展多学科之间的融合，渗透其他学科内容的学习，有利于引导学生学会发现、探究、解决问题，使学生们真正获得探究能力和解决问题的能力。最终才能达到全面提升核心素养的教育目标，使得学生在未来的竞争中更好地立足和发展。

（二）充分利用资源，精心设计主题内容活动

课程资源的选择上，立足于本土，潞河中学身处古韵通州，既然是大运河之子，就以大运河为依托，开展主题活动，将各学科以活动形式融合在一起。一条大运河，以"潞河溯源"为主题，将地理、历史、语文、数学、美术融合在一起，开启了学生动手、动脑、综合活动的能力。开发异地延展资源，行走天下，打开心灵视界。联合校外的博物馆、大学实验室等各种资源单位，开发各种延伸性的、高科技的活动。

（三）实施过程要精心组织和管理

要着力提高学校课程研发、实施、管理和评价的课程建设能力，建立课程开发、管理和共享课程资源的有效机制。在教学活动实施中，要做到有预设、有精心设计。在过程中，要有专门的协调人员，及时反馈信息，并分析确定目标实施过程中出现的新情况，调整教学思路和方法。在活动中，不仅要做到有乐趣和兴趣，还要做到有收获，及时完成活动手册的填写。

（四）深度教研，促进教师专业发展

有别于目前常规的单学科的教研，通过学科交叉融合，构建学科教师团队，开发教育资源，改变授课形式、评价方式等，探索全面全员德育的新形式。建立和完善干部、教师关于新课程的培训和学习制度，积极开展多渠道、多方式的新课程的校本培训，促进教师专业发展，全面提高学校教师队伍的整体素质。聘请专家培训教师，建立起咨询、研究和实践指导的专家队伍，为学科交叉融合、推进立德树人研究给予理论上的指导和行动上的支持。建立起以校为本的教研制度，激发广大教师参与实验和教学改革的积极性，引导教师通过自我反思、同伴互助、专家指导等方式，深入研究教学中的实际问题，不断提高教育教学质量，促进教师个人的专业成长，提高综合实力。

第二节 研究展望

对于学科融合的研究，未来还需要进一步进行完善，主要体现在：

一、学生主动性仍有待提高

在活动中，学生主要是在老师的引领下参加活动、参与实践。但学生学习的主动性没有机会充分体现。例如：在"五河交汇"活动中，是老师通过讲解提供给学生关于"五河"的相关信息，其实这些信息完全可以放在活动之前，由学生主动获得。而在"漫游潞园"活动中，担任各个地点讲解员的同学们积极融入活动中来，热情高涨，其自身能力也得到相应提升。可见，让更多的学生融入进来，主动参与进来，才能让我们的课程与活动鲜活起来，高效起来。

二、活动资源需进一步开发

开展多学科融合活动与课程，资源必不可少。在活动内容方面，还有开发新资源的必要性，当然，这同时也需要相关的社会资源的支持。另外在人员方面，除了本校教师资源，还需要学生资源和家长资源的配合和支持。

三、课堂内的多学科融合课程

关于课堂内的多学科融合，目前还没有实现大范围推广。课堂上的融合能带给学生多维度的知识与思考，使学生从中领悟更多的知识，引发更多的课内外思考。这对课程内容以及教师能力素养等方面都提出了更高的要求。

四、跨学段的多学科融合

目前，我们开展的活动主要以初中学生为主体，但是结合不同的活动内容，也可以与小学、高中进行跨学段融合，使活动内容得以扩展和丰富，也使不同学段的学生在相互的交流与学习中，有更为宽广的视野和思维空间。

参考文献

[1] 陈振华.批判性思维培养的模式之争及其启示[J].高等教育研究 2014, 35（9）：56—63.

[2] 李海峰,徐辉.德国融合课程改革及启示[J].比较教育学报 2021 (5)：58—71.

[3] 陆雪华.思想政治跨学科教学之我见[J].中学政治教学参考 2011 (7)：20.

[4] 吕君,韩大东."核心素养"理念下的韩国新一轮基础教育课程改革述评[J].基础教育 2019, 16（1）：93—100.

[5] 庞君芳."五育融合"背景下的国家课程校本化实施[J].基础教育课程 2021（2）：27—34.

[6] 屈文霞.融合课程：打破学科壁垒的课程创生[J].中小学管理 2015 (10)：20—22.

[7] 孙晓女,严运锦.初中艺术融合课程实施模式探析[J].基础教育课程 2020（285）：19—24.

[8] 唐烨伟,等.跨界融合视域下劳动教育课程体系研究[J].中国电化教育 2021（5）：49—56.

[9] 徐恩芹.国外融合课程的思维教学项目及其实施特征分析[J].基础教育 2020, 17（2）：88—106.

[10] 杨道宇.面向五育融合的课程设计原则[J].课程·教材·教法 2021, 41（11）：27—35.

[11] 张婧婧,等.跨学科课程体系多样性与聚合性评价研究——以 MOOCs 为例[J].复旦教育论坛 2019, 17（5）：47—61.

[12] 张鹏.项目学习：推进课程优化与改善的实践[J].中国电化教育 2011（4）：93—97.

[13] 张馨尹.苏格兰 PSE 课程：设计、实施与启示[J].现代远距离教育 2021, 193（1）：63—70.

[14] 周建立.初中书法教育多学科渗透的实践与思考[J].上海教育科研 2013（4）：81—82.

图书在版编目（CIP）数据

中学课程改革背景下的学科融合 / 李晨松主编. --
北京：中国文史出版社，2022.7
ISBN 978-7-5205-3537-3

Ⅰ. ①中… Ⅱ. ①李… Ⅲ. ①中学-课程-教学改革
-文集 Ⅳ. ①G632.3-53

中国版本图书馆 CIP 数据核字（2022）第 092179 号

责任编辑：卢祥秋

出版发行：**中国文史出版社**

社　　址：北京市海淀区西八里庄路 69 号院　邮编：100142
电　　话：010-81136606　81136602　81136603（发行部）
传　　真：010-81136655
印　　装：北京新华印刷有限公司
经　　销：全国新华书店
开　　本：720×1020　1/16
印　　张：24.5　　　字数：393 千字
版　　次：2022 年 7 月第 1 版
印　　次：2022 年 7 月第 1 次印刷
定　　价：65.00 元